AF337240

Remis à la Bibliothèque du Roy par ordre de ce m[...]
de Clugny Conseiller honoraire au Parlement de
Dijon. Le 28e juin 1737   Sallier

Cecy est la réparation d'un récit de cent de [...]
qui se trouve parmi les Généalogies in f°. Lit. L.

GÉNÉALOGIE
DE LA FAMILLE
DE CLUGNY,

Dreſſée ſur les Titres Originaux.

Pour ſervir de Réponſe aux Généalogies & autres Ecrits donnés au public par François de Clugny Seigneur de Theniſſey.

A DIJON,

De l'Imprimerie d'Antoine de Fay.

MESSIRE ETIENNE DE CLUGNY CONS. AU PARLEMENT DE BOURGOGNE SEIGNEUR DE NOIS.
Né le 18.
Mars 1664.
P. A. KRAUS Pinxit.
Petit Sculp. 1736.

GENEALOGIE
DE LA FAMILLE
DE CLUGNY,

Dreſſée ſur les Titres Originaux ;

Pour ſervir de Réponſe aux Généalogies & autres Ecrits donnés au public par François de Clugny Seigneur de Theniſſey.

U lieu d'étouffer ſagement, le ſouvenir d'un procès perdu, depuis pluſieurs années, *Monſieur de Clugny Seigneur de Theniſſey* prend plaiſir à le renouveller : il érige au fond de ſon Château, un Tribunal compoſé de quelques Généalogiſtes dociles, auſquels il préſide : c'eſt là qu'il ſe donne la ſatisfaction de réformer lui-même, les Jugements rendus en faveur de *Monſieur de Clugny* Conſeiller au Parlement de Bourgogne, auquel

il a si gratuitement, & si inutilement, disputé le nom & les armes de la Famille *de Clugny*.

Le pacifique loisir dont il joüit à la campagne, le met en état d'enfanter avec le secours mandié de quelques plumes venales, ces nombreux volumes de Généalogies dont il a donné tant d'éditions différentes, toujours augmentées, jamais corrigées, & qu'il opose avec confiance aux décisions les plus justes, & les plus solemnelles.

Ce n'étoit pas assez de répandre dans le public avec affectation ces Mémoires informes & mal digerés, il a brigué l'honneur de les placer même dans la Bibliotéque du Roi : peut-être en effet le méritent-ils par leur singularité, & peut-être n'y verra-t-on jamais d'ouvrage plus rare en son espèce, ni de monument plus curieux d'une vanité mal entenduë. Le séjour & l'air des Châteaux l'inspirent quelquesfois à certains Nobles, qui comptent pour beaucoup le foible avantage d'en posseder, & qui comptent pour rien le malheur réel de les habiter.

C'est du sein de ces paisibles & tristes demeures, qu'on voit sortir en foule les préjugés les plus outrés contre la Magistrature. Si l'on en croit la Noblesse, Cazaniere, un homme de Robe, eut-il des Seigneuries, ne peut être un homme de condition ; son Château, si respectable d'ailleurs entre les mains de tout autre, n'a pas même alors le privilege d'annoblir son emploi, c'est son emploi qui dégrade son Château & qui le réduit de plein droit au rang d'une vile métairie, digne habitation d'un simple Bourgeois.

Mr. de Theniffey malheureusement séduit par des idées fausses & contagieuses, a souffert avec impatience qu'un Conseiller au Parlement partageât son nom & ses armes : après avoir fait les derniers efforts pour l'en dépoüiller avec aussi peu de justice que de succès, il cherche une vengeance impuissante dans

3

les vains écrits, qu'il met au jour & que Mr. de
Clugny croit devoir refuter, plutôt pour l'honneur
de la verité que pour le fien.

Perfonne ne l'accufera d'avoir paffé les bornes
d'une légitime défenfe : il ne fongeoit affurément
pas à contefter les titres faftueux, dont Mr. de Theniffey fe plaît à s'enveloper. Mais pourquoi n'a-t-il
voulu s'élever que pour avilir Mr. de Clugny ? Si
l'un regarde la Magiftrature comme une tache dans
fa Famille, l'autre pour la lui épargner, devoit-il fe
charger volontairement de celle dont on a tenté de
le couvrir, par une entreprife odieufe & téméraire ?
devoit-il fur tout accepter la grace que Mr. de Theniffey vouloit bien lui offrir, en l'admettant parmi
les bâtards de fa Maifon ? dont il prétend que le
nombre eft immenfe depuis plus de trois fiécles.
Telle eft l'époque à laquelle il a fait remonter cet
injurieux menfonge, non pas dans l'efperance d'en
donner la moindre preuve, mais dans le deffein d'ex-
cufer, en quelque maniere, par l'éloignement, l'im-
poffibilité d'en fournir aucune.

Mr. de Theniffey pouvoit s'égaler, s'il en avoit
envie, aux plus grands noms de la Province, aux
Bauffremont, aux Châtelux, aux Choifeuls, aux Ta-
vanes, aux Viennes, &c. Mais où a-t-il apris, qu'il
foit effenciel aux grandes Maifons d'avoir des bâtards, & de n'avoir point de gens de Robe ?

Il faut donc le détromper, & s'il eft poffible le
réduire au filence, en vengeant les interêts de la
verité, & ceux d'un Magiftrat qu'il a maltraité éga-
lement : c'eft l'objet de cet Ouvrage. Il y verra que
la Famille *de Clugny* eft véritablement bonne & ancienne, quelquefois illuftrée, quelquefois bien alliée;
il y verra que Mr. *de Clugny*, quoique Confeiller au
Parlement, tire une origine auffi certaine que légitime de cette même famille; mais il n'y verra point
qu'elle mérite d'être placée dans la claffe de la haute

A ij

Nobleſſe, à laquelle il ſouhaitoit ſi ardemment de s'élever : il en trouvera la ſource reculée , mais ſimple & ſans éclat ; trop heureux s'il pouvoit y remonter par une filiation claire & inconteſtable.

Trois objets rempliront le plan qu'on ſe propoſe, & partageront cet écrit.

1°. Une Généalogie exacte de la Famille *de Clugny* & de toutes les branches qui en ſont deſcenduës , chaque degré accompagné de ſes preuves & apuïé ſur des titres autentiques tirés des Archives des Chambres des Comptes de Paris & de Dijon, des Régiſtres des Parlements de Paris & de Dijon, & des Juſtices Royales & autres dépôts publics , & ſur des actes originaux qui tous ont été produits au procès.

2°. Un récit fidéle du procès intenté à Mr. de Clugny, ſuivi de réflexions & de remarques relatives aux preuves & aux actes de la procédure.

3°. Un recueil des piéces originales , ſervant à prouver tous les faits avancés par Mr. de Clugny. Les plus anciennes , qui ſont les plus importantes, ſont conſervées dans des dépôts publics & par conſéquent ouverts à tout le monde. Depuis l'Ordonnance de 1539 (Art. 73 & ſ.) les Notaires ont été obligés de garder des minuttes des actes paſſés pardevant eux ; c'eſt là que chacun peut les voir. Mr. de Clugny en a compulſé pluſieurs par autorité de la Juſtice : Enfin il en a raſſemblé un grand nombre d'autres, qui ſont en originaux entre ſes mains, revêtus de toutes les formalités requiſes pour les rendre autentiques par raport au tems où ils ont été paſſés; il eſt prêt de les expoſer avec confiance, à la plus libre , & même la plus rigoureuſe critique.

GENEALOGIE
de la Famille de Clugny.

LA Famille *de Clugny* eſt originaire de la Ville d'Autun au Duché de Bourgogne. C'eſt un fait avoüé par Mr. de Theniſſey.

I. Origine de la Famille de Clugny.

Quelque recherche qu'on ait faite dans les dépôts publics, & dans un grand nombre d'anciennes Chartres qu'on a ſoigneuſement examinées, on n'a rien trouvé d'autentique touchant cette Famille, qui aille au-delà du 14ᵉ ſiécle. Le premier dont l'exiſtence eſt prouvée, c'eſt

II. On ne trouve rien d'autentique touchant cette Famille, qui aille au - delà du 14ᵉ ſiécle.

GUILLAUME DE CLUGNY, Citoyen d'Autun; il a vécu au commencement du 14ᵉ ſiécle, & poſſédoit une maiſon ſituée au Fort de Marchaut d'Autun. (Circonſtance importante à remarquer pour la ſuite des générations.)

Il laiſſa trois fils; HUGUES, dont la poſtérité finit au milieu du 16ᵉ ſiécle; GUILLAUME, qui n'eut point d'enfans; & JEAN, duquel ſont deſcenduës pluſieurs branches répanduës en differens endroits de la Province, entre autres celle de Monſieur de Clugny.

Avant que de donner les preuves de l'exiſtence de GUILLAUME I. & de la filiation de ſes enfans, il ne ſera pas hors de propos de faire mention de pluſieurs autres perſonnes du nom de CLUGNY, qui ayant vécu dans le 14ᵉ ſiécle & au commencement du 15ᵉ, n'ont point laiſſé de deſcendans; ou s'ils en ont laiſſé, on n'en a trouvé aucun veſtige.

III. Pluſieurs perſonnes du nom de Clugny, qui ont vécu dans le 14ᵉ ſiécle & au commencement du 15ᵉ qui n'ont point laiſſé de deſcendans, au moins dont on ait pû avoir connoiſſance.

GUILLAUME DE CLUGNY (qualifié) Citoyen d'Autun, qui acquit de *Guillaume Pellis* d'Auxerre, fils du Seigneur Pellis d'Auxerre, Chevalier, la

Grange de Charbonieres dans la Paroiſſe de Luzy, & en fournit le dénombrement à la Chambre des Comptes de Dijon, le premier jour avant la Fête de S. Nicolas d'été 1365. *(a)*

JEAN DE CLUGNY Bailli d'Auxerre (qualifié, *honorable & ſage*) fit un traité le Samedi après la S. Martin d'été 1369, avec Alix Domplaſſe Abbeſſe de S. Julien près Auxerre, au ſujet d'un droit d'uſage dans les bois d'Annay-la-Côte dépendans de ladite Abbaïe, dû audit *Jean de Clugny* à cauſe d'une maiſon qui lui apartenoit à Tharot près Avalon. *(b)*

JEAN DE CLUGNY Licentié és Loix, Official d'Autun, fut nommé Conſeiller Avocat du Duc Philipe le Hardi és Bailliages d'Autun & de Montcenis, par Lettres du 6 Novembre 1387, aux gages de 25 livres par an. *(c)*

Il aſſiſta aux Parlements tenus à Beaune ès années 1401, 1422 & 1427. *(d)* (1)

PIERRE DE CLUGNY & *Iſabelle* ſa femme furent annoblis par Lettres du Roi Charles VI. données à Senlis au mois de Mai 1390, vérifiées en la Chambre des Comptes de Paris le 9 Juillet ſuivant. *(e)* Les Lettres contiennent ces mots : *quamvis ex appellatione vulgari, quia à nobilibus originem non traxerunt,*

(1) *Les Parlements des Ducs ſe tenoient ordinairement à Beaune. Ils n'étoient point compoſés d'Officiers ordinaires, & leurs ſéances n'étoient pas réglées. Quand les Ducs jugeoient à propos de les tenir, ils y apelloient un certain nombre d'Officiers de Juſtice & de Gradués, qui ſe tranſportoient à Beaune. Le Chancelier de Bourgogne y préſidoit & prononçoit les Jugements, dont on pouvoit apeller au Parlement de Paris, juſques au tems de Charles le Terrible ; lequel ayant ſuccédé à Philipe le Bon ſon pere en 1467, fit défenſes à tous ſes ſujets de plaider en la Cour de Parlement de France, ni relever leurs apellations ailleurs que pardevant les Gens de ſon Conſeil, par une Ordonnance qui eſt dans le Régiſtre de la Chambre des Comptes de Dijon, commencé en 1445, & fini en 1472. fol. 227.*

Ceux qui aſſiſtoient aux Parlements, étoient payés à tant par jour, tant que duroit le Parlement. Il paroit par le compte de Joſſet de Hailly, fini en 1390, que les gages du Préſident, tant que duroit le Parlement, étoient de 5 francs d'or par jour, & ceux des Conſeillers de 40 ſol.

& pro nobilibus minimè teneantur. Ils payérent 48 livres parisis de finance.

En 1410 il étoit Bailli de la Baronie de Donzy, qui apartenoit à la Maison de Bourgogne. (*a*)

Il assista au Parlement de Beaune tenu en 1422. (*b*)

ROBERT DE CLUGNY Châtelain de Chalon sur Sône, en 1393 fit bruler Jacquot Celerier convaincu du crime d'héréfie & condamné par l'Inquisiteur des Vaudois, en présence de *Guillaume de Saligny* Evêque de Chalon, & * délivré par *Jacques de Latrecey* Bailli du temporel de l'Evêché de Chalon, à *Robert de Clugny* comme Officier du Duc. (*c*)

NICOLAS DE CLUGNY de Vezelay & *Marie* sa femme reconnurent posseder environ fix foitures de pré & cent arpens de bois aux environs de la Ville d'Autun mouvans du Fief de l'Evêché d'Autun (*d*) le 14 Novembre 1401. Lui & sa femme furent annoblis par Lettres du mois d'Aout 1402, vérifiées en la Chambre des Comptes de Paris le 4 Octobre suivant, moyennant la finance de 80 livres parisis. (*e*)

GUILLAUME DE CLUGNY Bourgeois d'Autun, Sergent Châtelain du Château de Rivaut d'Autun, par acte du 4 Janvier 1404, enregistré en la Chambre des Comptes de Dijon, s'obligea en sa qualité de Sergent Châtelain, & à cause des droits à lui attribués, de garder tous les prisonniers, qui pour cas criminels feront amenés és prisons de Monsieur le Duc au Chateau de Rivaut d'Autun. (*f*)

JEAN DE CLUGNY nommé par le Roi à l'Office d'Elû sur le fait des Aydes sur les Gens d'Eglise & Clergé du Diocèse d'Autun, reçut ses Lettres d'attache pour exercer cet Office, des Tréforiers & Gou-

---

(*a*) Mémoires de Palliot reconnus légitimes par Mr. de Thenifley, dans l'acte du 15 Juillet 1720.

(*b*) Hist. du Parlement de Bourgogne par Palliot, p. 13.

* *C'est à dire,* remis entre les mains du Juge Laïc.

(*c*) Histoire de Chalon sur Sône, par le P. Perry Jésuite, p. 258.

(*d*) Régistre des mouvances de l'Evêché d'Autun.

(*e*) Rég. 3 de la Chambre des Comptes de Paris, *ab ann.* 1387 *ad ann.* 1408, *fol.* 117.

(*f*) Gros Régistre de la Tour d'en-haut de la Chambre des Comptes de Dijon, fol. 645, c. 48.

verneurs des Finances de France le **16 Septembre 1423.** (*a*)

Il faut à prefent revenir à Guillaume de Clugny I. & à fa poftérité.

(*a*) L'original avoüé pour légitime par Mr. de Theniffey en perfonne, affifté de Procureurs & Experts, par procès verbal des Greffiers des Requêtes du Palais à Dijon, du 12 Aout 1722, dans lequel il déclare qu'il le reconnoît pour être de la Maifon.

I. **G**UILLAUME DE CLUGNY I. Citoyen d'Autun, poſſeſſeur d'une maiſon ſituée au Fort de Marchaut d'Autun, laiſſa trois fils, 1. *Hugues.* 2. *Guillaume* Second. 3. *Jean* Premier ; dont on parlera chacun en ſon ordre. On va raporter les preuves de l'exiſtence de *Guillaume* I. & de la deſcendance de ſes trois fils.

1°. Un Jugement de la Chambre des Comptes de Dijon du 4 Janvier 1398, pour l'admortiſſement de pluſieurs héritages & rentes foncieres acquiſes par les Abbé & Religieux de S. Martin d'Autun, de *Hugues de Clugny*, fils de feu Guillaume de Clugny Citoyen d'Autun. (*a*)

2°. Un Jugement rendu le 6 Novembre 1399 par le Gouverneur de la Chancellerie de Bourgogne, en faveur des Abbé & Religieux de S. Martin d'Autun, pour le payement des arrérages d'une redevance qui leur étoit duë ſur une maiſon ſituée au Fort de Marchaut d'Autun, poſſédée par *Hugues, Guillaume* & *Jean de Clugny* fils de feu *Guillaume de Clugny* Citoyen d'Autun. (*b*)

3°. Le teſtament de *Jean de Clugny* Licentié ès Loix, de l'an 1412, dans lequel il ſe dit fils de feu *Guillaume de Clugny* d'Autun, & fait une fondation dans la Chapelle qui joint ſa maiſon au Fort de Marchaut d'Autun. (*c*)

Ces trois piéces prouvent que *Guillaume de Clugny* I. Citoyen d'Autun, a exiſté dans le quatorziéme ſiécle, qu'il a poſſédé *une maiſon au Fort de Marchaut d'Autun*, qu'il a tranſmiſe à ſes trois fils *Hugues, Guillaume & Jean de Clugny.*

Il doit avoir vécu dans le commencement du quatorziéme ſiécle, *Hugues de Clugny* ſon fils aîné, Citoyen d'Autun, étant déja avancé en âge en l'année 1359, comme on va le faire voir dans ſon article qui ſuit.

B

IV. Guillaume de Clugny Premier, Citoyen d'Autun, chef & auteur de toutes les branches de la Famille de Clugny, répanduës en différents endroits de la Province de Bourgogne.

(*a*) Archives de la Chambre des Comptes de Dijon, Rég. des admortiſſements.

(*b*) Régiſtres de la Chancellerie de Bourgogne, dépoſés dans les archives de la Chambre des Comptes, dans la grande galerie.
(*c*) Produit par Mr. de Theniſley.

II. **Hugues de Clugny I.** Citoyen d'Autun, fils de *Guillaume de Clugny* I. comme on vient de le prouver par le Jugement de la Chambre des Comptes de Dijon de 1398, & celui de la Chancellerie de Bourgogne de 1399, fut un des sept Bourgeois des principales Villes de Bourgogne, qui s'établirent cautions envers Edoüard III. Roi d'Angleterre, pour le payement de la somme de deux cens mille deniers d'or au mouton, [1] promis par Philipe l'Enfant, dernier Duc de Bourgogne de la premiére race, moyennant quoi le Roi d'Angleterre remit au Duc la Ville de Flavigny qu'il avoit prise sur lui, par traité de trève, conclu à Guillon le 10 Mars 1359. (a) Il étoit Gradué, & fut depuis Lieutenant du Bailli d'Autun. (b)

Le Duc par son testament du 23 Novembre 1361, ordonna que toutes ses cautions envers le Roi d'Angleterre, entre autres *Hugues de Clugny*, seroient garantis de leur pleigerie ; ce qui fut confirmé par Lettres Patentes du Roi Jean, données à Beaune le 23 Janvier 1361, [2] lorsqu'il vint prendre possession du Duché de Bourgogne après la mort de Philipe l'Enfant ; dans lesquelles il est aussi fait mention de *Hugues de Clugny*. (c)

Par contrat reçû Loisleau Notaire en Cour d'Eglise, le Vendredi avant la Nativité de la Vierge Marie 1368, il fonda un anniversaire dans l'Eglise de l'Abbaïe de S. Martin d'Autun, & donna pour rétribution une rente de 20 sols par an. (d)

Hugues de Clugny & *Guillaume* son frere, le Dimanche après *Lætare* 1370, firent compte avec *Agnès du Meix* veuve de *Jean de Menteserre* Chevalier, des arrérages qui leur étoient dûs par ladite Agnès, à cause d'une rente en assiette [3] sur la Terre de Me-

(a) Dans la Tour d'en-haut de la Chambre des Comptes de Dijon, layette des Trait. de paix.

(b) Robert, Gall. Christian. p. 214.

(c) Ibid. layette des testaments.

(d) Archives de l'Abbaïe de Saint Martin d'Autun.

---

(1) Le denier d'or au mouton valoit trente sols.

(2) L'année commençoit à Pâques.

(3) *Les rentes en assiette étoient alors en usage en Bourgogne. Le débiteur, pour*

neſerre, payable dans la Ville d'Autun ; les échûs ſe trouvérent monter à huit-vingt francs, pour leſquels elle leur vendit une nouvelle rente. (a)

En 1378 il étoit Lieutenant de *Guillaume de Charmes* Bailli d'Autun. (b)

Il poſſédoit partie de la maiſon ſituée au Fort de Marchaut d'Autun, qui avoit été poſſédée par *Guillaume* I. ſon pere, ainſi qu'on l'a prouvé dans ſon article.

Il laiſſa deux fils, qui ont fait les deux branches de Meneſerre & d'Alonne, 1. *Guillaume* III. dit l'aîné qui ſuit. 2. *Guillaume* IV. dit le jeune, dont on parlera dans ſon ordre.

(a) Mémoires de Palliot avoüés par Mr. de Theniſſey.
(b) Robert, Gall. Chriſt. p. 214.

le payement des interêts de la ſomme prêtée, abandonnoit au créancier la joüiſſance d'un ou pluſieurs héritages, juſques au terme accordé pour le rembourſement du capital. Pendant ce tems le créancier percevoit par ſes mains le revenu du fond engagé ; ce qui étoit une véritable antichréſe, autoriſée en Bourgogne par une Loi publique, qui régloit l'eſtimation du revenu des héritages qu'on donnoit en engagement, ſuivant leurs différentes qualités de Juſtice, ou de roture ; qu'on voit à la ſuite du texte de la Coutume imprimée en 1636 ; ce qu'on apelloit en Bourgogne aſſiette de terre. Ces ſortes de rentes étoient auſſi en uſage dans d'autres Provinces. Par le moyen de ces rentes en aſſiette, dont le capital devenoit exigible après le tems accordé, il arriva ſouvent que faute de rembourſement, le débiteur étoit obligé d'abandonner la propriété au créancier, qui par là devenoit poſſeſſeur incommutable de l'héritage ſur lequel la rente en aſſiette avoit été aſſignée.

BRANCHES DE MENESERRE ET D'ALONNE.

I. *Guillaume de Clugny*, Citoyen d'Autun, vivoit au commencement du quatorziéme siécle, possédoit une maison située au Fort de Marchaut d'Autun, eut trois fils; l'aîné

II. *Hugues de Clugny*, Citoyen d'Autun, caution du Duc de Bourgogne dans le traité des moutons, qui eut deux fils mariés. 1359, 1361, 1367, 1398, 1399.

III. *Guillaume de Clugny*, l'aîné, Seigneur de Meneserre, marié à *Jeanne Dostun*, dont il eut un fils. 1414, 1420, 1427.

III. *Guillaume de Clugny*, le jeune, Seigneur d'Alonne, marié à *Philiberte de Busseuil*, dont il eut deux fils & une fille. 1437.

IV. *Jacques de Clugny*, Seigneur de Meneserre, marié à *Adrienne de Nevers*, dont il eut un fils. 1464, 1488.

IV. *Damas de Clugny*, IV. *Jacques de Clugny*, quittérent le nom de Clugny, pour prendre celui de Busseuil, n'ont point laissé de postérité. 1452.

IV. *Loüise de Clugny*, Abbesse de S. Andoche d'Autun. 1450.

V. *Paul de Clugny*, Seigneur de Meneserre, marié à *Barbe de Semeur*, laissa un fils & trois filles. 1509.

VI. *Jean de Clugny*, mort sans avoir été marié. 1542.

VI. *Suzanne & Anne de Clugny*, mortes sans alliances. 1542.

VI. *Jeanne de Clugny*, mariée à *Loüis de Genelard*. 1527.

BRANCHE DE MENESERRE.

III. GUILLAUME DE CLUGNY III. dit l'aîné, fils de *Hugues* I. (*) sa filiation prouvée par des Lettres Patentes du mois d'Aout 1420, enrégiftrées en la Chambre des Comptes le 2 Octobre fuivant, (*a*) fut Seigneur de Meneferre & de Moux, ayant acquis ces Seigneuries en extinction des rentes en affiette, qui lui étoient duës du chef de *Hugues* I. fon pere Citoyen d'Autun, & du chef de *Guillaume* II. fon oncle, dont il fut héritier en partie. En 1414 il reçut dans la Ville de Beaune des mains du Duc Jean, l'inveftiture de ces deux Terres, (*b*) qui lui donnérent le droit de prendre le titre d'Ecuyer. (1) Il avoit époufé *Jeanne d'Oftun*, & mourut le 2 Aout 1427.(*c*) Il ne laiffa qu'un fils, *Jacques de Clugny* qui fuit.

IV. JACQUES DE CLUGNY Seigneur de Meneferre, fut marié à *Adrienne de Nevers*, fille naturelle de *Charles de Bourgogne* Comte de Nevers & de Retel, légi-

(*) V. ci-d. p. 9.

(*a*) Régiftre de la Chambre des Comptes de Dijon, dans la Tour d'en-bas.

(*b*) Layette des Reprifes de Fief, du Bailliage d'Autun, dans la Tour d'en-haut de la Chambre des Comptes de Dijon.

(*c*) Infcription fur la tombe dans la Chapelle de S. Jofeph, en l'Eglife de S. Jean l'Evangélifte d'Autun.

(1) *Avant l'Ordonnance de Blois* 1579, *art.* 258, *les Fiefs ayant haute Juftice & relevants immédiatement du Souverain, annobliffoient les nouveaux acquereurs, quoique non nobles, & leur poftérité, au moment qu'ils en étoient inveftis.*

Dumoulin fur Paris, tit. 1, §. 15, *n.* 3 & 4. *Loifel, Inftit. Cout. l.* 1, *tit.* 2, *art.* 9. *Mr. Expilly dans fon premier Plaidoyer pour la Nobleffe de Dauphiné. Gui-Pape, Décif.* 389.

M. de Chaffeneuz dans fon Confeil 64, *pour Hugues de Vezon, Seigneur d'Annou, Avocat au Bailliage d'Avalon, dont le pere avoit exercé les fonctions de Notaire & de Procureur poftulant au même Bailliage, dit que c'étoit une maxime établie en Bourgogne, & qui y étoit fi notoire qu'il n'étoit pas permis d'en douter; auffi depuis ce tems la famille de Vezon eft réputée noble, & l'eft encore à préfent.*

Duret fur cet article 258 *de l'Ordonnance de Blois, après avoir pofé pour principe, qu'en France les poffeffeurs des Seigneuries étoient exemts de contribution à la taille, dit qu'il femble qu'on ait voulu tirer par cet article la bride aux libertés Françoifes; après quoi il ajoute, que l'intention du Légiflateur a été d'empêcher que les gros ufuriers & harpies ne fuffent à l'avenir honores & affranchis par leurs deniers mal acquis, par l'achat des Seigneuries.*

La Roque dans fon traité de la Nobleffe, ch. 57, *dit que tel étoit l'ufage par toute la France, & que c'étoit la plus ancienne maniere d'annoblir.*

Quand on examine les titres des familles nobles, & qu'on remonte au de-là de 1579, *on reconnoit qu'il y en a un grand nombre, dont la nobleffe a commencé par la poffeffion des Fiefs.*

timée par Lettres de Loüis XI. du mois de Décembre 1463, enrégiftrées en la Chambre des Comptes de Paris. (*a*)

En 1464 il étoit Ecuyer-Echanfon du Duc. (*b*)

·En 1488 il fut condamné à payer une rente en grains & vin, pour un anniverfaire fondé dans l'Eglife Cathédrale d'Autun par Maître *Guillaume de Clugny* Bailli de Dijon, fon grand-oncle, qui l'avoit affignée fur la rente en affiette, qu'il avoit fur la Seigneurie de Meneferre. (*c*)

Il étoit mort en 1507, car le 14 Juin de cette année *Damoifelle Adrienne de Nevers* fa veuve, donna pouvoir à *Paul de Clugny* leur fils, dont on va parler, de défendre au decret interpofé fur la Terre de Meneferre. (*d*)

V. Paul de Clugny Ecuyer, Seigneur de Meneferre, fut marié à *Barbe de Semeur*, avec laquelle il vendit par contrat du 13 Novembre 1509, à *Claude de Clugny* fon coufin, Seigneur d'Esfourgs & de Souvert, le droit d'ufage dans la Forêt de Patuel, dépendant de la Seigneurie de Meneferre, tant que la Terre d'Esfourgs fera dans la famille de Clugny. (*e*)

Ils laifférent quatre enfants.

VI. Jean, Suzanne & Anne de Clugny, qui tinrent lieu de défendeurs principaux au decret qui avoit été interpofé fur la Terre de Meneferre, du vivant de *Paul de Clugny* leur pere, & qui fut repris avec eux. On ne trouve aucunes piéces ni mémoires, qui juftifient qu'ils aient été mariés; ainfi ce *Jean de Clugny* fils de *Paul*, a été le dernier mâle de la branche de Meneferre. Il avoit une fœur mariée, fçavoir,

JEANNE DE CLUGNY mariée à *Loüis de Genelard* Ecuyer,

(*a*) Le P. Anfelme, Hift. Générale des Princes, &c. tom. 1, p. 124, 125.

(*b*) Compte de Huguenin de Faletan, dans la Sale de la Chambre des Comptes de Dijon, où font tous les comptes des Receveurs, tant Généraux que Particuliers.

(*c*) Archives de la Cathédrale d'Autun, & vifée dans un procès verbal du Gouverneur de la Chancellerie du 27 Mai 1542, contenant délivrance de la Seigneurie de Meneferre.

(*d*) Procédure du decret interpofé fur la Terre de Meneferre

(*e*) Contrat reçû Gaudri Notaire, vifé dans le procès verbal du Gouverneur de la Chancellerie, du 27 Mai 1542.

Ecuyer, Seigneur de Liman, par contrat du pénultiéme Mai 1527. (*a*)

La Seigneurie de Meneferre mife en decret, comme on vient de le dire, fut adjugée à *Jean de Vaulx*,
chargée du droit d'ufage mentionné au contrat du
13 Novembre ~~1609~~, envers *Jean de Clugny* Seigneur ✕·1509·
d'Esfourgs, fils de *Claude*; de la redevance duë au
Chapitre d'Autun pour la fondation faite par Maître
Guillaume de Clugny Bailli de Dijon, au payement
de laquelle *Jacques de Clugny* avoit été condamné
par la Sentence de 1488, dont on a parlé dans fon
article; & *Jeanne de Clugny* y fut colloquée pour ce
qui lui reftoit dû de fa dot.

Le procès verbal de délivrance qui contient tout
le récit de la procédure eft du 27 Mai 1542. (*b*)

(*a*) Vifé dans le procès verbal du 27 Mai 1542.

(*b*) Régiftres de la Chancellerie de Bourgogne.

BRANCHE D'ALONNE.

(*) V. ci-d. p. 11.

III. **GUILLAUME DE CLUGNY** IV. dit le Jeune, second fils d'*Hugues de Clugny* I. Citoyen d'Autun, (*) qualifié Habitant d'Autun dans son contrat de mariage avec *Philiberte de Buffeuil*, fille de *Damas de Buffeuil* Damoiseau, du 24 Juillet 1419.

Il mourut le 17 Janvier 1437, (*a*) & laissa deux fils & une fille, *Loüise de Clugny* Abbesse de S. Andoche d'Autun en 1450. (*b*)

(*a*) Inscription sur la tombe dans la Chapelle de S. Joseph, dans l'Eglise de S. Jean l'Evangéliste d'Autun.

(*b*) Sainte Marthe, *Gall. Christ.* t. 4, p. 45.

IV. **JACQUES & DAMAS DE CLUGNY**. *Damas de Buffeuil* leur oncle mourut sans avoir été marié, & laissa la Terre d'Alonne à *Philiberte de Buffeuil* sa sœur, & à *Jacques & Damas de Clugny* ses neveux, à condition de porter le nom & les armes de Buffeuil. Philiberte de Buffeuil, tant en son nom qu'au nom de ses deux fils, rendit les foi & hommage pour la Terre d'Alonne à *Loüis de la Trimoille* Comte de Joigny, Baron de Bourbon-Lancy, à cause de son Châtel & Seigneurie d'Uchon, le jour de la fête de Saint Jean Décolate 1452. (*c*)

(*c*) Archives de la Baronie d'Uchon.

Jacques & Damas moururent sans avoir été mariés, car on n'a pû découvrir aucune piéce, mémoire ou monument qui parlent d'eux depuis cette reprise de Fief; la Terre d'Alonne a passé depuis plusieurs siécles dans une autre famille; elle a depuis été érigée en titre de Comté, sous le nom de Toulongeon.

II. **G**UILLAUME DE CLUGNY II. du nom, fecond fils de *Guillaume de Clugny* I. Citoyen d'Autun,* fut d'abord Clerc. (1) En cette qualité il prit à titre de ferme du Roi Jean en 1361, l'Office de Bailli d'Auxois pour fix ans, qui expirérent en 1366. (2) Il rendit fes comptes en 1367, en qualité de Clerc, Bailli & Receveur du Bailliage d'Auxois. (*a*)

Il affifta en qualité de Bailli d'Auxois au Parlement que le Roi Jean fit tenir à Beaune en 1361. (*b*)

Il fe fit depuis graduer, car en 1368 dans un acte de foi & hommage qu'il rendit pour quelques arpens de terre en Fief qu'il avoit acquis dans l'étenduë des Seigneuries de la Croix d'Ornay & de Beurrey-Baugay apartenantes à *Jeanne d'Eu* Comteffe d'Etampes, elle le qualifie fon amé & féal Confeiller, Maître *Guillaume de Clugny* Licentié ès Loix ; qualité qu'il a toujours prife depuis en tous actes.

En l'année 1374 il étoit Bailli de Dijon. Le 26 du mois d'Octobre de cette année, le Duc lui accorda l'exemption du droit de Scel (3) de la Chancellerie du Duc, pour tous les acquêts d'héritages par lui faits & à faire. (*c*)

En la même année 1374, il fut apellé au Confeil Etroit du Duc. (*d*) (4) Il mourut en 1387, & eft en-

(*) V. ci-d. p. 9.

(*a*) Dans la Sale des comptes des Receveurs de la Chambre des Comptes de Dijon.

(*b*) Dans la même Sale, compte du Receveur Général de Bourgogne, commencé en 1361, & finiffant en 1362.

(*c*) Régiftres de la Chambre des Comptes de Dijon. L'Original produit par Mr. de Theniffey.

(*d*) Au compte de Arnaut pour 1374, où *Guillaume de Clugny* eft employé pour 140 liv. de gages

---

(1) *Clerc en ce tems-là fignifioit un homme entendant la Pratique & le ftile du Barreau. Le P. Meneftrier, des diverfes efpèces de Nobleffe.*

(2) *Pour fçavoir ce que c'étoit alors que les Baillis à titre de ferme, & comment ils exerçoient leurs fonctions, v. le Traité de la Police par Lamare, Paris 1705, L. 1, tit. 5 & fuiv. tit. 7, ch. 2, p. 103 & fuiv. chap. 3, p. 106. Ce n'eft que depuis l'Ordonnance d'Orléans, art. 48, confirmée par celle de Blois, art. 261, que les Offices de Baillis ont été affectés aux gens de Robe courte; ils étoient auparavant exercés indifféremment par des Gens de longue & courte Robe. V. les Ordonnances de Loüis XII. 1498, Moulins 1546, François II. 1560.*

(3) *On expliquera ce que c'eft que ce droit de Scel, fur l'article de Jean de Clugny I. fon frere, qui fuit.*

(4) *Les Confeils des Ducs étoient compofés de ceux qu'il leur plaifoit y apeller, foit qu'ils fuffent Gens d'Eglife, Gens de Robe courte, ou Gens de Robe longue. Les Offices de Baillis étoient auffi exercés par des Gens de courte ou longue Robe indifférem-*

terré dans l'Eglife des PP. de l'Oratoire à Dijon,
autrefois le Val des Choux, où il avoit fait quelque
fondation, dont il eſt fait mention dans l'inſcription
qui eſt ſur ſa tombe, & qui eſt en partie effacée. Il
avoit fait une fondation dans la Cathédrale d'Autun,
dont on a parlé dans les articles de *Jacques de Clu-*
gny & de *Jeanne, Suzanne & Anne de Cluguy.* (*) Il
mourut ſans enfants, comme on l'a prouvé dans leſdits articles.

(*) V. ci-d. p. 10.

ment. Leurs différents états ſont marqués dans les Régiſtres de la Chambre des
Comptes de Dijon, ſur tout celui cotté ✝; ceux de Robe courte y étant qualifiés Meſſire, Chevalier ou Ecuyer *, ſuivant leur degré dans l'ordre de la Nobleſſe; ceux*
de Robe longue, ou Gradués, ſont qualifiés, Maître, Licentié ou Sage en Droit.

JEAN DE CLUGNY I. troifiéme fils de *Guillaume de Clugny* I. (*) contracta mariage avec *Guiotte de Beze*, le 6 Janvier 1382, (*a*) en préfence de *Hugues* I. & *Guillaume de Clugny* II. fes freres qui s'établirent cautions du doüaire promis à la future ; il eft qualifié dans le contrat de mariage, Licentié ès Loix, Citoyen d'Autun.

Il eft juftifié par le Jugement de la Chancellerie de Bourgogne du 6 Novembre 1399, (*b*) dont on a parlé dans l'article de *Guillaume de Clugny* I. fon pere, qu'il poffédoit partie de la maifon fituée au *Fort de Marchaut* d'Autun, comme héritier de fondit pere. On verra dans la fuite qu'il poffeda depuis la totalité de cette maifon, qu'il tranfmit à fes héritiers.

Le 8 Aout 1400 il fut pourvû par le Duc de l'Office de Garde des Sceaux aux Contrats de la Chancellerie du Duché de Bourgogne, au Siége d'Autun & de Montcenis, (1) & en prêta le ferment en la Chambre des Comptes de Dijon le 8 Novembre fuivant. (*c*)

Le 9 Décembre 1404 il fut pourvû de l'Office de Confeiller du Duc, (2) ès Bailliages d'Autun & de

(*) V. ci-d. p. 9.

(*a*) Mémoire de Palliot avoüé par Mr. de Thenilley, dans l'acte du 15 Juillet 1720.

(*b*) Régiftre de la Chancellerie de Bourgogne.

(*c*) Régiftre de la Chambre des Comptes de Dijon, cotté X. dans le Syndicat, fol. 53, recto.

(1) *Les Ducs de Bourgogne percevoient un droit, apellé le droit de Scel, fur tous les contrats & actes qui fe paffoient pardevant Notaires, affez femblable à celui du Contrôle établi depuis plufieurs années dans le Royaume, car il étoit plus ou moins fort, fuivant les fommes ; le plus bas étoit de fix deniers, le plus haut de dix fols, à quelque fomme que montât le contrat. On levoit encore cinq deniers pour le droit de régiftre. Pour la perception de ce droit, les Ducs fur la nomination de leur Chancelier, commettoient fix Gardes des Sceaux, dans les Villes de Dijon, Autun, Beaune, Chalon, Semur en Auxois & Chatillon fur Seine, qui s'apelloient Clerici Libellenfes. Tous les Notaires & leurs coadjuteurs, chacun dans leur detroit, étoient obligés de porter tous les contrats qu'ils recevoient à ces Gardes-Scels, qui les fcelloient à double queuë de parchemin pendant du Scel & du Contrefcel. Les Notaires & leurs Coadjuteurs leurs repréfentoient auffi deux fois l'année leurs régiftres, fur lefquels les Gardes des Sceaux percevoient les émoluments du Scel, dont ils remettoient tous les ans le produit au Chancelier de Bourgogne, qui retenoit par fes mains 100 francs pour fa penfion, & portoit le furplus à l'épargne du Duc. V. le Régiftre de la Chambre des Comptes de Dijon, qui contient le ftile de la Chancellerie de Bourgogne, fol. 91 & 92.*

(2) *Il paroit par le Régiftre de la Chambre des Comptes de Dijon, cotté †, fol. 41 ; les comptes de Pierre Romillé, 1373 ; de Regnaut Gaftelier 1388 ; de Juglier, 1394, & autres ; que les Ducs avoient dans chaque Bailliage deux*

Montcenis, & en prêta ferment en la Chambre des Comptes le lendemain. (a)

Il avoit fait édifier une Chapelle près de fa maifon, fituée au Fort de Marchaut d'Autun, dans laquelle il fit quelques fondations par fon teftament de 1412, dans lequel il fe dit fils de *Guillaume de Clugny* d'Autun. (b)

Il mourut le 12 Aout 1412. (c)

Il avoit fait plufieurs fondations dans l'Eglife Cathédrale d'Autun, pour lefquelles il avoit donné 47 livres de rente, qui furent augmentées de 3 livres par *Jean de Clugny* l'un de fes fils, Chanoine de cette Eglife, par acte du Lundi après l'Aparition de Notre Seigneur en 1413. Ces fondations furent admorties par Lettres Patentes du Duc Jean, données à Lille au mois de Juillet 1414. (d)

Il fut Seigneur en partie de Conforgien. Il avoit laiffé cinq enfants, tous nommés dans les Lettres Patentes du mois de Juillet 1414.

I. JEAN DE CLUGNY Chanoine d'Autun, qui étoit mort lorfque ces Lettres furent accordées.

II. GUILLAUME DE CLUGNY V. qui fuit.

III. GEOFFROY DE CLUGNY I. qui n'eut qu'un fils nommé *Jean*, mort fans poftérité, de *Bonne Bernard* fa femme, avant 1493. (e)

IV. JEAN DE CLUGNY II. dont on parlera dans fon ordre.

V. ALIX DE CLUGNY mariée à *Claude de Cordeffe* Seigneur de Merveille.

Confeillers Avocats, dont les fonctions étoient de veiller aux affaires du Duc, dans les Bailliages pour lefquels ils étoient deftinés. Leur ferment portoit qu'ils promettoient de confeiller le Duc avant tout autre, défendre & foutenir fes caufes, & aider à voir & foutenir fes droits. Les Ducs apelloient quelquefois ces Confeillers dans leurs Confeils, & ils expédioient les caufes des Particuliers de la Chancellerie & du Bailliage où ils étoient établis, en l'abfence des Baillis & des Lieutenants de la Chancellerie.

Marginal notes:

(a) Ibid. fol. 67, recto.

(b) Produit par Mr. de Theniffey.

(c) V. l'infcription qui eft fur la tombe fous le Jubé de l'Eglife de l'Abbaïe de Saint Martin d'Autun.

(d) Lettres originales vérifiées en la Chambre des Comptes de Dijon.

(e) Arrêt du Parlement de Dijon du 15 Feyrier 1493.

III. **GUILLAUME DE CLUGNY** V. du nom, second fils de *Jean de Clugny* I. & de *Guiotte de Beze*, fut marié à *Guillemette*, fille de *Jean le Boiteux* de Viteaux. (*a*)

Il posséda conjointement avec *Geoffroi de Clugny* I. son frere, la maison située au *Fort de Marchaut* d'Autun. Ces deux freres étoient communs en bien; & dans un contrat du Mercredi après la Tranflation de S. Benoît 1419, il eft énoncé que cette maison leur apartenoit du chef de *Maître Jean de Clugny* I. leur pere. (*b*)

Il fut Seigneur de Conforgien, & fut le Fondateur de la Chapelle de S. Joseph dans l'Eglise de S. Jean l'Evangélifte d'Autun. Il mourut le 16 Mai 1432. (*c*)

Il laiffa deux fils.

HENRI DE CLUGNY qui fuit.

GEOFFROY DE CLUGNY II. qui en 1478 étoit Maître d'Hôtel de *Philipe d'Hocberg* Prince de Neuchatel, Maréchal de Bourgogne. (*d*) On ne fçait s'il a été marié.

(*a*) Jugement du Parlement tenu à Beaune en 1421, où il plaidoit en qualité de tuteur de *Marguerite le Boiteux* fa belle-fœur.

Les Jugements des Grands Jours ou Parlements des Ducs, fe dépofoient en la Chambre des Comptes de Dijon, où ils font encore.

(*b*) Titre original reconnu légitime par Mr. de Thenifley, dans le procès verbal du Greffier des Requétes du Palais de Dijon, le 12 Aout 1722.

(*c*) Infcription dans cette Chapelle fur une lame d'airain.

(*d*) Piéce produite par Mr. de Thenifley.

IV. **H**ENRY DE CLUGNY fils de *Guillaume de Clugny* V. & de *Guillemette le Boiteux*, (*a*) marié à *Pernette Coulot*.

Il fut Licentié ès Loix, & en cette qualité fit les fonctions d'Avocat au Bailliage d'Autun. (*b*)

Il fut Bailli de la temporalité de l'Evêché d'Autun, pour le Cardinal *Rolin* qui en étoit Evêque. (*c*)

Il fut Conseiller Avocat du Duc au Bailliage d'Autun & de Montcenis. (*d*)

Il fit les fonctions d'Avocat Fiscal ès Parlements tenus à Beaune ès années 1427, 1435, 1438 & 1447. (*e*)

Il fut Seigneur de Conforgien & de Joursanfvau, & mourut le 31 Mars 1452, laissant de *Pernette Coulot* sa femme cinq enfants, quatre fils & une fille.

I. *Jean de Clugny* III. qui suit.

II. *Ferry de Clugny.*

III. *Guillaume de Clugny* VI.

IV. *Hugues de Clugny* II. dont on parlera chacun dans son ordre.

V. *Aglantine de Clugny* mariée par contrat reçû Brossier & Brulet Notaires, du 16 Janvier 1463, à *Loüis de la Baume* Ecuyer, autorisée par *Pernette Coulot* sa mere. *Huguette Porteret* veuve de *Jean de Clugny* frere de la future, promit de lui payer au nom de ses enfants 500 livres; *Ferry de Clugny* Official d'Autun, Maître des Requêtes du Duc, 200 livres; *Guillaume de Clugny* Archidiacre d'Avalon en l'Eglise d'Autun, 300 livres; & *Hugues de Clugny* Seigneur de Conforgien, 500 livres, moyennant quoi elle renonça au profit de ses trois freres, & des enfants de son autre frere décédé, à tous droits paternels, maternels & fraternels, se réservant les autres successions collatérales. (*f*)

(*a*) L'inscription sur airain qui est dans la Chapelle dont on vient de parler dans l'art. de *Guillaume V.* qui est en lettre Gothique & fort ancienne, porte que *Guillaume de Clugny V.* étoit grand-pere de *Ferry* Cardinal *de Clugny,* & de *Guillaume* Evêque de Poitiers; il étoit par conséquent pere d'*Henri,* dont ces deux Prélats furent les fils, comme on va le voir.

(*b*) Dans une Enquête faite en 1487 de l'autorité du Bailli de Dijon, à requête de M. Bataille Conseiller au Parlement, contre les Maire & Habitans de Beaune; plusieurs témoins déposent qu'ils ont apris que feurent *Henri de Clugny* & *Jean de Clugny* son fils avoient exercé l'état d'Avocat à Autun, & que *Guillaume de Clugny* petit-fils d'*Henri* l'exerçoit encore alors.

(*c*) Robert, *Gall. Christ. p. 214.*

(*d*) Compte de Jean Pucelle pour 1427.

(*e*) Palliot, Hist. du Parlement de Bourgogne, pag. 17. Compte de Jean Fraignot, fol. 234.

(*f*) L'original en parchemin est entre les mains de Mr. de Clugny.

BRANCHE DE MONTHELON.

1. *Guillaume de Clugny*, Citoyen d'Autun, posséssur d'une maison située au Fort de Marchaut d'Autun, vivoit au commencement du quatorziéme siécle, laissa trois fils, entre autres,

II. *Guillaume de Clugny* II. Clerc Licentié ès Loix, Bailli d'Auxois puis de Dijon, son second fils, mort sans avoir été marié. 1361, 1366, 1368, 1370, 1374, 1387.	II. *Jean de Clugny* I. Licentié ès Loix, Garde des Sceaux aux Contrats de la Chancellerie du Duc au Bailliage d'Autun, son troisiéme fils: posséda la maison de Marchaut d'Autun : il avoit épousé *Guiotte de Beze*, dont il eut cinq enfants, entre autres. 1382, 1399, 1400, 1404, 1412, 1414.		
III. *Jean de Clugny* Chanoine d'Autun, mort peu de tems après son pere. 1414.	III. *Guillaume de Clugny* V. Seigneur de Conforgien, posséssur de la maison de Marchaut, conjointement avec Geoffroy de Clugny son frere, qui laissa deux fils de *Guillemette le Boiteux* sa femme. 1402, 1419, 1421, 1434.	III. *Geoffroy de Clugny* marié à 1414. IV. *Jean de Clugny* qui ne laissa point d'enfants de *Bonne Bernard* sa femme. 1469, 1493.	III. *Alix de Clugny* mariée à *Claude de Cordesse*. 1469.
IV. *Henri de Clugny* Conseiller du Duc au Bailliage d'Autun, marié à *Pernette Coulot*, qui posséda la maison de Marchaut, & laissa quatre fils & une fille: entre autres fils. 1452, 1463, 1487.	IV. *Geoffroy de Clugny* Maître d'Hôtel du Maréchal d'Hocberg, mort sans postérité. 1478.		
V. *Jean de Clugny* Maître des Requêtes du Duc, marié à *Huguette Porteret*, posséda la maison de Marchaut, acquit le meix Piault, qu'il fit apeller le Fief de Clugny, laissa trois fils. 1456, 1463, 1480.	V. *Ferry de Clugny* Cardinal. 1456, 1459, 1465, 1470, 1473, 1474. *	V. *Guillaume de Clugny* Evêque de Poitiers. 1448, 1465, 1470, 1473, 1474, 1478, 1480.	V. *Aglantine de Clugny* mariée à *Louis de la Baume*. 1463.

* *Mr. de Thenissey dit que le Cardinal de Clugny est son ancêtre collatéral ; il reconnoît donc que la famille de Clugny descend de Guillaume de Clugny I. Citoyen d'Autun. La possession de la maison de Marchaut depuis lui, pendant huit générations, en est une preuve convaincante.*

VI. *Guillaume de Clugny* Licentié ès Loix, Seigneur de Monthelon, posséda la maison de Marchaut. Il laissa de *Françoise de Messey* sa femme, deux fils & une fille. 1470, 1473, 1474, 1478.	VI. *Barthelemy de Clugny* Archidiacre d'Avalon, Chanoine d'Autun & de Liége. 1474.	VI. *Antoine de Clugny* Religieux à Flavigny, Prieur de Coulches. 1504.
VII. *Louis de Clugny* Seigneur de Monthelon, marié à *Marie de Chaulgy*, posséda la maison de Marchaut, & ne laissa que des filles.	VII. *Guillaume de Clugny* Chanoine d'Autun, Prieur Commendataire de Coulches. 15.....	VII. *Marguerite de Clugny* mariée à *Jean d'Argueil* Seigneur de Bard & de Soussey. 1502.

VIII. *Françoise de Clugny* mariée à *Huguet de la Roque*, morte sans postérité. 1528, 1546.	VIII. *Jeanne de Clugny* mariée à *Nicolas de la Roque*, morte sans postérité. 1531, 1546.	VIII. *Barbe de Clugny* Religieuse de S. Jean le Grand d'Autun. 1546.	VIII. *Jeanne de Clugny* Religieuse de l'Abbaïe de Molaise. 1546.

Ces deux sœurs possédérent la maison de Marchaut, qui fut adjugée sur elles par decret à Edoüard Roulon ; & le petit Fief de Clugny retourna après leur mort aux Religieux de S. Symphorien d'Autun, ausquels on en fit distraction dans le decret.

D

BRANCHE DE MONTHELON.

V. JEAN DE CLUGNY III. fils aîné d'*Henry de Clugny* & de *Pernette Coulot*, (*) Seigneur de Monthelon, Licentié ès Loix, exerça d'abord la fonction d'Avocat à Autun. (*a*) Il fut enfuite Juge de Charolois ; il exerçoit cette Charge, lorfque le Duc Philipe le Bon, par Lettres données à Voourden le dernier Juillet 1456, le nomma Maître des Requêtes de fon Hôtel, pour fervir près du Comte de Charollois fon fils. (*b*) Il en prêta le ferment le 13 Aout fuivant, entre les mains de Mr. d'Authumes, (Nicolas Rolin) Chancelier de Bourgogne.

Le 24 Octobre de la même année, le Duc le nomma fon Ambaffadeur avec les Seigneurs de Chimay & de Lallain fes Chambellans, pour aller par devers le Roi & les Seigneurs de fon fang, & autres de fes Confeils. (*c*)

En la même année 1456, il prit à titre de bail à rente & cens, pour lui & les fiens en droite ligne feulement, moyennant 10 livres & 1 blanc par an, des Prieur & Religieux de S. Symphorien d'Autun, un petit Fief apellé le *meix Piaut*, qu'il fit apeller depuis la Juftice de *Clugny*. (*d*) Il avoit époufé *Huguette Porteret*, (*e*) dont il laiffa trois fils.

I. GUILLAUME DE CLUGNY VII. qui fuit.

II. BARTHELEMY DE CLUGNY Chanoine de l'Eglife Cathédrale d'Autun, & de S. Lambert de Liége, Archidiacre d'Avalon en l'Eglife d'Autun, qui donna tous fes biens à *Guillaume de Clugny* fon frere, par contrat confirmé par Lettres Patentes du Duc du 19 Octobre 1474. (*f*)

(*) V. ci-d. p. 24.

(*a*) Voyez l'enquête dont il eft parlé fur l'article de *Henry* fon pere Note B.

(*b*) Produites par Mr. de Theniffey.

(*c*) *Id.*
(*d*) La date & les claufes du contrat & le changement du nom du Hameau, ce qui eft affez ordinaire dans l'Autunois, font raportées au long dans un procès verbal de Mr. Tifferand Confeiller au Parlement, du 28 Mars 1546, dont on parlera encore dans la fuite. Voy. les Régiftres du Parlement de Dijon.

(*e*) Prouvé par le contrat de mariage d'*Aglantine* fa fœur, du 16 Janvier 1463, dont on a parlé dans l'art. d'*Henry de Clugny*.

(*f*) Régiftre de la Chambre des Comptes de Dijon.

III. Antoine de Clugny Religieux de S. Benoît, Prieur de Couches, qui rétablit l'Eglife de
fon Prieuré, & y fit une fondation confiderable,
par acte reçû Dupertuis Notaire, le 10 Décembre
1504. (a)

(a) Archives du Prieuré de Couches. On voit encore les armes de *Clugny* dans l'Eglife.

VI. **Guillaume de Clugny** VII. fils aîné de *Jean de Clugny* III. & d'*Huguette Porteret*,(*) Licentié ès Loix, Seigneur de Monthelon. *Ferry* & *Guillaume de Clugny* ses oncles lui firent une donation de tous leurs biens paternels & maternels, qui fut confirmée par Lettres du Duc du 9 Octobre 1474. (*a*)

(*) V. ci-d. p. 27.

En la même année le Duc Charles ayant formé le deffein d'établir un Parlement à Malines, qui devoit être compofé de deux Préfidents, de quatre Chevaliers, & d'un certain nombre de Légiftes, Maîtres des Requêtes & Confeillers, avoit nommé *Guillaume de Clugny* pour un des Maîtres des Requêtes. Cet établiffement ne fut point exécuté pendant la vie du Duc Charles. (*b*)

Après la mort du Duc Charles, *Guillaume de Clugny* fortit des Pays-Bas & fe retira à Autun, Ville de fa naiffance, en vertu d'un paffeport que *Guillaume de Clugny* fon oncle, Evêque de Poitiers, obtint pour lui du Roi Loüis XI. le 5 Janvier 1476. (*c*) Il y fit les fonctions d'Avocat au Bailliage. (*d*)

Il vivoit encore en 1505, & étoit Juge de la Temporalité du Chapitre d'Autun, aux gages de 10 liv. par an. (*e*)

Il avoit époufé *Françoife de Meffey* par contrat du 28 Janvier 1473, (*f*) dont il eut trois enfants, deux fils & une fille.

(*a*) Régiftres de la Chambre des Comptes de Dijon.

(*b*) Gollut, Mémoires de la Franche-Comté, liv. 10, ch. 94, pag. 843.

(*c*) Produit par Mr. de Theniffey.

(*d*) Enquête dont il eft parlé ci-deffus, fur l'article d'*Henry* fon ayeul, Note B.

(*e*) Robert, *Gall. Chriftian.* p. 214.

(*f*) Produit par Mr. de Theniffey.

I. **Louis de Clugny** qui fuit.

II. **Guillaume de Clugny** VIII. né à Malines, qui étoit Prêtre & Licentié en Decret en 1510, lorfque le Roi Loüis XII. lui accorda fes Lettres Patentes le 18 Novembre, par lefquelles il lui permit d'accepter tous Bénéfices dont il pouroit être licitement pourvû. (*g*) En conféquence de ces Lettres il fut Chanoine d'Autun & Prieur Commendataire de

(*g*) Régiftre de la Chambre des Comptes de Dijon.

Couches, comme on le voit par l'Infcription qui eft fur la tombe, dans la Chapelle bâtie & fondée dans l'Eglife Cathédrale d'Autun par *Ferry* Cardinal *de Clugny*. Elle finit par ces mots, *qui trépaffa l'an mil cinq cens......* le refte eft effacé. *(a)*

III. M A R G U E R I T E D E C L U G N Y qui contracta mariage de l'autorité de *Guillaume de Clugny* fon pere, le 23 Octobre 1502, avec *Jean d'Argueil* Seigneur de Bard & de Souffey.

VII. L O U I S D E C L U G N Y I. fils de *Guillaume de Clugny* VII. & de *Françoife de Meffey*, Seigneur de Monthelon, fut marié à *Marie de Chaulgy*, dont il n'eut que des filles, dont plufieurs furent Religieufes & deux furent mariées; fçavoir,

VIII. F R A N Ç O I S E D E C L U G N Y mariée par contrat du 16 Août 1528, autorifée de *Marie de Chaulgy* fa mere, avec *Huguet de la Rocque*, Chevalier, Lieutenant de la Compagnie de cent lances de Meffire *Jacques de Genouillac* Seigneur d'Acier, Grand Ecuyer de France, fon oncle. *(b)*

VIII. J E A N N E D E C L U G N Y mariée à *Nicolas de la Rocque* frere d'*Huguet*, par contrat du premier Septembre 1531. *(c)*

Ces deux fœurs ne laifférent point d'enfants, & en elles finit la branche de *Monthelon*.

Tous les biens provenants de cette branche de *Monthelon* furent mis en decret de l'autorité du Parlement de Dijon du vivant de ces deux fœurs, par le procès verbal de délivrance, pardevant M. Tifferand Confeiller, Commiffaire du decret, du 28 Mars 1546. *(d)*

La maifon fituée au Fort de Marchaut d'Autun fut adjugée à *Edouard Boulon* d'Autun, qui la remit à la Ville pour fervir de Cafernes. Elle exifte encore telle qu'elle étoit lors de la délivrance.

Les Seigneuries de Monthelon, Ragny & Lavau fous Courlan, furent délivrées à un autre adjudicataire.

On avoit compris dans le decret la petite Juftice de *Clugny*, dont on a parlé dans l'article de *Jean de Clugny* III. (*) (*) V. ci-d. p. 27.

Il paroît par le procès verbal du decret, dans la diée du 3 Janvier 1546, que les Prieur & Religieux de S. Symphorien d'Autun en demandérent la diftraction à leur profit, comme provenante de l'ancien patrimoine de leur Monaftére; qu'elle s'apelloit anciennement le meix Piaut; qu'ils l'avoient aliéné au profit du Seigneur de Monthelon, (*Jean de Clugny*) pour lui & les fiens en droite ligne feulement, moyennant 10 livres de rente & 1 blanc de cens; qu'il le fit apeller la *Juftice de Clugny*; ce qui fut d'abord contefté par les créanciers : mais dans la diée du 10 du même mois, tous les créanciers confentirent à la diftraction.

Après la mort de *Françoife* & *Jeanne de Clugny* décédées fans enfants, les Religieux de S. Symphorien fe remirent en poffeffion du *meix Piault*, autrement la *petite Juftice de Clugny*, & le poffédent encore à préfent. (1)

---

(1) *Ces deux circonftances de la délivrance de la maifon de Marchaut, qui avoit été poffédée par Guillaume de Clugny I. Citoyen d'Autun, fur Françoife & Jeanne de Clugny, aufquelles elles avoient paffé de pere en fils ; & celle de l'origine de la petite Juftice de Clugny, font importantes pour détruire les chiméres de Mr. de Theniffey; ce qu'on expliquera plus au long dans le récit de la procédure.*

V. FERRY DE CLUGNY second fils d'*Henry de Clugny* & de *Pernette Coulot,* (*) Docteur en Droit Civil & Canon, Doyen & Chanoine d'Autun, Maître des Requêtes de l'Hôtel de Philipe le Bon, Duc de Bourgogne, qui l'envoya en Ambassade par devers le Pape, (Calixte III.) à cet effet lui accorda un sauf-conduit le 26 Aout 1459, & l'employa en plusieurs autres Ambassades. (a)

Au retour de Rome il remit dans les Archives de la Chambre des Comptes de Dijon, la ratification faite par le Pape (Pie II.) du Traité d'Arras, & de tout ce qui avoit été fait par le feu Pape Eugene III & par ses Prédécesseurs; & en tira décharge le 21 Mai 1459. (b)

Il avoit été un des Députés de l'Eglise pour travailler à la rédaction de la Coutume du Duché de Bourgogne; mais il ne put y assister à cause de son Ambassade. (c)

Il exerça l'Office de Lieutenant du Gouverneur de la Chancellerie aux Contrats du Duché de Bourgogne au Siége d'Autun, pendant les années 1459, 1460, & 1461. (d)

Le 16 Janvier 1463 il fut présent au contrat de mariage d'*Aglantine de Clugny* sa sœur avec *Loüis de la Baume,* & lui promit 200 livres pour partie de sa constitution dotale. (e)

En 1462 il fut un des Juges des Causes d'Appeaux, ou du Parlement tenu à Beaune. (f)

Le 8 Novembre 1465, par traité fait avec le Chapitre de l'Eglise Cathédale d'Autun, on lui permit d'y bâtir une Chapelle, dans laquelle il fonda quatre Messes par semaine, & un anniversaire tous les ans; & donna au Chapitre 810 livres tournois, monnoie de France. On l'apelle la Chapelle dorée. Dans l'acte il est qualifié Docteur ès Droits, Chanoine & Abbé de S. Etienne de l'Etrier en l'Eglise

d'Autun,

d'Autun, Chanoine & Archidiacre de Fauverney en l'Eglife Métropolitaine de Befançon. *(a)*

Il obtint du Pape Paul II. l'Abbaïe de la Ferté fur Grône, pour la poſſéder en commande. Les Bulles furent fulminées le 16 Septembre 1470. Dans les Bulles & dans l'acte de fulmination il eſt qualifié Prevôt de S. Barthelemi de Bethune au Diocèſe d'Arras, & Protonotaire du S. Siége. *(b)*

La même année il fut pourvû de l'Abbaïe de Flavigny, Ordre de S. Benoiſt au Duché de Bourgogne. *(c)*

Le 15 Septembre 1473 le Duc le nomma Chancelier de l'Ordre de la Toiſon d'or, (1) dans l'Aſſemblée des Chevaliers, tenuë au Chateau de Luxembourg. Le Duc le qualifie dans ſes Lettres, Chef de ſon Conſeil en l'abſence du Chancelier, Docteur en Droit Civil & Canon, Prevôt de l'Eglife de S. Barthelemi de Bethune, Archidiacre d'Ardenne en l'Eglife de Liége.

Peu de tems après qu'il eut été fait Chancelier de la Toiſon d'or, il fut nommé à l'Evêché de Tournay. Il eſt qualifié tel dans le contrat de mariage de Maître *Guillaume de Clugny* VII. ſon neveu avec *Françoiſe de Meſſey*, du 28 Janvier 1473. *(d)*

Le Duc Charles ayant formé le deſſein en 1474,

(a) Archives de l'Eglife Cathédrale d'Autun. V. la Chapelle,

(b) La piéce originale eſt entre les mains de Mr. de Clugny.

(c) Sainte Marthe, *Gall. Chriſt.* t. 4, p. 386,

(d) Produit par Mr. de Theuiſley,

---

(1) *L'Ordre de la Toiſon d'or fut inſtitué par Philipe le Bon Duc de Bourgogne, le 10 Janvier 1429. Les Lettres d'établiſſement qui en contiennent les Statuts, ſont dans les archives de la Chambre des Comptes de Bourgogne.*

L'art. 1 porte qu'il ſera compoſé de 31 Chevaliers, Gentilshommes de nom & d'armes, ſans reproche; dont le Duc ſera le Souverain, & après lui les Ducs ſes Succeſſeurs.

L'art. 19, qu'il y aura quatre Officiers; Chancelier, Tréſorier, Greffier & Roi d'Armes, qui ſerviront audit Ordre en la maniere déclarée en un certain livre à eux donné par écrit, pour leur inſtruction & enſeignement requis à icelui Ordre; & feront ſerment chacun endroit ſoi, de s'acquitter de leurdit ſervice, comme il apartient, & de tenir ſecret tout ce qui ſera dit, fait, ordonné & apointé audit Ordre, où celer ſe devra.

Jean-Germain Evêque de Nevers, puis de Chalon, fut le premier Chancelier de l'Ordre de la Toiſon d'or. Gollut dans ſes Mémoires de la Franche-Comté, liv. 10, chap. 66, dit qu'il étoit né de pere pauvre.

Le ſecond Chancelier fut *Guillaume Barency* Evêque de Tournay, auquel ſuccéda *Ferry de Clugny.*

E

(a) Gollut, Mémoires de la Franche-Comté , liv. 10 , ch. 94 , pag. 843. Gollut s'eſt mépris ſur le nom propre , il nomme le Cardinal de Clugny Jean , au lieu de Ferry.

(b) Robert, Gall. Chriſt. p. 214. Sainte Marthe , Gall. Chriſt. t. 3, p. 1073 ; & t. 4, p. 386.

Coquille , des libertés de l'Egliſe Gallicane, p. 5.

d'établir un Parlement à Malines , ce qui n'eut point d'effet pendant ſa vie , s'en étoit déclaré Chef , & nommé le Chancelier de Bourgogne ſon Lieutenant pour y préſider en ſon abſence , & en l'abſence du Chancelier , Meſſire *Ferry de Clugny* Evêque de Tournay. *(a)*

En 1480 il baptiſa à Bruxelle dans l'Egliſe de Sainte Gudulle , *Marguerite* fille de *Maximilien* Archiduc d'Autriche & de *Marie* de Bourgogne. Ayant été nommé Cardinal du titre de S. Vital , il alla à Rome pour recevoir le Chapeau , & y mourut avant que de l'avoir reçû , le 7 Octobre 1483. Il eſt enterré dans l'Egliſe de Sainte Marie du Peuple. *(b)*

V. GUILLAUME DE CLUGNY VI. troifiéme fils d'*Henry de Clugny* & de *Pernette Coulot*, (*) étoit en 1448 & 1449 Licentié ès Loix, Chanoine de l'Eglife Cathédrale d'Autun, Archidiacre d'Avalon en l'Eglife d'Autun, Maître des Requêtes ordinaire de l'Hôtel du Duc de Bourgogne, & Lieutenant du Gouverneur de la Chancellerie (1) aux Contrats du Duché de Bourgogne au Siége d'Autun. (*a*)

Il affifta au contrat de mariage d'*Aglantine de Clugny* fa fœur avec *Loüis de la Baume* le 16 Janvier 1463, & lui promit 300 livres pour partie de fa conftitution dotale. (*b*)

En 1464 après la bataille de Montlhery, Charles alors Comte de Charollois, l'envoya en Angleterre pour traiter une ligue contre la France ; pendant fon Ambaffade le Comte ayant perdu fa feconde femme

(*) Ci-d. p. 14,

(*a*) On a plufieurs commiffions originales décernées fous fon nom, en qualité de Lieutenant de la Chancellerie, dans lefquelles toutes fes autres qualités font énoncées.
(*b*) V. ci-deffus l'article d'*Henry de Clugny*, p. 21.

---

(1) *La Chancellerie eft une Jurifdiction particuliére dans le Duché de Bourgogne, établie par les Ducs, en même tems que le droit de Scel qu'ils levoient fur les contrats, dont on a parlé dans l'article de* Jean de Clugny I. *note* 1, *pag.* 21, *qui fut confirmé par le Roi* Charles VI. *en faveur de* Philipe le Hardi Duc de Bourgogne, *par Lettres Patentes données à Paris le* 3 *Juillet* 1383.

Elle s'exerce dans l'étenduë du Bailliage de Dijon par un Officier de Robe, apellé Gouverneur de la Chancellerie, qui eft Chef de la Jurifdiction ; & dans les autres Bailliages de la Province par fes Lieutenants, qui prennent à préfent des Provifions du Roi.

Cette Jurifdiction connoît en premiére inftance de tous les procès qui naiffent en exécution des actes paffés fous le Scel de la Chancellerie de Bourgogne, comme contrats, teftaments, &c. entre toute forte de perfonnes, à la charge de l'apel au Parlement.

Après la mort du dernier Duc, les Baillis Royaux fecondés par les Seigneurs Hauts-Jufticiers, firent tous leurs efforts pour anéantir la Jurifdiction de la Chancellerie. Le Gouverneur de la Chancellerie porta fes plaintes au Roi Charles VIII. *qui lui accorda un Edit au mois de Juillet* 1489, *qui le maintenoit dans le droit de connoître de toute matiére provenant du Scellé, circonftances & dépendances. Cet Edit préfenté au Parlement de Dijon, les Baillis Royaux & les Seigneurs Hauts-Jufticiers s'opoférent à l'enrégiftrement; enforte qu'il ne fût point exécuté jufqu'à ce que* François I. *ayant nommé des Maîtres des Requêtes & des Confeillers du Parlement de Dijon pour entendre les Parties, donna un autre Edit à Mâcon au mois de Janvier* 1535, *qui confirme le Gouverneur de la Chancellerie & fes Lieutenants dans leur Jurifdiction, comme ils faifoient avant les entreprifes des Baillis Royaux & des Juges des Seigneurs Hauts-Jufticiers.*

Cet Edit qui eft particulier pour la Bourgogne, fert de régle pour la compétence des Jurifdictions, entre le Gouverneur de la Chancellerie, & les Juges ordinaires. On l'apelle communément l'Edit de Mâcon.

Iſabelle de Bourbon, ce fut lui qui fit les premiéres propoſitions du mariage du Comte avec *Marguerite* ſœur d'*Edoüard* IV. Roi d'Angleterre, que le Comte épouſa quelques années après. (*a*)

Par Ordonnance du Duc Charles du **8** Fevrier 1467, il fut établi au nombre de ceux qui gouvernoient les Finances. Et par Lettres du 13 Janvier 1468 il le pourvut de l'Office de Tréſorier Général pour recevoir les Aides, deniers des reſtes, & autres parties extraordinaires. (*b*)

En 1470 il fut nommé Adminiſtrateur perpétuel de l'Evêché de Therouane, & aſſigna une penſion de 200 livres à *Guillaume de Clugny* VII. ſon neveu, ſur les revenus de cet Evêché. Il fut préſent à ſon contrat de mariage avec *Françoiſe de Meſſey* le 28 Janvier 1473, & lui fit enſuite donation de ſes biens paternels & maternels, comme on l'a dit dans l'article de *Guillaume* VII. p. 24.

Après la mort du Duc Charles, le Roi Loüis XI. l'attira à ſon ſervice, & le nomma d'abord Chef de ſon Conſeil en l'abſence de ſon Chancelier. Il le fit enſuite Chanoine de S. Gaſſien & de S. Martin de Tours, Abbé de Bourgueil en Valée Diocèſe d'Angers, Evêque de Poitiers, & l'employa en pluſieurs Ambaſſades & négociations.

Il mourut à Tours en 1480. (*c*)

(*a*) Le P. Daniel Hiſt. de France, vie de Loüis XI. t. 2, col. 1310, éd.

(*b*) Régiſtres de la Chambre des Comptes de Dijon.

(*c*) Sainte Marthe, *Gall. Chriſt.* t. 3, p. 901; & t. 4, p. 207. Il y a une mépriſe ſur le nom de famille de la mere de *Guillaume de Clugny*. Elle s'apelloit *Pernette Coulot*, & non pas *Pernette de Chalonge*, comme on l'a vû dans tous les titres originaux dont on a parlé. Bouchet, Annales d'Aquitaine.

BRANCHE DU BROUILLART. I. *Guillaume de Clugny*, Citoyen d'Autun, poſſeſſeur d'une maiſon ſituée au Fort de Marchaut d'Autun, vivoit au commencement du quatorziéme ſiécle, eut trois fils, entre autres,

II. *Jean de Clugny* le troiſiéme de ſes fils, Licentié ès Loix, Garde des Sceaux aux Contrats, Conſeiller du Duc au Bailliage d'Autun, marié à *Guiotte de Beze*, dont il eut quatre fils & une fille, entre autres. 1382, 1399, 1400, 1404, 1412, 1414.

III. *Guillaume de Clugny* poſſeſſeur en partie de la maiſon de Marchaut, qui laiſſa deux fils de *Guillemette le Boiteux* ſa femme, dont l'aîné. 1402, 1419, 1421, 1434.

IV. *Henri de Clugny* Conſeiller du Duc, poſſéda la maiſon de Marchaut, & laiſſa quatre fils & une fille de *Pernette Coulot*. 1452, 1463, 1477.

V. *Hugues de Clugny* Bailli d'Autun, Capitaine du Château de Rivau d'Autun, le quatriéme de ſes fils, qui avoit épouſé *Loüiſe de Sainte Croix*, dont il laiſſa deux fils. 1463, 1467, 1475, 1492.

VI. *Claude de Clugny* Seigneur d'Esfours & du Brouillart, marié à *Guigonne de Brazey*, qui laiſſa deux fils. 1492, 1509, 1542, 1562.

VI. *Loüis de Clugny* mort ſans alliance. 1492. *

* *Mr. de Theniſſey prétend que ce Loüis de Clugny eſt ſon troiſiéme ayeul, mais il n'en a aporté aucune preuve ; il y a même de fortes préſomptions que celui-ci ne peut être le même que* Loüis de Clugny *marié de Jacqueline de Dréc, comme on le fera voir dans la ſuite.*

Suivant ſon ſyſtême il ne peut deſcendre de ce Loüis de Clugny *dont on parle ici, ni avoir le* Cardinal de Clugny *pour ancêtre collatéral, (c'eſt ainſi qu'il s'explique) parce que l'un & l'autre deſcendent de* Guillaume de Clugny I. Citoyen d'Autun *, comme on l'a prouvé invinciblement ; & dans ſa groſſe Généalogie, p. 74, il dit que s'il y a eu des* Bourgeois *du nom de* Clugny *dans le quatorziéme ſiécle, ce ſont des bâtards qui ont pû former des branches qu'il ne veut pas reconnoître.*

VII. *Jean de Clugny* Seigneur du Brouillart, l'aîné de ſes fils, marié à *Melchionne de Rouvray*, dont il eut trois fils & deux filles. 1542, 1561, 1562.

VIII. *Antoine de Clugny* mort ſans alliance. 1581.

VIII. *François de Clugny* Seigneur du Brouillart, marié à *Françoiſe de Ferrieres*, dont il eut deux fils & une fille. 1581, 1604.

VIII. *Maximilien de Clugny* mort ſans alliance. 1581.

VIII. *Jeanne de Clugny* mariée à *Philibert d'Heliot*. 1581.

VIII. *Claudine de Clugny* mariée, 1°. à *Loüis de la Touvieres*. 2°. à *Jean de Monſpej*. 1575, 1577.

IX. *Maximilien de Clugny* Seigneur du Brouillart, marié à *Claude de Loron*, dont il eut deux fils. 1604, 1644.

IX. *Jean de Clugny* mort ſans alliance. 1604.

IX. *Melchionne de Clugny* mariée à *Jean de Montet* Seigneur de Luſigny. 1604.

X. *Maximilien de Clugny* Baron du Brouillart, tué au Siége de Sainte Menehoüe, en 1654.

X. *Antoine de Clugny* Seigneur de Villargeot, tué au Siége de Roſes ſans avoir été marié. 1645.

Les biens de ces deux freres avoient été ſubſtitués au profit de Jacques de Clugny, pere de Mr. de Clugny Conſeiller, au cas qu'ils fuſſent morts avant 25 ans. 1644.

BRANCHE DU BROUILLART.

V. **H**UGUES DE CLUGNY II. quatriéme fils
d'*Henry de Clugny* & de *Pernette Coulot*, (*)
fut le premier des defcendans de *Jean de Clugny* I. &
de *Guiotte de Beze*, qui prit le parti des armes. Il fut
Seigneur de Conforgien & d'Esfours. Par le contrat de mariage d'*Aglantine de Clugny* fa fœur avec
Loüis de la Baume, du 16 Janvier 1463, dont on a
parlé dans l'art. d'*Henry de Clugny*, il lui promit 500
livres pour partie de fa dot.

Le 8 Mai 1467 il fut pourvû par le Duc de l'état
de Capitaine du Château de Rivau d'Autun, & le
21 Mars de la même année de celui de Bailli d'Autun. (*a*) Il étoit alors Ecuyer d'Ecurie du Duc.

En 1470 il commandoit une Compagnie de 31
hommes d'armes, à 3 chevaux chacun; & 14 hommes, tant de gens de trait, [1] que Coutiliers. [2] (*b*)

En 1471 il fut Lieutenant de Monfeigneur *Philipe*
de Savoie, Général Gouverneur de Bourgogne, &
étoit en garnifon à Tournus. (*c*)

Il fit bâtir une Chapelle dans l'Eglife Collégiale
de S. Andoche de Saulieu, dans laquelle *Loüife de
Sainte Croix* fa veuve fonda deux Chapelains, dont
elle fe réferva la nomination fa vie durant, & après
fa mort à deux fils qu'elle avoit, & leurs fuccesseurs
mâles, par contrat du 2 Juillet 1492. (*d*)

Ces deux fils étoient.

I. *Claude de Clugny* qui fuit.

II. *Loüis de Clugny* II. qu'on ne croit pas avoir
laiffé de defcendans mâles, parce que les defcendans
mâles de *Claude de Clugny* fon frere, ont toujours
feuls nommé les Chapelains pour la defferte de cette
Chapelle de Saulieu; & que depuis que la poftérité

(*) Ci-d. p. 24.

(*a*) Compte de
Guillaume Char-
vot Receveur
d'Autun, fini le 30
Septembre 1468.

(*b*) Compte de
Barthelemy Tro-
tin Tréforier des
Guerres pour l'an-
née 1470.

(*c*) Compte de
Guillaume Char-
vot pour l'année
1470.

(*d*) Produit par
Mr. de Thenisfey.
V. la Chapelle
dans l'Eglife de
Saulieu, où font
les armes de *Clu-
gny* aux naiffances
de la voute, fur
de fimples écuf-
fons.

______

(1) *Archers, Arbalêtriers, felon l'inventaire des langues Françoife & Latine
du P. Monnet J.*

(2) *Coutiliers étoient valets qui portoient la couftille, épée ou long poignard.
Tréfor des recherches & antiquités Gauloifes par Borel.*

de *Claude de Clugny* eſt éteinte en 1658, on ne voit pas que perſonne ait nommé à cette Chapelle.

VI. CLAUDE DE CLUGNY Ecuyer, Seigneur de Conforgien & d'Esfours, fils aîné d'*Hugues de Clugny* II. & de *Loüiſe de Sainte Croix*, Seigneur de Conforgien & d'Esfours, marié à *Guigonne de Brazey* le 19 Janvier 1480.

Par contrat du 13 Novembre 1509 il acquit de *Paul de Clugny* Seigneur de Meneſerre ſon couſin, & de *Barbe de Semeur* ſa femme, le droit d'uſage dans la forêt de Paſtuel dépendante de Meneſerre, pour lui & ſes Fermiers des Seigneuries d'Esfours & de Souvert, tant qu'elles apartiendront à ceux du nom de Clugny.

Il laiſſa deux fils. (*a*)

I. *Jean de Clugny* IV. qui ſuit.

II. *Guy de Clugny* dont on parlera dans ſon ordre.

VII. JEAN DE CLUGNY IV. fils aîné de *Claude de Clugny* & de *Guigonne de Brazey*, Seigneur d'Esfours, de Souvert, Satonay, Jour-ſans-vau & du Broüillart, marié à *Melchionne de Rouvray*, mourut le 26 Avril 1561. (*b*)

Le 3 Avril 1562 *Melchionne de Rouvray* ſa veuve, fut nommée tutrice à cinq enfants nés de leur mariage ; & *Guy de Clugny* Seigneur de Conforgien leur oncle, curateur. (*c*)

Ces cinq enfants étoient ;

I. *Antoine de Clugny* Seigneur du Broüillart, homme d'armes de la Compagnie de Mr. de Liſtenois, enrôlé le 15 Janvier 1569, tué en duel par *George de Janlis* Seigneur de Montilles, en 1576.

II. *François de Clugny* qui ſuit.

III. *Maximilien de Clugny* I. mort ſans alliance.

IV. *Jeanne de Clugny* mariée à *Philibert d'Heliot* Ecuyer,

(*a*) Sentence & procès verbal du Gouverneur de la Chancellerie du 27 Mai 1542. Procès verbal du Lieutenant au Baillage de Semur du 3 Avril 1562.

(*b*) V. l'Inſcription ſur la tombe dans l'Egliſe Paroiſſiale de Viſſous-Til.

(*c*) Régiſtre du Bailliage de Semur en Auxois.

Ecuyer, Seigneur de S. Aubin, Gamey & Fuſ-ſey. *(a)*

V. *Claudine de Clugny* mariée, 1°. A *Loüis de la Touviére*, Ecuyer, Seigneur de Servignat & de Beau-regard en Breſſe, par contrat du 13 Mars 1575. *(b)* 2°. A *Jean de Monſpey* Baron de Beot, Chatenay, Toiriat & Monjay, par contrat du 9 Juillet 1577. *(c)*

FRANÇOIS DE CLUGNY ſecond fils de *Jean de Clugny* & de *Melchionne de Rouvray*, Seigneur du Broüillart, S. Aubin, &c. Homme d'armes de la Compagnie de M. *de Liſtenois*, avoit épouſé *Françoiſe de Ferrieres*, dont il eut deux fils & deux filles. Il étoit mort en 1604. *(d)*

I. *Jean de Clugny* mort ſans avoir été marié.

II. *Maximilien de Clugny* II. qui ſuit.

III. *Philiberte de Clugny* Religieuſe de l'Abbaïe de Prâlon.

IV. *Melchionne de Clugny* mariée en 1604 à *Jean du Montet* Seigneur de Luſigny.

MAXIMILIEN DE CLUGNY II. ſecond fils de *Fran-çois de Clugny* & de *Françoiſe de Ferrieres*, Baron du Broüillart, Seigneur de Villargeot & la Maiſon-Bau-de, fut marié à *Claude de Loron*, dont il laiſſa deux fils.

X. MAXIMILIEN DE CLUGNY III. Baron du Broüillart, Capitaine de Cavalerie, bleſſé au Siége de Sainte Menehoüé, mort de ſes bleſſures à Chalon en Champagne au mois de Décembre 1654, ſans avoir été marié.

X. ANTOINE DE CLUGNY Seigneur de Villar-geot, fit ſa premiére campagne au Siége de Roſes en 1646, & y fut tué, n'ayant point auſſi été marié. *(e)*

F

BRANCHES DE CONFORGIEN ET D'ESFOURS.

I. *Guillaume de Clugny*, Citoyen d'Autun, poſſeſſeur d'une maiſon ſituée au Fort de Marchaut d'Autun, vivoit au commencement du quatorziéme ſiécle, eut trois fils.

II. *Jean de Clugny* ſon troiſiéme fils, Licentié ès Loix, Garde des Sceaux aux Contrats, & Conſeiller du Duc au Bailliage d'Autun, poſſéda la maiſon de Marchaut conjointement avec ſes deux freres. Il laiſſa quatre fils & une fille de *Guiotte de Beze* ſa femme. 1382, 1399, 1400, 1404, 1412, 1414.

III. *Guillaume de Clugny* ſon ſecond fils, Seigneur de Conforgien, poſſeſſeur de la maiſon de Marchaut, eut deux fils de *Guillemette le Boiteux* ſa femme. 1402, 1419, 1421, 1434.

IV. *Henri de Clugny* ſon fils aîné, Licentié ès Loix, Conſeiller du Duc, marié à *Pernette Coulot*, dont il eut quatre fils & une fille. 1452, 1463, 1487.

V. *Hugues de Clugny* Capitaine du Château de Rivau, Bailli d'Autun, ſon quatriéme fils, avoit épouſé *Loüiſe de Sainte Croix*, dont il eut deux fils. 1463, 1467, 1475, 1492.

VI. *Claude de Clugny* ſon fils aîné, Seigneur d'Esfours & du Brouillart, marié à *Guigonne de Brazey*, dont il eut deux fils. 1492, 1509, 1542, 1562.

VII. *Guy de Clugny* ſon ſecond fils, Seigneur de Conforgien, marié deux fois.
1°. A *Gabrielle de Bauves*.
2°. A *Charlotte de S. Belin*.
1552, 1562, 1571.

VIII. *Guillaume de Clugny* Seigneur de Conforgien, né du premier lit, n'eut qu'une fille de *Charlotte de S. Belin*. 1590, 1602, 1607.

IX. *Marie de Clugny* mariée à *Jean du Refuge*. 1621.

VIII. *François de Clugny* du premier lit, mort en bas âge. 1551.

VIII. *David de Clugny* Seigneur d'Esfours, du ſecond lit, marié à *Philiberte de Pracontal*, dont il eut quatre fils & une fille. 1604.

IX. *Bernard de Clugny* Seigneur de Rancy, marié à *Antoinette de Veillan*, dont il eut deux fils. 1625.

IX. *Hernaud de Clugny* mort ſans alliance. 1621.

IX. *Touſſaint de Clugny* mort ſans alliance. 1640.

IX. *Pierre de Clugny* Seigneur d'Esfours, mort ſans alliance. 1642.

IX. *Claire de Clugny* mariée à *Adrien de Salins* Seigneur de Céc. 1659.

X. *Antoine de Clugny* Travoiſy, mort au ſervice du Roi ſans avoir été marié. 1644.

X. *Edme de Clugny* S. André, mort au ſervice ſans avoir été marié. 1658.

BRANCHE DE CONFORGIEN ET D'ESFOURS.

VII. G**UY** DE CL**UGNY** second fils de *Claude de Clugny* & de *Guigonne de Brazey*, (*) Seigneur de Conforgien, fut marié deux fois, 1°. A *Gabrielle de Bauves* qui mourut en 1555, & qui lui laiſſa deux fils.

    I. *Guillaume de Clugny* IX. qui ſuit.
    II. *François de Clugny* mort en bas âge. (*a*)
2°. A *Charlotte de S. Belin*, dont il eut un fils.
David de Clugny dont on parlera dans ſon ordre. Il mourut en 1571. (*b*)

VIII. G**UILLAUME** DE C**LUGNY** IX. fils de *Guy de Clugny* & de *Gabrielle de Bauves* ſa premiére femme, Seigneur de Conforgien, avoit épouſé une autre *Charlotte de S. Belin*. Il fit profeſſion de la Religion prétenduë Réformée, & fut envoyé en 1590 au ſecours de la République de Genève, où il remporta l'année ſuivante un avantage conſiderable ſur le Duc de Savoie. Il ſe trouva enſuite au Siége de Buringes, où commandoit Mr. de Sancy. (*c*)

    Il ne laiſſa qu'une fille.

IX. M**ARIE** DE C**LUGNY** mariée à *Jean du Refuge*, auquel elle porta la Terre de Conforgien & les autres biens de ſa Maiſon. (*d*)

(*) V. ci-d. p. 40.

(*a*) Commiſſion du Lieutenant au Bailliage d'Autun du 30 Mars 1551, décernée après le décès de Damoiſelle *Gabrielle de Bauves* femme de *Guy de Clugny* Ecuyer, Seigneur de Conforgien, pour procéder à la Bailliſterie ou tutelle de *Guillaume & François de Clugny* leurs fils.

(*b*) Inventaire fait après ſa mort par le Lieutenant au Bailliage d'Autun, le 5 Septembre 1571, pour la conſervation des droits de Noble *Guillaume de Clugny* ſon fils du premier lit, & de *Gabrielle de Bauves*; & de *David de Clugny* ſon fils du ſecond lit, & de *Charlotte de Saint Belin*.

(*c*) Spon. Hiſt. de Genève. Utrech, 1685, p. 30 & ſuiv.

Contrats reçûs Minard Notaire Royal à Avalon le 10 Septembre 1602, & 29 Septembre 1608, compulſés par autorité de Juſtice.

(*d*) Régiſtre des Délibérations du Parlement de Dijon, dans la diéte du 28 Juin 1621.

VIII. **D**AVID DE CLUGNY fils du fecond mariage de *Guy de Clugny* avec *Charlotte de S. Belin*, Seigneur d'Esfours, marié à *Philiberte de Pracontal*, par contrat du 2 Décembre 1604, (*a*) dont il eut cinq enfants.

I. *Bernard de Clugny* qui fuit.

II. *Hernaud de Clugny* mort fans alliance. (*b*)

III. *Touffaint de Clugny* Seigneur d'Esfours, mort fans poftérité. (*c*)

IV. *Pierre de Clugny* qui étoit encore mineur en 1642, & qui poffédoit la Terre d'Esfours, comme héritier de *Touffaint de Clugny* fon frere. (*d*)

V. *Claire de Clugny* mariée en 1659 à *Adrien de Salins* Seigneur de Cée.

IX. BERNARD DE CLUGNY fils aîné de *David de Clugny* & de *Philiberte de Pracontal*, Seigneur de Rancy, marié à *Antoinette de Veillan*, (*e*) dont il eut deux fils.

X. ANTOINE DE CLUGNY Seigneur de Travoify, qui vivoit encore en 1644. (*f*)

EDME DE CLUGNY Seigneur de S. André, qui vivoit encore en 1658. (*g*)
Ces deux freres font morts étant au fervice du Roi. On n'a pû découvrir s'ils ont été mariés. Il eft certain qu'ils n'ont point laiffé de poftérité.

(*a*) Reçû Senat Notaire Royal. Arrêt du Parlement de Paris du 5 Juin 1640.

(*b*) Inventaire fait au Bailliage d'Autun.

(*c*) Enquête du 5 Nov. 1640, de l'autorité du Parlement de Paris, où il eft parlé de *David de Clugny* fon pere, de *Jean de Clugny* fon ayeul, & de *Claude de Clugny* fon bifayeul.

(*d*) Le même Arrêt du Parlement de Paris, du 5 Juin 1642.

(*e*) Sommation faite à Requête de *Bernard de Clugny* le 7 Septembre 1625, à *David de Clugny* fon pere, & à *Philiberte de Pracontal* fa mere, à ce qu'ils euffent à confentir à fon mariage avec *Antoinette de Veillan*.

(*f*) Teftament d'*Antoine de Clugny* Gouverneur de S. Quentin, du mois d'Avil 1639, publié au Bailliage de S. Quentin en 1644, qui qualifie *Antoine* & *Edme de Clugny*, d'enfants de *Bernard de Clugny* & d'*Antoinette de Veillan*.

(*g*) Arrêt du Parlement de Dijon du 17 Aout 1658.

BRANCHE D'ESTAULES.

I. *Guillaume de Clugny* Citoyen d'Autun, poſſeſſeur d'une maiſon ſituée au Fort de Marchaut d'Autun, vivoit au commencement du 14e. ſiécle, laiſſa trois fils.

II. *Jean de Clugny* Licentié ès Loix, Garde des Sceaux aux Contrats, Conſeiller du Duc au Bailliage d'Autun, ſon troiſiéme fils, poſſeſſeur de la maiſon de Marchaut, fut marié à *Guiotte de Beze*, dont il eut quatre fils & une fille. 1382, 1399, 1400, 1404, 1412, 1414.

III. *Jean de Clugny* ſon quatrieme fils, épouſa *Philipée de la Boutiére*, fille de *Pierre de la Boutiére* d'Autun, & alla s'établir à Avalon. Il laiſſa deux enfants. 1414, 1454, 1478.

IV. *Pierre de Clugny* qui ſervit le Duc Charles dans les guerres de Flandres, fut marié à *Marguerite Obbé*, dont il eut quatre enfants. 1478, 1487, 1488, 1511.

IV. *Marie de Clugny* mariée à *Philibert Colas d'Epoiſſes*. 1478.

V. *Jean de Clugny* Fondateur de la Chapelle de S. Jean-Baptiſte, marié à *Françoiſe Piget*, dont il eut trois fils. 1488, 1511, 1529, 1530, 1532, 1551.

V. *Etienne de Clugny* mort en bas âge. 1488.

V. *Huguette de Clugny* morte jeune. 1488.

V. *Bartholomie de Clugny* mariée à *Adrien de Montagu*. 1511.

VI. *Pierre de Clugny* Licentié ès Loix, Lieutenant du Bailli d'Auxois à Avalon, marié à *Deniſe Filsjean*, dont il eut deux fils. 1536, 1537, 1552.

VI. *Lazare de Clugny* Prêtre. 1552.

VI. *Charles de Clugny* mort ſans poſtérité. 1552.

VII. *George de Clugny* Docteur ès Droits, Juge pour le Roi à Avalon, Seigneur d'Eſtaules, marié à *Jeanne Martenot*, dont il eut deux fils & une fille. 1576, 1589, 1594, 1602, 1620.

VII. *Hierome de Clugny* mort ſans alliance.

VIII. *Pierre de Clugny* l'aîné de ſes fils, Seigneur d'Eſtaules, Lieutenant Civil d'Avalon, marié à *Madeleine Canelle de Bernoul*, dont il eut trois fils & une fille. 1603, 1605, 1607, 1608, 1624.

VIII. *Anne de Clugny* mariée à *Jacques de Loron* Seigneur de Dommecy ſur Chores. 1600, 1620, 1643.

IX. *Anne de Loron* mariée à *Helie de Jaucourt* Baron de Plancy. 1643.

IX. *George de Clugny* ſon fils aîné, Lieutenant Civil d'Avalon, marié à *Madeleine Lefoul de Vaſſy*, laiſſa deux enfants. 1628, 1630, 1664, 1677.

IX. *Jacques de Clugny* Jéſuite à Rome. 1607, 1629, 1637.

IX. *Marie de Clugny* Urſuline à Viteaux. 1642.

IX. *Jean de Clugny* Lieutenant Général de Dijon, Conſeiller d'Etat, mort ſans avoir laiſſé d'enfants de *Pierrette Gauthier* ſa femme. 1654, 1675.

X. *Jacques de Clugny* Lieutenant Général de Dijon, laiſſa deux fils & une fille de *Jeanne Filsjean* de Marlien. 1635, 1644, 1664, 1676, 1684.

X. *Madeleine de Clugny* morte ſans avoir été mariée. 1632, 1687.

XI. *Etienne de Clugny* Conſeiller au Parlement de Dijon, marié à *Chriſtine Lefoul de Pralay*, dont il a ſix enfants. 1664, 1684, 1688, 1688.

XI. *Pierrette de Clugny* morte ſans avoir été mariée. 1667, 1687.

XI. *Hierome de Clugny* Jéſuite de la Province de Champagne. 1669, 1685.

XII. *Marc-Antoine de Clugny* Conſeiller Clerc au Parlement. 1689, 1712.

XII. *Jeanne de Clugny* Urſuline à Chatillon-ſur Seine. 1690, 1706.

XII. *Etienne de Clugny* Conſeiller au Parlement, marié à *Claire-Ode Gilbert de Voiſins*. 1691, 1716, 1724.

XII. *Jean-Claude de Clugny* Vicaire Général de l'Ordre de Cîteaux. 1693, 1712, 1724.

XII. *Jean-Baptiſte de Clugny* mort à l'Inſtitution de l'Oratoire à Paris. 1695, 1716.

XII. *Charles de Clugny* Jéſuite de la Province de Champagne. 1697, 1714.

BRANCHE D'ETAULES.

III. JEAN DE CLUGNY II. quatriéme fils de *Jean de Clugny* I. & de *Guiotte de Beze* , (★) étoit en bas âge lors de la mort de son pere en 1412 , & fut mis sous le gouvernement de *Guillaume de Clugny* V. son frere. (*a*)

Il fut marié à *Philipée de la Boutiére* de la Ville d'Autun , & s'établit en celle d'Avalon. (*b*)

Il étoit mort en 1478. (*c*)

Il laissa deux enfants , un fils & une fille.

I. *Pierre de Clugny* I. qui suit.

II. *Marie de Clugny* mariée en 1478 à *Philibert Colas d'Epoisses* , (*d*) qui renonça au profit de *Pierre de Clugny* son frere à ses droits paternels & maternels , moyennant la somme qui lui fut payée par forme de mariage divis.

IV. PIERRE DE CLUGNY I. fils de *Jean de Clugny* II. & de *Philipée de la Boutiére* , servit le Duc Charles dans ses derniéres guerres de Flandres avec les autres Nobles de Bourgogne. (*e*)

Il mourut en 1488 , on ne sçait pas le jour de sa mort. Le 22 Avril de cette année on procéda pardevant le Lieutenant au Bailliage d'Avalon , au bail & à la tutelle des enfants mineurs qu'il avoit eu de *Marguerite Obbé* sa femme , qui fut nommée tutrice , & *Hugues de Veson* curateur.

Ces enfants étoient au nombre de quatre , nommés dans l'acte de tutelle. (*f*)

I. *Jean de Clugny* III. qui suit.

II. *Etienne de Clugny* mort jeune.

III. *Huguette de Clugny* morte jeune.

IV. *Bartholomie de Clugny* mariée par contrat du 2 Juillet 1511 , autorisée par *Marguerite Obbé* sa mere & *Jean de Clugny* son frere , avec *Adrien de Montagu* , qui étoit assisté de plusieurs parents & affins , entre

G

(★) Ci-dessus p. 22.

(*a*) Compte de Jean Nariot pour l'année 1412.
Lettres Patentes du mois de Juillet 1414.
(*b*) Procuration du 25 Novembre 1441.
(*c*) Contrat reçû de Praelle Notaire à Avalon , le 5 Aout 1478.
(*d*) *Ibid.*

(*e*) Enquête commencée le 26 Novembre 1487 , à Requête de Mr. *Bataille* Conseiller au Parlement, de l'autorité d'*Etienne de Berbisey* Lieutenant du Bailli de Dijon.

(*f*) Régistres du Bailliage d'Avalon.

autres de *Lucas de Vesigneux*, Ecuyer, Seigneur dudit lieu ; & *Bartholomie de Clugny* assistée aussi de plusieurs parents & affins, entre autres de Me. *Pierre de Beze* Elû de Vezelay. (*a*) *Bartholomie de Clugny* renonça à tous ses droits paternels échûs, maternels à échoir, & toutes successions collatérales, en faveur de *Jean de Clugny* son frere, moyennant la somme de 400 livres qui lui fut constituée en dot.

V. J E A N D E C L U G N Y III. fils de *Pierre de Clugny* I. & de *Marguerite Obbé*, assista au mariage de *Bartholomie de Clugny* sa sœur, & la dota en 1511, comme on vient de le dire.

Le 6 Octobre 1520 il y eut Sentence renduë au Bailliage d'Avalon en sa faveur, dans laquelle il est qualifié Noble *Jean de Clugny*, contre plusieurs Habitans d'Avalon. (*b*)

Le 15 Juillet 1529, par contrat reçû Lefoul Notaire Royal à Avalon, il fonda une Procession solemnelle dans l'Eglise Collégiale de S. Lazare d'Avalon, à l'heure de None le jour de l'Octave de la Fête-Dieu. Le Chapitre s'obligea de distribuer au Fondateur pendant sa vie, & après sa mort au plus prochain héritier de son nom, 4 blancs, quand ils assisteront à la Procession, & autant aux Officiers en Bailliage qui y assisteront. (*c*)

En 1530 il fit construire une Chapelle dédiée à S. Jean-Baptiste, dans l'Eglise Paroissiale de S. Pierre d'Avalon, qui joint la Collégiale. L'année de la construction y est marquée en chiffres Arabes, 1530. Le retable de l'Autel représente la Décolation de S. Jean en bas-relief ; au dessus du retable au milieu est une statuë de S. Jean-Baptiste, grande comme nature, & deux autres statuës de moindre volume aux deux côtés, dont celle du côté de l'Epitre représente S. François d'Assise. Aux pieds de la statuë de S. Jean sont représentées en relief & dans un

(*a*) Contrat reçû Regnaut Notaire à Coulanges-les-Vineuses.

(*b*) Rég. du Bailliage d'Avalon.

(*c*) Il en est fait mention dans le Martyrologe de l'Eglise de S. Lazare, qui contient les Fondations dont le Chapitre est chargé. Elle s'exécute encore.

écuſſon d'un pied de hauteur, les armes de *Clugny* ;
& aux pieds de celle de S. François d'Aſſiſe, un
écuſſon un peu moins grand, où ſont les armes de
Clugny parties d'un ſoleil, qui ſont les armes de la
femme du Fondateur, qui s'apelloit *Françoiſe Piget*.
(*a*) Ces mêmes armes ſont en pluſieurs endroits du
retable.

Par deux autres contrats des 29 Novembre **1532**,
& premier Avril **1551**, il fonda trois Meſſes par ſe-
maine dans cette Chapelle, & un Service ſolemnel
le jour de la Décolation de S. Jean, avec pareille
diſtribution qu'à la Proceſſion de l'Octave de la Fête-Dieu ; le tout à la charge du Chapitre d'Avalon.(*b*)

Il vivoit encore en **1552**.

Il eut trois enfants de *Françoiſe Piget* ſa femme.

I. *Pierre de Clugny* I. qui ſuit.

II. *Lazare de Clugny* mort dans les Ordres ſacrés.

III. *Charles de Clugny* qui n'a point laiſſé de poſtérité.

VI. PIERRE DE CLUGNY II. fils aîné de *Jean de
Clugny* III. & de *Françoiſe Piget*, Licentié ès Loix,
exerça la profeſſion d'Avocat au Parlement de Paris
pendant pluſieurs années. En **1536** il faiſoit les fonctions de Lieutenant au Bailliage d'Avalon. (*c*)

Il fut marié avec *Deniſe Filsjean* par contrat du
premier Aout **1538**.

Il mourut en **1552**, & laiſſa un fils *George de Clugny* I. auquel *Jean de Clugny* III. ſon ayeul fut décerné pour tuteur, pardevant le Lieutenant au Bailliage d'Avalon, le premier Aout **1552.**

VII. GEORGE DE CLUGNY I. fils de *Pierre de
Clugny* II. Docteur ès Droits, Conſeiller du Roi notre Sire, Juge pour Sa Majeſté à Avalon, Seigneur
d'Eſtaules, Préjoüan & Sauvigny le Bois, (*d*) fut dé-

(*a*) Procès ver-
bal contradictoire
avec Mr. de The-
niſſey du 6 Sep-
tembre 1718.

(*b*) Martyrologe
de l'Egliſe de S.
Lazare. Procès
verbal du 21 Oc-
tobre 1677, tiré
du Greffe de l'Of-
ficialité d'Autun,
contenant la véri-
fication de toutes
ces Fondations,
par Ordonnance
de Mr. l'Evêque
d'Autun, en pré-
ſence de *George
de Clugny* ayeul
de Mr. *de Clugny*.

(*c*) Archives de
l'Abbaïe de Mar-
cilly près Avalon.

(*d*) V. les repri-
ſes de Fief dans la
Tour d'en-haut
de la Chambre
des Comptes de
Dijon, layettes du
Bailliage d'Ava-
lon.

puté pour le Bailliage d'Auxois aux Etats Généraux tenus à Blois en 1576. (a)

Il tint le parti d'*Henri IV.* contre la Ligue. Le Duc de Mayenne par une Déclaration donnée au Camp devant Dieppe le 3 Octobre 1589, fuprima fa Charge, & la fit exercer par un Maire qu'il créa par la même Déclaration On l'avoit déja fait chaffer de la Ville, & fait piller fes Maifons Seigneuriales aux environs.

Le 31 Mai 1594, par le moyen des intelligences qu'il avoit dans la Ville, & avec le fecours d'*Edme de Rochefort* Seigneur de Pleuvaut, Gouverneur de Vezelay, pendant que le Roi affiégeoit la Fere, il fe rendit maître d'Avalon. Le Roi par les articles accordés aux Habitans au Camp devant la Fere le 14 Juillet 1594, rétablit fon Office fuprimé par le Duc de Mayenne. (b) C'eft la premiére Ville de Bourgogne qui fut réduite fous l'obéiffance d'Henri IV.

Il fit fon teftament conjointement avec *Jeanne Martenot* fa femme, le 27 Fevrier 1620, par lequel ils inftituérent leurs trois enfants dont on va parler, leurs héritiers.

Il mourut le premier Mars fuivant, & fut enterré comme fes prédéceffeurs, dans le caveau qui eft fous la Chapelle fondée & dotée par *Jean de Clugny* III. (c)

Son teftament fut publié au Bailliage d'Avalon le 14 Mars de la même année 1620. (d) Ses enfants ont été.

I. *Pierre de Clugny* III. qui fuit.

II. *Jacques de Clugny* dont on parlera dans fon ordre.

III. *Anne de Clugny* mariée par contrat du 28 Juillet 1600, à *Jacques de Loron*, Ecuyer, Seigneur de

(a) Régiftres du Bailliage de Semur en Auxois.

(b) Régiftres de l'Hotel de Ville d'Avalon.

(c) Régiftres mortuaires de l'Eglife Paroiffiale de S. Pierre d'Avalon.
(d) Régift. du Bailliage d'Avalon.

Damecy fur Chores, (a) dont eft iffuë *Anne de Loron* mariée à *Helie de Jaucourt* Baron de Plancy. (b)

VIII. PIERRE DE CLUGNY III. fils aîné de *George de Clugny* I. & de *Jeanne Martenot*, Lieutenant Civil d'Avalon, Seigneur d'Eftaules le bas, né le 29 Mai 1573, (c) marié par contract du 29 Juin 1603, à *Madeleine Canelle de Bernou*. (d)

Il fut reçû Lieutenant Criminel au Bailliage d'Avalon, fur la réfignation de *Jean Odebert* le 15 Décembre 1607, en vertu de Lettres du 3 Aout 1605; & Lieutenant Civil du Bailliage & de la Chancellerie, par le décès de *Guillaume de Berbifey*, le 5 Aout 1624, en vertu de Lettres du 12 Juillet précédent. (e)

Il mourut le premier Décembre 1627, & laiffa quatre enfants.

I. *George de Clugny* II. qui fuit.

II. *Jacques de Clugny* qui fe fit Jéfuite à Rome, & mourut le 9 Décembre 1637.

III. *Marie de Clugny* Religieufe Urfuline à Viteaux en 1642. (f)

IV. *Jean de Clugny* IV. pourvû de la Charge de Lieutenant Général de Dijon, par Lettres du 26 Janvier 1653, reçû le 12 Fevrier fuivant; (g) nommé Confeiller d'Etat par autres Lettres du 11 Avril 1654, dont il prêta le ferment le même jour.

Il mourut le 24 Décembre 1675, (h) fans laiffer d'enfants de *Pierrette Gauthier* fa femme.

IX. GEORGE DE CLUGNY II. fils aîné de *Pierre de Clugny* III. & de *Magdeleine Canelle de Bernou*, fut pourvû de l'Office de Lieutenant Civil d'Avalon après le décès de *Pierre de Clugny* fon pere, par Lettres du 16 Mars 1628, & fut reçû le 16 Décembre fuivant. Il obtint des Lettres d'Honoraire le 17 Fevrier 1664, après qu'il eut réfigné fon Office à *Jacques de Clugny* fon fils. (i) *Maximilien de Clugny* Ba-

---

(*a*) Reçû Gaffey Notaire Royal à Avalon.

(*b*) Sentence du Bailliage d'Avalon du 15 Juillet 1643.

(*c*) Régiftres de l'Eglife de S. Pierre d'Avalon.

(*d*) Reçû Leclerc Notaire Royal à Tonnerre.

(*e*) Rég. du Parlement de Dijon.

(*f*) Donation du premier Septembre 1642, paffée au Château du Broüillart, & publiée au Bailliage d'Avalon.

(*g*) Rég. du Parlement de Dijon.

(*h*) Rég. de l'Eglife Paroiffiale de Notre-Dame de Dijon.

(*i*) Rég. du Parlement de Dijon.

ron du Broüillart l'avoit nommé son exécuteur tes-
tamentaire, dans son testament du 8 Novembre
1640, reçû Cominet Notaire Royal. (*a*)

Le 21 Octobre 1677 il fut apellé comme descen-
dant de *Jean de Clugny* III. Fondateur de la Chapelle dédiée à S. Jean-Baptiste dans l'Eglise de Saint
Pierre, pour la vérification des Services étant à la
charge de l'Eglise Collégiale de S. Lazare, ordon-
née par M. l'Evêque d'Autun. (*b*)

Il avoit épousé *Madeleine Lefoul de Vassy* par contrat du 4 Juin 1630, reçû Thomas Notaire Royal à
Avalon, publié au Bailliage d'Avalon le 18 Septembre suivant. (*c*)

Il mourut le 8 Fevrier 1681, & fut inhumé dans
le caveau qui est sous la Chapelle de S. Jean-Baptiste. (*d*)

Il laissa deux enfans dont il est fait mention dans
le testament de *Hierome de Chenu*, Chevalier, Baron
de Nuis, son cousin germain, du 23 Fevrier 1677,
publié en la Chancellerie de Semur en Auxois le 11
Septembre suivant.

1. *Magdeleine de Clugny* née le 8 Mai 1632, morte
le 15 Avril 1687 sans avoir été mariée. (*e*)

2. *Jacques de Clugny* qui suit.

X. JACQUES DE CLGUNY fils de *George de Clugny*
II. & de *Magdeleine le Foul de Vassy*, né le 4 Mars
1635. (*f*)

Les biens de *Maximilien de Clugny* Baron du
Broüillart, & d'*Antoine de Clugny* Seigneur de Villargeot son frere lui étoient substitués, en cas qu'ils
mourussent avant 25 ans, par testament du 19 Juillet
1644. (*g*)

Il fut pourvû de l'Office de Lieutenant Civil au
Bailliage & Chancellerie d'Avalon, sur la résigna-
tion de *George de Clugny* son pere, par Lettres du 27
Janvier 1664, & y fut reçu le 14 Mai suivant. (*h*)

Par autres Lettres du 16 Mars 1676 il fut pourvû de l'Office de Lieutenant Général au Bailliage de Dijon vacant par le décès de *Jean de Clugny* son oncle, & y fut reçû le 14 Mai fuivant. *(a)*

Il fut employé en diverfes commiffions pour l'exécution des ordres du Roi, entre autres pour la publication de l'Avertiffement Paftoral du Clergé de France dans le Temple de ceux de la R. P. R. à Iffurtille. *(b)*

Le célébre P. *François de Clugny* de l'Oratoire étoit du nombre des Eccléfiaftiques députés par M. de Gordes, Evêque Duc de Langres, pour affifter à cette publication, comme en fait mention le Procès verbal du 24 Octobre 1683. *(c)*

Il mourut le 4 Octobre 1684 *(d)* & laiffa de *Jeanne Filsjean de Marlien* fa femme trois enfans nommés dans l'acte de tutelle qui leur fut décernée par le Lieutenant Particulier au Bailliage de Dijon le 9 du même mois d'Octobre 1684 ; fçavoir :

1. *Etienne de Clugny* qui fuit.

2. *Pierrette de Clugny* née le 7 Juin 1667, morte le 20 Décembre 1687, inhumée dans le caveau qui eft fous la Chapelle de S. Jean-Baptifte dans l'Eglife de S. Pierre d'Avalon. *(e)*

3. *Hiérome de Clugny* né le 20 Janvier 1669, *(f)* Jéfuite de la Province de Champagne depuis 1685.

XI. Etienne de Clugny fils aîné de *Jacques de Clugny* & de *Jeanne Filsjean de Marlien*, né le 28 Mars 1664, *(g)* fut pourvû d'un Office de Confeiller Laïc au Parlement de Dijon, fur la réfignation de *Claude-Bernard-Gaillard de Montigny*, par Lettres du 2 Avril 1689, & y fut reçû le 11 Juin fuivant. *(h)*

Il a réfigné fon Office à *Etienne de Clugny* l'un de fes fils après 27 ans de fervice, & le Roi lui accorda des Lettres de Confeiller Honoraire le 12 Aout 1716, vérifiées le 1 Décembre fuivant. *(i)*

(a) *Ibid.*

(b) Rég. du Bailliage de Dijon.

(c) *Ibid.*
(d) Rég. de l'Eglife Paroiffiale de Notre-Dame de Dijon.

(e) Rég. de l'Eglife de S. Pierre d'Avalon.
(f) *Ibid.*

(g) *Ibid.*

(h) Rég. du Parlement de Dijon.

(i) *Ibid.*

Il a épousé par contrat du 14 Juin reçû Bornot & Aubry Notaires à Chatillon-fur-Seine, *Chriftine le Foul* Dame de Prâlay; ils ont pour enfans.

1. *Marc-Antoine de Clugny* né le 4 Avril 1689, (a) Doyen de S. Denis de Nuis; pourvû d'un Office de Confeiller Clerc au Parlement, par Lettres du 22 Mai 1712, reçû le 7 Juin fuivant. (b)

2. *Jeanne de Clugny* née le 3 Avril 1690, (c) Religieufe Urfuline à Chatillon-fur-Seine, a fait profeffion le 11 Mai 1706.

3. *Etienne de Clugny* qui fuit.

4. *Jean-Claude de Clugny* né le 27 Janvier 1693, (d) Religieux Profès de l'Abbaïe de Clair-vaux depuis le 6 Mars 1712, (e) Vicaire Général de l'Ordre de Cîteaux.

5. *Jean-Baptifte de Clugny* né le 11 Décembre 1695, (f) mort à l'Inftitution de l'Oratoire à Paris le 20 Décembre 1716.

6. *Charles de Clugny* né le 24 Octobre 1697, (g) Jéfuite de la Province de Champagne depuis 1715.

XII. ETIENNE DE CLUGNY, fecond fils d'*Etienne de Clugny* & de *Chriftine le Foul de Prâlay*, né le 18 Juillet 1691, (h) pourvû d'un Office de Confeiller Laïc fur la réfignation de fon pere, par Lettres du 14 Juillet 1716, reçû le 28 du même mois. (i)

Il a été marié avec *Claire-Ode Gilbert de Voifins*, le 12 Mai 1724. (l)

BRANCHE

(a) Rég. de l'Eglife Paroiffiale de Notre-Dame de Dijon.
(b) Rég. du Parlement de Dijon.
(c) Rég. de l'Eglife Paroiffiale de Notre-Dame de Dijon.
(d) Ibid.
(e) Rég. des Profeffions de l'Abbaïe de Clairvaux.
(f) Rég. de l'Eglife Paroiffiale de Notre-Dame de Dijon.
(g) Ibid.
(h) Ibid.
(i) Rég. du Parlement de Dijon.
(l) Rég. de l'Eglife Paroiffiale de Notre-Dame de Dijon.

BRANCHE DE PREJOUAN.

I. *Guillaume de Clugny* Citoyen d'Autun , poſſeſſeur d'une maiſon ſituée au Fort de Marchaut d'Autun, vivoit au commencement du quatorziéme ſiécle , a eu trois fils.

II. *Jean de Clugny* ſon troiſiéme fils , Licentié ès Loix , Garde des Sceaux aux Contrats , Conſeiller du Duc au Bailliage d'Autun , poſſeſſeur de la maiſon de Marchaut , marié à *Guiotte de Beze* , dont il eut quatre fils & une fille. 1382 , 1399 , 1400 , 1404 , 1412 , 1414.

III. *Jean de Clugny* ſon quatriéme fils épouſa *Philipée de la Boutiére* fille de *Pierre de la Boutiére* d'Autun , & s'établit à Avalon , dont il eut un fils & une fille. 1414 , 1454 , 1478.

IV. *Pierre de Clugny* ſon fils ſervit le dernier Duc dans les guerres de Flandres , fut marié à *Marguerite Obbé* , dont il laiſſa deux fils & deux filles. 1478 , 1487 , 1488 , 1511.

V. *Jean de Clugny* ſon fils aîné fonda la Chapelle de S. Jean-Baptiſte dans l'Egliſe de S. Pierre d'Avalon , dite la Chapelle des *de Clugny* ; fut marié à *Franſoiſe Piget* , dont il eut trois fils. 1488 , 1511 , 1529 , 1530 , 1532 , 1551.

VI. *Pierre de Clugny* ſon fils aîné , Licentié ès Loix , Lieutenant du Bailli d'Auxois à Avalon , fut marié à *Deniſe Filsjean* , dont il eut deux fils. . . . 1536 , 1538 , 1552.

VII. *George de Clugny* ſon fils aîné , Docteur ès Droits , Juge pour le Roi à Avalon , Seigneur d'Eſtaules , épouſa *Jeanne Martenot* , dont il laiſſa deux fils & une fille. 1576 , 1589 , 1594 , 1602 , 1620.

VIII. *Jacques de Clugny* ſon ſecond fils , Tréſorier de France en Bourgogne , Seigneur de Préjouan , marié à *Franſoiſe Filsjean* , qui eut pour enfants. 1609 , 1614 , 1626 , 1635 , 1637 , 1640 , 1648.

IX. *George de Clugny* Tréſorier de France , marié à *Anne Malteſte* , dont il n'eut qu'un fils nommé *Franſois* , mort un mois après ſon pere. 1646 , 1652.

IX. *Magdeleine de Clugny* mariée à *Franſois de Sercey* Seigneur d'Arconcey.

IX. *Helie de Clugny* Seigneur d'Eſtaules le bas , marié à *Marie-Anne Lallemant.* 1657 , 1667 , 1688.

Helie de Clugny Lieutenant dans le Régiment de Forêt , tué dans une ſortie au Siége de Toulon. 1686 , 1707.

H

BRANCHE DE PREJOUAN.

VIII. **J**ACQUES DE CLUGNY second fils de *George de Clugny* I. & de *Jeanne Martenot*, Seigneur de Préjoüan, né le 25 Mai 1586, (*a*) fut pourvû de l'Office de Juge, Prevôt pour le Roi à Avalon, & en cette qualité fut député de l'Auxois aux Etats Généraux tenus à Paris en 1614. (*b*)

Il prit ensuite le parti des armes en 1626, (*c*) & fut Capitaine d'Infanterie.

Le 3 Juin 1640, après avoir quitté le service de l'Armée, il fut pourvû d'un Office de Tréforier de France en Bourgogne, & y fut instalé le 3 Juillet suivant. (*d*)

Il mourut le 4 Décembre 1648, & fut inhumé dans le caveau qui est dans la Chapelle de S. Jean-Baptiste en l'Eglise de S. Pierre d'Avalon, (*e*) laissant trois enfants, plusieurs autres étant morts en bas âge, de *Françoise Filsjean*, qu'il avoit épousée par contrat du 24 Novembre 1609, reçû Borot Notaire Royal à Avalon.

I. *George de Clugny* Seigneur d'Estaules le haut, pourvû d'un Office de Tréforier de France en Bourgogne, par Lettres du 11 Juillet 1646, instalé le 4 Aout suivant, (*f*) mort en 1652, n'ayant laissé qu'un fils mort un mois après lui, d'*Anne Maltefte* sa femme, qu'il avoit épousée par contrat reçû Mouchevaire Notaire à Dijon le 11 Juin 1646, régistré ès Chancelleries de Dijon & d'Avalon les 10 & 22 Septembre suivants. (*g*)

II. *Magdeleine de Clugny* mariée à *François de Sercey* Seigneur d'Arconcey, Chevalier d'Honneur en la Chambre des Comptes de Dijon.

III. *Helie de Clugny* qui suit.

IX. HELIE DE CLUGNY, Ecuyer, Seigneur d'Estaules, fils de *Jacques de Clugny* de Préjouan, & de

(*a*) Rég. de l'Eglife de S. Pierre d'Avalon.

(*b*) Recüeil des Etats Généraux tenus en France. Paris, 1657.

(*c*) Commiffion du 3 Fevrier 1626.

(*d*) Rég. du Bureau des Finances de Dijon.

(*e*) Rég. de l'Eglife Paroiffiale de S. Pierre d'Avalon.

(*f*) Rég. du Bureau des Finances de Dijon.

(*g*) Régiftres des Chancelleries de Dijon & d'Avalon.

Françoise Filsjean, par contrat reçû du Ballay Notaire Royal à Dijon le 26 Juin 1661, étant alors majeur, fit partage avec *Magdeleine de Clugny* sa sœur, autorisée de *François de Sercey* Seigneur d'Arconcey son mari, des biens qui leurs étoient échûs provenants de la succession de *Jacques de Clugny* leur pere.

Il mourut en 1688, & fut enterré dans l'Abbaïe de Marcilly, près Avalon, dans la sépulture des Seigneurs d'Eſtaules. *(a)*

Il laiſſa de *Marie-Anne Lallemant* qu'il avoit épouſée en 1667, pluſieurs filles & un ſeul fils.

X. HELIE DE CLUGNY né le 5 Mai 1686, *(b)* Lieutenant dans le Régiment de Forêt, tué pendant le Siége de Toulon, la nuit du 2 au 3 Aout 1707, ayant été commandé avec quatre Compagnies de Grenadiers, pour détruire une batterie des ennemis. *(c)*

On a crû être obligé d'expliquer dans des Notes, quelles étoient les fonctions des differens Offices exercés par ceux de la Famille de Clugny ſous les Ducs de Bourgogne, pour ſervir par avance de réponſes aux idées bizarres de Mr. de Theniſſey, qui reléve beaucoup au-delà de leur juſte valeur les Emplois de ceux qu'il veut bien reconnoître pour ſes parents, & qui traite d'Emplois vils les Magiſtratures dont ceux de la Branche de Mr. de Clugny ont été pourvûs.

(a) Rég. de l'Egliſe Paroiſſiale de S. Valentin d'Eſtaules & de l'Abbaïe de Marcilly.

(b) Rég. de l'Egliſe Paroiſſiale de S. Valentin d'Eſtaules.

(c) Certificat de ſa mort, donné par le Major & les Capitaines du Régiment.

BRANCHES D'AISY ET DE COLOMBIER.

I. *Loüis de Clugny* marié à *Jacqueline de Drée* en 1515, dont il eut trois fils.

II. *Barthelemy de Clugny* Seigneur d'Aify, marié à *Adrienne de Foucher*, dont il eut un fils. 1573.

II. *Guiard de Clugny* mort fans avoir été marié.

II. *Michel de Clugny* Seigneur de Montachon, marié à *Gabrielle de Colombier*, dont il laiffa deux fils. 1572, 1608.

III. *Claude de Clugny* marié à *Judith de Crety*, dont il eut deux fils. 1581.

III. *Antoine de Clugny* Seigneur de Colombier, Gouverneur de S. Quentin, mort fans alliance. 1639, 1644.

III. *Guy de Clugny* Capitaine d'Infanterie, marié à *Anne de Confeil*, dont il eut deux fils. 1634, 1639.

IV. *Charles de Clugny* Seigneur d'Aify, marié à *Anne Voifenet*, dont deux fils & une fille. 1608, 1614.

IV. *Barthelemy de Clugny* mort fans poftérité de *Loüife Damas*. 1605, 1608.

IV. *Antoine de Clugny* Seigneur de Colombier, marié à *Charlotte Edoüard*, dont il a laiffé entre autres enfans. 1639, 1644, 1655, 1680.

IV. *François de Clugny* Prêtre de l'Oratoire. 1639, 1683, 1694.

V. *Barthelemi de Clugny* marié à *Madeleine de Menou*, qui laiffa deux fils. 1648.

V. *Charles de Clugny* Seigneur de Darcey, mort fans alliance.

V. *Anne de Clugny*, mariée à ...S. Phal.

V. *François de Clugny* Seigneur de Theniffey, marié à *Loüife de Popillon*, dont font iffus. 1694.

V. Deux Chevaliers de Malthe, un Chanoine Régulier de Sainte Geneviéve, & une Urfuline à Flavigny.

VI. *Loüis de Clugny* de Grignon, mort fans poftérité.

VI. *Charles de Clugny* de Darcey, mort fans avoir été marié.

VI. *Antoine de Clugny* marié à *Marie de Choifeuil*. 1722.

VI. *Antoinette de Clugny* mariée à *Gilbert-Agatange de Guerin de Lugeac*.

VI. Une fille Urfuline à Flavigny.

BRANCHE DE Mᴿ. DE THENISSEY.

I. LOUIS DE CLUGNY, Ecuyer, marié à *Jacqueline de Drée* par contrat du 10 Décembre 1515, dont il eut trois fils.

I. *Barthelemy de Clugny* qui suit.

II. *Guiard de Clugny.* Dans tous les titres produits par Mr. de Theniſſey, on n'en a trouvé aucun qui prouve, ou qui laiſſe même à préſumer qu'il a été marié.

III. *Michel de Clugny*, dont on parlera dans ſon ordre.

II. BARTHELEMY DE CLUGNY fils de *Loüis de Clugny* & de *Jacqueline de Drée*, marié par contrat du 5 Fevrier 1543 à *Adrienne de Foucher*, laiſſa un fils.

III. CLAUDE DE CLUGNY Seigneur d'Aiſy, qui eut deux fils de *Judith de Crecy*, qu'il avoit épouſée par contrat du 15 Mars 1581.

I. *Charles de Clugny* qui suit.

II. *Barthelemy de Clugny* marié le 21 Décembre à *Loüiſe Damas*, dont il n'eut point d'enfants.

IV. CHARLES DE CLUGNY fils aîné de *Claude de Clugny*, & de *Judith de Crecy*, Seigneur des Laumes, Grignon, fut marié deux fois; 1°. A *Anne de la Palu*, par contrat du 28 Décembre 1604, dont il n'eut point d'enfants. 2°. A *Anne Voiſenet*, par contrat du 2 Fevrier 1614, dont il eut trois enfants.

I. *Barthelemy de Clugny* II. qui suit.

II. *Charles de Clugny* Seigneur de Darcey, mort ſans avoir été marié.

III. *Anne de Clugny* mariée à   *de S. Phal* Seigneur de Munois.

V. BARTHELEMY DE CLUGNY II. fils de *Charles*

de Clugny & d'*Anne Voisenet*, Seigneur de Grignon, les Laumes,...... fut marié à *Magdeleine de Menou* par contrat du 15 Fevrier 1648, dont il a eu deux fils.

VI. Louis de Clugny Seigneur de Grignon, mort en 1724 fans poftérité.

VI. Charles de Clugny mort fans avoir été marié.

II. **M**ICHEL DE CLUGNY Seigneur de Monta-chon, troifiéme fils de *Loüis de Clugny* I. & de *Jacqueline de Drée*, marié à *Gabrielle de Colombier* par contrat du 6 Octobre 1572, eut deux fils.

I. *Antoine de Clugny* Seigneur de Colombier, Gouverneur de S. Quentin, mort en 1644 fans avoir été marié ; dont le teftament du 23 Janvier 1639 fut publié au Bailliage de S. Quentin le 30 Juillet 1644.

II. *Guy de Clugny* qui fuit.

III. GUY DE CLUGNY Capitaine d'une Compagnie de Gens de pied, Commandant en l'abfence de Mr. le Marquis de Varenne Viguier à Aiguemorte, marié le 10 Janvier 1633 à *Anne de Confeil*, laiffa deux fils.

I. *Antoine de Clugny* qui fuit.

II. *François de Clugny* Prêtre de l'Oratoire, mort le 29 Octobre 1694.

IV. ANTOINE DE CLUGNY Seigneur de Colombier, marié à *Charlotte Edoüard*, par contrat du 15 Aout 1663, qui a eu plufieurs enfants, entre autres.

V. FRANÇOIS DE CLUGNY Seigneur de Thenif-fey, marié par contrat du 12 Janvier 1694 à *Anne-Loüife de Popillon*; en faveur duquel a été renduë une Sentence du 20 Mars 1698, dont on parlera dans peu. Il a un fils.

VI. ANTOINE DE CLUGNY marié par contrat du 30 Novembre 1722, reçû Lhomme Notaire à Autun, à *Marie de Choifeuil*.

I

OBSERVATION
Sur la Généalogie de la Branche de Mr. de Thenißey.

VI. *On démontre que Mr. de Theniſſey, en établiſſant ſa Généalogie, n'a pû jamais remonter au-delà de* Louis de Clugny *ſon triſayeul, marié en* 1515, *à* Jacqueline de Drée.

CEtte Généalogie ne doit pas être ſuſpecte à Mr. de Theniſſey. On l'a dreſſé ſur les principales piéces viſées dans deux Jugements de renvoi ; l'un de Mr. de Bouville Intendant d'Orléans, du 22 Décembre 1702, en faveur de *Loüis de Clugny* II. Seigneur de Grignon ; l'autre de Mr. Ferrand Intendant de Bourgogne, du 20 Mars 1698, en faveur de Mr. de Theniſſey.

Mr. de Grignon dans ſon plaidoyer, pour établir ſa Nobleſſe, commence à donner le premier degré de ſa Généalogie par *Loüis de Clugny* I. ſon quatriéme ayeul, marié en 1515 à *Jacqueline de Drée.*

Mr. *de Theniſſey*, après avoir dit qu'il juſtifie l'ancienneté de ſa Maiſon par un livre relié, écrit à la main, intitulé *Mémoires Généalogiques pour la Maiſon de Clugny*, par lequel il paroît que le premier eſt, *Symphorien de Clugny*, qui fit hommage à genoux le premier Aout 1083, à l'Autel & Châſſe de S. Symphorien d'Autun, pour ſon Fief & Maiſon de *Clugny* ; & avoir avancé ſans preuves que ſa Maiſon a produit des Perſonnages revêtus des premieres Dignités de l'Egliſe & de l'Etat, ſe réduit tout à coup à dire, qu'il lui ſuffit de faire voir que *Loüis de Clugny* marié en 1515 à *Jacqueline de Drée*, a été ſon triſayeul.

On n'a donc pû pouſſer la Généalogie de Mr. *de Theniſſey* que juſques à *Loüis de Clugny* I. puiſque ni dans l'un ni dans l'autre des deux Jugements dont on vient de parler, il n'y eſt fait aucune mention du pere & de la mere de ce *Loüis de Clugny* I.

Dans le cours de la procédure Mr. *de Theniſſey* a

fait fignifier trois différentes Généalogies, dans lefquelles il a donné différens peres à *Loüis de Clugny* I.
mais il a toujours échoüé dans les preuves qu'il en a
fournies.

Dans la premiere Généalogie (*a*) il donna pour
pere à *Loüis de Clugny* I. *Guillaume de Clugny* VII.
Seigneur de Monthelon, marié en 1473 à *Françoife
de Meffey*; & affura qu'on ne pouvoit en douter, puifqu'il avoit pour lui le témoignage de Mufnier.

Mr. *de Clugny* répondit que le témoignage d'un
pareil Auteur n'étoit pas une preuve admiffible en
Juftice. C'eft un Auteur obfcur qui s'eft avifé d'écrire
une Hiftoire peu judicieufe de la Ville d'Autun : il
fera facile de s'en convaincre, fi l'on veut s'expofer
à l'ennui de la lire. Mr. *de Theniffey* lui-même a
fourni des preuves de fon peu d'exactitude, en faifant fignifier à Mr. *de Clugny* deux contrats des 16
Aout 1528 & premier Septembre 1531, qui juftifient
pleinement que *Guillaume de Clugny de Monthelon* &
Françoife de Meffey fa femme, n'eurent qu'un fils marié, *Loüis de Clugny de Monthelon*, qui époufa *Marie
de Chaulgy*, & que ceux-ci n'eurent que deux filles
Françoife & *Jeanne de Clugny*, mariées à *Hugues* &
Nicolas de la Roque freres, qui n'ont point laiffé de
poftérité, & qu'en elles finit la branche *de Clugny
Monthelon*.

Quoique la réponfe ne fouffrit point de replique,
Mr. *de Theniffey* s'obftina encore long-tems à foutenir dans différens actes de la procédure, que *Loüis
de Clugny* I. fon trifayeul étoit fils de *Guillaume de
Clugny de Monthelon* & *de Françoife de Meffey*, en répétant fans ceffe : *Mufnier l'a dit*. Il abandonna enfin ce pofte, & mettant au jour une nouvelle Généalogie (*b*) dans laquelle après avoir dit que toutes
les plus éminentes Dignités de l'Etat ont illuftré fa
Maifon, il fait un long dénombrement des alliances
qu'elle a contractées : la premiere avec une ancienne

(*a*) Ecrit du mois d'Aout 1720.

(*b*) Imprimée & fignifiée à Mr. de Clugny, au mois de Fevrier 1723.

Maison qui portoit de gueules à trois Fleurs de lis d'or, dont l'éloignement des siécles a dérobé le nom; il y met encore au nombre de ses alliances la Maison de France, celles de la Tour d'Auvergne, de Clermont, de Châtelux, de Levi-Ventadour, de Jaucourt, de Vienne, & plusieurs autres, sans citer les dattes, sans spécifier les noms, sans articuler les degrés, sans aporter de preuves. Enfin il assure que *Hugues de Clugny* II. Bailli d'Autun, étoit l'ayeul de *Loüis de Clugny* mari de *Jacqueline de Drée.*

Mr. *de Clugny* répondit qu'il falloit découvrir le veritable pere de *Loüis de Clugny* son trisayeul, avant que de rechercher son grand-pere.

(a) Au mois de Juin 1723, p. 125.

Enfin parut sa grosse Généalogie, (*a*) dans laquelle il fait descendre d'un degré *Hugues de Clugny* II. Bailli d'Autun, & le donne pour pere à *Loüis de Clugny* I. son trisayeul, mari de *Jacqueline de Drée*; au lieu que dans celle du mois de Fevrier précédent, il le lui donnoit pour ayeul.

Parmi le grand nombre de piéces qu'il a produites, on n'en voit pas une qui dise disertement que *Loüis de Clugny* I. mari de *Jacqueline de Drée*, soit fils d'*Hugues de Clugny* II. il a seulement fait imprimer dans sa Généalogie un contrat du 2 Juillet 1492, par lequel *Loüise de Sainte Croix* sa veuve fonda deux Chapelains pour la desserte d'une Chapelle que son mari avoit fait construire dans l'Eglise Collégiale de Saulieu, dont elle se réserva la nomination pendant sa vie, & après sa mort à *Claude & Loüis de Clugny* ses enfants, & à leurs successeurs mâles.

C'est, dit Mr. *de Theniffey*, ce *Loüis de Clugny* nommé dans ce contrat de fondation, qui a épousé *Jacqueline de Drée*, & dont nous descendons.

Mr. *de Theniffey* ne cite aucune piéce qui puisse faire connoître que *Loüis de Clugny* nommé dans l'acte de 1492, est le même que *Loüis de Clugny* mari de *Jacqueline de Drée*. Mr. *de Clugny* tire de la piéce même un argument négatif, qui prouve que ce ne peut être le même.

Loüife de Sainte Croix a réfervé à fes deux fils *Claude & Loüis de Clugny*, le droit de nommer les Chapelains de la Chapelle de Saulieu, & à leurs fuccef-feurs mâles. De *Claude de Clugny* font defcenduës les branches de Conforgien, du Brouillart, d'Es-fours....... comme on l'a prouvé dans la Généalogie; lefquelles tant qu'elles ont fubfifté, ont nommé les Chapelains fondés en 1492 ; & jamais *Loüis de Clugny* mari de *Jacqueline de Drée*, ni fes defcendans, n'y ont nommé. Depuis que ces branches defcenduës de *Claude de Clugny* font éteintes, le droit de nomination auroit été dévolu pour le tout aux defcendans mâles de *Loüis de Clugny* & de *Jacqueline de Drée*; cependant ni Mr. *de Theniffey* ni aucuns de fes auteurs ne l'ont jamais exercé. Preuve certaine que *Loüis de Clugny* mari de *Jacqueline de Drée*, n'eft pas le même que *Loüis de Clugny* nommé dans le contrat de fondation de 1492.

Mr. *de Theniffey* auroit certainement des actes de nomination à cette Chapelle, fi fes prédéceffeurs ou lui y avoient préfenté. Comment les Archives de fa Maifon, fi fécondes en titres de toute efpèce, au-roient-elles pû lui manquer au befoin ?

I. *Guillaume de Clugny auteur de toutes les Branches.*

L A Généalogie de la Famille *de Clugny* qu'on vient de donner, dreffée fur des titres légitimes & autentiques, & fur des monuments encore exiftants, juftifie parfaitement, que toutes les differentes Branches de cette Famille ont pour auteur commun *Guillaume de Clugny* premier du nom, Citoyen d'Autun qui vivoit au commencement du 14ᵉ fiécle ; c'eft à lui qu'elles fe raportent, comme à leur veritable tronc, en quelque endroit de la Province qu'elles fe foient établies.

II. *Les Branches d'une Famille, les unes s'élévent, les autres demeurent au même état où elles étoient à leur origine.*

Il eft arrivé à cette Famille ce qui arrive ordinairement à toutes celles qui font nombreufes : quelques-unes des Branches s'élévent, foit par le mérite de quelques particuliers, foit par les alliances, foit enfin par les Dignités politiques ou militaires, aufquelles ils parviennent ; d'autres au contraire demeurent dans l'état de médiocrité d'où elles font forties : il peut même arriver que quelques-unes dégénérent : mais elles n'en font pas moins forties de la tige commune qui les a toutes produites.

III. *Les auteurs de Mr. de Clugny reconnus dans tous les tems par ceux de la Famille de Clugny les plus éleves par leur mérite & leur dignité.*

Cette difference ne doit point empêcher ceux qui compofent une même Famille, de fe reconnoître dans toutes les occafions. C'eft ainfi qu'en ont ufé dans tous les tems ceux de la Famille de *Clugny*, qui font parvenus aux plus grands Emplois, à l'égard des auteurs de Mr. *de Clugny*: on va le prouver par un grand nombre d'exemples qui forment un préjugé bien fort en fa faveur, & qui condamnent par avance le procédé de Mr. *de Theniffey*, qui n'a jamais eu fur Mr. *de Clugny* les avantages, que ceux dont la parenté lui paroît la plus flateufe, avoient eux-mêmes fur les auteurs de ce Magiftrat.

IV. *Premier exemple.* 1441.

Philipée de la Boutiére femme de *Jean de Clugny* II. qui s'étoit établi à Avalon, donna procuration à fon mari, pour demander les droits qui lui étoient échûs par la mort de *Pierre de la Boutiére* fon pere demeurant à Autun. *Henry de Clugny* Confeiller du Duc, pere du Cardinal & de l'Evêque de Poitiers, fut un des témoins inftrumentaires de l'acte, qui eft du 25 Novembre 1441.

Guillaume de Clugny VII. neveu & héritier univerfel de *Ferry* Cardinal, penfoit plus jufte que Mr. de *Theniffey*, & en ufoit d'une maniere bien différente. On en trouve une preuve autentique dans l'Enquête faite en 1487, dont on a parlé dans la note (*e*) pag. 49, fur l'article de *Pierre de Clugny* I. fixiéme ayeul de Mr. *de Clugny*.

V. *Second exemple* 1487.

Mr. Bataille Confeiller au Parlement de Dijon, originaire de la Ville d'Autun, avoit un procès contre les Maire & Echevins de Beaune, dans lequel il s'agiffoit entre autres chofes, de fçavoir s'il étoit Noble d'origine. Il fut admis à prouver fa Nobleffe, tant par écrit que par témoins, par Jugement du Bailli de Dijon. Mr. Bataille produifit plufieurs témoins demeurants à Autun, ou originaires de la Ville d'Autun. Mr. de la Boutiére Confeiller au Parlement de Dijon, & *Pierre de Clugny* I. fixiéme ayeul de Mr. *de Clugny*, furent du nombre des derniers. *Guillaume de Clugny* VII. neveu & héritier univerfel de *Ferry* Cardinal, & de *Guillaume* Evêque de Poitiers, qui demeuroit alors à Autun, fut auffi produit comme témoin; voici un extrait fidéle de fa dépofition, & de celle de *Pierre de Clugny*.

Noble homme, & fage Maître *Guillaume de Clugny* Seigneur de Monthelon .... a eu connoiffance de feu Guillaume Bataille natif d'Autun, (c'étoit l'ayeul de Mr. Bataille Confeiller au Parlement,) lequel étoit tenu & réputé Noble, vivant noblement, & tenant chevance & Seigneurie de Noble, comme Droffon & Tillot.

Noble homme *Pierre de Clugny*, demeurant à Avalon .... a connu & connoît encore Jean-Baptifte frere de Mr. Bataille Confeiller au Parlement, qu'il a vû en Flandres comme Noble, fuivre les armées de Monfeigneur le Duc de Bourgogne ; a fçû que Pierre Bataille fon autre frere fuivoit auffi lefdites armées comme Noble....... Que lefdits Jean & Pierre Bataille font tenus & réputés par-deça Nobles gens, & pour tels les tient & répute ; le fçait parce qu'il a communiqué aucunes fois avec eux ; parquoi n'a point vû entre eux autre entreprife que gens Nobles doivent avoir ; & auffi que les Bataille d'Autun, dont le Demandeur & fefdits freres font iffus, font tenus, & réputés audit Autun Nobles gens.

Pierre & *Guillaume de Clugny* prennent dans cette Enquête la même qualité de *Noble homme*. *Guillaume* y joint celle de *fage Maître*, fpécialement affeétée aux gens de Robe.

Il réfulte de cette Enquête plufieurs faits importants.

1°. Qu'il étoit notoire que la Branche de *Clugny* établie à Avalon fortoit de la Ville d'Autun ; on étoit près de la fource, puifque *Jean de Clugny* II. fils de *Jean de Clugny* I. & pere de *Pierre de Clugny* I. étoit le premier qui s'étoit établi à Avalon avec *Philipée de la Boutiere* fa femme, auffi originaire d'Autun, & que Mr. Bataille en étoit perfuadé, puifqu'il avoit choifi pour un de fes témoins, *Pierre de Clugny* I. demeurant à Avalon.

2°. Que *Pierre de Clugny* I. avoit de grandes relations à Autun, qui étoit le lieu de fon origine, & en connoiffoit bien toutes les Familles.

3°. On voit dans une même Enquête *Guillaume de Clugny* VII. & *Pierre de Clugny* I. produits pour témoins, qui prêtent en même-tems le ferment, dont les noms font écrits dans la même forme & avec les mêmes lettres ; fi *Pierre de Clugny* I. n'avoit pas été reconnu pour être de la même Famille & portant le même nom que *Guillaume de Clugny* VII. qui étoit préfent, lui que Mr. de Chaffeneuz (*a*) peint fi

jaloux

(*a*) *Cat. glor. mundi, part.* 1, *p.* 37, *n.* 10 de la concl. 48.

jaloux de fon nom & de fes armes, n'auroit pas manqué de s'y opofer.

Suivant le même Auteur (*a*) quand deux perfonnes portent le même nom & les mêmes armes, elles font cenfées être de la même Famille.

Le 10 Septembre 1602 il y eut un traité important (*b*) dans lequel furent préfents Mr. Fremiot Préfident à Mortier au Parlement de Dijon, Mr. de Lorron Baron de Limanton en Beauffe, *Guillaume de Clugny* IX. Seigneur de Conforgien & le dernier de fa branche, & *George de Clugny* I. trifayeul de Mr. *de Clugny*, dans la maifon duquel toutes les Parties étoient affemblées. Et le 29 Septembre 1608 ce traité fut exécuté pardevant le même Notaire dans la maifon de *Pierre de Clugny* II. bifayeul de Mr. *de Clugny* : dans les deux actes les noms & les fignatures de *Guillaume de Clugny* IX. de *George de Clugny* I. & de *Pierre de Clugny* II. font écrits & fignés de même.

Le 13 Janvier 1621, *Anne de Clugny* veuve de Jacques de Lorron Seigneur de Domecy, paffa un contrat avec quelques particuliers (*c*) dans lequel il eft fait mention du partage des biens de *Georges de Clugny* I. fon pere, fait entre elle, & *Pierre de Clugny* I. & *Jacques de Clugny* de Préjoüan fes freres : *Maximilien de Clugny* I. Baron du Broüillart, qui étoit alors au Chateau de Domecy, figna le contrat comme témoin.

Maximilien de Clugny II. fils du précédent, avoit fait un teftament le 8 Novembre 1640 (*d*) par lequel il avoit nommé fon exécuteur teftamentaire *George de Clugny* II. ayeul de Mr. *de Clugny*.

Marie de Clugny fœur de *George de Clugny* II. ayeul de Mr. *de Clugny*, avant que de fe faire Religieufe aux Urfulines de Viteaux, difpofa de fes biens, par un acte paffé dans le Chateau du Broüillart du premier Septembre 1642 (*e*) qui porte qu'elle *étoit réfidente alors au Château du Broüillart.*

K

(*a*) *Id. ibidem.*

VI. *Troifiéme exemple.* 1602.
(*b*) Reçû Minard Notaire Royal à Avalon, compulfé par autorité de Juftice.

VII. *Quatriéme exemple.* 1621.
(*c*) Reçû Oudaille Notaire Royal au Bailliage de S. Pierre le Moutier, vérifié par procès verbal du Greffier des Requêtes du Palais du 23 Avril 1723.

VIII. *Cinquiéme exemple.* 1640.
(*d*) Reçû Cominet Notaire Royal à Avalon, compulfé par autorité de Juftice.

IX. *Sixiéme exemple.* 1642.
(*e*) Régiftré au Bailliage d'Avalon.

X. *Septiéme exemple.* 1644.

(a) Régiftré en la Chancellerie de Semur en Auxois, le 23 Février 1645.

XI. *Réponfe à une objection fur la poffeffion de Mr. de Clugny.*

(b) Du mois de Juin 1710.

Les biens de *Maximilien de Clugny* II. Baron du Broüillart, & d'*Antoine de Clugny* Seigneur de Villargeot, étoient fubftitués au profit de *Jacques de Clugny* pere de Mr. *de Clugny*, au cas qu'ils mouruffent avant vingt-cinq ans ; le teftament qui contient cette fubftitution eft du 19 Juillet 1644. (*a*)

Tous ces faits établis par des piéces autentiques fervent de réponfe à l'objection faite par Mr. *de Theniffey* dans un de fes écrits (*b*) dans lequel après avoir avancé comme un principe (duquel on n'a garde de convenir) *que fon nom & fes armes font de Droit public, & ne peuvent être prefcrits ;* il dit plus bas, *que pour que la poffeffion en laquelle eft Mr.* de Clugny, *du nom & des armes de* Clugny, *eût le poids qu'il voudroit lui donner, il faudroit l'affermir par des actes paffés avec ceux qu'il reconnoît pour être de fa Maifon, pour faire connoître, que s'il en a joüi, c'eft qu'il étoit en droit d'en joüir.* Il reconnoît le pere du Cardinal & de l'Evêque de Poitiers leur héritier univerfel, le dernier Baron de Conforgien, & les deux derniers Barons du Broüillart, pere & fils, pour être de fa Maifon : la poffeffion de Mr. *de Clugny* a donc, à fon propre mot, *tout le poids qu'elle doit avoir ;* fur tout ce poids étant augmenté par le fait de Mr. de Thenissey lui-même et de Mr. de Colombier son pere, comme on va le faire voir.

XII. *Exemples perfonels à la Branche de Mr. de Theniffey.*
1677, 1680, 1682, 1683.

Mr. de Colombier fut obligé de venir à Dijon en l'année 1677, à la pourfuite d'un grand procès qu'il avoit au Parlement contre Mr. de S. Martin & Madame la Comteffe d'Epinac. Il y demeura jufqu'en 1682, que le procès fut terminé par la médiation de *Jacques de Clugny* Lieutenant Général pere de Mr. *de Clugny.*

Il prit une maifon à loyer à Dijon & il s'y établit avec la Dame fa femme & toute fa famille compofée de huit enfans, dont Mr. de Theniffey étoit l'aîné.

Le procès étoit d'une grande conféquence pour

Mr. de Colombier ; les Parties avoient refpective-
ment formé un grand nombre de demandes ; Mr. de
S. Martin s'étoit pourvû au Confeil en caffation d'un
Arrêt, avoit pris Requête civile contre un autre, &
formé une infcription de faux contre un teftament
produit par Mr. de Colombier. (a)

    Pendant les cinq années que Mr. de Colombier
demeura à Dijon, Mr. *de Clugny* Lieutenant Général pere de Mr. *de Clugny*, & la Dame *de Clugny* fa
tante, aidérent Mr. de Colombier de leurs confeils,
de leur crédit, & même de leur bourfe ; Mr. *de
Colombier*, Madame fa femme & leurs enfans, dont
Mr. *de Theniffey* étoit l'aîné, mangeoient fouvent
chez Mr. *de Clugny* pere, & chez Madame *de Clugny*
fa tante. On ne fait cette derniere obfervation, que
pour faire connoître que Mr. *de Theniffey* a avancé
fauffement & contre fa connoiffance, en 1717, que
ce n'étoit que depuis peu d'années (b) que Mr. *de
Clugny* avoit pris les armes de *Clugny*, puifqu'il les
avoit vû plus de 40 ans auparavant fur la vaiffelle,
& en plufieurs autres endroits de la maifon de Madame *de Clugny* fa tante & celle de Mr. fon pere.

    Le procès fut enfin terminé par une tranfaction
paffée en 1682 par la médiation de *Jacques de Clugny*, (c) qui procura le repos à Mr. de Colombier &
à fa famille, & le mit en état de l'élever, n'étant
pas auffi riche qu'il l'eft devenu dans la fuite, par le
legs confiderable qui lui fut fait en 1710 par Mr. de
la Boutiere.

    L'accommodement fait, Mr. de Colombier fe re-
tira à la campagne, & entretint un commerce de
lettres fréquent avec *Jacques de Clugny* (d) qu'il re-
gardoit comme fon bienfaiteur ; il dura jufqu'à la
mort de celui-ci, arrivée au mois d'Octobre 1684.
La fuperfcription de ces Lettres écrites de la main
de Mr. de Colombier, eft A MONSIEUR DE CLU-
GNY LIEUTENANT GENERAL A DIJON.

K ij

(a) Factums de ces procès pro-duits par Mr. de Clugny.

(b) Lettre de la Dame de Clugny, du 19 Avril 1677.
Acte reçû Carré Notaire à Dijon, le 7 Juin 1680.

(c) Lettre de Mr. le Comte d'Epinac pere, du 25 Avril 1682.

(d) Plufieurs let-tres de Mr. & Ma-dame de Colom-bier, reconnuës le 28 Juin 1710, en préfence de Mr. de Theniffey, qui les avoit fait défa-voüer par furprife à Mr. de Colom-bier fon pere.

Le celebre Pere *de Clugny* de l'Oratoire oncle de Mr. *de Theniſſey*, a trouvé dans tous les tems, & ſur tout dans ſes maladies fréquentes, auprès du pere de Mr. *de Clugny* & de Madame *de Clugny* ſa tante, tous les ſecours qu'on peut attendre de gens qui ſe reconnoiſſent pour être de la même Famille : *(a)* & il aſſiſta avec Mr. *de Clugny* Lieutenant Général, Commiſſaire député par le Roi, à la publication de l'Avertiſſement Paſtoral de l'Aſſemblée du Clergé de France, faite au Temple de ceux de la R. P. R. à Is-ſur-Tille le 24 Octobre 1683. *(b)* Le Pere *de Clugny* y étoit de la part de Mr. de Gordes Evêque de Langres. *(c)* Le procès verbal ſe trouve revêtu des noms de Mr. *de Clugny* Commiſſaire du Roi , & du Pere *de Clugny* qui avoit la miſſion de ſon Evêque , & leurs ſignatures ſont abſolument conformes.

Enfin Mr. *de Theniſſey* avoit un frere connu ſous le nom du Chevalier *de Clugny*, qui par ſes vivacités s'attiroit ſouvent des affaires ; *(d)* tout le monde ſçait les ſoins que Mr. *de Clugny* s'eſt donné pour l'en tirer : il mourut quelque tems avant l'inſtance commencée.

C'eſt dans ces circonſtances que Mr. *de Theniſſey* s'aviſa d'attaquer Mr. *de Clugny* ſur ſon nom & ſur ſes armes. Un pareil procédé paroîtra-t-il aux perſonnes déſintereſſées exemt d'ingratitude ?

XIII. *Mr. de Theniſſey ſe reconnoît lui-même en 1718, parent de la Branche de Mr. de Clugny.*

Avant d'entrer dans le détail de la longue procédure à laquelle cette conteſtation a donné lieu , on remarquera que depuis le procès commencé (1717) Mr. *de Theniſſey* ſe reconnut parent de la branche de Mr. *de Clugny* ; tant la verité a de force !

Helie de Jaucourt Seigneur de Treſſolles étant mort en 1718, & ayant laiſſé deux enfans mineurs de ſon mariage avec *Françoiſe d'Anlezy*, on procéda à leur tutelle pardevant le Lieutenant au Bailliage d'Avalon le 25 Aout 1718. *(e)* Mr. *de Theniſſey* en perſonne y comparut comme parent paternel des mineurs.

(a) Lettre de la Dame *de Clugny*, du mois d'Avril 1

(b) Régiſtres du Bailliage de Dijon.

(c) Ordres de Mr. de Gordes, Evêque de Langres, des 31 Mars & 21 Octobre 1683.

(d) Régiſtre du Parlement, 1699 & ſuivants. Régiſtres de la Maîtriſe de Chatillon, & de la Table de Marbre. 1710.

(e) Régiſtre du Bailliage d'Avalon.

On pofe en fait que Mr. *de Theniffey* ne peut avoir aucune alliance avec la Maifon de Jaucourt , que du chef d'*Anne de Clugny* fille de *George de Clugny* I. trifayeul de Mr. *de Clugny*, mariée à *Jacques de Lorron* Seigneur de Domecy fur Chores , par contrat du 28 Juillet 1600, dont il eut une fille , *Anne de Lorron*, mariée à *Helie de Jaucourt* Seigneur de Plancy , pere d'*Helie de Jaucourt* Seigneur de Treffolles & de Domecy, pere des mineurs aufquels la tutelle fut décernée en 1718.

Mr. *de Theniffey* dit (*a*) qu'il y a une alliance entre fa Maifon & celle de Jaucourt ; que ceux de cette Maifon en rendront témoignage , s'il eft néceffaire : Qu'il ne compte pas fur ce témoignage, aucun de la Maifon de Jaucourt ne le lui accordera.

Il avoit employé ce moyen dans le cours du procès. Mr. *de Clugny* y avoit répondu en lui faifant fignifier une Généalogie de la Maifon de Jaucourt dreffée fur les titres originaux & vérifiée en Juftice en 1695 , par laquelle il eft pleinement juftifié que Mr. *de Theniffey* ni fes afcendants ou collatéraux n'ont aucune autre alliance avec la Maifon de Jaucourt que celle dont on vient de parler du chef d'*Anne de Clugny* fille de *George* I. trifayeul de Mr. *de Clugny.*

(*a*) Grande Généalogie , page 160.

I. *Commencement de la procédure.*

MR. *de Theniſſey* ſe détermina à attaquer Mr. *de Clugny* en 1717, contre l'avis de pluſieurs de ſes parents les plus qualifiés. Il crut effrayer Mr. *de Clugny* en ſe faiſant paroître, aſſiſté de toute ſa Branche; en effet il ſurprit la ſignature de Mr. de Colombier ſon pere, âgé de 82 ans : dans le premier acte de la procédure il ſigna comme ſe faiſant fort pour le Chevalier de Colombier ſon frere, & pour *Antoine de Clugny* ſon fils. *Charles de Clugny* ſon couſin ſigna, tant pour lui que pour *Loüis de Clugny* Seigneur de Grignon, ſon frere. Mr. *de Grignon* & *le Chevalier de Colombier* n'ont aprouvé par aucun acte poſtérieur à l'aſſignation, la conduite de ceux qui s'étoient fait fort pour eux; on prétend au contraire qu'ils ont déclaré pluſieurs fois, qu'ils n'avoient jamais donné de pouvoir de les mettre en qualité dans le procès.

On verra dans la ſuite, des preuves manifeſtes de la ſurpriſe faite à Mr. de Colombier.

Mr. de Darcey dont l'eſprit étoit affoibli depuis quelques années, eſt mort chez Mr. *de Theniſſey*, peu de tems après le procès jugé à l'avantage de Mr. *de Clugny*. On voit par tout ce que l'on vient de dire, que Mr. *de Theniſſey* a été le ſeul auteur de cette affaire; c'eſt pourquoi on ne parle que de lui.

Avant de faire aſſigner Mr. *de Clugny*, Mr. *de Theniſſey* vint conſulter à Dijon ſucceſſivement deux des plus célébres & des plus anciens Avocats du Parlement : il leur dit que ſon unique moyen pour enlever à Mr. *de Clugny* ſon nom & ſes armes, étoit de ſoutenir, que depuis quelques années ſeulement, il avoit ajouté un *g* à ſon nom, & pris les armes de *Clugny* : ces Avocats, dont la probité égaloit les lumieres, lui déclarérent nettement qu'ils ne pouvoient ſe charger de ſa défenſe; que depuis plus de trente ans il étoit de leur connoiſſance que Mr. *de Clugny* ſignoit ſon nom par un *g*, & portoit les armes de

Clugny; & qu'ainſi ils agiroient contre leur honneur & leur conſcience, s'ils alloient ſoutenir le contraire.

Un conſeil ſi ſage ne put arrêter Mr. *de Theniſſey*; comme il eſt animé d'un eſprit d'injure, dont on trouve peu d'exemples, il s'y prit d'une maniere ſinguliere.

Mr. *de Clugny* a ſon domicile à Dijon; rien n'é-toit plus naturel que de l'y faire aſſigner; l'injure n'auroit pas été aſſez marquée: Mr. *de Theniſſey* l'en-voya chercher dans ſa Terre de Nuis, éloignée de deux journées de Dijon.

II. *Aſſigna-tion donnée à Mr.* de Clu-gny.

L'Huiſſier porteur de la commiſſion, exact à rem-plir les ordres, & à ſervir la paſſion de Mr. *de Theniſ-ſey*, voulut comprendre la perſonne de Mr. *de Clu-gny*, & lui fit lecture de ſa commiſſion le 25 Sep-tembre 1717, d'un ton de Héraut qui ſomme un ſujet rebelle de la part de ſon Souverain: le ton étoit conforme au ſtile de la piéce.

Elle contient en ſubſtance que Mr. *de Theniſſey* & ſes aſſociés *ne peuvent ſouffrir ce qui leur revient de toutes parts, que Mr.* de Clugny *& ſes fils ſe diſent de la Maiſon de* Clugny *& en ont pris les armes*, dont ils font une deſcription pompeuſe. *Que depuis quelques années ſeulement Mr.* de Clugny *a mis un g dans ſon nom, & pris les armes de* Clugny; *ce que ne faiſoient pas ſon pere & ſon ayeul, bien inſtruits de ce qu'ils étoient. Qu'une entrepriſe pareille pouvoit tirer à conſéquence, à cauſe des grandes ſubſtitutions, & des droits de Patro-nage conſiderables attachés à leur Maiſon, qui a pris ſon origine ſi avant dans les ſiécles paſſés, qu'il eſt impoſſi-ble d'y remonter, & qui poſſédoit la Terre de ſon nom dès l'an* 1000, *dont elle avoit repris de fief, dès ce tems-là, de la Châſſe de S. Symphorien*: ce qui eſt accom-pagné de beaucoup d'autres exagérations à l'honneur de leur Maiſon, auſſi peu vrai-ſemblables qu'elles étoient déplacées; d'où ils tirent la conſéquence, qu'ils ne veulent point être confondus avec des étrangers : ils ajoutent, qu'étant certain que la Famille de Mr. *de Clugny* est originaire de la Ville d'Avalon, il ne se peut faire qu'il soit de la Maison *de Clugny*: par toutes ces raisons Mr. *de Theniſſey* invite Mr. *de Clugny* à renoncer de bonne grace à son nom & à ses armes, à peine d'être exposé à l'indignation de toute la Maison de *Clugny*, & à toutes les suites fâcheuses qu'elle ne peut manquer d'entraîner après elle.

Une chose qui mérite d'être observée, c'est que Mr. *de Theniſſey* n'emploie dans cet acte aucun autre moyen, que *le prétendu changement de nom & d'armes, depuis quelques années seulement.*

III. *Réponse de Mr.* de Clugny.

Mr. *de Clugny* répondit simplement, qu'il étoit en possession de son nom & de ses armes depuis plusieurs siécles, tant par lui que par ses auteurs ; & qu'il étoit déterminé à s'y maintenir.

Que la Chapelle fondée & bâtie dans l'Eglise de S. Pierre d'Avalon par *Jean de Clugny* son 5e ayeul en l'année 1530, étoit un monument autentique & ancien de sa possession.

Que Mr. de Colombier agissoit contre sa propre connoissance, ayant écrit plusieurs fois à *Jacques de Clugny* mort en 1684, & ayant écrit son nom de sa main, avec un *g* & tel que Mr. *de Clugny* l'écrit aujourd'hui.

Qu'au reste, il lui étoit *indifferent que Mr.* de Theniſſey *& ses associés le reconnuſſent pour parens*, qu'ils pouvoient à cet égard en user comme ils le jugeroient à propos ; qu'ils n'avoient pas toujours pensé ainsi, mais qu'enfin il n'ambitionnoit rien à cet égard ; & il déclara précisément que s'ils avoient des substitutions & des Patronages, il n'y prétendoit rien.

Cette réponse sembloit devoir arrêter Mr. *de Theniſſey*, n'ayant plus aucun interêt, & ayant par la réponse de Mr. *de Clugny*, au-delà même de ce qu'il pouvoit souhaiter.

Il se pourvut cependant & présenta au mois de Janvier 1718 une Requête, pour saisir la Jurisdiction du Bailliage, à Mr. Gauthier Lieutenant Général ; celui-ci avant de l'apointer, suivant l'usage, & les égards dûs à la dignité dont Mr. *de Clugny* a l'honneur d'être revêtu, la remit à un Magistrat du Parlement parent de Mr. *de Clugny*, pour la lui communiquer.

Cette déférence renduë par Mr. Gauthier à Mr. *de Clugny*, donne occasion à Mr. *de Theniffey* de forger une histoire qui est même dépourvuë de la vraisemblance. (a)

Il se croit en droit de faire parler tous ceux qu'il introduit sur la scéne, suivant sa passion ; il prête à Mr. de Manadau-Abbé de Fontenay, & même au fils aîné de Mr. *de Clugny*, des sentiments & des discours dont personne ne les croira capables.

Dès que l'Ouvrage où Mr. *de Theniffey* débite cette fable, parut dans le public, (b) le Magistrat qu'il a l'indiscrétion de faire parler d'une maniere aussi contraire à la vérité, qu'à ses sentiments, déclara par un acte autentique signifié à Mr. *de Theniffey*,(c) que tous les faits qu'il avance & tous les discours qu'il lui impute, font *absolument faux* : ce font les termes de l'acte ; on a honte pour Mr. *de Theniffey* de ce qu'il s'est exposé à un pareil démenti.

Mr. Gauthier Lieutenant Général, par un acte juridique (d) atteste qu'ayant examiné les 4 & 5e pages de la Généalogie de Mr. *de Theniffey*, il n'y a rien trouvé de veritable dans tous les faits qui le concernent.

Si Mr. l'Abbé de Fontenay avoit été en vie, il auroit repoussé encore plus vivement l'injure que lui a faite Mr. *de Theniffey*.

Quelle source de réflexions humiliantes pour Mr. *de Theniffey* une pareille conduite ne fourniroit-elle pas à Mr. *de Clugny*! il en laisse le soin au Public : il craindroit d'y mêler de la chaleur.

L

IV. *Histoire forgée par Mr. de Theniffey, & publiquement démentie par ceux qu'il avoit fait parler.*

(a) Dans le volume intitulé Généalogie, pag. 3 & suiv.

(b) Au mois de Juin 1723.

(c) 21 Juin 1723.

(d) 22 Juillet.

V. *Requête préſentée par Mr. de Theniſſey.*

Il faut à préſent pour reprendre la ſuite de la procédure, revenir à la Requête du 19 Janvier 1718. Mr. *de Theniſſey* après y avoir répété tout ce qui eſt contenu dans l'acte du 25 Septembre 1717, & l'avoir embellie de nouvelles chiméres à l'honneur de ſa Maiſon, fait dire à *Antoine de Clugny* Seigneur de Colombier ſon pere, *qu'il n'a jamais écrit aucune lettre à* Jacques de Clugny *pere de Mr.* de Clugny, *&* n'a jamais été en commerce de lettres avec lui. Il ajoute *que le Pere de Clugny de l'Oratoire étoit un bon Prêtre.* Enfin *que Mr.* de Clugny *ne peut ſe prévaloir des armoiries qui ſont dans la Chapelle de S. Pierre d'Avalon, parce qu'il a oüi dire qu'elle avoit été conſtruite par un Archidiacre de-ſa Famille qui vivoit dans le quinziéme ſiécle.*

Mr. *de Theniſſey* fit ſigner par ſurpriſe cette Requête à Mr. de Colombier ſon pere; il n'a depuis ſigné aucun acte de la procédure; Mr. *de Theniſſey* a tout pris ſur ſon compte.

VI. *La cauſe renvoyée aux Requêtes du Palais.*

La Cauſe ayant été renvoyée aux Requêtes du Palais, en vertu du privilége de Mr. *de Clugny*, après pluſieurs mauvais incidents formés par Mr. *de Theniſſey*, & dont il fut obligé de ſe départir : les Parties y furent apointées à écrire & produire de leur conſentement le 28 Avril 1718.

VII. *Mr.* de Theniſſey *obligé de convenir que ſon pere a été en commerce de lettres avec le pere de Mr.* de Clugny, *ce qu'il avoit oſé nier dans une Requête.*

Comme Mr. *de Theniſſey* avoit oſé nier que Mr. *de Colombier* ſon pere eût été en commerce de lettres avec le pere de Mr. *de Clugny*, qu'il eût jamais reçû de ſes lettres, & qu'il lui en eût écrit aucune, & qu'il avoit fait ſigner par ſurpriſe à Mr. de Colombier, la Requête du 19 Janvier 1718 qui contient cette dénégation; Mr. *de Clugny* communiqua, non-ſeulement des lettres de Mr. de Colombier, mais encore des lettres de la Dame de Colombier ſa mere, écrites & ſignées de leur main, avec les ſuperſcriptions auſſi de leur main; *A Monſieur de Clugny Lieutenant Général, à Dijon.*

Mr. *de Theniſſey* au lieu de convenir ou diſconve-
nir de la verité de ces lettres , en uſa comme ceux
qui ſentant le poids de la verité qui les accable ,
n'ont pas la force de s'y rendre. Retenu par une mauvaiſe honte, il ſe jetta dans des écarts, & fit de grands
& inutiles raiſonnements , accompagnés de termes
injurieux , ornements ordinaires de tous ſes écrits ,
ſans vouloir s'expliquer nettement ſur le fait. Mr.
de Clugny ſe trouva donc obligé de le faire aſſigner
pardevant Mr. David de Villars, Commiſſaire Raporteur du procès, le 28 Juin 1720 , & offrit de faire reconnoître ces lettres par Experts ſur des piéces de
comparaiſon autentiques.

Mr. *de Theniſſey* ne pouvant plus reculer, fut enfin
obligé de déclarer qu'il reconnoiſſoit que les lettres
& leurs ſuperſcriptions étoient écrites de la main
des Sieur & Dame de Colombier.

Ce procédé eſt-il digne d'un Gentilhomme qui ſe
prétend de la plus haute Nobleſſe ? Le déſaveu de
ſa ſignature feroit rougir un homme qui, ſans ſe pi-
quer de Nobleſſe , feroit ſeulement profeſſion de
probité.

Mr. *de Clugny* fit enſuite ſignifier les Factums du
procès qui étoit entre Mr. de Colombier , Mr. de S.
Martin & Madame la Comteſſe d'Epinac ; un acte
reçu Carré Notaire à Dijon le 7 Juin 1680; des lettres de Mr. de Gordes Evêque de Langres, de Mr. le
Comte d'Epinac, & de la Dame *de Clugny* ; le Procès verbal dreſſé au Temple d'Is-ſur-Tille le 24 Octobre 1683 par Mr. *de Clugny* Lieutenant Général
& le Pere *de Clugny* de l'Oratoire.

Toutes ces piéces prouvent les liaiſons qui étoient
entre la Famille de Mr. *de Theniſſey* & celle de Mr.
de Clugny, & rapelloient même les ſervices eſſen-
ciels qu'elle lui avoit rendus, & que Mr. *de Theniſſey*
ſembloit avoir oubliés : & par une conſéquence néceſſaire faiſoient voir que Mr. *de Clugny* & Mr. ſon

*VIII. Liai-
ſon entre la
famille de Mr.
de Theniſſey
& celle de Mr.
de Clugny ,
prouvée par des
piéces que Mr.
de Theniſſey eſt
forcé de recon-
noitre.*

pere étoient en poſſeſſion de leur nom & de leurs armes, au vû & ſçû de Mr. *de Colombier* & de Mr. *de Theniſſey* ſon fils, qui veut cependant enlever l'un & l'autre à Mr. *de Clugny,* ſous prétexte que ce n'eſt que depuis quelques années qu'il les a uſurpées.

Comme Mr. *de Theniſſey* ne s'étoit pas fait un ſcrupule de déſavoüer l'écriture & la ſignature de Mr. & de Madame de Colombier ſes pere & mere, Mr. *de Clugny* pour prévenir toutes les difficultés qu'auroit pû former Mr. *de Theniſſey,* en produiſant toutes les lettres dont on vient de parler, & pluſieurs autres qui lui avoient été ſignifiées dès le 4 Juin 1720, l'interpella (*a*) de convenir qu'elles ſont écrites & ſignées par ceux qui les ont adreſſées à Mr. *de Clugny* Lieutenant Général, & offrit d'en faire faire la reconnoiſſance par comparaiſon d'écritures autentiques, en cas de dénégation.

Mr. *de Theniſſey* en avoüant les autres lettres & tous les faits qui en réſultent, s'en tint à la réponſe qu'il avoit faite, (*b*) que s'il ne s'étoit pas plaint dèſlors de ce que Mr. *de Clugny* Lieutenant Général portoit le nom & les armes *de Clugny,* il avoit ſuivi les manieres & la politique du ſiécle. Il a encore reconnu les autres lettres dans pluſieurs actes de la procédure, & ne s'aviſa de dire qu'elles n'étoient pas reconnuës, qu'en mettant au jour le volume intitulé *Généalogie,* qui ne parut qu'après le procès vû & examiné, & lorſqu'on étoit prêt d'opiner. Les aveus faits en jugement ne ſe révoquent pas ainſi, & Meſſieurs les Juges ne s'arrêtérent pas, avec raiſon, à un ſi mauvais incident.

Mr. *de Clugny* dans ſes premieres défenſes avoit articulé pour preuve de la poſſeſſion de ſes armes, la Chapelle de S. Jean dans l'Egliſe de S. Pierre d'Avalon, bâtie & fondée par *Jean de Clugny* III. ſon cinquiéme ayeul, au commencement du ſeiziéme ſiécle ; à quoi Mr. *de Theniſſey* répondit qu'il avoit oüi dire (*nouveau genre de preuve en Juſtice*) que cette Chapelle avoit été conſtruite par un Archidiacre de ſa Maiſon, qui vivoit dans le quinziéme ſiécle.

Pour prouver que Mr. *de Theniſſey* ſe fondoit ſur un faux oüi dire, Mr. *de Clugny* le fit aſſigner (l'exploit comprend ſa perſonne) pour être préſent au Procès verbal qu'il vouloit faire dreſſer de l'état de la Chapelle, au 6 Septembre 1718. Par ce Procès verbal il eſt acquis que ſous la Statuë de S. Jean qui eſt ſur l'Autel au-deſſus du Retable, eſt un grand Ecuſſon à l'antique, où ſont deux Clefs adoſſées, poſées en Pal, & unies par les Anneaux, émaillées, les Clefs d'Or, & le Champ d'Azur. Qu'au pied d'une Statuë de S. François eſt un Ecuſſon où ſont repreſentées les mêmes armes, parties avec un Soleil, qui ſont les armes de la femme du Fondateur : Que les mêmes armes parties, ſont encore en deux endroits du Retable. Que ſur la vitre qui éclaire la Chapelle, on y voit ſur le verre un grand Ecuſſon, où les deux Clefs d'Or blaſonnées en Champ d'Azur ſont repreſentées : & qu'au-deſſus du Retable, à main gauche, l'année de la conſtruction de la Chapelle eſt en chiffre arabe, ainſi figuré, 1530. Ce qui a été de tout tems depuis la conſtruction de la Chapelle.

Mr. *de Clugny* compulſa dans les Régiſtres de l'Officialité d'Autun, qui eſt un dépôt public, un Procès verbal dreſſé le 21 Octobre 1677, par un Commiſſaire député par Mr. l'Evêque d'Autun, auquel fut apellé *George de Clugny* II. ayeul de Mr. *de Clugny*, pour la vérification des fondations qui ſont à la charge du Chapitre de S. Lazare d'Avalon. Cette vérification fut faite ſur les Martyrologes de l'Egliſe. Il eſt acquis par ce Procès verbal que *Jean de Clugny* III. cinquiéme ayeul de Mr. *de Clugny*, a fait différentes fondations dans cette Chapelle qu'il avoit fait conſtruire dans l'Egliſe de S. Pierre, qui étoient à la charge du Chapitre, par contrats des 15 Juillet 1529,

X. *Contredit donné à cette preuve par Mr. de Theniſſey, fondé uniquement ſur un oüi dire.*
XI. *On en démontre la fauſſeté.*
XII. *Premiere preuve.*
XIII. *Seconde preuve.*

29 Novembre 1532 & premier Avril 1551, telles qu'on les a détaillées dans son article, p. 50.

Quoique le Procès verbal de l'état de la Chapelle, du 6 Septembre 1718, fût connu dans les régles, & signifié à Mr. *de Theniſſey*; il oſa cependant, dans un écrit du mois de Novembre ſuivant, dire que Mr. *de Clugny* s'étoit trompé, lorſqu'il avoit dit qu'on voyoit les armes d'une femme dans cette Chapelle: on ne peut, en cas pareil, que le renvoyer à ce monument qui exiſte, & qui fera voir à perpétuité la fauſſeté de ſon allégué: on eſt à plaindre d'avoir affaire à des gens qui nient les vérités les plus évidentes.

Le Procès verbal de 1677, dreſſé par ordre de Mr. l'Evêque d'Autun, fut ſignifié à Mr. *de Theniſſey* au mois de Juin 1720; il n'a oſé l'attaquer pendant tout le cours de la procédure: dans ſa Généalogie, qui parut trois ans après, à la veille du Jugement, il dit page XVII. que le Commiſſaire n'étoit revêtu d'aucun caractére pour faire foi en Juſtice. Peut-on donner un pareil contredit contre un acte tiré d'un dépôt public, où l'on ne laiſſe entrer que des piéces autentiques, & qui eſt produit avec la ſignature du Greffier, & le Sceau de la Juſtice dont il eſt émané? Il ajoute, qu'il n'a pas examiné ſi le Procès verbal eſt vrai ou faux: il étoit ſignifié trois ans auparavant: quel tems lui faut-il donc pour ſes examens ?

Mr. *de Clugny* fit ſignifier ſa Généalogie, avec les preuves, telle qu'on l'a détaillée ci-devant, juſqu'à *Jean de Clugny* II. incluſivement, marié à *Philipée de la Boutiére*: comme il n'avoit pas encore de preuves évidentes que *Jean de Clugny* II. fût du nombre des enfants de *Jean de Clugny* I. & de *Guiotte de Beze*, il ſe contenta alors d'avancer qu'il avoit de fortes préſomptions qu'il en étoit deſcendu.

Pour établir que ſes prédéceſſeurs avoient dans tous les tems été connus, ſous le nom *de Clugny*, &

avoient toujours figné leur nom avec un *g*, pour parler le langage de Mr. *de Theniffey* ; il produifit des Lettres de Cachet pour l'exécution des ordres du Roi, des Lettres des Princes du Sang, des Gouverneurs de la Province, des Miniftres d'Etat, & autres perfonnes les plus qualifiées, adreffées à fes auteurs, avec leur nom écrit avec un *g*. Il indiqua les Régiftres du Parlement, & de la Chambre des Comptes, où leur nom & leurs fignatures étoient écrites avec un *g*. Les Régiftres & les procédures faites pardevant eux, dans les Bailliages de Dijon, d'Avalon, de Semur en Auxois, où l'on voyoit auffi leur nom & leur fignature avec un *g*, depuis deux fiécles.

Quant à la poffeffion des armes, outre la Chapelle de Saint Jean, fondée en 1530, il renvoya Mr. *de Theniffey* à l'Abbaïe de Marcilly-les-Avalon, à l'Eglife & à la Bibliotéque des Jéfuites de Dijon, à l'Eglife de Plombiere, & à plufieurs autres endroits où l'on voit les marques de la piété de fes ancêtres avec leurs armes. Enfin il invita Mr. *de Theniffey* de fe fouvenir, que lui & Mr. de Colombier fon pere, ayant rendu de fréquentes vifites depuis 1677, jufqu'en 1682 au pere de Mr. *de Clugny*, & à la Dame de *Clugny* fa tante, tant à la Ville qu'à la campagne; il étoit impoffible qu'ils n'euffent vû ces mémes armes, fur leur vaiffelle, & fur leurs équipages, dont ils fe fervoient fouvent, & qui étoient toujours à leur difpofition.

Mr. *de Theniffey* pour contredits à tous les actes d'une poffeffion auffi ancienne, & auffi publique, foutint que Mr. *de Clugny* ne pouvoit fe prévaloir de la prefcription, *parce que fon nom & fes armes étant de Droit public, font imprefcriptibles* ; que fi les véritables armes de *Clugny* étoient dans la Chapelle de Saint Jean, cette Chapelle étoit à lui, *fes ancétres ayant autrefois fait leur demeure à Avalon* ; que fi c'étoit d'autres armes, il la laiffoit à Mr. *de Clugny*. (a)

XV. *Mr.* de Clugny *prouve la poffeffion où il eft de fon nom, par lui & fes auteurs, de tems immémorial.*

XVI. *Mr. de Theniffey n'a jamais pû opofer rien de raifonnable à ces preuves.*

(a) Ecrits du mois de Novembre 1718, & du mois de Juin 1720.

On obferve en paffant , que Mr. *de Theniffey* dans fon premier libelle du 25 Septembre 1717 , avoit dit que Mr. *de Clugny ne pouvoit être de fa Maifon , parce qu'il étoit originaire de la Ville d'Avalon*: & en 1718 , il affure que fes ancêtres y ont autrefois fait leur demeure: en 1720 , il répéte la même chofe en ces termes , *ceux de mon illuftre Maifon ont fait autrefois leur demeure à Avalon ;* ce qu'il a répété dans tous fes écrits , jufqu'à ce qu'il ait mis au jour fa groffe Gé-néalogie ; ce qui prouve bien que Mr. *de Theniffey* eft du nombre de ceux qui n'ayant pas la vérité pour guide , changent de langage fuivant le befoin.

Il ajouta que dans les titres produits par Mr. *de Clugny* , en remontant jufqu'à *Pierre de Clugny* I. fon fixiéme ayeul, (mort en 1488) fes prédéceffeurs n'avoient point pris d'autres qualités que celles de *Noble Homme , Noble Perfonne , Noble Homme , & fa-ge Maître,* ce qui ne donne pas l'idée de defcendants de la Maifon de *Clugny* ; qu'ils auroient autrement parlé d'eux & de leurs prédéceffeurs , s'ils avoient crû être de cette illuftre Maifon.

L'imprefcriptibilité opofée par Mr. *de Theniffey* ne méritant pas qu'on y faffe la moindre attention, Mr. *de Clugny* répondit à ce qu'on lui opofoit fur les qualités prifes par fes prédéceffeurs , que *Guillaume de Clugny* Bailli d'Auxois en 1360; *Henry de Clugny* pere du Cardinal & de l'Evêque de Poitiers , mort en 1452 ; *Jean de Clugny* autre fils de Henry, qui vivoit en 1456 ; *Guillaume de Clugny* de Monthelon qui vivoit encore en 1505, & grand nombre d'au-tres , reconnus par Mr. *de Theniffey* , n'avoient jamais pris d'autres qualités que celles de *Noble homme , & fage Maître,* dans les actes légitimes qu'il a lui-même produits. Que fon bifayeul dans fon contrat de ma-riage du 6 Octobre 1572 , eft qualifié fimplement, *Noble Michel de Clugny,* & fon ayeul dans fon contrat de mariage du 10 Janvier 1633 , n'a point pris d'au-tre

tre titre que celui de *Noble Guy de Clugny*; qu'ils ne se croyoient donc pas de *l'illustre Maison de Clugny*, si on s'en raporte à Mr. *de Thenissey*, qui cependant veut bien les reconnoître pour tels.

Mr. *de Thenissey* pressé par cet argument, a changé de langage; car il a dit que la qualité de *Maître, étoit en ce tems-là un titre d'honneur & de grande distinction, un titre de puissance & d'Office, aussi-bien que d'érudition*; & que *celle de Noble homme & sage Maître ne convenoit rien moins qu'à une personne de la haute Noblesse.* (a) Il ne le croyoit pas ainsi, lorsqu'il altéra ou fit altérer deux titres qu'il avoit produits, l'un du 26 Octobre 1374, & l'autre du 31 Juillet 1456, dans lesquels on avoit rayé le titre de *Noble homme*, pour y substituer celui de *Noble Seigneur*, comme en fait foi le Procès verbal du 24 Fevrier 1723, dressé en présence de Mr. *de Thenissey*.

Marginal note: **XIX.** *Seconde contradiction.*

Marginal note: (a) Deux écrits du mois d'Aout 1720.

A tous les actes de possession du nom & des armes de *Clugny*, Mr. *de Thenissey* répond, *qu'ils ne peuvent servir à Mr.* de Clugny; *que l'orgueil est son vice dominant, qu'il a passé dans son sang avec celui de ses peres; que c'est par vanité qu'ils ont signé leur nom avec un g; que c'est par orgueil qu'il produit les Lettres des Princes, & qu'il parle de sa vaisselle & de son équipage.* (b) Après avoir ainsi attaqué Mr. *de Clugny* & tous ses auteurs, il change tout d'un coup, & lui reproche que son pere étoit plus modeste que lui, & il lui avoit déja reproché dans son premier libel (1717) qu'il n'étoit pas si modeste que son pere & son ayeul. On reconnoît à ce trait que Mr. *de Thenissey*, au defaut de bonnes raisons, a recours aux invectives, & c'est ce qui les rend si fréquentes dans ses écrits. On laisse à juger aux personnes désinteressées, lequel mérite mieux ces reproches, ou celui qui entreprend un procès aussi gratuit & qui n'a d'autre fondement qu'une vanité mal entenduë, ou celui qui ne fait que soutenir un nom & des armes, dont il est en pos-

Marginal note: **XX.** *Troisiéme contradiction.*

Marginal note: (b) Ecrits du mois de Novembre 1718, & du mois de Juin 1720.

feſſion depuis pluſieurs ſiécles, qui ſe tient toujours dans les bornes d'une légitime défenſe, & ne produit ſes titres qu'à meſure qu'ils lui ſont néceſſaires, pour ne pas ſe laiſſer enlever un bien qu'il a reçû avec la vie.

XXI. *Ce qui a engagé Mr. de Clugny à rechercher ſon origine & les auteurs dont il deſcend.*

Mr. *de Clugny* a même obligation à Mr. *de Theniſſey*; il ignoreroit, ſans lui, ceux à qui il doit la naiſſance : uniquement occupé à remplir ſes devoirs, il ne s'étoit jamais attaché à des recherches qu'il croit être au moins inutiles : il a eſſayé de lui en marquer ſa reconnoiſſance, en l'inſtruiſant des veritables qualités & des emplois de ſes ayeux; & il l'a mis en état, s'il veut en profiter, de ſe dreſſer une Généalogie plus ſincere & plus exacte, & purgée de toutes les chiméres dont ſa vanité, aidée d'un trop grand loiſir, avoit prétendu l'embellir, & l'avoit en effet défigurée.

Les ſoins que Mr. *de Clugny* fut obligé de ſe donner pour établir ſa poſſeſſion, lui firent trouver des piéces qui prouvent évidemment que *Jean de Clugny* II. ſon ſeptiéme ayeul, étoit fils de *Jean de Clugny* I. & de *Guiotte de Beze*, comme on l'a démontré dans la Généalogie ſur cet article. Mr. *de Theniſſey* changea alors la face du procès. Il dit que *Jean de Clugny* marié à *Philipée de la Boutiere*, qui demeuroit à Avalon, étoit de ſon *illuſtre Maiſon*; que *c'étoit une entrepriſe de la part de Mr.* de Clugny, *de dire qu'il en eſt deſcendu, qu'il eſt indiſpenſable de réprimer.* (a) Après

XXII. *Mr. de Theniſſey forcé d'abandonner ſes premiers moyens, change la face du procès.*

(a) Ecrits du mois de Novembre 1718, & du mois de Juin 1720.

XXIII. *Il avance que Mr. de Clugny, deſcend d'un bâtard de Clugny, qu'il dit avoir exiſté en 1455.*

avoir avoüé que la Généalogie de Mr. *de Clugny* eſt bien prouvée juſqu'à *Pierre de Clugny* I. ſon ſixiéme ayeul, il le menace de *l'arrêter là tout court*, & lui poſe en fait que *Pierre de Clugny* I. étoit fils d'un *Jean* bâtard de *Clugny*; ce qu'il ne fit que par un coup de déſeſpoir, le procès n'ayant roulé depuis le mois de Septembre 1717 juſqu'au mois de Novembre 1718, que ſur la queſtion de ſçavoir ſi depuis quelques années ſeulement, Mr. *de Clugny* avoit changé ſon nom & ſes armes.

Pour établir ce fait, il falloit prouver cumulativement deux chofes. 1°. L'exiftence de ce bâtard: 2°. Qu'il a été marié, qu'il a laiffé des enfants, & que Mr. *de Clugny* en defcend. On va voir comment Mr. *de Theniffey* y a réuffi.

Il aporte pour toute preuve de l'exiftence de ce bâtard, une copie collationnée en 1659 par un Notaire, d'une prétenduë tranfaction paffée en 1455, entre les Habitants d'Avalon & Jean bâtard de *Clugny*, au fujet d'une maifon qu'il poffédoit près de la Tour de l'Horloge: le Notaire qui a collationné la piéce, ne dit point par qui elle lui a été reprefentée, & n'eft affifté d'aucuns témoins qui aient été préfents à la collation. Une piéce auffi informe peut-elle faire foi en Juftice? Mr. *de Theniffey* dit qu'il l'a trouvée dans les Archives de fa Maifon; elle ne peut y être que depuis 1659, datte de fa collation, & les longs termes ne font pas capables de lui donner aucune autorité.

XXIV. *Il prouve très-mal l'exiftence de ce bâtard.*

Mr. *de Theniffey* qui cherche les occafions de calomnier Mr. *de Clugny* & fa Famille, dit (*a*) que l'original de cette tranfaction a difparu par le fait de fes prédéceffeurs. Il n'a pas fait réflexion qu'il détruit lui-même fa calomnie; car l'inventaire dont il fe prévaut, porte qu'il a été fait par *Pierre de Clugny* III. bifayeul de Mr. *de Clugny*. Ce n'eft donc pas lui qui l'a fait difparoître; on n'en peut accufer aucun de fes fucceffeurs, ils font connus pour gens de probité & hors de tout foupçon; & Mr. *de Theniffey* eft le feul qui puiffe les en croire capables, mais il ne juge jamais fainement.

(*a*) Page vi. de fa Réfutation, à la fuite de fa grande Généalogie.

En effet quand il y auroit eu un Jean bâtard de *Clugny*, qui poffédoit une maifon près de la Tour de l'Horloge d'Avalon en 1455; donc Mr. *de Clugny* en defcend: quel raifonnement! Mr. *de Theniffey* va être forcé d'en convenir: il s'eft donné, dans fa feconde Généalogie, (*b*) pour cinquiéme ayeul, *Hu-*

XXV. *Il n'aporte aucune forte de preuve pour faire voir que ce bâtard, dont on veut bien fupofer l'exiftence, a été marié, qu'il a laiffé des enfans, & que* Mr. de Clugny *en defcend.*

(*b*) Fevrier 1723.

XXVI. *Mr. de Clugny feroit peut - être même fondé à foutenir que Mr. de Theniffey defcend d'un Hugues bâtard de Clugny, qui vivoit dans le 15ᵉ fiécle.*

(a) Lettres de légitimation du mois d'Aout 1420.

gues *de Clugny* qui vivoit dans le quinziéme fiécle : Mr. *de Clugny* a prouvé, non par une copie collationnée, mais par un acte tiré des Archives de la Chambre des Comptes, (a) que *Guillaume de Clugny* Seigneur de Meneferre, eut un bâtard, nommé *Hugues*, de la fervante de *Hugues de Clugny* fon pere, Citoyen d'Autun, une des Cautions du traité de tréve de 1359. Si Mr. *de Clugny* alloit reprocher à Mr. *de Theniffey*, que fuivant fa feconde Généalogie, il a pour cinquiéme ayeul *Hugues de Clugny*, qui vivoit dans le quinziéme fiécle, & que cet *Hugues de Clugny* légitimé dans le même fiécle, eft le même que *Hugues de Clugny* qu'il fe donne pour cinquiéme ayeul, fans juftifier que *Hugues*, bâtard, a été marié, qu'il a eu des enfants, & conduire fa defcendance de degré en degré, jufqu'à lui, fans en aporter même la plus légére préfomption ; Mr. *de Theniffey* ne feroit-il pas bien fondé à foutenir à Mr. *de Clugny*, qu'il ne raifonne pas jufte ? d'autant plus que fuivant les principes du Droit, on préfume toujours pour la légitimité, de même que pour la liberté, à moins que les preuves du contraire ne foient plus claires que le jour.

XXVII. *Variations de Mr. de Theniffey, dans le cours du procès.*

(b) Des mois de Novembre 1718 & Juin 1720.

Mr. *de Theniffey* nonobftant l'évidence des preuves produites par Mr. *de Clugny*, a foutenu que *Pierre de Clugny* I. fixiéme ayeul de Mr. *de Clugny*, ne peut être fils de *Jean de Clugny* II. & de *Philipée de la Boutiere*, parce que, dit-il, dans les deux écrits qu'on a cité, (b) *Jean de Clugny* mari de *Philipée de la Boutiere*, eft du nombre de ceux de *fon illuftre Maifon*, qui ont autrefois fait leur réfidence à Avalon ; ce qu'il a répété dans tous les actes de la procédure, inventaires de production, Procès verbaux, &c. jufqu'au mois de Juin 1723, qu'il mit au jour fa troifiéme & grande Généalogie.

Il voulut infinuer que les auteurs de Mr. *de Clugny* avoient poffedé la maifon près la Tour de l'Horloge, dont il eſt parlé dans la prétenduë tranſaction de 1455 : mais on lui a fait voir que cette maiſon eſt au milieu de la Ville, près de la Tour de l'Horloge, qui eſt un confin immuable ; & que celle que les prédéceſſeurs de Mr. *de Clugny* ont occupée pendant deux ſiécles, & qu'il vendit en 1694 à Mr. Moriſot Lieutenant au Bailliage, eſt ſituée à une des extrémités de la Ville, près l'Egliſe de S. Julien, avec toutes les marques d'une maiſon ancienne & conſiderable : ce qui fait juger qu'elle n'apartenoit pas à des gens tels que Mr. *de Theniſſey* voudroit le faire croire.

Voici donc un nouveau changement dans le ſyſtème du procès. Depuis le mois de Septembre 1717 juſqu'au mois de Novembre 1718, Mr. *de Theniſſey* ſoutint, *que depuis quelques années ſeulement, Mr.* de Clugny *a uſurpé le nom & les armes de* Clugny. Accablé par la force des preuves de la longue & ancienne poſſeſſion de Mr. *de Clugny*, il lui ſoutient que ſon ſeptiéme ayeul étoit *Jean* bâtard de *Clugny* : Mr. *de Clugny* lui prouve par des actes autentiques, que ſon ſixiéme ayeul eſt *Jean de Clugny* II. marié à *Philipée de la Boutiere*. Depuis le mois de Novembre 1718 juſqu'au mois de Juin 1723, il ſoutient que cela ne peut être, parce que *Jean de Clugny* mari de *Philipée de la Boutiere*, eſt *de ſon illuſtre Maiſon, & qu'anciennement ſes ancêtres ont fait leur demeure dans la Villa d'Avalon* : Enfin au mois de Juin 1723, à la veille du jugement du procès, il avouë que *Jean de Clugny* mari de *Philipée de la Boutiere* eſt le ſixiéme ayeul de Mr. *de Clugny* ; mais il ſoutient qu'il n'eſt point fils de *Jean de Clugny* Conſeiller du Duc de Bourgogne au Bailliage d'Autun, & que c'eſt à Mr. *de Clugny* à prouver que ſon ſixiéme ayeul n'étoit point bâtard : La propoſition eſt nouvelle, & peut-être ſans exemple, de dire qu'on eſt obligé de prouver que ſes aſcendants ne ſont pas bâtards, quand les titres qui

XXVIII. *Mr. de Theniſſey ſe réduit à nier que Jean de Clugny & ayeul de Mr. de Clugny, mari de Philipée de la Boutiere, ſoit fils de Jean de Clugny Conſeiller du Duc de Bourgogne.*

prouvent leur exiſtence, dans des ſiécles reculés, n'en font pas naître le moindre ſoupçon ; ce ſeroit y faire trop d'honneur, que d'y répondre ſérieuſement.

XXIX. Mr. de Clugny prouve invinciblement cette filiation.

Pour diſſiper tous les nuages que Mr. de Theniſſey a eſſayé de répandre ſur ce degré dans ſa grande Généalogie du mois de Juin 1723, pag. 46 & ſuiv. & dans la Réfutation qui eſt à la ſuite, pag. 11 & ſuiv. on croit qu'il eſt à propos de remettre ſous les yeux les preuves qu'on a raportées, qui juſtifient que Jean de Clugny I. qui vivoit ſur la fin du quatorziéme ſiécle, & eſt mort au commencement du ſiécle ſuivant, a eu pluſieurs enfants, & que Jean de Clugny II. étoit un de ſes fils ; après quoi il ſera aiſé de renverſer tous les faux raiſonnements & les vaines objections de Mr. de Theniſſey.

Jean de Clugny fut marié le 6 Janvier 1382 avec Guiotte de Beze ; il étoit alors Citoyen d'Autun, & Licentié ès Loix. C'eſt un fait non-ſeulement prouvé, mais encore avoüé par Mr. de Theniſſey. (a) Il n'a donc pas dû dire, comme il l'a fait dans les endroits cités de la Généalogie du mois de Juin 1723, qu'il ignoroit le nom de la femme de Jean de Clugny I.

(a) Ecrits du mois de Juin 1720 ; du mois de Juillet ſuivant, & grand nombre d'autres actes de la procédure

Il fut nommé Garde des Sceaux aux Contrats de la Chancellerie de Bourgogne au Siége d'Autun, par Lettres du 18 Juillet 1400, & en prêta le ſerment à la Chambre des Comptes de Dijon le 8 Novembre ſuivant.

Le 9 du mois de Décembre 1404 il fut nommé Conſeiller du Duc ès Bailliages d'Autun & de Montcenis, & en prêta le ſerment en la Chambre des Comptes le lendemain. Les fonctions de ces deux Offices ſont expliquées avec les preuves dans les notes ſur ſon article de la Généalogie.

Il mourut le 7 Aout 1412, ſuivant l'Inſcription qui eſt ſur ſa Tombe dans l'Egliſe de l'Abbaïe de S. Martin d'Autun ſous le Jubé, qui ne lui donne point d'autres titres que ceux de Licentié ès Loix, Conſeiller du Duc.

Il laissa cinq enfans mentionnés dans les Lettres Patentes du mois de Juillet 1414, sçavoir *Jean de Clugny* Chanoine d'Autun, *Guillaume de Clugny*, *Geoffroy de Clugny*, un autre *Jean de Clugny*, & *Alix de Clugny*.

Jean de Clugny Chanoine mourut peu de tems après son pere ; les mêmes Lettres du mois de Juillet 1414 en contiennent la preuve.

Jean de Clugny le jeune étoit en bas âge lors de la mort de son pere ; on en trouve la preuve dans le compte de Jean Nariot Receveur d'Autun, pour l'année 1412, qui paya à *Guillaume de Clugny*, ce qui revenoit des gages dûs à leur pere, pour la portion de *Jean de Clugny* le jeune, dont il avoit le bail & gouvernement.

Ce *Jean de Clugny* le jeune fut marié à *Philipée de la Boutiere*, de la Ville d'Autun, & alla s'établir à Avalon ; elle étoit fille de *Pierre de la Boutiere* demeurant à Autun, & de *Jeanne le Bault*, comme on le voit par un contrat passé à Autun, le 19 Janvier 1453, entre le même *Jean de Clugny*, qui se dit demeurant à Avalon, au nom de *Philipée de la Boutiere* sa femme, d'une part, & Loüis & Guillaume de la Boutiere oncles de sa femme, d'autre part.

Jean de Clugny II. étoit mort en 1478. Car le 3 Aout de la même année, *Marie de Clugny* sa fille contracta mariage avec Philibert Colas d'Epoisses, (1) autorisée par *Philipée de la Boutiere* sa mere, & par *Pierre de Clugny* son frere.

Pierre de Clugny I. mort en 1488, comme on l'a dit dans son article, laissa plusieurs enfans, entre autres *Bartholomie de Clugny*, mariée par contrat du 23 Juillet 1511, avec *Adrien de Montagu*. Mr. *de Thenissey* parle avec mépris de cet Adrien de Montagu, (a) qu'il n'a jamais pû connoître : mais tout lui

(a) Ecrit du mois de Novembre 1718.

(1) On ne connoît plus personne de cette Famille, mais elle doit avoir été connue autrefois, car on en trouve les armes dans l'Armorial de Geliot, donné par Palliot, pag. 17 & 445, qui sont de gueules à trois Aiglettes d'or, accompagnées de trois Bezans mal ordonnés de même.

eſt bon , pourvû qu'il aboutiſſe à une injure contre Mr. *de Clugny* ou contre ceux qui lui apartiennent , vivants ou morts. On ne croit pas qu'il reſte perſonne de cette famille ; [1] tout ce qu'on en peut dire , c'eſt que dans ſon contrat de mariage , on lui donne la qualité *de Noble homme*, auſſi bien qu'à *Pierre de Clugny* I. pere de ſa femme , & qu'il étoit aſſiſté de pluſieurs *de ſes parents & affins charnels* , ce ſont les termes du contrat , du nombre deſquels étoit , *Lucas de Veſigneux* , d'une des plus anciennes & des plus illuſtres Maiſons du Nivernois. *Marie de Clugny* ſa femme étoit auſſi aſſiſtée de pluſieurs de ſes *parents & affins charnels* , dont le premier eſt *Pierre de Beze* Elû de Vezelay. Si Mr. *de Theniſſey* avoit lû le contrat de mariage, lorſqu'il compoſa ſa grande Généalogie , il n'auroit pas avancé comme il l'a fait, que *Pierre de Beze* ne fut point apellé comme parent , mais comme témoin. On ne fait point venir un témoin de dix lieuës , pour être ſimple atteſtant d'un contrat de mariage : *Pierre de Beze* demeuroit à Vezelay , & le contrat eſt paſſé à Coulanges-les-Vineuſes. Quand on travaille d'imagination , comme fait Mr. *de Theniſſey*, on s'expoſe à citer faux, à nier les faits les plus évidents , & à en avancer de contraires aux titres.

Ce degré de la Généalogie de Mr. *de Clugny* , ſe trouve donc établi ſur des piéces tirées des Archives de la Chambre des Comptes , & par conſéquent à couvert de toute ſuſpicion , & ſur des contrats en forme , qui ſe raportent les uns aux autres , & font un corps de preuve, auquel il n'y a que Mr. *de Theniſſey* qui puiſſe réſiſter.

Jean de Clugny I. mari de *Guiotte de Beze* , meurt en 1412, & laiſſe quatre fils & une fille , tous nommés dans des Lettres Patentes du Duc , du mois de Juillet 1414. Deux de ſes fils portent le nom de *Jean*;

---

(1) Les armes de Montagu ſont dans Geliot , pag. 3 ꝗ2 , de gueules , au Lyon d'Hermine.

L'aîné qui étoit Chanoine d'Autun, meurt peu de tems après son pere : *Jean de Clugny* le jeune étoit en bas âge lors de la mort de son pere , comme on l'a prouvé dans son article ; il époufe *Philipée de la Boutiere* d'une des meilleures & des plus anciennes Familles de la Ville d'Autun , & va s'établir à Avalon : en 1441 , *Philipée de la Boutiere* fa femme , lui donne une procuration pour la pourfuite des droits qui lui étoient échûs par le décès de *Pierre de la Boutiere* fon pere , demeurant à Autun ; il étoit mort en 1478 , lorfque *Marie de Clugny* fa fille , affiftée de *Philipée de la Boutiere* fa mere , & de *Pierre de Clugny* fon frere , contracta mariage avec *Philibert Colas d'Époiffes* ; *Pierre de Clugny* I. fon frere eut une fille , *Bartholomie de Clugny* , mariée en 1511 à *Adrien de Montagu* : dans le contrat de mariage il eft dit qu'elle eft affiftée de plufieurs de fes parents , du nombre defquels eft *Pierre de Beze* ; il l'étoit du chef de *Guiotte de Beze* fa bifayeule : qu'on fuive les dattes , qu'on confronte les titres , & qu'on les raproche les uns des autres , tout eft parfaitement lié , & il eft difficile de trouver une preuve plus complette dans une auffi grande antiquité.

Mr. *de Theniffey* effaie de donner le change en difant , dans fa Généalogie , page 66 , que *Jean de Clugny* II. mari de *Philipée de la Boutiere* , ne pouvoit être *Jean de Clugny* le jeune , fils de *Jean de Clugny* I. & de *Guiotte de Beze* : parce que , dit-il , *Jean de Clu-ny* le jeune , eut le Canonicat de *Jean de Clugny* l'aîné fon frere , après fa mort , fut Official d'Autun , & affifta aux Parlemens tenus à Beaune , en 1422 & 1427 , & fe fonde fur l'autorité de Palliot. (a)

Palliot s'explique en ces termes : *Jean de Clugny Licentié ès Loix, & en decret, Official d'Autun, 1401, 1422 & 1427.* Mr. *de Theniffey* a fuprimé , de deffein prémédité , la datte de 1401 , qui renverfe tout fon fyftème. *Jean de Clugny* le jeune , fils de *Jean de*

XXX. Foibleffe & abfurdité de tout ce qu'objecte Mr. de Theniffey contre les preuves de ce degré.

XXI. Premiere objection & réponfe.

(a) Hiftoire du Parlement de Bourgogne, pag. 11.

Clugny I. & de *Guiotte de Beze*, étoit en bas âge en 1412, comme on l'a prouvé ci-devant : ce n'eſt donc pas lui qui a aſſiſté au Parlement tenu en 1401. Il y a plus, c'eſt que *Jean de Clugny* Official d'Autun, avoit été nommé Conſeiller, Avocat du Duc ès Bailliages d'Autun & Montcenis, par Lettres du 6 Novembre 1387, aux gages de 25 livres par an, (*a*) comme on l'a prouvé dans la Généalogie ; & *Jean de Clugny* I. n'avoit été marié à *Guiotte de Beze* qu'en 1382. Comment auroit-il pû avoir un fils Official & Conſeiller du Duc, trois ou quatre ans après ſon mariage ? C'eſt donc contre la vérité, atteſtée par des piéces autentiques, & par le témoignage de l'Auteur même cité par Mr. *de Theniſſey*, qu'il aſſure que *Jean de Clugny* le jeune, fils de *Jean de Clugny* I. & de *Guiotte de Beze*, a été Official & par conſéquent homme d'Egliſe, & qu'il ne peut avoir été mari de *Philipée de la Boutiere*. Il ſe ſert de la conformité des noms, pour de deux perſonnes n'en faire qu'une ; dont l'un a été pour le moins plus âgé que l'autre, de 50 ans. Ce n'eſt pas la ſeule occaſion où Mr. *de Theniſſey* a tronqué les citations, ajouté dans les piéces ce qui ne s'y trouve point, confondu les perſonnes, tranſporté un homme d'un ſiécle à un autre ſiécle, & d'une Branche à une autre Branche, pour ajuſter ſa Généalogie à ſes idées, & eſſaïer de donner atteinte à celle de Mr. *de Clugny*. Mais il s'y prend d'une maniere ſi peu délicate, que bien loin d'en impoſer, comme il ſe l'imagine, il ſe rend par là indigne de toute croyance.

Il opoſe encore à Mr. *de Clugny*, (*b*) que *Jean de Clugny* I. étoit un puiſſant Seigneur, qu'il étoit Garde du grand Sceau du Duc de Bourgogne, qu'il poſſédoit un grand nombre de Seigneuries : il aporte pour le prouver, ſon teſtament de l'an 1412, dont il a fait imprimer un fragment, pag. 46 ; d'où il conclut qu'il eſt impoſſible que Mr. *de Clugny* deſ-

(*a*) Compte de Guillaume Bataille Receveur d'Autun, pour l'année 1388.

(*b*) Généalogie, pag. 46 & ſuivantes.
Réfutation, pag. 11 & ſuivantes.

XXXII. *Seconde objeƈtion & réponſe.*

cende de lui ; parce que ni lui ni ſes auteurs n'ont pas fait une aſſez grande figure dans le monde, pour qu'on puiſſe le préſumer.

Ce raiſonnement n'eſt pas juſte, & prouve trop ; on en va donner un exemple illuſtre. Conſtantin Laſcaris enſeigna la Rhétorique & le Grec à Milan dans le 15e ſiécle : donc il ne pouvoit deſcendre des Empereurs de Nicée & de Conſtantinople de ſon nom, qui vivoient dans le 13e ſiécle ; ce ſeroit donner un démenti à tous les Sçavants & à tous les Hiſtoriens qui ont parlé de lui.

Revenant enſuite aux faits avancés par Mr. *de Theniſſey*, *Jean de Clugny* I. n'étoit point Garde du grand Sceau du Duc de Bourgogne ; ſes Proviſions, comme on l'a dit ſur ſon article page 21, ſont du 5 Aout 1400 : les fonctions de l'Office dont il fut pourvû, conſiſtoient à ſceller tous les contrats paſſés pardevant Notaires, dans l'étenduë des Bailliages d'Autun & de Montcenis, & de percevoir les droits dûs au Duc ſur les contrats. Il fut nommé en 1404, Conſeiller Avocat du Duc dans les mêmes Bailliages d'Autun & de Montcenis. Les fonctions de ces Offices de Conſeillers Avocats, étoient de veiller aux interêts du Duc dans l'étenduë de leur Bailliage, d'y ſoutenir ſes Cauſes, & de conſeiller le Procureur du Duc, dans les affaires qu'il entreprenoit pour le Duc : (a) ce ſont les mêmes fonctions que rempliſſent aujourd'hui les Avocats du Roi dans les Bailliages. Les Magiſtratures que les prédéceſſeurs de Mr. *de Clugny* ont exercées pendant deux ſiécles, & les dignités de Conſeillers au Parlement dont lui & ſes fils ſont revêtus, ne ſont certainement pas au-deſſous des emplois de *Jean de Clugny*.

Mais, ajoute Mr. *de Theniſſey*, *Jean de Clugny* I. poſſédoit un grand nombre de Seigneuries ; aucune d'elles ne ſont paſſées à *Jean de Clugny* II. & à ſes deſcendants : par conſéquent *Jean de Clugny* II. n'eſt

XXXIII.
Suite.

(a) V. le Régiſtre de la Chambre des Comptes, cotte X. fol. 41,& les comptes de Romillé de 1573, & des autres Receveurs, cités dans les notes, art. de Jean I.

pas son fils. Il n'établit cette foule de Seigneuries
que sur le testament de *Jean de Clugny*, dont il a
fait imprimer un simple extrait. (*a*)

Le titre que Mr. *de Theniſſey* a mis à la tête de cet
extrait de testament, est supoſé. Il porte que c'est
le testament de Noble homme *Jean de Clugny*, Seigneur de Champeculeon, d'Alonne, & de pluſieurs
autres Terres. Quand on lit le corps de l'acte, on
voit qu'il y est qualifié ſimplement, *Noble Jean de
Clugny Licencié ès Loix, fils de Guillaume de Clugny
d'Autun* : pas un mot de toutes ces Seigneuries, que
Mr. *de Theniſſey* lui attribuë : dans l'Inſcription, qu'on
voit encore ſur ſa ſépulture, dans l'Egliſe de S. Martin d'Autun, il n'y est fait mention d'aucune Seigneurie. Mr. *de Theniſſey* a érigé en Fiefs & en Seigneuries en ſa faveur, des terres labourables & des
prés, ſur leſquels il aſſigne une fondation, qu'il fait
dans le testament de 1412, dans la Chapelle de Marchaut d'Autun. Il aſſigne donc ſa fondation ſur ſa
maiſon de Marchaut d'Autun, une autre maiſon ſituée
à Autun, ſa Terre de Corticlou, Monticlou, Vergoncey, ſon pré de Fontaine-chaude, &c... Monticlou, Corticlou, ne ſont ni des Bourgs, ni des Vil-
lages, ni des Hameaux ; on ne les trouve ni ſur la
Carte de Bourgogne, ni ſur les Rolles des Impoſi-
tions, ni parmi les Dénombrements des Fiefs qui
relévent du Roi dans les Régiſtres de la Chambre des
Comptes, qui contiennent cependant tous les Fiefs
& arriere-Fiefs de la Province : ce ſont donc quelques climats des environs d'Autun, dans leſquels
Jean de Clugny I. poſſédoit du bien.

Quant à la Seigneurie de Vergoncey, elle n'apartenoit certainement pas à *Jean de Clugny* I. il n'y
poſſédoit que quelques fonds : Vergoncey est une
dépendance de la Baronnie de Dracy S. Loup, qui
apartient à préſent à Mr. le Prince de Guiſe. Dans
le tems que *Jean de Clugny* I. vivoit, cette Seigneu-

rie de Dracy & Vergoncey qui en dépend, étoient possédés par *Guy de la Trimoüille*, comme on le voit par les actes de foi & hommage & les Dénombrements qui sont à la Chambre des Comptes, & les anciens Terriers de ces deux Seigneuries.

Ce ne sont donc que quelques fonds sur lesquels *Jean de Clugny* I. assigne sa fondation ; en effet une seule de ces Seigneuries auroit été plus que suffisante pour servir d'assignal à une fondation de quarante livres de rente ; aussi parmi la déclaration de ces fonds, il y comprend son pré de Fontaine-chaude situé près la Ville d'Autun.

Mr. *de Theniffey* opose encore à Mr. *de Clugny* une enquête faite en 1448, de laquelle il a fait imprimer un fragment,(*a*) d'où il prétend tirer la conséquence, que n'y étant point parlé de *Jean de Clugny* II. auteur de Mr. *de Clugny*, au lieu qu'il y est fait mention de quelques-uns des autres enfants de *Jean de Clugny* I. *Jean de Clugny* II. ne peut être mis au nombre de ses enfants. Mr. *de Clugny* a forcé Mr. *de Theniffey* à lui communiquer la piéce en son entier, & il a reconnu que jamais conséquence ne fut plus mal tirée.

Jean de Clugny I. par son testament de 1412 avoit mis parmi les assignaux de sa fondation, le pré de Fontaine-chaude au finage d'Autun. *Guillaume & Geoffroy de Clugny* deux de ses fils qui étoient communs en biens, vendirent ce pré de Fontaine-chaude à Dumeix Boucher à Autun, qui en joüit paisiblement jusqu'à ce qu'il fut inquiété par les Chapelains de la Chapelle de Marchaut, qui recoururent à leur assignal en 1448 ; on ordonna que les Chapelains feroient preuve que le pré de Fontaine-chaude avoit apartenu à *Jean de Clugny* I. Fondateur de la Chapelle. Ceux-ci firent entendre un grand nombre de témoins, qui parlent des enfants de *Jean de Clugny* I. Les uns disent qu'ils en ont connu deux, d'au-

XXXIV.
Troisiéme objection & réponse.

(*a*) Grande Généalogie, pag. 48.

tres qu'ils en ont connu trois, & ils ajoutent tous que le pré de Fontaine-chaude a été poſſédé par *Jean de Clugny* I. Le nombre des enfants qu'il a eu de *Guiotte de Beze* ſa femme, & leur exiſtence eſt prouvée par des piéces autentiques : Mr. *de Theniſſey* croit-il qu'il les diminuëra par une preuve vocale faite trente-ſix ans après ſa mort, dans un procès où il ne s'agiſſoit pas de ſçavoir combien il avoit laiſſé d'enfants, mais s'il avoit poſſédé le pré de Fontaine-chaude, & quel étoit cèlui ou ceux de ſes enfants qui l'avoient poſſédé après lui, & qui l'avoient vendu à Dumeix Boucher? La ſeule expoſition du fait fait ſentir la foibleſſe du raiſonnement de Mr. *de Theniſſey.*

On vient de voir que pour enlever à Mr. *de Clugny, Jean de Clugny* I. qui étoit Garde des Sceaux aux Contrats au Siége d'Autun, c'eſt-à-dire Commis pour ſceller les contrats paſſés pardevant Notaires, dans l'étenduë de ce Bailliage, Mr. *de Theniſſey* l'a érigé en Garde du grand Sceau du Duc, faiſant les fonctions du Chancelier de Bourgogne. Il le fait paroître enſuite ſous une autre forme & le métamorphoſe en homme d'épée qualifié *Chevalier* : d'où il tire ſa conſéquence ordinaire, qu'il ne peut être du nombre des aſcendants de Mr. *de Clugny.*

Faux Certificat de Bordi.

Sequuntur fondationes in Eccleſia Eduenſi per generoſos viros Dominos de Clugniaco facta (a) *& quolibet anno in prædicta Eccleſia celebrata & diſtributa, ut patet per quaternos diſtributores. Primo Mercurii poſt Paſcha fit anniverſarium panis & vini pro Reverendiſſimo in Chriſto Patre ac Domino Domino Ferrico de Clugniaco quondam Cardinali & Epiſcopo Tornacenſe, qui quid Cardinalis fundavit in prædicta Eccleſia, unam Miſſam quotidianam* (b) *que celebratur in Capella de Clugniaco, edificata & fundata per dictum Dominum Cardinalem. Die anniverſarii prædicti Cardinalis dicuntur ſeptem Pſalmi ſubmiſſa voce per totum Collegium in dicta Capella, & poſt dictos Pſalmos cantatur alta voce per prædictum Collegium proceſſionaliter ante dictam Capellam, Inviolata, quod incipitur per ſurcetorem ferialem cum Orationibus aſſuetis, & fit diſtributio præſentibus duorum francorum. Die Decolationis Sancti Joannis Baptiſta, qua viceſima-nona Auguſti, fit & celebratur anniverſarium panis & vini, pro generoſo adoleſcente Joanne de Clugniaco, quondam Canonico Æduenſe & Belnenſe, filio quondam Domini Johannis de Clugniaco Militis & Domini de*

(a) On ne ſe ſervoit pas encore de la diphtongue Æ, comme on le dira dans peu en examinant les repriſes de Fief ſupoſées par Mr. de Theniſſey.

(b) *V.* les preuves ci-après à la date du 4 Novembre 1465.

Mona. In chraſtino Sancti Michaelis fit ſimiliter anniverſarium panis & vini pro generoſo Domino Magiſtro Joanne de Clugniaco quondam Canonico & Officiali Æduenſ. & electo in Archiepiſcopatum Biſuntinenſem. (a) In vigilia Sanctæ Catharinæ fit & celebratur anniverſarium panis & vini pro Nobili & ſcientifico viro Magiſtro, Guillelmo de Clugniaco quondam Ballivo Divionenſe & Domino de Conforgien cum thumulo alta voce, ante Capellam prædictorum Dominorum de Clugniaco, (b) & fit diſtributio in prædicto thumulo, ut moris eſt fieri in aliis thumulis. Die ſupradictorum anniverſariorum & in chraſtino Omnium Sanctorum, que eſt feſtum Deffunctorum (c) dicuntur in prædicta Capella de fundatione predictorum Dominorum, tres Miſſe & in fine Miſſe dicitur ante Altare ſupra thumulum, De profundis, cum Orationibus aſſuetis & cum aſperſione aque benedicte, & incipientur predicte Miſſe in fine pulſationis Prime & pro qualibet Miſſa quilibet Sacerdos per manus diſtributoris percipiet ſex albos.

Et ego, Joannes Bordi, diſtributor certifico omnibus quod ſupradicte fondationes inſcribuntur in magnis & parvis quaternis diſtributoris, & quolibet anno celebrantur & diſtribuuntur in prædicta Eccleſia ut moris eſt fieri in aliis fundationibus, teſte ſigillo meo manuali hic appoſito, die duodecima Aprilis anno Domini milleſimo quingenteſimo ſecundo. Signé Bordi, avec paraphe.

Sur l'Imprimé dans la groſſe Généalogie de Mr. de Theniſſey, p. 75.

Il emploie pour prouver cette Chevalerie, un titre informe, ſigné *Bordi*, qui ſe dit Diſtributeur du Chapitre d'Autun, du 12 Avril 1502, qu'il a fait imprimer pag. 75 de ſa Généalogie ; ce n'eſt point une piéce capable de faire foi, & elle contient des énonciations, dont la fauſſeté eſt prouvée par des piéces originales.

Le Diſtributeur d'un Chapitre n'a point de caractere qui rende ſa ſignature autentique. Il donne à *Jean de Clugny* le titre de *Chevalier* & la qualité de Seigneur d'Alonne : tous les actes paſſés pendant ſa vie & ceux qui ont été faits immédiatement après ſa mort, dans leſquels on a parlé de lui, ne le qualifient point *Chevalier*. Quant à la Seigneurie d'Alonne, aucun de la Famille de *Clugny*, du nom de *Jean*, ne l'a poſſedée. On a fait voir dans l'article de *Guillaume de Clugny* IV. Seigneur d'Alonne, que la Seigneurie d'Alonne avoit apartenu à *Damas de Buſſeüil* mort ſans poſtérité, & qu'elle paſſa à *Philiberte de Buſſeüil* ſa ſœur, femme de *Guillaume de Clugny* IV. qui laiſſérent deux fils, *Jacques* & *Damas de Clugny*, morts ſans alliance, enſorte que la Seigneurie d'Alonne paſſa dans une autre Famille. *Jean de Clugny* I. ne peut donc jamais avoir été Seigneur d'Alonne, puifque cette Terre n'a été poffédée que par trois perfonnes de la Famille de *Clugny*, fçavoir, *Guillaume* IV. *Jacques* & *Damas* fes fils; & qu'elle n'étoit entrée dans la Famille de *Clugny*, qu'après la mort de *Jean de Clugny* I.

On fait dire à *Bordi* dans fon prétendu Certificat, que le Cardinal *de Clugny* a fondé une Meffe quotidienne dans la Chapelle qu'il fit conftruire dans l'Eglife Cathédrale d'Autun. L'acte de fondation qui eft du 8 Novembre 1465, ne porte que quatre Meffes par femaine. Ce n'eft pas la coutume des gens d'Eglife de faire des fervices au-delà de ceux portés dans les titres de fondation. On pourroit relever bien d'autres chofes dans ce prétendu Certificat: ce qui vient d'être dit fuffit pour le faire regarder comme une piéce fufpecte : fi le fabricateur avoit eu fous les yeux les titres & les cartulaires des fondations de l'Eglife d'Autun, comme il l'affure, il auroit pû donner plus de vrai-femblance à fon prétendu Certificat.

Mr. *de Theniffey* ajoute que *Guillaume de Clugny* V. un des fils de *Jean de Clugny* I. a laiffé une poftérité revétuë de grands emplois, & qui a occupé des poftes éminents; d'où il conclut que *Jean de Clugny* II. ne peut avoir été fon frere. Quelle conféquence! *Guillaume de Clugny* V. a été ou plus habile, ou plus heureux que fon frere, qui n'a pû, ou qui n'a pas voulu tenter le chemin de la fortune, & a laiffé fa poftérité dans le même état de médiocrité dans lequel il étoit né : *Guillaume & Jean* en font-ils moins freres pour cela ? & ne voit-on pas tous les jours dans le monde de pareils exemples?

XXXVI.
Reproche mal fondé fait par Mr. de Theniffey *à Mr.* de Clugny.

Mr. *de Theniffey* reproche à Mr. *de Clugny* de ne pas produire *tous fes papiers domeftiques*, ce font fes termes, & que s'il vouloit le faire, on y découvriroit que *Jean de Clugny* II. n'eft pas un des fils de *Jean de Clugny* I. & de *Guiotte de Beze.*

Le

Le reproche est aussi nouveau, qu'il est mal fondé; chacun produit les titres qu'il juge utiles au bien de sa cause, sans que jamais on en ait fait un crime: d'ailleurs Mr. *de Clugny* n'en a aucuns que ceux qu'il a mis au jour de bonne-foi.

Mais Mr. *de Theniſſey* lui-même produit-il tous les titres qui sont entre ses mains, & sur tout ce qu'il apelle *les Mémoires de sa Maiſon*, qu'il cite souvent, lorsque les preuves lui manquent, sans avoir jamais osé les faire voir ? On va lui montrer qu'il en a diſsimulé pluſieurs, dont on n'espere pas avoir la communication; il est aisé d'en sentir les raisons.

Comme il ne fonde la grande ancienneté & l'illuſtration de *sa Maiſon*, que sur des chiméres, il est obligé de changer souvent de ſyſtème, pour tout ce qui est au-delà de *Loüis de Clugny* son trisayeul marié en 1515 : dès qu'il veut monter plus haut, il ne fait que des faux pas: on en a déja donné des exemples. On va lui en fournir encore un, qui prouvera en même-tems, qu'il a *des papiers domeſtiques* qu'il n'ose faire paroître.

Dans sa grande Généalogie imprimée (a) il avance qu'il démontrera par titres que *Guillaume de Clugny* II. qui a été Bailli d'Auxois & ensuite de Dijon, est son huitiéme ayeul. Il en fait d'abord un Bailli d'Epée & un Chambellan du Duc de Bourgogne ; au lieu qu'il étoit Bailli de longue Robe (à titre de ferme,) Clerc, puis Licentié ès Loix. Tous les titres produits respectivement ne lui donnent point d'autres qualités ; il vivoit sur la fin du quatorziéme ſiécle, & Mr. *de Theniſſey* lui donne pour femme, *Barbe de Semeur*, qui vivoit au commencement du seiziéme.

Mr. *de Theniſſey* a parmi *ses papiers domeſtiques*, (s'il le nie, on le lui prouvera par ses propres piéces) (b) une Généalogie qui est une piéce rare par son ridicule ; laquelle parlant n°. 13, de *Guillaume de*

XXXVII.

On pourroit en faire un ſemblable à Mr. de Theniſſey à plus juſte titre.

XXXVIII.

Contrariété de la Généalogie qu'a fait imprimer Mr. de Theniſſey, avec ce qu'il apelle les Mémoires de sa Maiſon.

(a) Page 16.

(b) Jugemens de renvoi de Mrs. Ferrand & de Bouville, des 20 Mars 1698, & 22 Décembre 1702.

Clugny II. Bailli d'Auxois, puis de Dijon, ne dit point qu'il ait été marié ; & n°. 23, cette même Généalogie parlant de *Guillaume de Clugny* III. Seigneur de Meneferre, dit *qu'il fut neveu dudit Sieur Bailli*, & héritier en partie de lui. Que Mr. *de Theniſſey* concilie, s'il le peut, ſa grande Généalogie imprimée, avec celle-ci.

XXXIX.
Cauſe de la perte & de la diſſipation de pluſieurs titres & papiers concernant la Branche de Mr. de Clugny.

Mr. *de Clugny* n'a rien avancé dans tout le cours du procès ſans l'apuïer ſur de bonnes & ſolides preuves. La perte & la diſſipation de ſes titres & autres effets de ſa Famille, eſt établie ſur l'Edit de réduction de la Ville d'Avalon ſous l'obéiſſance du Roi Henri IV. du 31 Mai 1594, qui porte que *George de Clugny* I. ſon triſayeul, fut obligé de ſortir de la Ville d'Avalon, pendant la Ligue, parce qu'il tenoit le parti du Roi, qu'il fut dépoüillé de ſa Charge & de ſes biens, & ſes maiſons pillées. Auſſi quand Mr. *de Clugny* a été attaqué ; pour prouver ſa Généalogie au-delà de *George de Clugny* I. ſon triſayeul, il a été obligé de recourir aux dépôts publics, dont il a tiré le plus grand nombre de ſes preuves ; les dattes des expéditions le vérifient : s'il a produit quelques autres titres originaux, il les doit à des perſonnes qui ont bien voulu les lui confier, & auſquelles il voudroit pouvoir en témoigner toute ſa reconnoiſſance.

Comme Mr. *de Theniſſey* a attaqué plus particuliérement le degré de la Généalogie de Mr. *de Clugny*, de *Jean de Clugny* I. à *Jean de Clugny* II. on a été obligé de s'y arrêter plus long-tems.

Quand même Mr. *de Clugny* n'auroit pas aporté des preuves auſſi évidentes de la légitimité de *Jean de Clugny* II. ſon ſeptiéme ayeul, il n'auroit pas été permis à Mr. *de Theniſſey* de la conteſter. Il n'eſt jamais loiſible de révoquer en doute l'état & la condition d'un homme mort il y a cinq ans ; cette preſcription, quoique d'un tems aſſez court, eſt ſi favorable, qu'elle court même contre le fifc & contre les mineurs deftitués de tuteurs. Il eft auffi défendu de révoquer en doute l'état d'un homme vivant, quand la queftion peut porter préjudice à l'état d'un homme mort avant cinq ans. *L. Si pater. C. Ne de ftat. defunct. L. De ftatu. L. Non effe. ff. eod.* Combien doit paroître odieufe l'action de Mr. *de Theniffey*, qui contefte, fans preuves, l'état d'un homme décédé près de trois cens ans avant qu'il l'ait intentée ?

L'interêt public, dit un grand Magiftrat, foutient l'état & la condition des hommes qui *font en poffeffion de leur filiation*; cette longue fuite d'années qui obfcurcit la connoiffance des chofes anciennes, doit fervir d'excufe, de décharge & de juftification; parce que peu de gens feroient en fûreté, s'il étoit loifible après un fi long tems, de leur faire rendre compte des fecrets de leur naiffance & de l'origine de leur famille. * Mais on fe flatte d'avoir diffipé tous les nuages dont Mr. *de Theniffey* a tâché d'enveloper ce degré, & de l'avoir rendu plus clair que le jour.

(*) Henris, l. 9, queft. 28 , to. 2 , p. 369.

Il parcourt enfuite tous les autres degrés, non pour les combattre, car après les avoir attaqué, il a été forcé de faire retraite & de les avoüer. Mais pour fe confoler de fa défaite, il fe répand en invectives contre tous ceux qui compofent les degrés, & les traite avec des termes de mépris qu'on croit devoir négliger.

Il a crû donner quelque couleur à la fable qu'il a imaginée de faire defcendre Mr. *de Clugny* d'un bâtard, en avançant que *dans le quinziéme fiécle fa Maifon fourmilloit de bâtards, qui étoient tous des roturiers, qui ont pû former des Branches; qu'on en voit des Lettres de légitimation dans la Chambre des Comptes, & qui ne font pas pour cela de la Maifon* de Clugny. (*)

(*) Grande Généalogie, p. 74.

Mr. *de Theniffey* n'a pas prévû qu'il donne par ce difcours une atteinte mortelle à l'antiquité, à la grandeur & à l'illuftration de ce qu'il apelle fa Mai-
O ij

(*) Tiraqueau, de Nob. queſt. 15.

Chaſſan. ſur la Coutume de Bourgogn. rub. 8, art. 3, n. 21.

Coquille, ſur Nevers, tit. des Fiefs, art. 20.

Bacquet, du Droit de bâtardiſe, part. 1, ch. 2, n. 12.

Papon, Arrêts, l. 21, tit. 3, art. 1.

Loiſeau, des Ordres, ch. 5, n. 61 & ſ.

La Roque, de la Nobleſſe, ch. 38. Origine des noms, ch. 36.

Loiſel, Inſtit. Cout. avec les notes de Lauriere, l. 1, tit. 1, art. 44, tom. 1.

XL. Illuſion de Mr. de Theniſſey, quand il traite de bas & mépriſable, un emploi qu'a exercé le cinquiéme ayeul de Mr. de Clugny.

(a) Procès verbal du Greffier des Requétes du Palais, du 12 Août 1722.

ſon. Tous les bâtards des Gentilshommes, nés avant l'an 1600, reconnus par leurs peres, joüiſſoient des priviléges de Nobleſſe, & l'ont tranſmiſe à leurs deſcendants. C'eſt un uſage atteſté par tous les Auteurs qui ont écrit ſur cette matiere. (*) Il y a encore dans le Royaume pluſieurs Familles de Gentilshommes, qui ne ſubſiſtent plus que dans la poſtérité des bâtards. Au propre mot de Mr. *de Theniſſey*, ſa Famille fourmilloit de bâtards, *qui étoient des roturiers* ; ſa Famille n'étoit donc pas noble dans le quinziéme ſiécle. N'a-t-il pas renverſé lui-même ſon origine & ſa grandeur romaneſque, qu'il prétend tirer d'un Héros qui aida le Roi Clovis à conquerir les Gaules, d'un puiſſant Seigneur qui vivoit dans le tems de l'établiſſement des Fiefs, & de tant d'autres perſonnages éminents, qu'il ſe donne pour ayeux ?

Il reproche à Mr. *de Clugny* que *Jean de Clugny* III. ſon cinquiéme ayeul, a été Receveur du Chapitre d'Avalon, il dit que c'eſt un emploi bas & mépriſable, indigne d'un deſcendant de la Maiſon de *Clugny*, & qu'il ne peut le reconnoître pour en être iſſu. L'emploi d'Elû ſur le fait des Aides, qu'exerçoit *Jean de Clugny* en 1423, & que Mr. *de Theniſſey* a reconnu pour être de *ſon illuſtre Maiſon*; (a) celui de Maître d'Hôtel du Maréchal de Bourgogne, qu'avoit *Geoffroy de Clugny* en 1478, & dont Mr. *de Theniſſey* a lui-même fourni la preuve en le reconnoiſſant pour ſon parent, ne ſont-ils pas infiniment au-deſſous de Receveur d'un Chapitre, dans le tems où *Jean de Clugny* III. l'a exercé pendant deux ans ſeulement?

Le zéle qu'on avoit autrefois pour le ſervice de l'Egliſe, ne s'eſt que trop réfroidi dans la ſuite : les priviléges de Cléricature attachés aux moindres emplois, engageoient quelquefois des perſonnes diſtinguées par leur naiſſance, à les exercer. On trouve dans l'Abbaïe de Mouſtier S. Jean, & dans le Prieuré de Couches, des monuments & des titres qui prouvent que l'emploi de Bedeau étoit affecté à des Familles Nobles, qui avoient des gages pour en faire les fonctions.

Les Chapitres changeoient souvent leurs Receveurs, & engageoient les Gentilshommes riches & les principaux Habitans des Villes à se charger de ces emplois, moyennant de modiques honoraires, qu'ils retiroient au centuple par les bienfaits des Receveurs.

Pierre Odebert, dont le fils & le neveu ont été Conseillers au Parlement, & *Jean de Clugny* III. ont été successivement Receveurs du Chapitre d'Avalon, & l'ont comblé de bienfaits; les monuments qui subsistent en font foi, & après les Maisons de *Vesigneux* & de *Jaucourt*, ce sont les deux principaux Bienfacteurs de cette Eglise.

L'Autel de la Chapelle bâtie par *Jean de Clugny* III. est un des plus beaux monuments de la Province, en Statuës & en bas-reliefs; ses Armes y sont en grand volume : il y a fait des fondations considerables, qui sont à la charge du Chapitre d'Avalon, par contrats des années 1532 & 1551. Ce n'étoit donc pas un homme tel que Mr. *de Thenissey* voudroit le faire croire, ni qui fût réduit à subsister des honoraires qu'il a retiré pendant deux années qu'il a été Receveur du Chapitre d'Avalon, auquel il a fait des libéralités considérables.

Mr. *de Thenissey* se retranche à dire que *Jean de Clugny* III. n'étoit pas assez riche pour faire des présents & des fondations ; a-t-il vû l'inventaire de ses biens? c'est la seule réponse que mérite une objection aussi frivole.

Mr. *de Thenissey* surpris de voir disparoître la grandeur imaginaire de sa Maison, s'écrie que si l'on en croit Mr. *de Clugny*, *sa Maison n'est plus ce qu'elle étoit, qu'il ne la reconnoît pas lui-méme.* Il s'étoit forgé des ayeux depuis le commencement de la Mo-

XLI. *Surprise & chagrin de Mr. de Thenissey, en se voyant détrompé malgré*

lui, de la faus-
se idée qu'il
s'étoit formée
de la grandeur
de sa Maison.

narchie, jusqu'au quatorziéme siécle ; ils n'ont pû tenir cóntre le plus leger examen, & ils ont disparu à la premiere attaque. A qui Mr. *de Theniſſey* doit-il s'en prendre, qu'à lui-même ? S'il vouloit joüir tranquilement des idées de grandeur qu'il s'étoit formées sur sa Maison, il ne devoit point attaquer Mr. *de Clugny*, ni chercher de contradicteur. Il lui a fait voir qu'il en falloit beaucoup rabattre ; que dans le quatorziéme siécle il y avoit trois *Guillaume de Clugny*, qualifiés simplement Citoyens d'Autun ; un autre *Guillaume* Bailli de Robe longue ; un *Jean* Garde du Sceau aux Contrats du Duché de Bourgogne, dans l'étenduë du Bailliage d'Autun ; un *Pierre de Clugny* annobli ; un *Robert de Clugny* Châtelain de Chalon : au commencement du quinziéme siécle, un *Nicolas de Clugny* annobli ; un autre *Guillaume de Clugny* Bourgeois d'Autun, Sergent Châtelain du Château de Rivaut d'Autun ; un *Jean de Clugny* Elû des Aides sur le Clergé ; un *Geoffroy de Clugny* Maître d'Hôtel du Maréchal d'Hocberg.

Mr. *de Theniſſey* qui prétend être en droit de décider souverainement, de ceux qui sont de ce qu'il apelle *sa Maison* & de ceux qui n'en sont pas, rejette les uns & ouvre la porte aux autres ; mais avant que de les admettre, il les déguise & les pare d'ornements étrangers ; on arrache leurs masques, on les dépoüille du clinquant dont il les avoit orné. Faut-il s'étonner s'il ne reconnoît plus ce qu'il apelle sa Maison ?

(a) Grande Gé-
néalogie, pag. 7 1-
& XLII. *Fauſ-*
se réflexion de
Mr. de Thenis-
ſey, *sur ce*
qu'on lui a déſ-
fillé les yeux ;
on lui en opoſe
une plus vraie.

Il dit, *(a)* que Mr. *de Clugny* ne peut être de la Famille *de Clugny*, parce qu'il ne lui donne pas une origine aſſez illuſtre ; *s'il en étoit, qu'il devroit l'élever au lieu de l'abaiſſer, qu'on ne voit jamais une ame bien née avilir l'état de ſes ayeux.*

Une ame bien née, élevée dans des sentiments d'honneur & de probité, ne donne jamais dans les visions & dans les chiméres ; on ne doit jamais bleſſer la vérité, non plus fur ce qui regarde la naiſſance, que ſur tout le reſte ; un homme vrai donne ſes ayeux pour tels qu'ils ont été, & évite avec ſoin le ridicule auquel ſont expoſés ceux qui embelliſſent leurs Généalogies par des traditions fabuleuſes. On pourroit citer des grands hommes, qui n'ont pas été de l'avis de Mr. *de Theniſſey*, & qui non-ſeulement ont mépriſé, mais même menacé des Auteurs, qui pour leur faire la cour, avoient été chercher des Héros dans les tems les plus reculés, pour les en faire deſcendre. (*a*)

(*a*) V. Naudé, Dialogue de Maſcurat, & les Mémoires de la Maiſon d'Autriche.

Ceci conduit naturellement à examiner les preuves ſur leſquelles Mr. *de Theniſſey* prétend établir la grandeur, l'antiquité & l'illuſtration qu'il donne à l'origine de ce qu'il apelle *ſa Maiſon*.

XLIII. *Examen critique des preuves ſur leſquelles Mr. de Theniſſey prétend établir la grandeur de ſa Maiſon.*

Mr. *de Theniſſey* a fait plaider à l'Audiance publique de la Grand'Chambre, (*b*) *qu'il deſcend* d'un des anciens François, qui conquirent les Gaules ſous Clovis. Ce qu'il apuïa ſur le témoignage de Morery & de Mr. de Chaſſeneuz.

XLIV. *Mr. de Theniſſey donne dans des idées Romaneſques ſur l'origine de ſa Famille.*

Dans le premier acte qu'il fit ſignifier (*c*) à Mr. *de Clugny*, il poſe en fait que ſa Maiſon a pris ſon origine ſi avant dans les ſiécles paſſés, qu'il eſt impoſſible d'y remonter ; qu'elle poſſedoit la Terre de ſon nom *de Clugny* près d'Autun dès l'an 1000, & en reprenoit de fief de la Châſſe de S. Symphorien d'Autun.

(*b*) Plumitif. de l'Audiance du mois de Juillet 1719.

(*c*) 25 Septembre 1717.

(*d*) Ecrit du mois d'Aout 1720 & ſa grande Généalogie, pag. 16

Il s'eſt enfin fixé à *Symphorien de Clugny*, (*d*) qui, à ce qu'il prétend, reprit de fief en 1083, pour ſa Terre *de Clugny*, de la Châſſe de S. Symphorien d'Autun, *qui eſt le premier auteur de ſa Maiſon, qu'il a pû découvrir dans les ſiécles reculés, dont il démontrera la deſcendance par titres.*

Pour dreſſer une Généalogie ſur des titres, qui eſt la ſeule maniere de la bien établir, il faut des titres originaux, bien ſuivis, ſans aucune interruption, revêtus de toutes les formalités requiſes pour

XLV. *Differens Actes produits à ce ſujet par M. de Theniſſey, convaincus de faux.*

les rendre autentiques , par raport au tems où ils ont été passés. On va faire voir que ceux que Mr. *de Theniffey* emploie, n'ont aucuns de ces caracteres, & font par conséquent incapables de faire foi, ni de produire le plus petit commencement de preuve.

Ces titres qu'on qualifie de reprises de fief, ne font point produits en originaux, ils n'ont jamais existé ; Mr. *de Theniffey* n'en a qu'une copie de copie faite par un homme fans caractere, plus de trois cens ans après la datte qu'on donne à la premiere de ces prétenduës reprises de fief, tranfcrites à la fuite l'une de l'autre. On eft obligé d'entrer dans quelque détail pour en faire voir la fupofition. On commence par mettre la piéce fous les yeux du Lecteur.

Copie figurée des prétenduës reprifes de Fief, alleguées par Mr. de Theniffey.

Nous Robert de Flacellieres Sage en Droit', Coner. de Monfieur de Bourgne. & Lieutenant de Monf. fon Chancelier, au Siége de la Cour de la Chancellerie d'Autun ; fçavoir faifons à tous que nous féant en Jugement, eft venu pardevers nous le Sous-Prieur & Procureur de l'Eglife S. Symphorien d'Autun , foy difant Procureur dudit Monaftere ; lequel a aporté, exhibé & prefenté indivifement, *huit paires de Lettres* dudit Monaftere , comme il difoit & pour ce que Noble homme Guillaume de Clugny Ecuyer , Seigneur de Meneferre & de Conforgien, à ce préfent , nous a dit que lefdit. Lettres luy touchent & en a affaire pour le temps advenir ; il nous a requis que du confentement dud. Sous-Prieur, lefdites Lettres fuffent à fa reqte. tranfportées en Jugement, pour luy bailler & delivrer à fes depens la tranfumption d'icelles , lefquelles Lettres deffus tranfumptes, prefent & confentant led. Sous-Prieur à la reqte. dudit Sieur de Meneferre , nous avons judiciellement tranfumptées & luy en avons baillé & octroyé la tranfumption d'icelles, en interpofant fur ce l'authorité & decret, pour valoir à iceluy Sr. de Meneferre ; en témoin de ce nous avons fait mettre le fcel de ladite Cour le vint-cinquiefme jour de Feuvrier mil quatre cent un ; defquelles *huit Lettres* la teneur s'enfuit.

1401.

Et premierement de la premiere Lettre.

Ut fciantur per tempora qua geruntur in tempora confuevit ea difcretorum difcretio perennare notum fit igitur cunctis quod pro fatisfactione damnorum per me Symphorianum de Clugniaco armigerum & meos Ecclefia Sti. Symphoriani Æduenfis illatorum ad petitionem Abbatis & Conventus dicti Monafterii ante magnum altare & reliquias ipfius, cum genuumflexione emendam
feci

feci ipſaque damna reparavi *nec non hac de cauſa proceſſui inter ipſos & me habito de homagio terra mea de Clugniaco renuntiavi confitens non errando in jure aut in facto totam meam terram & territorium de Clugniaco juxta Haduam una cum juriſdictione mero & mixto imperio movere de ſuo homagio & feudo uſq; ad ulteriorem reclamationem in contrarium per me aut meos faciendi & pro his ad implendis me obligo & meos haredes quod ut robur habeat ſigillum meum, hic appenſum poſui in teſtimonium veritatis anno Incarnati Verbi mileſimo octuageſimo tertio in Auguſto prima die praſentibus Domino Herneyo de Vodeneyo milite, Theodorico de Bellenove, Guillelmo de Veura, Gyrardo de Laiſy armigeris & conſanguineis meis ad pramiſſa aſtantibus & perme adductis in fidem praſentium inſtrumentorum.* 1083.

Et en ladite Lettre avoit *un ſcel propendant de paſte ronde* , large d'un grand blanc, auquel ſcel avoit *un haume timbré de deux cornes* dedans, ſemées d'ermines, en portant ſur le toufpet une pomme ronde, & ſus lad. pomme entre leſd. deux cornes un Lion aſſis, deſſous ledit heaume un eſcuſſon ayant dedans deux clefs entrelaſſées enſemble & oppoſées l'une à l'autre Et à l'entour eſcrit : S. Symphorien d'Autun.

S'enſuit la deuxieſme.

Ego Peregrinus de Clugnyaco armiger confiteor tenere in feudum ab altari & capſa Abbatia Sti. Symphoriani Haduenſis domum & motam meam de Clugniaco juxta Haduam cum hortis , grangia , foſſatis , terris , pratis , campis, aquis & aquarum decurſibus. Item molendinum meum cum cluſa ejuſdem. Item nemus groſſum dictum (les barreaux) de Clugniaco. Item broſſas & ſylvas caduas ac homines meos in territorio de Clugniaco commorantes manuſmortua & ſervilis conditionis. Item venationem , eſpavas & omnia ad hac pertinentia. Item juriſdictionem merum & mixtum imperium in pradictis. Acta ſunt hac Ludovico Rege Francorum regnante, Stephano Haduorum Epiſcopo praſidente & Hugone Burgundionum Duce imperante & Martii M. 1112 , ſub meo ac venerabilium Patrum Apoſtolorum Priore   *Æduenſis chori miniſtro ſigillis & nos & quod ad preces dicti Peregrini has praſentes ſigillavimus.* 1112.

Eſquelles Lettres avoit pour pendent trois ſceaux ; au premier en la partie devant avoit le chef d'un Éveſque & eſcript à l'entour, Sanctus Iacho ; & à la partie contre y avoit un image de Preſtre veſtu des habillemens pour chanter Meſſe. Au ſecond ſcel la figure d'un Preſtre en chappe , tenant un livre en ſa main & eſcrit ; Cantorum Hæduenſium, ſans que l'on y puſt apercevoir autre écriture ; & en l'autre ſcel deux clefs en un écu, entrelaſſées comme deſſus & à l'entour dud. ſcel l'on ne peut rien lire , car l'eſcriture eſt effacée ; & eſtoient leſdits ſceaux grands comme environ un petit blan.

S'enſuit la troiſieſme Lettre.

Ego Symphorianus de Clugniaco armiger confiteor tenere in homagium ab altari & capſa Monaſterii Sti. Symphoriani domum meam de Clugniaco cum granchia hortis & foſſatis; item nemus meum magnum dictum, les barreaux de Clugny; item ſylvam caduam & nemus dictum de Vernoy; item molendinum meum juxta dictam domum; item terras paſcua atque prata in territorio de dicto de Clugniaco excedentia; item homines meos & Odardum de Petra Cornelii & Odetam uxorem ejus cum menſo, & pertinentibus ejus manumortui & ſervilis conditionis tailleabilis & corveabilis ad voluntatem; item Juriſdictionem altam & baſſam merum & mixtum in pramiſſis de quibus feci ho-

P

magium Priori dicti Monasterii ante majus altare ut est per meos prædecessores consuetum. Datum sub sigillo meo anno Domini milesimo centesimo quadragesimo tertio, præsentibus Domino Edouardo de Moteaulme & Jode. Verreone millitibus ac Dorotheo de Serrigny armigero ad præmissa per me vocatis.

1143.

Et au scel avoit deux clefs entrelassées comme dessus en cire vermeille, à peine pouvoit-on lire la lettre à l'entour dud. scel, lequel scel estoit large d'environ un petit blan.

S'enfuit la quatriesme Lettre.

Notum sit universis quod ego Johannes de Clugniaco armiger confiteor tenere in homagium ab altari & capsa Ecclesia Sti. Symphoriani Haduensis motam meam de Clugnieo juxta Æduam cum domibus & grangia, hortis, pascuis, terris, pratis, molendino, hominibus manus mortua & servilis conditionis, ibidem & in territorio ejusdem existentibus una cum pertinanciis universis in tota jurisdictione & justitia, in cujus rei testimonium sigillum meum apposui in hac quarta die Januarii milesimo centesimo octuagesimo secundo. Humberto Haduorum Administratore sedente & Duce Burgundiorum imperante.

1182.

Et à ladit. Lettre avoit un scel en cire vermeille le large d'un grand blanc où il y avoit un escu, *un heaume* & dessus deux cornes, & à l'entour escript de Clugneio ; & le demeurant effacé.

S'enfuit la cinquiesme Lettre.

Je Pelerin de Clugny Damoiseau, confesse tenir en foy & fief de grande & haulte Justice la Chasse du Monastere de Symphorien les Autun, ma maison & Motte de Clugny, la grange, les jardins & fosseys, la tour & moulin, les grands bois & les barreaux de Clugny, le bois & la brosse de Vernoy, les bois des Copi qui sont puis le territoire de Fillose en tirant au bois de Monsieur le Duc en hault & en destendant jusques pres de la creuse d'Ansy en revenant vers le bas du ruisseau venant de lad. creuse & tirant vers la Justice de Pierre Cervault appartenant aux Religieuses de Champchanoux, & de là vers une fontaine qu'est incluse assés avant dedans le territoire dud. Clugny, appellé la fontaine Chauveau, & de là jusques aux terres du Prieur de St. Roch d'Autun, & jusques aux fossés du moulin de Fontenay aupres de l'ecluse d'iceluy moulin, en tirant hault vers la grange de Fillouse ; ensemble les preys, terres, champs, pasquiers, eaux & cours d'eaux, estants en iceluy territoire. Item le meix de feu Edouard de Pierre-Cervaut, que ses hoirs tiennent de Vuillemin Bouton, avec les apartenances & la Justice grande & petite es choses dessusd. & generalement tout ce que j'ay au territoire de Clugny ; & promets de servir lesd. Fiefs selon les us du Duché de Bourgne. en témoin de ce j'ay mis mon scel à ces presentes & ay requis led. sceau de mes très-chers cousins Jehan de Vaufery & de Guillaume de Voudenay Damoiseaux être mis avec le mien le dix-neuviesme jour de Mai mil deux cens & trois, & Nous Jean de Vaufery & Guillaume de Voudenay, avons mis cy nos sceaux à la Requeste dud. Pelerin notre cousin, les an & jour dessusdits.

1203.

Au premier sceau y avoit lesd. deux clefs sans timbre. Au second douze batons en croisée & au milieu un Ecusson semé d'armures. Et au tiers un Ecu d'armures & trois tours dedans. Du large le premier d'un niquet ou environ & les autres deux un peu plus grands, tous de cire vermeille & l'escriture qu'estoit à l'entour ne se peut lire, tant elle est effacée.

S'enfuit la sixiesme Lettre.

Ut posteris præteritorum sit memoria & recordatio consueverunt veteres præ-

verita scriptis commendare quare ego Hugolinus de Clugniaco cruce signatus omnibus futuris hominibus recognosco quod pro damno à me & meis Monasterio Sti. Symphoriani , illato venerabili Patri Priori dicti Monasterii coram altari ad velle suum emendavi intravi qua in hommagio domus mea de Clugneio juxta Haduam cum pertinentiis , & quia ad jamfactum passagium transmarinum cum Hugone Burgundionum Duce cruce signato Domino meo ire pollicitus sum , ut mundo corde sacrificium agno offeram acceptabile , dicto Priori ac ejus Conventui veniam de comissis postulans orationibus suis me commendavi , qui pia mente compatientes facere promiserint promisique fidem pro meis posteris semper servituris, astantibus Guillelmo de Mota , Joanne de Rossilione millitibus cum multis Nobilibus mecum astantibus apud dictum Monasterium milesimo ducentesimo trigesimo primo , sub sigilli mei impressione prima die Martii. 1231.

Et en lad. Lettre y avoit un sceau *timbré* comme ceux desfusdits en cire vermeille & en escriture *S. P. De Clugny.*

S'enfuit la septiefme Lettre.

Sçachent tous que nous Huguenin & Guillaume de Clugny freres, & freres de feu Vuilland de Clugny Damoiseau , confessons tenir en Fief & hommage de l'Eglise de St. Symphorien d'Autun , notre Maison, Mothe & les granges de Clugny les Autun , ensemble les jardins & fosses de ladite Mote ; item les fours & les moulins ; item les terres , champs , preys & pastures , avec les gros bois portant glands , les brosses , les fagots , nos hommes , Colard & Pierre Cervaut , Jehan la Guille & Thevenin Morot , leurs maisons, meix & héritages de mainmorte & de serve condition, la Justice & Jurisdiction haulte , moyenne & basse & toutes les choses susdites , promettons nous lesd. freres sous l'obligation des choses feodales , de servir esdits Fiefs aux us & coutumes du Duché de Bourgogne , en faisant protestation que si nous avons rien obmis de le reconnoistre quand nous en serons deuement advertis , & ce sous 1331. nos sceaux le vint-septiefme jour de Feuvrier l'an mil trois cent trante-un.

Et en lad. Lettre y avoit deux sceaux de cire vermeille , l'un d'un large d'un grand blanc , *timbré de deux cornes* , de deux clefs en la maniere que les autres sceaux timbré dessus ; & l'autre scel petit comme un blan & armoyé d'un écusson, de deux clefs entrelassées & d'une étoile dessous lesd. clefs & la lettre desd. sceaux ne se peut lire tant il est effacé.

Je Claude Magnien Religieux de St. Symphorien les Autun & Curé de Culestre , certifie que toutes les Lettres & Tiltres dessusdits sont écrits en un petit volume de papier qui est long & estroit , & qui est au Thréfor avec nos aultres Lettres & Tiltres dud. St. Symphorien, lesquelles Lettres & Tiltres desfusdits , j'ai veu , leu & tenu audit Thréfor , témoin mon sein manuel ci mis le quatorziefme jour d'Octobre mil cinq cent & quatorze , ainsi signé. Signé 1514. Magnien.

Un Religieux de S. Symphorien d'Autun, qui se dit Curé de Culestre , certifie qu'il a vû dans les Archives de S. Symphorien, un petit volume de papier long & étroit , qu'il a lû & tenu , qui contient, *huit paires de Lettres* (expression singuliere) *transumptées* par Robert de Flacellieres, le 25 Fevrier 1401. La datte de la collation du Moine est du 14 Octobre 1514.

La premiere tranfumption faite par Robert de Flacellieres Confeiller du Duc, eft certainement fauffe, on la datte du 25 Fevrier 1401. Il eft prouvé (*a*) que Robert de Flacellieres étoit mort avant le 5 Aout 1400. Il promet *la tranfumption de huit paires de Lettres* ; on ne trouve que fept Lettres tranfcrites par le Moine à la fuite l'une de l'autre, & fa collation datée du 14 Octobre 1514, eft fignée Magnien.

Il faut donc tenir pour certain, 1°. Que les originaux de ces prétendus titres n'exiftent point & n'ont jamais exifté ; on le fera voir dans la fuite. 2°. La premiere *tranfumption* a été faite plus de trois cens ans après la datte qu'on donne à la premiere reprife de fief, & qu'elle eft dattée un an après la mort du Juge pardevant lequel on dit qu'elle a été faite. 3°. Que la feconde tranfumption eft poftérieure de plus de cent ans à la premiere, & fignée par un Moine.

Si on ajoutoit foi à des piéces auffi informes, il feroit bien facile de fe trouver des ayeux dans l'hiftoire: mais nous ne fommes plus dans un tems, où l'on fe contente de femblables preuves en fait de Généalogies.

Quand on examine chacun de ces actes en particulier, on y reconnoît l'ouvrage d'un vrai Dom Titrier, mais ignorant.

XLVI.
Premier acte qualifié de reprife de Fief par Mr. de Thenif- fey. On en prou- ve la fupofition par plufieurs raifons.

Le premier, auquel on donne la datte du premier Aout 1083, eft écrit en langue latine. On y fupofe que *Symphorien de Clugny*, qualifié, *Armiger*, pour réparation des torts faits par lui & les fiens aux Abbé & Religieux de S. Symphorien d'Autun : *Pro reparatione damnorum per me & meos Ecclefiæ Sancti Symphoriani Æduenfis illatorum*, fait à genoux amande honorable & répare tout le dommage , *cum genuflexione emendam feci, ipfaque damna reparavi*. Et reconnoît que fon Fief *de Clugny* eft mouvant du Monaftere de Saint Symphorien. Il ajoute qu'il a apofé fon fceau, au bas de l'acte, en préfence de quatre témoins qui y font nommés.

A la ſuite de la copie de l'acte, il eſt dit, *qu'en
lad. Lettre avoit un ſcel propendant de pâte ronde , large
d'un grand blanc , auquel ſcel avoit un Heaume timbré
de deux cornes, dedans, ſemées d'armines, ſur le toupet, une
pomme ronde, & ſur lad. pomme entre les deux cornes, un
Lion aſſis , deſſous l'Heaume , un écuſſon , & au-dedans
deux clefs entrelaſſées enſemble , & opoſées l'une à l'autre , & à l'entour eſt écrit, S. Symphorien d'Autun.*
On remarque ici en paſſant, que Mr. de Theniſſey *dit
qu'il n'a abſolument rien changé dans les Extraits des titres , & que les réflexions ſe trouveront auſſi exactes.* (a) Il
eſt bon de raporter la réflexion de Mr. *de Theniſſey*
ſur cet acte du premier Aout 1683. *Symphorien reprit
de fief en actions de grace de quelques ſignalées victoires
qu'il avoit remportées ſur les ennemis, ou de quelques
périls qu'il avoit évité.* C'eſt ainſi que Mr. *de Theniſſey*
remplit ſes promeſſes. Il faut revenir à l'examen de
l'acte.

(a) Grande Gé-
néalogie, pag. 16r

1°. Le Fabricateur de l'acte de *tranſumption* de
1401 , dit qu'au bas de cette repriſe de fief *étoit propendant un ſcel de pâte ronde, large d'un grand blanc.* On
s'eſt toujours ſervi de cire pour ſceller les actes,
parce que le tems lui donne une fermeté & une
conſiſtance qui la fait ſubſiſter un grand nombre
de ſiécles. Mr. Saumaiſe *de conſcrib. teſtam.* aſſure
qu'il a vû pluſieurs ſceaux de cire apoſés au bas
d'actes légitimes, qui avoient plus de cinq cens ans
d'ancienneté , dont la dureté égaloit celle de la
pierre , *adeo duram , ut lapidis inſtar haberet.* Pour
être convaincu qu'on s'eſt toujours ſervi de cire
pour ſceller les actes publics dans les tems les plus
reculés, il n'y a qu'à recourir au ch. 6, *de fide
inſtrumentorum* aux Décrétales, qui eſt d'Innocent III.
Ne ſeroit-ce pas un véritable miracle, qu'un ſceau
de pâte mis au bas d'un acte en 1083, ſe fût conſervé
ſain & entier juſqu'en 1401, & que dans la largeur
d'un grand blanc on pût encore y diſtinguer un

XLVII
Premiere mar-
que de ſupoſi-
tion.

Ecuſſon avec tous les accompagnements dont il eſt parlé dans l'acte de *tranſumption*, & y démêler juſqu'à l'hermine des cornes ?

XLVIII.

Seconde marque de ſupoſition.

(a) Mezeray Abregé Chronologique, Vie de *Philipe* I.

(b) Le P. Chifflet. S.t *Bernardi Clareval. genus illuſtrè*, pag. 669.

(c) Le Laboureur, Généal. de Budes, à la ſuite de la vie du Maréchal de *Guebriant.*

(d) Le P. Chifflet, *ibid.* pag. 670.

2°. Ce n'eſt que long-tems après la premiere Croiſade (1095) que les Armoiries ſont devenuës héréditaires dans les Familles ; (a) elles ne l'étoient pas encore dans le douziéme ſiécle auquel vivoit Saint Bernard:(b) avant ce tems là les Gentilshommes ſe faiſoient repréſenter ſans armes ſur leurs ſceaux. (c) L'uſage des Heaumes & des Cimiers eſt encore plus moderne ; qu'on parcoure toutes les anciennes Egliſes où ſe trouvent des monuments des 11, 12 & 13e ſiécles, on n'y trouvera point d'Ecuſſons timbrés. Le P. Chifflet (d) donne la figure de deux Ecuſſons de deux Seigneurs de Fontaine, enterrés, l'un dans le Prieuré de Bonvaux près Dijon, l'autre aux Cordeliers de Dijon, dans le commencement du quatorziéme ſiécle, où il n'y a ni Timbre ni Cimier. Dans tous les monuments qui reſtent de la Famille de *Clugny*, dans les Egliſes d'Autun, de Saulieu, de Couches, &c. qui ſont du quinziéme ſiécle, tems auquel elle a le plus brillé, on n'y voit ni Timbre, ni Cimier. Preuve certaine de la ſupoſition de cet acte de 1083 : on en va donner une autre.

XLIX.

Troiſiéme marque de ſupoſition.

3°. Il eſt énoncé que Jean de Voudenay qualifié, *Miles* ; Theodore de Belleneuve, Guillaume de Veſvre, & Gerard de Laiſy, qualifiés, *Armigeri*, ont été apellés pour témoins de l'acte ; mais il n'y eſt fait mention que du ſceau du prétendu *Symphorien* ; il n'eſt point dit, que ces témoins aient apoſé leurs ſceaux, ce qui eſt un nouvel indice de la ſupoſition de l'acte.

(e) Liv. 6, ch. 18.

La forme des anciens actes publics eſt reglée par un Capitulaire de Charlemagne : (e) *Scripturæ quæ diem & annum habuerint evidenter expreſſum, atque ſecundum legis ordinem conſcriptæ eſſe noſcuntur, ſi conditoris & teſtium ſubſcriptionibus, & ſignis ſint roboratæ, omni habeantur ſtabiles firmitate.* Ces deux termes,

ſubſcriptionibus, & ſignis, étoient ſinonimes & ne ſigni-
fioient que les ſceaux. (a)

 Les Capitulaires de Charlemagne ont été ſuivis depuis qu'ils ont été faits, juſques dans le douziéme & treiziéme ſiécles incluſivement ; ce qui ſe prouve par les Epitres d'Yves de Chartres, & la Conſtitution d'Innocent III. cap. *de Judiciis*.

 Il réſulte de ce qu'on vient de dire, qu'une des formalités eſſentielles pour la validité d'un acte de ces ſiécles là, eſt que les témoins y aient apoſé leurs ſceaux, *ſi conditoris & teſtium ſubſcriptionibus & ſignis ſint roboratæ* ; ſans quoi l'acte eſt préſumé faux. *Scriptura verò authentica ſi teſtes inſcripti deceſſerint, niſi ſigillum authenticum habuerint, per quod poſſint probari, non videntur nobis alicujus firmitatis robur habere.* (b) Encore même qu'il parût de la cire au bas de l'acte, ſi la marque du ſceau, ou cachet n'y paroît pas marquée, l'acte ne fait aucune foi : *Si cera fuerit informis nullaque ſigna habeat, ſigillum dici non poterit nec ullam fidem faciet : nam ut ait Alexander Conſ. 87, & Cardin. Tuſcuſ. Concl. 240, tit. 7, non ſufficit, cera ſine ſigillo ut actus valeat : & Craveta Conſ. 46, cera qua ſigilli qualitates aut caracteres non habet quomodo eſt poſſibile dicere ſigillum ? ideo fidem non facit ac nemini nocet, adduco teſtum in fortiori, in Cap. inter dilectos de fide inſtrum. Ubi privilegia antiqua fidem non faciunt quando ſigilla ſunt corrupta, aut non bene apparent, alias mille fraudes comitti poſſent, ut dicit Socinus, Conſ. 258.* (c) On a remarqué ci-devant par l'autorité de Mr. Saumaiſe, que les ſceaux anciens ſe conſervent pendant pluſieurs ſiécles, la cire ſe durciſſant de maniere, qu'elle devient dure comme la pierre. Tous les Canoniſtes décident que l'omiſſion d'une formalité eſſentielle, comme celle des ſceaux des témoins, fait préſumer un titre faux. (d)

 Or dans cet acte de 1083, il ne paroît pas que les témoins y aient apoſé leurs ſceaux, il n'en eſt

(a) Paſquier, Recherches, liv. 1, chap. 11.
 Mr. le Préſid. Favre en ſon Code, définit. 11, *de Probationibus.*

(b) *Cap. 2 de fide inſtrumentorum* d'Alexandre III.

(c) *Hoppingius, de jure ſigillorum.*

(d) Farinacius *de falſitate*, queſt. 152, n. 91, & queſt. 157, n. 6.

fait aucune mention dans le corps de l'acte ; formalité effentielle, requife par le Capitulaire qu'on a cité ; par conféquent il ne peut faire foi, & eft préfumé faux, *nullum & falfum idem operantur*; on ne répétera point ce qu'on a déja dit du prétendu fceau de *Symphorien de Clugny.*

4°. Une quatriéme marque de fupofition eft que l'acte de 1083, auffi-bien que le fecond de 1112, le troifiéme de 1143, le quatriéme de 1182, & le fixiéme de 1231, font écrits en langue latine & l'on y trouve par tout la diphtongue *Æ.* Dans tous les anciens titres reconnus pour légitimes, & dans tous les anciens manufcrits, les génitifs finguliers des noms terminés en *A*, comme *Ecclefia, Ecclefiæ,* & leurs nominatifs pluriels, font écrits par un *E* fimple & non par la diphtongue *Æ.* Les livres imprimés en France, jufqu'affez avant dans le feiziéme fiécle, ne font point paroître cette diphtongue ; il n'y en a aucune de cette efpèce dans le grand Recüeil d'Infcriptionspar Gruter ; il renferme cependant des piéces de tous les âges. Auffi Mr. Saumaife parlant des titres où fe rencontre cette diphtongue *Æ*, s'explique en ces termes, dans une Lettre à Mr. Sarrau, *per unam litteram ex duabus coftatam Æ ad infimum fæculum relegari debent.*

Dans l'acte de 1083, & dans ceux de 1112, 1143, 1182 & 1231, les génitifs finguliers & nominatifs pluriels des noms terminés en *A*, font écrits avec la diphtongue *Æ.* Il n'en faut pas davantage pour en montrer la fauffeté.

La feconde reprife de fief eft faite par *Peregrin de Clugny Armiger*, du   Mars 1112, (la datte du jour en blanc :) on n'y dit pas qu'aucuns témoins y aient été préfents ; par conféquent ils n'y ont pû apofer de fceaux

La troifiéme Lettre du 3 Avril 1143, eft le prétendu acte de foi & hommage fait à la Châffe de S. Sym-

Symphorien, par *Symphorien de Clugny Armiger.* La piéce énonce qu'il étoit affifté de trois témoins, mais ne dit point qu'ils y aient fait apofer leurs fceaux.

La quatriéme Lettre dattée du 4 Janvier 1182, eft un pareil acte de foi & hommage fait par *Jean de Clugny Armiger*, qu'on dit y avoir apofé fon fceau, où il y avoit un écu de fes armes, un heaume, & deffus deux cornes. On n'y parle point de témoins, ni par conféquent de leurs fceaux. Après l'expreffion de la datte on ajoute, *Duce Burgondionum imperante.* fans exprimer le nom du Duc : cette omiffion eft une nouvelle marque de fupofition.

La cinquiéme Lettre eft en langue françoife, dattée du 19 Mai 1203. *Pelerin de Clugny Damoifeau* ; rend fes foi & hommage, pour fa maifon & Motte de *Clugny*, fa tour, fes jardins, fes foffés; trois témoins y étoient préfents, qui, à ce qu'on prétend, y ont apofé leurs fceaux. Mais la maifon, la tour, les foffés, marquent bien la fauffeté de la piéce : on en fera convaincu, lorfqu'on aura vû ci-deffous en quoi confiftoit le prétendu Fief de *Clugny* ; c'eft ce qu'on expliquera dans peu. On donnera encore un autre moyen de faux contre cette cinquiéme Lettre, qui lui eft commun avec la feptiéme.

La fixiéme Lettre dattée du 1er. Mars 1231, eft en langue latine; on y fait déclarer à *Hugolin de Clugny* qu'il a porté dommage au Monaftere de S. Symphorien, *pro damno à me & meis Monafterio Sancti Symphoriani illato*, qu'il en a payé l'amende à la volonté du Prieur, *Venerabili Patri Priori dicti Monafterii, coram Altare ad velle fuum emendavi*, & eft entré en hommage pour *fa maifon de Clugny près Autun*. Il fe recommande enfuite aux prieres du Prieur, & de fon Convent pour le pardon de fes fautes : déclarant qu'il s'eft croifé & eft prêt à faire le voyage d'Ou-

Q

-tre-mer, avec Hugues Duc de Bourgogne fon Seigneur : *ad paſſagium tranſmarinum cum Hugone Burgundionum Duce cruce ſignato, Domino meo ire pollicitus ſum.* Paſſé en préſence de Guillaume de la Motte & de Jean de Roſſillon, & pluſieurs autres Nobles ; on ne dit point que les témoins aient apoſé leurs ſceaux à l'acte, on n'énonce point dans la tranſumption qu'il y en eût aucun que celui de *Hugolin*, qui étoit timbré.

Outre la nullité qui réſulte du défaut des ſceaux des témoins, & du timbre de l'écu dans un tems où ils n'étoient point encore en uſage, même à l'égard des Princes Souverains, comme il eſt aiſé de s'en convaincre : en examinant les écuſſons des Armes des Ducs de Bourgogne, même de la derniere Race, qui ſont en grand nombre dans pluſieurs Egliſes de la Province, & ſurtout aux Chartreux de Dijon fondés par Philipe le Hardi en 1383 ; on trouvera ſes armes dans de ſimples écuſſons, ſans aucune couronne, ni caſque, ou heaume ; ce qui prouve que ces ornements n'étoient point encore en uſage, & n'y ſont venus que long-tems après.

Le Teſtament de Philipe dernier Duc de Bourgogne de la premiere Race, du 11 Novembre 1361, qu'on mettra au nombre des preuves, eſt ſcellé de ſon ſceau en cire rouge, qui s'eſt conſervé juſques à préſent ſain & entier ; on y voit un ſimple écuſſon en pointe où ſont empreintes les armes de Bourgogne ancien, ſans couronne, caſque, cimier ou autre ornement.

On fera encore imprimer parmi les preuves, un contrat paſſé ſous le régne de Philipe le Hardi, le Jeudi après Quaſimodo 1370, ſcellé du ſceau de la Chancellerie du Duché de Bourgogne, auſſi en cire rouge, ſur un ſimple écuſſon en pointe, ſans aucun ornement, qui s'eſt ſi bien conſervé qu'on y voit les armes de Bourgogne ancien avec celles de Bour-

gogne moderne. On en trouve des miliers de femblables dans les Archives de la Chambre des Comptes,
des Chapitres, des Monafteres & des grandes Maifons, & même de tems beaucoup poftérieurs, qui
juftifient ce qu'on a avancé, que les ornements qu'on
dit être dans les fceaux de ces prétenduës reprifes de
Fief, font une marque évidente de leur fupofition.

On ne peut concilier cet acte avec l'hiftoire.
Le Roi S. Louis eut une dangereufe maladie en 1243,
pendant laquelle il fit vœu de faire le voyage *d'Ou-
tre-mer*; il renouvella ce vœu en 1245 en prenant la
Croix. Hugues Duc de Bourgogne ne fe croifa qu'en
1246, & les Croifés partirent en 1248. (*a*) Il eft
certain que tous les Seigneurs qui allérent à la fuite
d'Hugues de Bourgogne ne fe croiférent qu'après
lui, ou tout au plus en même tems, & le prétendu titre fait prendre la Croix à *Hugolin* pour fuivre
fon Souverain, quinze ans auparavant.

La feptiéme & derniere Lettre qu'on datte du 27
Fevrier 1331, en langue françoife, porte que *Huguenin & Guillaume de Clugny* freres de feu *Villaud de
Clugny*, Damoifeau, confentent tenir en Fief &
hommage de l'Eglife de S. Symphorien d'Autun,
leur maifon *de Clugny* & leurs mainmortables & juf-
ticiables au nombre de quatre; il y avoit, dit-on,
deux fceaux de cire vermeille, l'un comme un grand
blanc, timbré de deux cornes, de deux clefs, en
la maniere que les autres fceaux. L'autre comme un
petit blanc, armoyé d'un écuffon de deux clefs en-
trelaffées. Il n'eft fait aucune mention de témoins
dans cet acte, ainfi il ne mérite pas plus de foi que
les précédents.

Cette derniere Lettre de 1331, & la cinquiéme,
de 1203, qui font en langue vulgaire, fourniffent un
autre moyen de faux, qui fe répand fur l'acte de
tranfumption de 1401, & affecte par conféquent toutes les piéces *tranfumptées*.

(*a*) Le P. Daniel Abregé, Vie de Saint *Loüis*.

1. Croifade en 1080, dont Godefroy de Boüillon fut chef, & partit le 15 Aout 1096.

2. En 1144, fous Loüis VII. qui partit vers la mi-Juin 1147.

3. En 1188, Frederic Barberoufle Empereur, partit la méme année & paffa en Sirie en 1189. Philipe Augufte arriva devant Ptolemaïde en 1191.

4. En 1195, fous l'Empereur Henri VI.

5. En 1198, Boniface Marquis de Montferrat en fut le Chef, il partit en 1202, & fut défait en 1204.

6. En 1217, qui eut pour Chef Henri Roi d'Hongrie. Eudes III. Duc de Bourgogne, qui avoit pris la Croix, mourut à Lyon le 3 Juillet 1218, fe mettant en chemin pour l'Orient.

7. En 1245, dont le Roi Saint Loüis fut Chef. Hugues IV. Duc de Bourgogne, prit la Croix l'année fuivante. Les Croifés partirent en 1247. Voyés Maimbourg Hift. des Croifades.

Dans tous les actes légitimes & autentiques des 14, 15 & 16e. siécles, le nom de la Ville d'Autun, y est écrit, *Ostun*, à commencer par le traité des moutons d'or de 1359, qui est le plus ancien titre légitime, jusqu'à la fin du 16e siécle. Dans tous ceux qui ont été produits, tant par Mr. *de Clugny* que par Mr. *de Theniffey*, le nom de la Ville d'Autun, est écrit ainsi, *Ostun*. Il se trouve encore écrit de la même maniere dans un inventaire fait à Conforgien le premier Septembre 1571.

Dans les prétenduës Lettres de 1203 & 1331, & dans l'acte de *tranfumption* de 1401, le nom de la Ville d'Autun y est écrit à la maniere moderne, *Autun*, enforte qu'on peut affurer que les fept Lettres de 1083, 1112, 1143, 1182, 1203, 1231, 1331, l'acte de *tranfumption* de 1401, & le certificat du Moine Magnien de 1514, ont été fabriqués en même tems, dans les dernieres années du feiziéme fiécle ou les premieres années du dix-feptiéme.

Ceux qui font métier de fupofer des faux titres, pour donner aux familles une antiquité & une illuftration qu'elles n'ont pas, ont befoin d'avoir une grande connoiffance des anciennes formules, des anciens ufages, de l'Hiftoire & de la Chronologie; le Fabricateur des fept Lettres dont il s'agit & de leur *tranfumption*, n'en avoit pas les premiers éléments; ce qu'on vient de dire le prouve évidemment. Ils auroient befoin de quelque forte de jugement, & furtout de bonne mémoire.

Le Fabricateur des fept Lettres & de leur *tranfumption*, dit, *qu'on a aporté, exibé & préfenté indivifément huit paires de Lettres pour être tranfumptées:* Cependant la *tranfumption* n'en contient que fept: On peut juger par là quelle croyance méritent des actes ainfi *tranfumptés*.

Mr. *de Teniffey* s'eft figuré que le témoignage de Munier fuffit pour affurer la vérité & la légitimité de

LII. *Munier mal cité par* Mr. de Theniffey, *en faveur de ces reprifes de fief.*

ces prétenduës reprifes de Fief. Il dit , (a) que Munier attefte qu'*il a vû les originaux des reprifes de Fief
dont il parle, & qu'il a eu en main ces fept aftes.* Munier
dit tout le contraire, (b) il s'explique en ces termes:
*Par l'extrait qui m'a été mis en main , des fept aftes de
reprife de Fief fait par ceux de la Maifon de Clugny, il
fe voit que le premier qui y eft dénommé eft un Symphorien de Clugny.* Munier n'a donc pas vû les originaux , comme Mr. *de Theniffey* ofe l'avancer , mais
feulement des *extraits*, ce qui eft bien different.

Quand Munier affureroit avoir vû les originaux de
ces titres , la preuve n'en feroit pas concluante ;
Munier n'étoit pas capable de juger de la légitimité,
ou de la fupofition d'un titre, par les régles d'une
faine critique, c'eft ce qui l'a fait tomber dans un
fi grand nombre d'erreurs. Mr. *de Theniffey* convient
lui-même (c) qu'il s'eft trompé fur plufieurs degrés
de la Généalogie *de Clugny* : en avoüant quatre de
fes erreurs qui font des plus groffieres , il dit , *que
des équivoques de cette nature ne prouvent pas que
l'Auteur foit un vifionaire, qu'il a cherché la vérité ,
mais qu'il ne l'a pas trouvée dans tous fes points.*

Quiconque fe mêle de dreffer des Généalogies ,
ne doit pas faire un pas, fans s'apuyer fur des titres
légitimes , dont il doit avoir une parfaite connoiffance , ou fur des monuments publics. Une feule
fauffeté qu'on y découvre fuffit pour lui ôter toute
la créance d'un lecteur raifonnable,& renverfer tout
l'édifice ; furtout s'il paroît que la complaifance,
ou la haine foient la fource de l'erreur. Auffi le
Laboureur (d) traite tous les Généalogiftes qui bâ-
tiffent des Généalogies fur des traditions , ou fabuleufes , ou apocriphes , & ne marchent pas munis
de bonnes preuves fur chaque degré , de vifionaires
& d'impofteurs.

Ce n'eft pas feulement dans la Généalogie de la
Famille *de Clugny* que Munier eft tombé dans des

(a) Grande Gé-
néalogie , pag. 21
& 22.

(b) Eloges des
Hommes illuftres
de la Ville d'Au-
tun , page 42.

LIII. *Le té-
moignage de
cet Auteur ,
quand il diroit
expreffément
tout ce qu'on
lui fait dire ,
ne feroit d'au-
cun poids.*

(c) Grande Gé-
néalogie , pag. 21.

LIV. *On le
prouve par plu-
fieurs méprifes
où il eft tombé,
non-feulement
dans la Généa-
logie de la Fa-
mille de Clu-
gny, defquelles
Mr.* de Thenif-
fey *lui-même
eft obligé de
convenir ; mais
auffi dans celles
de beaucoup
d'autres.*

(d) Additions
aux Mémoires de
Caftelnun, tom. 2,
p. 511, 559, 702,
703.

erreurs groſſieres, & a avancé des faits, ou faux, ou dénués de toute preuve, même de vrai-ſemblance. Parlant de Nicolas Rolin (parmi les Hommes illuſtres d'Autun) il dit (*a*) *qu'il n'a pû avoir connoiſſance de ſes prédéceſſeurs plus avant que ſon pere & ſon ayeul, le premier nommé Jean Rolin, & Girard Rolin ſon ayeul enterré au bas de l'Egliſe Cathédrale d'Autun, mort le 8 Janvier 1098.*

(a) Page 48. LV. *Premiere erreur.*

Nicolas Rolin fut nommé Chancelier de Bourgogne, par Lettres du 3 Décembre 1422. Il fonda l'Egliſe Collégiale de Nôtre-Dame d'Autun le Jeudi après Quaſimodo 1450, & mourut le 8 Janvier 1461 : (*b*) Girard Rolin mort en 1092 ne peut donc avoir été l'ayeul du Chancelier Rolin, à moins qu'il n'ait vécu auſſi long-tems que les Patriarches, y ayant quatre cens ans de diſtance de l'un à l'autre.

(b) Compte de Jean Fraignot 1422, fol. 149. Compte de Guiot Jacquin, 1461.

Dans l'éloge de Mr. de Chaſſeneuz Auteur du Commentaire ſur la Coutume de Bourgogne, Premier & ſeul Préſident du Parlement de Provence, il dit qu'il n'a point laiſſé d'enfants qu'un fils, qui fut Conſeiller au Parlement de Bourgogne, & mourut à la fleur de ſon âge.

LVI. *Seconde erreur.*

Mr. de Chaſſeneuz laiſſa deux enfants, Arthus de Chaſſeneuz Conſeiller au Parlement, & Anne de Chaſſeneuz mariée à Hugues d'Arlay Avocat du Roi au Bailliage d'Autun, qui firent un traité ſur la ſucceſſion de Pernette Languet leur mere, veuve de Mr. de Chaſſeneuz, le 4 Aout 1551. (*c*) Munier lui attribuë ſans fondement un traité *de Clauſulis*, un autre, *de Viris illuſtribus*, & des Remarques ſur les Ordonnances. (*d*)

(c) Viſé dans un Arrêt du Parlement de Dijon du 1 Février 1669

(d) Hiſtoire des Commentateurs de la Coutume de Bourgogne, miſe à la tête du Commentaire imprimé en 1717, p. xxix & xxx.

On ajoute que la ſeule datte des repriſes de Fief qu'on place dans les 11ᵉ & 12ᵉ ſiécles, les rend ſuſpectes. Un Auteur moderne très habile ſur cette matiere, dit que dans la plûpart des anciennes Maiſons du Royaume, on n'y trouve point de titres légitimes au-delà du 13ᵉ ſiécle.

En effet, dans le tréſor des Chartres, & à la Chambre des Comptes de Paris (il en eſt de même de celle de Dijon,) il n'y a point, ou preſque point de Chartres originales, plus anciennes que S. Louis ; (*a*) il y en a au contraire un très grand nombre de poſtérieures, à compter du régne de ce Prince.

Si Mr. *de Theniſſey* avoit produit ces actes de foi & hommage des 11e & 12e ſiécles, en forme de piéces originales ; Mr. *de Clugny* n'auroit pas manqué de lui objecter que ces titres ſe trouvant entre ſes mains, lui qui n'eſt qu'un ſimple particulier, & n'y en ayant point de ces tems-là, dans les dépôts publics, qui puiſſent ſervir de régle pour juger de la légitimité de ceux qu'il tire de ſon cabinet ; les moindres ſoupçons ſuffiſent pour les faire rejetter : d'autant plus qu'ils ſe trouvent dans la ſociété d'un grand nombre d'autres, qui ſont notoirement faux ou alterés. (*b*) Un homme qu'on rencontre en mauvaiſe compagnie, ne doit pas être ſurpris qu'on lui demande de bonnes atteſtations de vie & mœurs avant qu'on prenne confiance en lui. (*c*)

Ce ne ſont pas des originaux, ni eſpèces d'originaux, que Mr. *de Theniſſey* a promené à Dijon de maiſon en maiſon ; mais une copie de copie collationnée par un Moine, par conſéquent homme ſans caractere. Ces copies collationnées ſans Parties apellées, quand ce ſeroit par un Notaire, où autre perſonne ayant ſerment à Juſtice, ne font point de foi, & doivent être rejettées des procès, ſuivant le ſentiment des meilleurs Auteurs. (*d*) Il y a un Réglement général du Parlement de Dijon rendu les Chambres conſultées, le 17 Aout 1689, qui l'ordonne ainſi.

On pouroit encore relever une infinité d'autres fautes dont l'ouvrage de cet Auteur eſt rempli : mais cela meneroit trop loin, & celles dont on a

(*a*) Il vivoit dans le 13e ſiécle.

(*b*) L'Arrêt de 1658, rejetté du procès, du conſentement de Mr. *de Theniſſey*.
Les Lettres du 26 d'Octobre 1374, celles du 31 Juillet 1456, un exemplaire de Munier, &c.

(*c*) V. l'Hiſtoire des conteſtations ſur la Diplomatique. Paris, Delaulne 1708 pag. 38, 133.

(*d*) Dumoulin ſur Paris, tit. 1.§.8. n. 63 & ſ. Mornac, ſur l'Auth. *Si quis in aliqua*, C. *de edendo*. Mr. le Preſtre, cent. 1, ch. 60, &c.

parlé fuffifent pour convaincre qu'il doit être mis au rang des Ecrivains qui compofent leurs Livres, fans ordre, fans dattes, fans citer leurs garants, fans fe munir de preuves, & dont le témoignage ne peut jamais être d'aucun poids : c'eft cependant le feul fondement fur lequel Mr. *de Theniffey* établit l'exiftence de fes prétendus ayeux.

Munier avoit compofé fes Eloges des Hommes illuftres de la Ville d'Autun en 1623, & en avoit diftribué un grand nombre de copies manufcrites, Mr. *de Theniffey* en convient, (*a*) & Mr. *de Clugny* en a la preuve : Gerfon qui eft un Auteur à Dédicace, (*b*) & Saulnier n'ont fait que le copier : cent Auteurs femblables qui fe copient les uns les autres, en parlant de faits fi éloignés, ne feroient pas le plus petit commencement de preuve.

(*a*) Ecrit du mois de Juin 1720.

(*b*) Gerfon Auteur du dernier fiécle, (auffi obfcur que le Chancelier Gerfon étoit célébre dans le 15e) qui fit imprimer en 1636 un Ouvrage dédié à *Antoine de Clugny* Gouverneur de Saint Quentin, grand oncle de Mr. *de Theniffey*. Mr. *de Clugny* ne connoît cet Auteur que par cet endroit de l'Epitre dédicatoire qu'en cite Mr. *de Theniffey* pag. 23 de fa grande Généalogie. *La Maifon de Clugny fcize auprès de l'ancienne Ville d'Autun, & dont Cafar dit des merveilles, fleuriffoit en 1108, & releve à foi & hommage de l'Autel & Châffe de Saint Symphorien d'Autun.* Le Livre eft rare, on ne le trouve en Bourgogne que dans la Bibliotheque généalogique de Mr. *de Theniffey*.

LVII. *C'eft à tort que Mr. de Theniffey veut fe prévaloir du témoignage de Mr. de Chaffeneuz, pour autorifer fes vifions.*

Mr. *de Theniffey* prétend que Mr. de Chaffeneuz, dans fon Commentaire fur la Coutume de Bourgogne, fortifie le témoignage de Munier. Mr. de Chaffeneuz ne parle, ni de la Seigneurie *de Clugny*, ni de *Symphorien*, ni des autres fantômes que les fept reprifes de fief fupofent l'avoir poffedée.

Il compofa fon Commentaire au commencement du feiziéme fiécle : Les fept reprifes de Fief, n'avoient pas encore été fabriquées, c'eft pourquoi il ne pouvoit en parler, & quand elles auroient exifté, dans la forme où elles font, il étoit trop habile, pour s'y arrêter. C'eft faire injure à la mémoire de ce grand homme, que de vouloir infinuer qu'il ait pû donner dans de pareilles rêveries.

LVIII. *Morery, qu'il fit aiter à l'Au-*

Mr. *de Theniffey* s'imagine avoir donné un grand poids au témoignage de ces Auteurs, en leur

joignant,

joignant , Morery , il l'avoit fait citer à l'Audian-ce du 24 Juillet 1719 ; le plumitif en fait foi, ce qui furprit tout le Barreau.

Morery eft d'un grand fecours pour les Gens de Lettres ; mais il ne fait point de preuve en Jufti-ce ; d'ailleurs ce Dictionnaire qui aproche tous les jours de la perfection, s'eft corrigé fur cet article comme fur bien d'autres , dans les dernieres édi-tions ; enforte qu'on ne le récufera point , fi Mr. *de Theniffey* veut s'en raporter à fa décifion.

Il y a encore une obfervation à faire fur les fept reprifes de Fief ; on n'y voit aucune trace de filia-tion, on ne dit point que Peregrin foit fils de Sym-phorien , & ainfi des autres.

Dans tous les actes de foi & hommage, anciens & nouveaux, on ne manque jamais d'y exprimer à quel titre le Fief a paffé au vaffal, qui fait fes fou-miffions ; ce qui eft d'une néceffité indifpenfable , pour l'interêt du Seigneur dominant, à caufe de la commife qui peut être encouruë, ou des droits dûs en cas de mutation. (*a*) Il y a un vuide de cent ans , entre la pénultiéme & la derniere, l'une étant de 1231 , & l'autre de 1331. Ce n'eft pas fur de telles piéces qu'on peut dreffer une Généalogie avec exactitude : il faut à préfent expliquer ce que c'eft que *le Fief de Clugny* , ce qui achevera de convain-cre de faux les fept actes tant vantés par Mr. *de Theniffey.*

L'Autunois eft rempli d'un très-grand nombre de Hameaux , qui fuivant un ufage obfervé de tout tems, changent de nom, en changeant de proprié-taires de differentes familles. Il y a un Hameau près de la Ville d'Autun, compofé de quatre ou cinq maifons couvertes de chaume, qui s'eft apellé fuc-ceffivement le Fief aux Renaudots, le Fief aux Mo-reaux, le Meix Piaut ; en 1456, les Prieur & Re-ligieux de S. Symphorien le donnérent à titre de

---

Marginal notes:

diance , *contre l'ufage du Bar-reau , ne lui eft pas plus favo-rable dans les nouvelles édi-tions, où l'on a corrigé plu-fieurs fautes qui s'étoient gliffées dans les premieres.*

LIX. *Nou-velle preuve de la fabrica-tion des fept actes produits par Mr.* de Theniffey.

(*a*) V. les preuves à la datte du 3 Septembre 1368.

LX. *Ce que c'eft que le Fief de Clugny, & combien il eft different de l'i-dée qu'en a voulu donner Mr.* de Thenif-fey.

bail à cens, à *Jean de Clugny*, Seigneur de Monthelon, Maître des Requêtes du Duc, *pour lui & les fiens en ligne directe feulement*; moyennant dix livres de rente par an, & un blanc de cens, & cet Hameau fut depuis apellé, la petite Juftice *de Clugny*. (a)

Ce Hameau fut enfuite poffedé par *Guillaume de Clugny* Seigneur de Monthelon, Licentié ès Loix, fils de *Jean*: de *Guillaume de Clugny*, il paffa à *Loüis de Clugny* Seigneur de Monthelon, fon fils; qui le laiffa à fes deux filles fes héritieres, *Françoife* & *Jeanne de Clugny*, femmes d'*Hugues* & *Nicolas de la Roque* freres, qui n'eurent point d'enfants.

En 1546, tous les biens de ces deux fœurs furent mis en decret, de l'autorité du Parlement, & on y comprit la *petite Juftice de Clugny*: les Prieur & Religieux de S. Symphorien s'opoférent au decret, à fins de diftraction, & foutinrent que la *petite Juftice de Clugny*, apellée auparavant *le Meix Piaut*, n'avoit pas dû être comprife dans le decret, fondés fur la claufe du bail primordial, qui n'avoit accordé le Hameau en queftion que pour le preneur, & les fiens en ligne directe feulement: les Créanciers conteftérent d'abord la diftraction demandée; dans la fuite ayant eu communication des titres des Prieur & Religieux de S. Symphorien, ils confentirent que *la pièce de Clugny*, ce font les termes du Procès verbal, *ne fut point comprife dans le decret*. Après la mort de *Françoife* & *Jeanne de Clugny*, *la petite Juftice de Clugny* retourna au Monaftere de S. Symphorien qui en joüit encore à préfent, en vertu de cette réunion à fa manfe. (b) Cela ne répond point à l'idée d'une grande Seigneurie poffedée en 1083, par un *puiffant Seigneur*, tel que le dépeint Mr. *de Theniffey*.

Il avoit encore revêtu ceux qu'il reconnoît pour fes ayeux, de toutes les dignités les plus éminentes, & dans les tems les plus reculés, fur la foi d'un

Arrêt qui a été reconnu faux & rejetté du procès de son consentement. Le fait est singulier dans toutes ses circonstances ; il prouve que de tout tems les prédécesseurs de Mr. *de Theniffey* ont cherché à flatter leur vanité, & se sont livrés sans ménagement à leur excessive passion pour l'élevation de leur Famille, qu'ils avoient déja commencé d'ériger en Maison illustre de leur autorité privée ; & que lorsque les titres ne leur paroissent pas s'accorder avec leurs idées, ils sçavoient en fabriquer. Le reproche est dur ; on va juger par le récit exact du fait, s'il est bien fondé.

Messire François de Rochefort Marquis de la Boullaye, eut de grandes difficultés avec un Gentilhomme de ses voisins, connu sous le nom de Valvron ; il s'apelloit *Edme de Cluny*, & non pas *Clugny*, & ne portoit point les armes de *Clugny*. Les choses allérent si loin, que Mr. de la Boullaye disputa à Mr. de Valvron sa noblesse. Celui-ci avoit des titres suffisants pour la prouver, comme l'événement le fit voir ; mais comme il aprit que les titres de la Branche de *Guillaume de Clugny* Seigneur de Monthelon, héritier universel du Cardinal & de l'Evêque de Poitiers, dont la postérité masculine avoit fini en la personne de *Loüis de Clugny Monthelon*, mort au commencement du seiziéme siécle, étoient entre les mains d'un Avocat d'Autun, il trouva moyen de se les faire remettre, & en grossit sa procédure contre Mr. de la Boullaye, s'imaginant que la conformité des noms feroit prendre le change & donneroit du relief à sa Généalogie.

Charles de Clugny Seigneur d'Aify, descendu de *Loüis de Clugny* & de *Jacqueline de Drée*, aussi bien que Mr. *de Theniffey*, se fit recevoir intervenant au procès, & conclut à ce que les piéces tirées de l'étude de l'Avocat, lui fussent remises, attendu que Mr. de Valvron ne portoit point le nom & les armes de

---

Marginal notes:

de Clugny, *reconnu faux & rejetté du procès, du consentement de Mr.* de Theniffey.

LXII. *La falsification de cet Arrêt tombe directement sur les auteurs de Mr.* de Theniffey.

LXIII. *Récit du fait du procès intenté par Mr. de la Boullaye à Mr. de* Cluny - Valvron, *auquel celui là dispute la noblesse.*

LXIV. Charles de Clugny, *de la Branche de Mr.* de Theniffey, *intervient au procès pour se faire*

*remettre les ti-
tres de la Bran-
che du Cardi-
nal de Clugny,
dont Mr. de
Valvron avoit
grossi sa procé-
dure contre
Mr. de la Boul-
laye.*

*LXV. Piéces
produites dans
ce procès par
Charles de
Clugny d'Aisy.*

Clugny : il ne paroît point par l'Arrêt que le fait ait été contredit par Mr. *de Valvron* ; en effet dans tous les titres de sa Famille qu'il produisit, son nom & celui de ses ayeux s'y trouve écrit & signé simplement *Cluny* ; ils ont été représentés à Mr. *de Theniffey* & collationnés en sa présence par le Greffier des Requêtes du Palais le 12 Aout 1722 ; ensorte que le fait ne peut plus recevoir aucun doute.

Toute la production de *Charles de Clugny d'Aisy* consistoit dans les piéces suivantes. Le contrat de mariage de *Loüis de Clugny*, & de *Jacqueline de Drée*, du 10 Septembre 1515. Un contrat de partage sans date. Le contrat de mariage de *Barthelemi de Clugny* & d'*Adrienne de Fouchere*, du 10 Février 1543. Le partage des biens de *Loüis de Clugny* entre *Barthelemi* & *Guiard de Clugny* ses fils, du 8 Juin 1545. Le contrat de mariage de Guiard de *Clugny* avec *Charlotte de S. Belin*, du 5 Aout 1559. Le procès verbal de tutelle des enfants de *Guiard de Clugny* & de *Charlotte de S. Belin*, du 15 Octobre 1571. Une transaction entre *Michel de Clugny* Seigneur de Montachon, & *Adrienne de Fouchere* veuve de *Barthelemi de Clugny* bailliste de ses enfants, sur la succession de *Loüis de Clugny*, du 11 Novembre 1573. Le contrat de mariage de *Claude de Clugny* Seigneur d'Aisy & de *Judith de Crecy*, du 15 Mars 1581. Un autre contrat de mariage de *Charles de Clugny* Seigneur de Velogny, fils de *Claude de Clugny* & de *Judith de Crecy*, avec *Anne de la Palu*, du 28 Décembre 1604. Et enfin un autre contrat de mariage de *Barthelemi de Clugny*, aussi fils de *Claude*, avec *Loüise Damas*, du 21 Décembre 1605.

Il faut observer que *Charles de Clugny* marié en 1604, à *Anne de la Palu*, dont il n'eut point d'enfants, contracta un second mariage avec *Anne Voisnet* par contrat du 2 Février 1614 ; elle étoit fille du Lieutenant Criminel d'Arnay-le-Duc : & que ce fut ce même *Charles de Clugny* qui se fit recevoir intervenant au procès.

Par l'Arrêt rendu sur les contestations des Parties, au raport de Mr. Milliere le 17 Aout 1658, Mr. *de Valvron* fut maintenu dans sa noblesse & déclaré Gentilhomme, & Mr. de la Boullaye condamné en tous ses dépens. Prononçant sur l'intervention de *Charles de Clugny*, il fut ordonné que les titres concernant la Famille *de Clugny* seroient tirés de la production de Mr. *de Valvron*, & remis, moyennant décharge, à *Charles de Clugny*, sans qu'à l'avenir le Sieur de Valvron puisse prendre les armes *de Clugny* : dépens compensés.

Dans les titres produits par *Charles de Clugny*, qu'on vient de raporter, tels qu'ils sont visés dans l'Arrêt, on n'y voit aucune preuve, qu'il fut héritier ou bientenant de la Branche de *Guillaume de Clugny* de Monthelon, à qui ils avoient apartenus, & qui avoit été héritier universel du *Cardinal de Clugny* & de l'*Evêque de Poitiers* son frere. Le motif de l'Arrêt fut que dans les titres produits par *Charles de Clugny*, son nom & celui de ses auteurs étoit écrit en la même forme, que dans les titres qui avoient apartenu à *Guillaume de Clugny-Monthelon* (CLUGNY,) au lieu que dans tous ceux qui apartenoient à Mr. de *Valvron*, son nom y étoit écrit simplement, (CLUNY;) par où la Cour jugea, que c'étoient deux Familles differentes, & décida que les titres de la Famille de *Clugny* devoient être remis à *Charles de Clugny*, quoiqu'il n'eut en sa faveur, que la conformité du nom.

La minutte de l'Arrêt ne contient que huit pages & demie, écrites assez au large sur du petit papier.

Lors de l'Arrêt (1658) un nommé *Gaveau*, originaire d'Arnay-le-Duc, Compatriote, peut-être parent, d'*Anne Voisenet* femme de *Charles de Clugny*, étoit Commis au Greffe du Parlement ; ce fut à lui

LXVI. *Mr. de Valvron maintenu par Arrêt dans sa noblesse.*

LXVII. *Cet Arrêt ordonne que les titres concernants la Famille de Clugny seront remis à* Charles de Clugny, *par Mr. de Valvron, auquel il est deffendu de porter les armes de Clugny.*

LXVIII. *Motifs de cet Arrêt. Il ne peut servir de preuve contre Mr.* de Clugny, *& ne favorise en aucune maniere les prétentions de Mr.* de Theniffey.

que s'adreſſa *Charles de Clugny* pour l'expédition de l'Arrêt. Les groſſes des Arrêts, doivent être des copies fidelles des minuttes, & on ne peut y changer ni y ajouter un mot, ſous quelque prétexte que ce ſoit : C'eſt une maxime reconnuë de tous les Juriſconſultes & de tous les Praticiens : il n'y a jamais eu que Mr. *de Theniſſey* qui l'ait contredite.

La minutte de l'Arrêt de 1658, comme on vient de le remarquer, ne contient que huit pages & demie, ſur du petit papier ; l'expédition de l'Arrêt délivré par *Gaveau* à *Charles de Clugny*, contient 66 feüillets, ce qui fait cent trente-deux pages. *Gaveau* ſuivant l'uſage, mit ſa collation à la derniere page, & la ſigna. On la porta enſuite au Greffier en Chef, qui s'en raporte toujours à la collation du Commis au Greffe, & ſe contente de parapher l'expédition, qu'on porte enſuite au Sceau pour y être ſcellée ; elle le fut en effet, & ſignée par un Sécretaire du Roi. On voit par la note du Commis au Greffe, qui eſt au bas de l'expédition, qu'elle fut délivrée à *Charles de Clugny* qui étoit alors à Dijon.

Mr. *de Theniſſey* ayant fait ſignifier cette piéce à Mr. *de Clugny* au commencement de l'inſtance, il fut ſurpris, en liſant la copie, non pas de la groſſeur de l'Arrêt, mais du ſtile dans lequel il étoit rédigé, bien éloigné du ſtile grave qui convient aux Déciſions des Cours Souveraines ; il prit communication de l'original produit par Mr. *de Theniſſey* ; il lui parut en bonne forme ; il recourut enfin à la minutte, & reconnut la diſproportion infinie, qui eſt entre cette minutte, & la groſſe expédiée par *Gaveau*.

Le but de *Charles de Clugny*, en profitant de la facilité qu'eut *Gaveau* d'étendre ſi fort la groſſe qu'il lui expédia, fut de ſe bâtir une Généalogie pompeuſe, dans laquelle il entaſſe tout ce qu'il y a de plus brillant : mais tout y eſt placé ſans ordre & ſans jugement, on y trouve des diſcours puériles, & tout y ſent une vanité ridicule. On y dit qu'en 1492 le Duché de Bourgogne étoit encore gouverné par les Ducs ; on n'épargne pas les injures à Mr. de Val-vron, qu'on traite de *vilain* : on y a mis des deman-des & des qualités du procès, qui ne ſe trouvent point énoncées dans la minutte. Il y a une infinité d'autres choſes qu'on pouroit relever ; ce qu'on vient de dire ſuffit pour juger du reſte de la piéce, & de l'eſprit dans lequel elle a été fabriquée.

Le 3 Juillet 1720 Mr. *de Clugny* fit ſignifier à Mr. *de Theniſſey*, qu'il eut à déclarer, s'il entendoit ſe ſervir de l'expédition faite par *Gaveau*, de l'Arrêt de 1658 ; qu'en ce cas il étoit prêt à s'inſcrire en faux contre cet acte : Mr. *de Theniſſey*, qui a ſur tout des idées ſingulieres, ſoutint dans une Requête du 5 du même mois de Juillet, qu'il n'étoit pas tenu de faire ſa déclaration, *qu'on avoit trouvé la minutte de l'Arrêt, qu'il n'y avoit qu'à collationner l'expédition ſur la minutte en préſence de Mr. de Clugny, pour le convaincre que le premier extrait eſt conforme à la mi-nutte.* Le 8 il fit ſignifier une ſommation dans la-quelle il avance encore, *qu'il n'eſt pas de ſa connoiſ-ſance ni de celle de ſes Aſſociés, qu'il y ait aucune diffor-mité, du premier extrait à la minutte.* L'incident porté à l'Audiance le même jour, Mr. *de Theniſſey* em-ploya pluſieurs mauvaiſes raiſons, pour ſoutenir ſon paradoxe, *qu'il n'étoit pas obligé de faire ſa déclaration.* On ne laiſſa pas de lui ordonner de déclarer préci-ſément, s'il entendoit ſe ſervir de la piéce ; il étoit préſent à l'Audiance, il déclara *qu'il ne vouloit pas s'en ſervir* ; ſur ſa déclaration, elle *fut rejettée du procès.*

Mr. *de Theniſſey*, après une déclaration auſſi pré-ciſe, faite à la face de la Juſtice, a ſoutenu en plu-ſieurs endroits de ſes écritures, (*a*) que ſon expédi-tion étoit conforme à la minutte : & le jour que le

Jugement fut rendu, il préfenta une Requête pour la faire recevoir au procès , qui fut rejettée avec indignation par les Juges. Ce n'eſt pas la feule piéce fauſſe qu'il ait produite , comme on le verra dans la fuite.

Mr. *de Theniſſey* ou ſes auteurs ne font pas les feuls qui ſe font fervi d'un pareil ſtratagême pour embellir ou foutenir leur nobleſſe. La Roque, traité de la Nobleſſe, ch. 21 , p. 78 , dit qu'il y en a qui ſe font *fervis d'Arrêts falſifiés & amplifiés* , la minutte ſe *trouvant differente fur les Régiſtres* , *& d'autres piéces fauſſes.* Nous en avons , dit-il , pluſieurs exemples; ce qui lui a fait dire ailleurs (ch. 58, p. 235) que les Commiſſaires pour la recherche de la Nobleſſe, ont eu differentes opinions fur la condition de gens d'une même famille.

LXXII. *Mr. de Theniſſey emploie dans le procès d'autres titres, dont on découvre l'altération.*

Il ne s'eſt pas contenté de ſe fervir de faux titres , il en a employé d'alterés. Mr. *de Clugny* s'étant pourvû le 23 Juillet 1720 pour avoir permiſſion d'en faire reconnoître les altérations , Mr. *de Theniſſey*, que la découverte du faux commis dans l'Arrêt de 1658 , avoit mis de mauvaiſe humeur , ſe fâcha & reprocha à Mr. *de Clugny, qu'il vouloit eſcalader le Ciel à force d'incidents* , ce qui fut fuivi , fuivant ſa coutume , de difcours emportés & injurieux. Il mit tout en œuvre pour empêcher cette reconnoiſſance , & il fit naître tant d'incidents , qu'elle ne put être faite que le 24 Fevrier 1723.

LXXIII. *Premier exemple d'altération.*

Mr. *de Theniſſey* , qui fait tous ſes efforts pour changer *Guillaume de Clugny* II. Bailli de Dijon , en Bailli d'Epée , comme on l'a déja dit, produiſit un titre du 26 Octobre 1374, fur lequel on avoit gratté le parchemin pour effacer la qualité de Licencié ès Loix , qu'on auroit voulu fuprimer. Mais on l'avoit fait ſi groſſiérement , qu'on reconnut l'altération , & le Procès verbal du Greffier du Parlement , dreſſé en préfence de Mr. *de Theniſſey,*
établit

établit la vérité du fait : il fut forcé de convenir de l'altération, & se retrancha à dire que ce n'étoit pas lui qui l'avoit faite, (a) non plus que celles des deux piéces dont on va parler.

Sur les Lettres de Provisions de l'Office de Maître des Requêtes de l'Hôtel du Duc, accordées à *Jean de Clugny de Monthelon* le dernier Juillet 1456, où il est qualifié *noble homme*, on reconnut que le mot *homme* avoit été gratté & chargé, pour y substituer celui de *Seigneur*, ce qui avoit été fait avec tant de grossiéreté, que la chose saute aux yeux par la différence des encres. (b)

Par le même Procès verbal du 24 Fevrier 1723, on reconnut que l'exemplaire de l'Ouvrage de *Musnier* produit au procès par Mr. *de Theniffey*, & dont il avoit fait donner copie par extrait à Mr. *de Clugny*, avoit été altéré en différents endroits ; Mr. *de Theniffey* en convint, & dit *qu'on avoit corrigé quelques mots, où l'Auteur ou l'Imprimeur s'étoient trompés.* Il a, par exemple, corrigé les émaux des armes ; *Musnier* dit que les clefs sont d'argent, on a substitué *or* à *argent*. Il y a encore un grand nombre d'autres altérations de la façon de Mr. *de Theniffey*, qu'il seroit trop long de raporter ici. Mais les corrections prétenduës sont encore plus fautives que le texte qu'on a voulu corriger. Il résulte de tout ce qu'on vient de dire, qu'il faut examiner de près tout ce que Mr. *de Theniffey* tire des prétenduës *Archives de sa Maison.* Comme il ne trouve pas dans ses titres tout ce qu'il voudroit qui y fût, & qu'il y trouve au contraire beaucoup d'énonciations qui ne lui plaisent pas, il ne se fait pas un scrupule d'y changer ce qui lui déplaît, & d'y ajouter tout ce qu'il croit être conforme à ses idées.

Avant de quitter *Musnier*, on relevera encore une de ses erreurs sur la Famille *de Clugny*, en ce qui concerne *Guillaume de Clugny* Evêque de Poitiers.

LXXIV. *Second exemple d'altération.*

(*a*) V. cette piéce dans les preuves à la date de 1374.

(*b*) V. cette piéce dans les preuves à la date de 1456.

LXXV. *Troisiéme exemple d'altération du livre de Musnier.*

LXXVI. *Erreur de cet Auteur sur la Famille de Clugny.*

(a) Pag. 46.

(a) Il dit *qu'il fut Evêque de Poitiers, qu'il fut demandé pour être Evêque d'Evreux & pour Administrateur perpétuel de l'Evêché de Theroüanne, fut Abbé de Bourgueüil en Valais & Garde du Sel de Loüis XI. Ce sont les qualités qui lui sont données par son Epitaphe gravée dans une tablette d'airain, qui est dans la Chapelle que ledit* Guillaume de Clugny *leur ayeul* (il avoit parlé auparavant de Ferry Cardinal de Clugny) *a fondé en l'Eglise de S. Jean l'Evangéliste d'Autun autrefois leur Paroisse, en laquelle tous les anciens de cette Famille sont inhumés... Son corps fut aporté à Autun, & est enterré au cercueil de ses ayeux en la susdite Chapelle de S. Jean l'Evangéliste.* (b)

(b) Pag. 47.

Il est certain qu'il mourut à Tours environ l'an 1480. (c) Aucun des Historiens qui parlent de lui, ne dit qu'on ait aporté son corps à Autun ; il fut inhumé dans l'Eglise de S. Martin de Tours dont il étoit Chanoine : son frere *Ferry Cardinal de Clugny,* mourut à Rome le 7 Octobre 1483, & fut enterré dans l'Eglise de Sainte Marie du Peuple. (d)

(c) Ste. Marthe, GalliaChristiana, tom. 3, dag. 91.

(d) Gall. Christ. tom. 3. pag. 1073.

Guillaume de Clugny VII. Seigneur de Monthelon, neveu & héritier universel de ces deux Prélats, s'étoit retiré à Autun ; ce fut lui sans doute, qui voulant laisser un monument qui conservât leur mémoire dans la Ville qui leur avoit donné naissance, fit placer trois plaques de cuivre sous la vitre de la Chapelle de S. Joseph, dans l'Eglise de S. Jean l'Evangéliste, fondée par *Guillaume de Clugny* V. leur ayeul, Seigneur de Conforgien.

Les Inscriptions gravées sur les trois plaques sont fort simples ; l'une est pour le Cardinal *de Clugny* : *Monsieur Ferry de Clugny feu Cardinal & Evêque de Tournay.* Une autre pour l'Evêque de Poitiers : *Guillaume feu Evêque de Poitiers, Postulé d'Autun, Administrateur perpétuel & irrévocable de l'Evêché Terroine, Connétable de Bourgueüil en Vallée.* La troisiéme pour *Guillaume de Clugny Seigneur de Conforgien, Fon-*

dateur de cette sainte Chapelle, & grand - pere desdits Cardinal & Evéque.

Musnier qui composoit son Ouvrage à Autun, où sont les Inscriptions dont il parle, fait deux fautes sur celle de l'Evêque de Poitiers ; il dit *qu'il fut demandé pour être Evêque d'Evreux.* L'Inscription porte, *Postulé d'Autun* ; Musnier dit que l'Inscription lui donne la qualité *de Garde du petit Scel de Loüis XI.* Il est vrai qu'il l'a été, mais l'Inscription qui le regarde n'en dit pas un mot. Si le corps de ce Prélat avoit été aporté à Autun, comme Musnier l'avance sans preuves, on n'auroit pas manqué d'en faire mention dans l'Inscription, qu'il traite improprement d'Epitaphe. Un Auteur convaincu de tant d'erreurs sur des faits qui étoient sous ses yeux, peut-il faire une preuve ? il faut en être aussi dénué que Mr. *de Theniſſey*, pour établir une suite de Généalogie depuis l'onziéme siécle jusqu'au quinziéme, sur le témoignage d'un Auteur rempli d'un aussi grand nombre de fautes grossiéres, qui écrivoit dans le dix-septiéme siécle, sur de faux mémoires & sans citer aucuns garants.

Le quatorziéme siécle est un écüeil pour Mr. *de Theniſſey* ; c'est le premier où l'on trouve des monuments certains & des titres autentiques qui parlent de la Famille *de Clugny* d'Autun. Jusques-là on n'a vû que des *fantômes* à travers des nuages, dont Mr. *de Theniſſey* les a envelopé, & qui se sont évanoüis dès qu'on les a regardé de près. On va lui faire paroître des personnages réels dont il ne sera certainement pas content ; la vanité en souffrira, mais la vérité doit toujours l'emporter.

On se croit donc obligé de faire de nouveau passer en revûë les personnages du quatorziéme siécle, pour rendre la chose plus sensible & moins embarassante.

tend avoir éxisté avant ce siécle, sont autant de personnages supoſés, ausquels on en va substituer de réels, qui ont existé dans le quatorziéme siécle.

LXXVII.
Avant le quatorziéme siécle on ne trouve ni monuments certains, ni titres autentiques qui parlent de la Famille de Clugny.

LXXVIII.
Tous ceux du nom de Clugny *que Mr. de Theniſſey pré-*

LXXIX.
Denombrement de ceux du nom de Clugny, *qui ont vécu dans le quatorziéme siécle.*

1. *Guillaume de Clugny*, Citoyen d'Autun qui vivoit au commencement du siécle, possesseur de la Maison située au Fort Marchaut d'Autun.

2. *Hugues de Clugny* son fils aîné, un des Bourgeois qui s'établirent caution dans le traité des Moutons d'or de 1359.

3. *Guillaume de Clugny* son second fils, qui fut Bailli de Robe longue de l'Auxois en 1361, & de Dijon en 1374.

4. *Jean de Clugny* son troisiéme fils, marié en 1382, Licentié ès Loix, Citoyen d'Autun, Garde du Scel pour sceller les Contrats au Siége d'Autun, en 1400, Conseiller du Duc au Bailliage d'Autun en 1404.

Ces trois freres possedérent la Maison du Fort Marchaut d'Autun, en qualité d'héritiers de Guillaume leur pere.

5. *Guillaume de Clugny* Citoyen d'Autun, qui donna son dénombrement de la Grange de Charbonnieres en 1365.

6. *Jean de Clugny* qualifié honorable homme, Bailli d'Auxerre en 1369.

7. *Jean de Clugny* Official d'Autun, Conseiller du Duc ès Bailliages d'Autun & de Montcenis en 1387.

8. *Pierre de Clugny*, annobli en 1390.

9. *Robert de Clugny*, Châtelain de Chalon en 1393.

10. On y peut joindre *Nicolas de Clugny*, qui reconnut tenir de l'Evêché d'Autun six foitures de prés, & fut annobli en 1402.

LXXX.
Entre ceux-là Mr. *de Theniffey choisit pour son huitiéme ayeul,* Guillaume *de* Clugny Bailli *d'Auxois & de* Dijon.

Parmi tous ceux-là, Mr. *de Theniffey* qui se croit en droit de se donner tels ancêtres qu'il lui plaît, a choisi pour son huitiéme ayeul *Guillaume de Clugny*, qui a été Bailli d'Auxois & de Dijon ; & pour le rejoindre à ces prétendus *Seigneurs de Clugny*, il le fait descendre d'un *Huguenin* nommé dans la prétenduë reprise de Fief de 1331. (a) Il convient cependant *qu'il n'a aucun titre qui remonte jusqu'à Huguenin, mais que la descendance n'est pas moins certaine, fondée*

(a) Grande Généalogie. pag. 11.

fur les circonſtances ſuivantes. 1°. *Les anciens mémoires qui ſont dans ſa Maiſon le portent ainſi.* 2°. *L'époque, le fils ſuit le pere ..... l'on ne voit pas que Guillaume puiſſe tirer ſon origine d'un autre que de Huguenin.* (1)

C'eſt ainſi que Mr. *de Theniſſey* prouve ce degré & tire ſes conſéquences ; & il veut qu'on l'en croie ſur ſa parole : ce ſeroit faire plus d'honneur à ce raiſonnement qu'il n'en mérite, que d'y répondre ſérieuſement.

Mais opoſons à la preuve de Mr. *de Theniſſey* ſur la filiation de *Guillaume de Clugny* Bailli de Dijon, celle de Mr. *de Clugny* : celui-ci aporte en preuve un Jugement de la Chambre des Comptes de 1398, & un du Gouverneur de la Chancellerie de 1399, qui établiſſent que *Guillaume de Clugny* I. Citoyen d'Autun, a poſſédé pendant qu'il vivoit, une maiſon ſituée au Fort Marchaut d'Autun, & que cette maiſon fut poſſédée, par *Hugues, Guillaume & Jean de Clugny* ſes trois fils. Le teſtament de *Jean de Clugny* le troiſiéme des fils de *Guillaume de Clugny* Citoyen d'Autun, produit par Mr. *de Theniſſey,* dans lequel il le dit fils de *Guillaume de Clugny* d'Autun, & parle de ſa maiſon de Marchaut. Ces piéces autentiques ne l'emporteront-elles pas dans l'eſprit des perſonnes équitables, ſur le genre de preuve que Mr. *de Theniſſey* a employé, dont on vient de parler ?

Il convient que *Jean de Clugny* I. a poſſédé la maiſon de Marchaut ; (*a*) par les actes des années 1398 & 1399, il l'a poſſédée conjointement avec *Guillaume de Clugny* & *Hugues de Clugny* ſes freres, comme fils & héritiers de *Guillaume de Clugny* I. Citoyen d'Autun ; la ſimple expoſition des faits & la teneur des piéces met la preuve de Mr. *de Clugny* dans tout ſon jour.

(1) Mr. *de Theniſſey* dans un écrit du mois de Juin 1720, p. 24, dit qu'*en matiere de Généalogie il faut des preuves entieres & complettes qui tiennent de la nature des démonſtrations.* Son argument qu'on a tranſcrit mot pour mot, paſſera-t-il jamais pour une démonſtration ?

LXXXI. *il le fait deſcendre d'un Huguenin, nommé dans la prétenduë repriſe de Fief de 1332.*

LXXXII. *Mr.* de Theniſſey *ne fonde cette deſcendance ſur aucune preuve, & veut en être crû ſur ſa parole.*

LXXXIII. *Mr.* de Clugny *la contredit par les preuves les plus ſolides.*

(*a*) Grande Généalogie, pag. 4.

Mr. *de Teniſſey* lui reproche qu'il ne raiſonne ſur aucuns titres; (*a*) en matiére de Généalogie, les grands raiſonnements ſont inutiles, il faut des titres cités fidellement & rien de plus.

Parmi dix perſonnes du nom *de Clugny* qui ont vécu dans le quatorziéme ſiécle, Mr. *de Theniſſey* a choiſi pour ſon huitiéme ayeul *Guillaume de Clugny* Bailli de Dijon, qui n'a jamais été marié; aucun acte de ſon tems ne le dit: dans la Généalogie qui fait partie des Mémoires ſecrets de la Maiſon de Mr. *de Theniſſey*, dont on a parlé, il n'eſt fait aucune mention qu'il ait eu de femme, & on dit que *Guillaume de Clugny* Seigneur de Meneſerre ſon neveu, fut en partie ſon héritier. Si Mr. *de Clugny* raiſonnoit dans les principes de Mr. *de Theniſſey*, & qu'il eut l'eſprit ſatyrique, il auroit eu là de quoi exercer ſes talents.

Mr. *de Theniſſey* ne veut point reconnoître tous ces Bourgeois du quatorziéme ſiécle, *& les ſupoſe tous bâtards qui ont pû former des Branches.* (*b*) Ce reméde pour ſe défaire de tous les gens de ſon nom, quoiqu'univerſel, n'en eſt pas meilleur; mais d'ailleurs il eſt injurieux à la Branche qui a produit le Cardinal & l'Evêque de Poitiers, & pluſieurs autres hommes conſidérables, & dans laquelle il fait tous ſes efforts pour s'enter. La maiſon de Marchaut ayant été poſſédée par ceux de cette Branche de pere en fils pendant huit générations, depuis *Guillaume de Clugny* I. Citoyen d'Autun qui vivoit au commencement du quatorziéme ſiécle, & délivrée par decret en 1546 ſur *Françoiſe* & *Jeanne de Clugny*, petites-filles & héritieres de *Guillaume de Clugny* VII. héritier univerſel du *Cardinal de Clugny*, & de *Guillaume de Clugny* ſon frere Evêque de Poitiers.

Tous les Généalogiſtes (bons ou mauvais) ſuivent une Généalogie par degrés, pour en rendre la liaiſon plus ſenſible: Mr. *de Theniſſey* a trouvé une

LXXXIV.
Ce Guillaume de Clugny huitiéme ayeul prétendu de Mr. de Theniſſey, n'a jamais été marié.

LXXXV.
Mr. de Theniſſey incommodé par tous ces Clugny du 14ᵉ. ſiécle, dont on lui a prouvé l'exiſtence, les traite tous de bâtards, ne faiſant pas réflexion, qu'il envelope dans ce reproche la Branche du Cardinal de Clugny, dans laquelle il fait tous ſes efforts pour s'enter.

route toute nouvelle ; il paſſe de ſiécle en ſiécle, il ſaute de branche en branche, enſorte qu'on a peine à le ſuivre. Il ſent la foibleſſe de ſes preuves, il s'eſt flatté qu'on s'en apercevroit moins, en compoſant ſon Ouvrage ſans ordre & ſans régles.

Après avoir tâché dans le commencement de ſa Généalogie d'établir le degré de *Guillaume de Clugny* Bailli de Dijon, auquel il avoit donné d'abord la préférence pour en faire ſon huitiéme ayeul, (*a*) il le laiſſe pour courir après *Jean de Clugny* I. & n'y revient qu'après avoir battu la campagne, & lui donne pour fils *Guillaume de Clugny* Seigneur de Meneſerre. (*b*)

Guillaume de Clugny le premier de la Famille qui a poſſédé la Seigneurie de Meneſerre, étoit fils de *Hugues de Clugny* ; (*c*) la preuve qu'on en fournit ne ſouffre point de réplique, elle eſt tirée des Lettres Patentes du Duc du mois d'Aout 1420, qui s'expliquent en ces termes. *Guillelmi de Cluniaco Domini de Meneſerre, in Ballivatu Æduenſi.... Hugoni de Cluniaco patri dicti Guillelmi.* La Généalogie qui fait partie des *Mémoires domeſtiques* de Mr. de Theniſſey, dit que *Guillaume de Clugny* Seigneur de Meneſerre, fut neveu & héritier en partie de *Guillaume de Clugny* Bailli de Dijon ; il n'étoit donc pas ſon fils.

Il eſt bon de faire obſerver que Mr. *de Theniſſey* n'écrit que ſuivant ſes idées, & ne s'attache ni aux titres légitimes ni aux anciens monuments, de deux hommes n'en fait qu'un ; en diſant que *Guillaume de Clugny* Seigneur de Meneſerre, fut marié deux fois, 1°. à *Guillemette de Viteaux*, 2°. à *Jeanne d'Oſtun*, dont il n'eut point d'enfants.

Ce fait n'eſt pas véritable, *Guillaume de Clugny* Seigneur de Meneſerre, ne fut marié qu'une fois à *Jeanne d'Oſtun*, dont il eut *Jacques de Clugny* Seigneur de Meneſerre, dont on a raporté les deſcendants ; *Guillaume de Clugny* Seigneur de Conforgien avoit épousé *Guillemette le Boiteux* de Viteaux, & fut l'ayeul du *Cardinal de Clugny* & de l'Evêque de Poitiers.

XC. *On prouve la distinction de ces deux Guillaumes de Clugny.*

Pour éclaircir cette difficulté & la mettre dans tout son jour, on observe que dans le commencement du quinziémé siécle, vivoient trois hommes de la Famille *de Clugny*, qui portoient le nom de *Guillaume*. 1°. *Guillaume de Clugny* Seigneur de Meneserre mari de *Jeanne d'Ostun*, mort le 12 Aout 1427; de lui est descenduë la branche de Meneserre. 2°. *Guillaume de Clugny* mari de *Philiberte de Busseüil*, mort le 17 Janvier 1437, qui ne laissa que deux fils morts sans postérité. 3°. *Guillaume de Clugny* Seigneur de Conforgien, marié à *Guillemette le Boiteux* de Viteaux, ayeul du Cardinal & de l'Evêque de Poitiers, mort en 1434. Les Epitaphes de ces trois *Guillaumes de Clugny* font dans la Chapelle de S. Joseph dans l'Eglise Paroissiale de S. Jean l'Evangéliste.

La distinction de ces trois *Guillaumes de Clugny* qui vivoient encore au commencement du quinziéme siécle, si bien établie par les trois Inscriptions, qu'on voit encore à présent dans la Chapelle de S. Joseph en l'Eglise de S. Jean l'Evangéliste, & par les titres produits par Mr. *de Thenissey*, en rendant à chaque Branche celui qui lui apartient, forme une Généalogie bien suivie & bien prouvée, & dissipe tous les nuages dont Mr. *de Thenissey* l'a envelopée.

Elle sert encore à montrer la fausseté d'un fait avancé par Mr. *de Thenissey* dans un des actes de la procédure, (a) & sur lequel il insiste fortement en parlant de *Guillaume de Clugny* Bailli de Dijon, dans les endroits cités ci-dessus de sa grande Généalogie; pour mettre la chose dans tout son jour, on est obligé de la reprendre de plus haut.

(a) Procès verbal du Lieutenant Général d'Autun, des 30 & 31 Juillet 1722.

XCI. *Mr. de Thenissey voulant donner une femme à*

Guillaume de Clugny Bailli de Dijon, qui vivoit dans le quatorziéme siécle, mourut en 1387; Mr. *de Thenissey* l'avoit choisi pour son huitiéme ayeul, il falloit

falloit pour cela lui donner une femme. On n'en trou-
voit ni preuve, ni mémoire dans toutes les piéces produites jufques alors par l'une & l'autre des Parties:
Mr. *de Theniffey* crut trouver une occafion de le marier
trois cens ans après fa mort, lorfqu'on procéda à la
reconnoiffance de la Chapelle de S. Jofeph pardevant le Lieutenant Général d'Autun, au mois de
Juillet 1722.

Guillaume de Clugny *bailli de Dijon, qu'il reclame pour fon huitiéme ayeul, le marie 300 ans apres fa mort.*

Il fit repréfenter une ancienne Chafuble fur laquelle font brodées les armes *de Clugny*, parties avec celles de *Semeur*, & un Soleil fur lequel font gravées les
mêmes armes, fur de fimples écuffons (& les Heaumes
n'étoient point encore en ufage, ils ne l'étoient pas
par conféquent en 1083.) Sur quoi Mr. *de Theniffey*
fit ce raifonnement. Les armes *de Clugny* parties avec
celles *de Semur*, prouvent une alliance ; elle ne peut
venir que du chef de *Guillaume de Clugny* Bailli de
Dijon, qui a époufé une fille de la Maifon *de Semur*.

L'argument eft facile à réfoudre. La Chapelle pour
laquelle les ornements font deftinés, a été fondée
par *Guillaume de Clugny*, ayeul du Cardinal *de Clugny* & de l'Evêque de Poitiers ; l'Infcription fur la
plaque de cuivre en fait foi : *Guillaume de Clugny*
Fondateur eft mort en 1434 ; par une conféquence
néceffaire, *Guillaume de Clugny* Bailli de Dijon,
mort en 1387, n'a pas donné des ornements pour la
defferte d'une Chapelle qui n'a été conftruite qu'après
fa mort. Il y a eu un *de Clugny* qui a fait une alliance
avec la Maifon de *Semur*, cela eft vrai ; mais il s'a-
pelloit *Paul de Clugny* Seigneur de Meneferre, mari
de *Barbe de Semur*, qui vivoient en 1509, comme
on l'a prouvé fur leur article, par un Contrat du 13
Novembre de la même année, produit en original,
& qui fe trouve vifé dans un Procès verbal du Gouverneur de la Chancellerie, du 27 Mai 1542. La Chafuble & le Soleil qui furent repréfentés lorfqu'on
procéda à la reconnoiffance de la Chapelle, font

T

vraisemblablement des dons qu'ils firent pour l'usage de cette Chapelle, dans laquelle *Guillaume de Clugny* Seigneur de Meneserre, ayeul de *Paul*, mort en 1427, est inhumé. On ne peut même attribuer ces libéralités à un autre qu'à *Paul de Clugny*. Il n'y a ni titre légitime ni monument public, par lequel on puisse justifier qu'aucun autre de la Famille *de Clugny* se soit allié à celle *de Semur*, que *Paul de Clugny*. Toutes les personnes versées dans la connoissance des anciens Rits, jugeront à la figure & à la coupe de la Chasuble, qu'elle est d'un tems bien au desfous du quatrième siécle.

On se flatte d'avoir sapé par les fondements la Généalogie de Mr. *de Thenissey*; l'édifice étant renversé, il ne lui reste plus que des ruines & des débris, qu'il lui est impossible de réunir pour en former un corps solide & régulier, qu'il puisse rejoindre avec *Loüis de Clugny* son trisayeul, marié en 1515, à *Jacqueline de Drée*, desquels il descend, & au-delà desquels il ne peut remonter, sans rencontrer en son chemin des obstacles insurmontables.

Il suffit pour s'en convaincre, d'examiner quelques-unes des piéces qu'il emploie pour rejoindre en remontant, *Loüis de Clugny* son trisayeul. Il a fait imprimer (*a*) des Lettres Patentes de Philipe le Bon données à Dijon le 16 Mars 1434, dont il n'a point produit l'original.

Fausses Lettres imprimées dans la grande Généalogie de Mr. de Thenissey, *p.* 83.

Philipe par la grace de Dieu Duc de Bourgogne, &c. (*b*) A nôtre Gouverneur de nôtre Ville d'Ostun, ou à son Lieutenant, ou au premier Sergent, qui sur ce sera requis. Salut: de la partie de nôtre amé & féal Maître *Henri de Clugny*, Licencié en Lois, nous a été en complaignant humblement exposé, disant que jaloit que feu *Guillaume de Clugny* Ecuyer jadis Seigneur de la Forteresse de Menesterre (*c*) & de la Tour & Terre de Conforgien, & de plusieurs autres héritages, rentes & possessions, situées & assises és Bailliages de Dijon, Auxois,

---

Marginalia (left column):

XCII. *Mr. de Thenissey ne peut remonter plus haut qu'à Loüis de Clugny son trisayeul, marié en 1515, à Jacqueline de Drée.*

XCIII. *Quãd il entreprend de remonter au-delà, il ne produit que de faux titres. On en examine quelques-uns.*

(*a*) Grande Généalogie, pag. 83.

(*b*) *La seule orthographe comparée avec les pieces originales du même tems imprimées ci après dans les preuves, suffit pour convaincre que cette piéce est suposée.*

(*c*) Guillaume *de Clugny, mari de* Jeanne d'Ostun *mort en* 1427, *étoit Seigneur de Meneserre*, & Guillaume *de Clugny, mari de* Guillemette le Boiteux *de Viteaux, mort en* 1432, *étoit Seigneur de Conforgien.* V. *ci-devant pag.* 15 & 23.

*C*Oitun & autre part *en nôtred. Duché de Bourgogne* , & de Damoiselle *Guillemette de Viteaulx* , jadis femme dud. feu *Seigneur* de Menefferre pere & mere dud. Supliant defquels ledit Supliant eft, & doit être vrai & légitime héritier pour la moitié par indivis avec *Geoffroy de Clugny* Ecuier fon frere en tous leurs biens, meubles & immeubles demourés du décés d'eulx, & tant pour lui comme par le moyen de feu Maiftre *Jean de Clugny* jadis nôtre Confeiller & Philibert fes enfans qui font trépaffés..... & ledit Supliant veut avoir choifir & élire *lad. Fortereffe de Meneferre* avec fes apartenances qui eft la plus principale maifon & Fortereffe paternelle, *il la doit avoir feul & pour le tout, & y doit être préféré, & avoir prérogative, & en demeurer Seigneur & poffeffeur, feul, & pour le tout ..* Donné en nôtre Ville de Dijon *le* 16 *jour de Mars l'an de grace* 1434. Signé par Monfeigneur le Duc à la relation de fon Confeil, & plus bas, *Doureffent.*

Sur la copie on y a découvert plufieurs moyens de faux, qui réfultent de la piéce, fans qu'il foit néceffaire de trancher l'infcription de faux dans les formes : la piéce n'étant point produite en forme probante. On a remarqué que ces prétenduës Lettres font dattées de Dijon, le 16 Mars 1434, où le Duc n'étoit pas alors. Il fit la guerre dans le Baujollois dès le commencement de l'année 1434, où il prit plufieurs Places fur le Duc de Bourbon; de là il alla à Paris, d'où il fe rendit en Flandres, pour faire les préparatifs de l'Affemblée qui devoit fe tenir à Arras, où la Paix fut concluë en 1435. (*a*)

L'imprimé porte que ces Lettres font fignées, *Doureffent.* La copie délivrée à Mr. *de Clugny* porte qu'elles font fignées *Domeffant.* Philipe le Bon, pendant tout fon régne n'a point eu de Sécretaire qui ait porté l'un ou l'autre de ces deux noms. On trouve dans les Archives de la Chambre des Comptes, les noms de tous ceux qui ont fervi ce Prince, en qualité de Sécretaires, il n'y en a point même dont le nom ait du raport à ceux de *Doureffent* & de *Domeffant* , que *Loüis Dormeffant* ; mais celui-ci ne commença à exercer cet emploi qu'en 1436, (*b*) & ces prétenduës Lettres font dattées de 1434.

Ces Lettres parlent d'un droit d'aîneffe prétendu par *Guillaume de Clugny* , au préjudice de *Geoffroy* fon frere, fur des Seigneuries fituées en Bourgogne : droit qui y a été inconnu de tout tems. On fe contentera de ces deux moyens de faux ; s'il étoit quef-

(*a*) Gollut, Mémoire de la Franche-Comté , pag. 781 & 782.
    Paradin , pag. 745.

(*b*) Compte de Mathieu Regnault de 1436 fol. 140

tion, de les examiner en détail , on feroit voir qu'elles ont toutes les marques de fauſſeté indiquées dans les Décretales, tit. *de crimine falſi.*

Faux Contrat de partage, produit par Mr. de Theniſſey.

4 Janv. 1454.

(a) Il n'y a aucun titre légitime où Jean de Clugny *Maître des Requêtes ſe ſoit qualifié,* Jean Seigneur de Clugny les Oſtun.

En nom de nôtre Seigneur. Amen. L'an de l'Incarnation d'icelui courant 1454. le 4e. jour du mois de Janvier, Nous *Jehan Seigneur de Clugny* les Oſtun, *(a)* & de S. Laurent d'Andennay, Conſeiller & Maîſtre des Requêtes de l'Hoſtel Monſeigr. le Duc de Bourgogne , pour moi d'une part. Et *Hugues de Clugny* Seigneur de Conforgien & Jouſlanval freres, Ecuiers pour moi d'autre part , ſçavoir faiſons à tous préſens, & avenir, que aprés ce que nous avons eu traitté, & prins Apointement avec nôtre trés-honorée *Dame* , & mere *Demoiſelle Pernette Coulot* Dame de Conforgien de Jouſlanval , tant de ſon douhaire que des autres droits que lui compétoint , & apartenoint , és biens, meubles, acquets, & héritaiges demeurés du décés de feu bonne mémoire Noble Homme & Saige Maîſtre *Henry de Clugny* jadis Seigneur deſdits lieux de Conforgien & de Jouſſanval nôtre trés-honoré pere duquel Dieu ait l'Ame par le bon moien & avis de nôtredite Dame & mere ladite Damoiſelle *Perrenette Coulot* , de nos trés-chiers & trés-amés freres venerables & diſcrettes perſonnes Maîſtres *Guillaume de Clugny* Licentié en Lois & Arcediacre d'Avalon en l'Egliſe d'Oſtun, Meſſire *Ferry de Clugny* Docteur en Loix & en decret Conſeiller & Maîſtre des Requêtes de l'Hôtel de Monſeigneur le Duc de Bourgogne , & de *Barthelemy de Clugny* E'cuiers, avons fait & par ces préſentes faiſons entre nous partaige & diviſion des biens demourés du décés de notredit Seigneur & pere, tant meubles, debts, Seigneuries, que autres héritaiges quelconques , en la maniere que s'enſuit ; c'eſt à ſçavoir que je ledit *Jehan de Clugny* ay & empourte, pour ma part & portion deſdits biens, tout ce que feu nôtredit Seigneur & pere tenoit & poſſédoit, à ſon vivant, & juſques à ſon trépas excluſivement, en la Ville, Cité & Suburbe d'Oſtun, de Clugny les Oſtun, à Saint Chaulvain ſuburbe & territoires . . . . . . Item, me demeure ſemblablement à moi ledit *Jehan de Clugny* les Villaige de Saint Laurent , d'Andenay, Dauſſi prés de Marcilly , & du Maigny , & leurs apartenances, enſemble les cenſes, rentes , héritaiges, & choſes étant ſituées & aſſiſes à Semur en Auxois, & ou finaige , & territoire d'icelui que feu nôtredit Seigneur & pere tenoit, poſſédoit & levoit en ſon vivant, & ainſi qu'elles ſont cortenuës ou Terrier ſur ce fait : & en oultre je ledit *Jehan Seigneur de Clugny* ay, & empourte perpétuellement, comme deſſus pour moy , & pour meſdits hoirs les cinq francs de rente deus chacun an par Noble Homme *Huguenin de Clugny* Ecuier Seigneur de Sanvigne nôtre oncle. Item plus en oultre je ledit *Jehan Seigneur de Clugny* ay & empourte les cinq francs de rente, avec un blanc de cens dus chacun an, ſur la Maiſon de feu Jehan Leblanc ſeulement aſſiſe en la Ville de Marchault d'Oſtun, enſemble tout le droit, propriété & poſſeſſion qui compétoit à nôtredit feu Seigneur & pere ſoit en Maiſons, Patronaiges, Terres, Prés, Bois, Buiſſons, Aïgues, Cours d'Aïgues, Molins, Batteurs, Fouleurs, Hommes, Femmes, Tenemens, Rentes, Cenſes, Tailles, Couſtumes, Corvées, Gelines, Mainmorte, Seigneurie, Juſtice & Juriſdiction, haute, moyenne & baſſe , comme en aultres choſes quelconques, & je ledit *Hugues de Clugny* ay & empourte pour ma part & portion deſdits biens pour moi & pour mes hoirs, la Tour, Villaige, Terre & Seigneurie de Conforgien avec ſes apartenances, & auſſi la Terre & Seigneurie de Beurry , Baulguey & de Thouriſeaul , avec leurs apartenances chargées envers les Religieux du Vaul des Choux , du Vault Croiſſant , & du Curé dudit Beurry de ce que leurs eſt deuſ *fondés leſdits Vault des Choux &*

Vault Croiſſant par nos Prédéceſſeurs, & auſſi ay & empourte je ledit *Hugues de Clugny* neuf livres tournois de rente deus chacun an, ſur ledit Beurry par les hoirs de feu *Noble Homme Geoffroy de Clugny Seigneur de Champeculeon* nôtre oncle. Item. Comme deſſus la Grange de Montmarin prés de Villers, le Chaſtel, (*a*) Villaige, Terre & Seigneurie de Jouſſanval, & vingt livres tournois de rente deus chacun an par Monſeigr. de Viteaul, enſemble les fonds, droits, ſoit en maiſons, maſieres, terres, prés, étangs, rivieres, molins, batoirs, fouleurs, meix, manoirs, hommes, femmes, rentes, cens, tailles, coutumes, courvées, gelines, mainmorte, Juſtice, Juriſdiction, haute, moyenne & baſſe, comme en aultres choſes quelconques. Item. Demeure entre nous leſdits *Jehan & Hugues de Clugny* freres par moitié le demeurant des autres biens, meubles, immeubles, debts, arrérages échus juſques à préſent, droits & héritaiges quelconques qui ne ſont ci-deſſus diviſés . . . . Item. En ouitre ſe paieront par moitié par nous leſdits freres les penſions de nôtre tante Dame *Jehanne de Clugny*, de nos ſœurs Dame *Alix & Phelipe de Clugny* Religieuſes de St. Jehan le grand d'Oſtun . . . . . . Item. Nous alimenterons, véterons, conduirons & gouvernerons Damoiſelle *Aglantine de Clugny* nôtre ſœur honorablement ſelon ſon état & le nôtre, laquelle nous marierons par moitié, & lui paierons ſon mariage, (*b*) & neanmoins par ce preſent traité & partaige ne fait. nôtredit frere Meſſire *Ferry de Clugny* aucune renonciation au droit que lui compéte en la ſucceſſion de nôtredit feu pere, &c. Dit, fait & paſſé en la Ville de Noulay en l'Hôtel de ladite Demoiſelle *Perrenette Coulot*, pardevant Odet Brulet d'Oſtun Clerc Notaire publique, Tabellion dudit lieu pour Monſeigr. le Duc és preſences de Meſſire Laurent Carnot Prêtre, Jehan Taverne Clerc, & autres témoins à ce apellés & requis l'an & jour deſſus dit, ainſi *ſigné*, BRULET.

partage Jean & Hugues de Clugny, *s'obligent eux ſeuls de payer le mariage* d'Aglantine de Clugny.

La quittance porte qu'elle a reçû 1500 livres; ſçavoir, 1000 livres de Pernette Coulot *pour ſa portion, celle de* Hugues de Clugny *& celle de la veuve & des enfans de* Jean de Clugny, 300 *livres pour la portion de* Guillaume de Clugny Archidiacre; *& 200 livres pour celle de* Ferry de Clugny; *cette quittance eſt relative au Contrat de mariage, imprimé dans les preuves à la date du* 16 Janvier 1463.

C'eſt une choſe étonnante, que Mr. de Theniſſey ne ſe ſoit pas aperçû que la quittance de 1464, eſt diamétralement opoſée au faux partage de 1454.

Quittance de la dot de mariage d'*Aglantine* de Clugny.

Au nom de Nôtre Seigneur. Amen. L'an 1464 le 9 d'Avril aprés Paſques. Nous *Loüis de la Baulme* Eſcuier fils de Noble Home Meſſire *Guillaume de la Baulme* Chevalier, & Damoiſelle Aglantine de Clugny fille de feu Noble Homme Maiſtre *Henry de Clugny*, & de Damoiſelle *Perrenette Coulot*, Seigneur & Dame de Conforgien & Joſſanval femme à preſent dudit *Loüis de la Baulme* . . . . ſçavoir faiſons que comme en traitant, & paſſant le Contrat de mariage de nous leſdits *Loys de la Baulme*, & *Aglantine de Clugny*, me ſoit à moy ladite Demoiſelle *Aglantine de Clugny* été donné, promis & conſtitué en dot de mariage pour tous mes droits paternels & maternels la ſomme de 1500 livres tournois, dont les 1200 livres tournois doivent ſortir nature d'héritaige & les 300 livres tournois doivent ſortir nature de meubles. Leſquelles 1500 livres tournois m'ont été promiſes en cette maniere, c'eſt à ſçavoir par Damoiſelle *Perrenette Coulot* ſoy faiſant fort pour Noble Home *Hugues de Clugny* Ecuier Seigneur de Conforgien ſon fils frere de moy ladite Damoiſelle *Aglantine*, & pour Damoiſelle *Huguette Porteret* veuve de feu Noble Homme Maiſtre *Jean de Clugny* Seigneur de Clugny les Oſtun, & de Monthelon ayant le bail, adminiſtration & gouvernement des corps &

biens de ſes enfans pour la ſomme de 1000 livres tournois qui eſt pour la portion dudit *Hugues de Clugny* Seigneur de Conforgien la ſomme de 500 livres
tournois, & pour la portion deſdits veuve & enfans dudit Maiſtre *Jean de Clugny*
500 liv. tournois, & auſſi ladite Damoiſelle *Coulot* ſoy faiſant-fort comme deſſus pour Maiſtre *Guillaume de Clugny* Archidiacre d'Avalon ſon fils auſſi frere
de moy ladite Damoiſelle *Aglantine* pour la ſomme de 300 livres tournois ; &
Noble & ſcientifique perſonne Meſſire *Ferry* de Clugny Docteur en Droit Canon
& Civile pour la ſomme de deux cens livres tournois qui doivent m'être payées
par les deſſuſdits només chacun pour ſa portion. Et en outre par icelui traité de
mariage je ladite Damoiſelle *Aglantine* ay renoncé & tranſporté perpétuellement
pour moy pour mes hoirs , & ayant cauſe auſdits Demoiſelle *Pernette Coulot* ma
mere , Meſſire *Ferry de Clugny* , *Guillaume de Clugny* , *Hugues de Clugny* mes
freres & auſdits enfans dudit feu Me. *Jean de Clugny* , tous meſdits droits paternels, maternels, & fraternels, & ſucceſſions de meſdits pere & mere , & à toutes
ſucceſſions collatéraulx deſdits Maiſtre *Guillaume* , Meſſires *Ferry* , & *Hugues de
Clugny* mes freres, &c. Faites à Noulay en la préſence de Meſſire Hugues Buffot
Prêtre & Vincent Brocier Clercs Notaires publiques Coadjuteur du Tabellion
dudit Noulay pour mondit Seigneur le Duc , préſens Nobles Seigneurs Meſſire
*Guillaume de la Baulme Chevalier pere dudit Loys , Meſſire Claude de la Baulme
Religieux de St. Claude frere dudit Loys* , &c. *Signé* , BUFFOT & BROCIER.

XCV. *Second exemple. Contrat de partage. Differentes preuves de faux contre cet acte.*

(a) Grande Généalogie, pag. 88.

(b) Vid. la Généalogie ci-devant, pag. 24.

(c) Produites en original par Mr. *de Theniſſey.* L'inſcription en avoit été alterée pour y ſubſtituer la qualité de *noble Seigneur* , à celle de *noble homme.* Vide ci-d. p. 29.

Pour mettre dans tout ſon jour le faux d'un prétendu Contrat de partage produit par Mr. *de Theniſſey,* du 4 Janvier 1454 , (a) on eſt obligé de rapel-
ler ici le degré de *Henry de Clugny* , & de *Pernette
Coulot* ſa femme , & de leurs enfants , établi par des
actes autentiques qu'on a déja cité: après quoi il
ne ſera pas difficile de démontrer le faux de la piéce.
Henry de Clugny Conſeiller du Duc , (b) mourut le
31 Mars 1452 , & laiſſa cinq enfants de *Pernette Coulot* ſa femme. 1°. *Jean de Clugny* Juge du Charollois,
nommé Maître des Requêtes du Duc, par Lettres du
31 Juillet 1456. (c) 2°. *Ferry de Clugny* , qui fut Cardinal. 3°. *Guillaume de Clugny* , qui fut Evêque de
Poitiers. 4°. *Hugues de Clugny* , Bailli d'Autun. 5°.
Aglantine de Clugny , mariée à *Loüis de la Baume* le
16 Janvier 1463.

Mr. *de Theniſſey* ſupoſe qu'après la mort d'*Henry de Clugny* en 1452 , il y eut un partage fait de
ſes biens , le 4 Janvier 1454 , entre deux de ſes
enfants , qui prirent tout pour eux , & ne laiſſérent rien aux autres , qui aprouvérent ce partage par
leur préſence. Ce prétendu Contrat de partage donne cinq fils à *Henry de Clugny.* 1°. *Jean de Clugny* ,

qualifié Maître des Requêtes. 2°. *Hugues de Clugny.*
3°. *Ferry de Clugny*, Maître des Requêtes de l'Hôtel
du Duc. 4°. *Guillaume de Clugny*, Licentié ès Loix,
Archidiacre d'Avalon. 5°. *Barthelemy de Clugny.* 6°.
Et une fille *Aglantine de Clugny.*

Jean & Hugues de Clugny, partagent entre eux seuls
tous les biens de *Henry de Clugny* leur pere, & se
chargent de nourir & entretenir honorablement
Aglantine de Clugny leur sœur, & de lui payer son
mariage par moitié; les trois autres freres présents
les laissent faire.

On énonce dans ce contrat de partage, que les
prédécesseurs des copartageants sont Fondateurs du
Val-des-Choux.

Premiere preuve du faux dans ce prétendu Contrat XCVI. *Pre-*
de partage du 4 Janvier 1454. On donne à *Jean de* *mier moyen de*
Clugny la qualité de Maître des Requêtes du Duc; *faux.*
il n'étoit alors que Juge du Charollois; il ne fut
nommé Maître des Requêtes que deux ans après, par
Lettres du 31 Juillet 1456, & en prêta serment le 13
Aout suivant. Mr. *de Theniſſey* en a fourni lui-même *(a)* Grande Gé-
la preuve. *(a)* V. dans les preuves à la datte de 1456. néalogie, pag. 94.

2°. On donne un cinquiéme fils à *Henry de Clugny,* XCVII. *Se-*
sçavoir *Barthelemy*, dont on ne trouve ni trace ni *cond moyen de*
mémoire, soit avant, soit après ce prétendu partage *faux.*
de 1454.

3°. Mr. *de Clugny* a *en main* la grosse originale du XCVIII.
Contrat de mariage d'*Aglantine de Clugny* avec *Loüis* *Troisiéme*
de la Baume, signée Brulet & Boſſier, Notaires à *moyen de faux.*
Autun, du 16 Janvier 1463, à laquelle on promit
quinze cens livres en mariage pour ses droits paternels, maternels & fraternels, payables, sçavoir cinq
cens livres, par la veuve & les enfants de *Jean de*
Clugny l'un de ses freres; cinq cens livres par *Hu-*
gues de Clugny Seigneur de Conforgien; deux cens
livres par *Ferry de Clugny* Official d'Autun, Maître
des Requêtes; & trois cens livres par Maître *Guillau-*

me de Clugny Archidiacre d'Avalon : moyennant quoi la future renonce *au profit de ſes trois freres, & des enfants de ſon autre frere décédé*, à tous droits paternels, maternels & fraternels, ſe réſervant les autres ſucceſſions collatérales.

La groſſe originale de ce Contrat de mariage du 16 Janvier 1463, que Mr. *de Clugny* opoſe au prétendu Contrat de partage du 4 Janvier 1454, eſt revêtuë de toutes les formalités néceſſaires, pour la rendre légitime & autentique : la vérité de cet acte entraine la ruine de l'autre.

4°. La fauſſe énonciation de la qualité de Fondateurs du Val-des-Choux, eſt encore une autre preuve de faux : les Auteurs qui en parlent, en fixent la fondation à la fin du 12e. ſiécle, & l'attribuënt à Eudes III. Duc de Bourgogne.

On y voit même le tombeau de deux enfants qu'on prétend être des enfants des Ducs de Bourgogne. Le Val-des-Choux de Dijon fut fondé hors de la Ville par Hugues de Montréal en 1224, & transferé dans la Ville dans la maiſon où ſont à préſent les Peres de l'Oratoire, (*a*) qui fut donnée aux Religieux du Val-des-Choux en 1463, par Etienne de Meſſigny. Il y a en Bourgogne pluſieurs Maiſons du même Ordre du Val-des-Choux, ſçavoir le Val-Croiſſant, Huchon, Vaulce, Vauclair, Val-Saint-Benoît uni au Séminaire d'Autun, Vaſſy-ſous-Piſy. Mr. *de Theniſſey* peut parcourir tous ces Prieurés & en examiner les Chartes, il n'en trouvera pas un qui ait été fondé par aucun de la Famille *de Clugny*. On avance ceci avec aſſurance : le détail en meneroit trop loin.

Il y a encore un grand nombre d'autres moyens de faux contre ce prétendu partage de 1454. On les paſſe pour abreger, ils ne ſont pas moins forts que ceux qu'on vient d'expliquer.

XCIX. *Quatriéme moyen de faux.*

(*a*) Robert, *Gal. Chriſt.* pag. 379 & 381.

Chaſſan. *Catal. glor. mund. part.* 4. *conſid.* 58.

Mezeray, Abregé, treiziéme ſiécle.

Voyage litteraire de DD. Martenne & Durand.

Le P. Helyot, Hiſt. des Ordres Monaſtiques, &c.

Commiſſion ſupoſée du Maréchal d'Hoocberg.

Philipe de Hocber Comte de Neuf-Châtel, Seigneur de Rothelin, grand **5 Nov. 1492.**
Chambellan de France & Maréchal de Bourgogne, au premier Huiſſier des Parlemens de Bourgogne, Chevaulcheur ou Huiſſier d'armes, ou autre Sergent
Royal juré requis, Salut. De la part de notre bien-amé Maiſtre *Guillaume* de
Clugny Seigneur de Monthelon, Licentié en tous Droits, nous a été expoſé que *de toute ancienneté luy & ſes Prédéceſſeurs dont il eſt iſſu, hû, & prin-*
ſe origine & naißance comme iſſu & extrait de bonne & ancienne Nobleſſe ont
accoutumé de pourter les Noms & Armes de la Maiſon de Clugny & combien
que ſelon droit & raiſon, il ne ſoit libre & loiſible à quelconque perſonne que
ce ſoit, s'il n'eſt du ſurnom dud. Clugny de pourter, ou faire pourter en quelque façon que ce ſoit leſd. Armes de Clugny, ſoit pures meſlées, ou aïant
quelque difference, ce nonobſtant *Clere* . . . .
femme . . . . & autres freres & ſœurs enfans deſd.
Michel & *Clere* . . . . de leur authorité indeument puis certain temps en ça
ſe ſont ingerés & entremis de pourter leſd. Armes de Clugny, les aucuns purement & les autres meſlées, avec d'autres choſes à leurs plaiſances, en y
mettant quelque difference, outre le gré & voulenté dud. Seigneur de Monthelon expoſant Chief deſdits Armes d'iceulx de Clugny & en ſon grand deshon-
neur, préjudice & dommage, & que pour avoir ſur ce proviſion & remede
convenable, il ſe ſoit en notre abſence, & nous étant avec le Roy notred.
Seigneur, tiré par devers *Monſieur de Vaudrecourt*, Lieutenant Général du Roy
en leſd. Païs de Bourgogne, auquel il avoit expoſé les choſes deſſuſd. & ſur
ce requis proviſion tellement qu'il obtint dud. Seigneur de Vauldrecourt mandement & proviſion des choſes deſſud. & par vertu d'icelui fit faire commandement de par le Roy notred. Seigneur, & ſond. Lieutenant Général, à lad.
. . . . femme dud. . . . . & à certains autres
leurs complices qu'ils ſe depourtaſſent, & deſiſtaſſent de pourter & faire pourter leſd. Armes de Clugny, & qu'ils les otaſſent & effaciſſent, ou fiſſent oſter,
& effacer des lieux & places eſquelles ils les avoient fait mettre fuſt *en vittres*,
bois, pierres ou pointures, & en quelque façon & maniere que ce ſoit; & ce
ſur certaines & groſſes peines, à commettre par les deſſuſd. & apliquer au Roy
mond. Seigneur en cas de deffault, auquel commandement lad. *Clere* . . . .
& ſeſd. complices ſe opoſerent; pour raiſon de laquelle opoſition fut, à iceux
opoſans, aſſignés à être & comparoir, pardevant led. Seigneur de Vauldrecourt, pour dire propoſer & débattre les cauſes de leurd. opoſition, répondre ſur
ce à icelui Seigneur de Monthelon, proceder en outre, & avant aller ſelon
raiſon pendant lequel different, & avant que led. Seigneur de Vaudrecourt
en ait pris aucune connoiſſance de la matiere deſd. Armes, ledit Seigneur de
Monthelon à la Requeſte, & pourſuite de Maiſtre . . . . Maiſtre
. . . . eulx faiſant fors pour & au nom de lad. *Clere* . . . .
& autres leurd. complices opoſans aud. commandement pour pacifier icelui
different amiablement ſe condeſcendirent & ſubmirent de eſtre à droit, ſur ce
que ſeroit dit & apointé dud. different par *Maiſtre Thomas de Pleine Seigneur*
de Magny & ſecond Preſident en Bourgogne auquel il donnerent pouvoir &
puiſſance de cognoiſtre, juger & décider icelui different, & tellement que par
vertu dud. compromis, les Parties comparoiſſans après ce que leſd. Opoſans
eurent pluſieurs délais furent apointé que Enqueſte ſomaire ſeroit faite d'un
coſté & d'autre par Maiſtre *Gui de Fraſans* Secretaire du Roy, & Greffier
en cette inſtance dedans certain temps contenu en icelui apointement, une
fois pour toute & pour tout delays, & ſur peine d'eſtre forcleux, & à oüir droit
à certain autre jour. Comme de toutes ces choſes led. Seigneur de Monthelon
dit faire deument apparoir. Or dit au preſent led. Seigneur de Monthelon,

V

qu'il a fourni aud. apointement , & pendant , & durant led. arbitrage & compromis , ledit Seigneur Prefident a été abfent , par le commandement du Roy , du
moyen de ce il n'a pû proceder à juger & determiner led. different , ains eft demeuré indecipt en font trés-grand grief , préjudice & domaige , comme dit iceluy Seigneur de Monthelon expofant ; & plus feroit fe par nous ne luy étoit fur
ce pourvû de remede convenable humblemens requerrant icellui. Pourquoy
nous ces chofes confiderées , attendu mefmement que de telles & femblables
matieres concernans fait d'Armes & de Nobleſſe étant de notre office la connoiſſance nous en appartient efdits Pays de Bourgogne. Vous mandons en com-
mettant par ces prefentes fe meſtier adjourner à comparoir pardevant nous quelque part que foïons à la Requeſte dud. Seigneur de Monthelon expofant
à certain & compétant jour tel que requis ferés lad. *Clere* . . . .
. . . . & tous leurſd. complices & tous autres dont requis ferés , par led. Expofant , non comprins en cette prefente pourfuite , fournis &
garnis de tous les actes , apointemens , écritures , enqueſtes , & autres proce-
dures faites en lad. caufe amyable & de tout au furplus ils fe voudroient aider
en cette partie à l'encontre dud. Expofant , pour proceder & aller avant en ,
& fur lad. caufe , avec led. Expofant , felon les derniers apointemens fais pardevant led. fecond Prefident. Et autrement ainfi qu'il apartiendra , par raifon
avec intimation , en tel cas pertinent , que viennent comparent , ou non , nous
procederons oultre en lad. caufe fur ce qui fera mis en court pardevant nous ,
de la part dud. Seigneur de Monthelon foit à lui bailler provifion , ou autrement
ainfi que trouverons la matiere difpofée par raifon , eux abfent nonobſtant &
pour ce qu'il na loys a nulli de quelque état qu'il foit , de prendre & pourter
Armes , s'il n'eſt Noble d'origine ou par congé & licence du Roy & que l'on
dit les deſſuſd. avoir prins de leur authorité privée Armes. Nous mandons au
Procureur General du Roy notred. Seigneur efd. Pays de Bourgogne , ou à
notre amé Jehan Gaurry demorant à Oſtun que comettons ad ce de chacun d'eux
qu'ils informent bien & deument , & par efcript de la delation & prinfe defd. Armes faite par les deſſuſd. & chacun d'eux , & l'information qui en fera par eux ,
ou l'ung d'eulx faite , nous envoyent , ou aportent feablemẽt clofe & fceellée ,
pour icelle vu y pourvoir , & apointer ainfy qu'il apartiendra , par raifon que
at de ce faire & les dependances. Leur avons donné & donnons , par ceſtes , &
à chacun d'eulx , plein pouvoir , puiſſance , auctorité & mandement. Mandons
& commandons , à tous les Juſticiers , Officiers & Subjects du Roy notred. Seigneur que à eux & chacun d'eulx en ce faifant , obéïſſent & entendent diligemment , leur preſtent & baillent confeil , confort & aide , fe meſtier eſt , & requis
en font , & nous certifier fouffifammẽt de tout ce que fait en aurés. Donné en
notre Ville de Sens le 5ᵉ. jour de Novembre l'an 1492. *Signé* , Hocber.

C. *Troiſiéme*
exemple. Com-
mſſion du Ma-
réchal d'Hooc-
berg : cet acte
quand il feroit
légitime , ne fe-
roit d'aucun
avantage à
Mr.de Thenif-
fey ; il porte
plufieurs mar-
ques de faux.

La Commiſſion du Maréchal d'Hoocberg du 15 Novembre 1492, (a) ne conduit à rien , quand ce feroit une piéce légitime. Elle donne au Maréchal de
Bourgogne une Jurifdiction qu'il n'a jamais eu : par
l'Edit de réunion du Duché de Bourgogne , à la Couronne , du mois de Mars 1476 , (b) art. 4 , toute la
Jurifdiction contentieufe eſt attribuée en toute Sou-
veraineté , au Parlement de Dijon , & l'art. 15 n'attribuë au Maréchal de Bourgogne , que les Affemblées
de guerre , qui fe font au Païs.

Mr. *de Theniſſey* dans ſa notte au bas de la page citée, ſoutient que le Maréchal de Bourgogne avoit
une Juriſdiction, que la piéce même en eſt une preuve. Une piéce conteſtée n'a jamais été employée en
preuve d'un fait; quand le contraire eſt établi ſur la
foi d'un Edit auſſi ſolemnel, que celui de 1476, qui
contient les Priviléges de la Province. On ne voit
pas que cette piéce ait eu aucune exécution; elle
n'eſt ſignée d'aucun Sécretaire, elle eſt dattée de
Sens; en ces termes, *donné en notre Ville de Sens*,
il n'y a que le Roi qui ſe ſerve d'une pareille for-
mule; aucun Officier, de quelque élévation qu'il ſoit,
quelque autorité que le Roi lui ait confié, n'eſt en
droit de l'employer dans les actes qui s'expédient
ſous ſon nom.

Cette prétenduë Commiſſion, comme on l'a obſervé, eſt dattée du 15 Novembre 1492. Dans l'expoſé de *Guillaume de Clugny*, on lui fait dire que lui
& les autres Parties avoient choiſi pour Arbitre de
leur différend, *Thomas de Plaines*, ſecond Préſident
au Parlement, qui les avoit apointé à faire des Enquêtes reſpectives, & qu'il avoit pris pour Greffier
Guy de Fraſans; celui-ci ne fut nommé Commis au
Greffe du Parlement qu'en l'an 1500, par Lettres
données au Montil-les-Tours, le 27 Novembre. (a)

Dans la Commiſſion, le nom de ce ſecond Préſident, y eſt écrit de PLEINE. Dans les Régiſtres du
Parlement & dans Palliot, il y eſt écrit de PLAINES.
Ces moyens de faux ſont ſi ~~probables~~ *palpables*, qu'il ſuffit de
les expoſer, pour en faire ſentir toute la force.

Le ſtile de la piéce eſt encore un indice de faux;
partout où l'on parle de *Guillaume de Clugny*, on dit
toujours ledit SEIGNEUR DE MONTHELON; de
telles expreſſions ſe font-elles jamais trouvées dans
un acte de Juſtice, ſur tout étant expédié ſous le nom
d'un Maréchal de Bourgogne, qui étoit Prince Souverain?

V ij

(a) Régiſtre du
Parlement, pag.
355.

Les Commiſſions pour aſſigner, telle qu'eſt la prétenduë Commiſſion décernée à *Guillaume de Clugny*, ne ſont jamais ſignées que par un Greffier ou un Sécretaire ; telles ſont les Commiſſions accordées par *Ferry* & *Guillaume de Clugny*, des années 1448, 1449 & ſuivantes, dont on a parlé ci-deſſus p. 35, & celle-ci ſe trouve ſignée par le Maréchal d'Hoocberg, ſans ſignature de Sécretaire.

On lit ces termes dans la Commiſſion, *il* (Guillaume de Clugny) *ſe ſeroit en noſtre abſence, nous étant avec le Roi noſtre dit Seigneur, pourveu pardevers M. de Vaudrecourt Lieutenant Général du Roi, en ſeſdits Pays de Bourgogne.*

1°. On ne trouve ni dans les Régiſtres du Parlement, ni dans les Archives de la Chambre des Comptes, ni dans tous les Généalogiſtes, aucun Lieutenant Général du Roi en Bourgogne, du nom *de Vaudrecourt.*

2°. Jean de Baudricourt Chevalier de l'Ordre, & Maréchal de France, étoit en ce tems-là Gouverneur en Chef de la Province, toute l'autorité réſidoit en ſa perſonne, & on parle de ce Vaudrecourt, comme un Officier ſubordonné au Maréchal de Bourgogne, au lieu que le Maréchal étoit ſubordonné au Gouverneur, puiſque ſon pouvoir ne s'étendoit qu'à l'aſſemblée des Gens de guerre.

Mandons, eſt-il dit ailleurs, *au Procureur Général du Roi noſtre dit Seigneur, eſdits Pays de Bourgogne ; ou à noſtre amé Jehan Gaurry demeurant à Oſtun, que commettons ad ce qu'ils informent bien & deuement, &c.*

Il eſt réſervé au Roi de ſe ſervir de ces termes à l'égard de ſes Procureurs Généraux, & des autres Officiers de ſes Parlemens.

Si Mr. *de Theniſſey* y avoit bien penſé, il n'auroit pas mis au jour cette piéce, non-ſeulement parce qu'elle eſt ſupoſée, mais par d'autres raiſons que la prudence ne permet pas d'expliquer dans un Ouvrage qui doit être public , dans lequel on s'est fait une loi de n'offenser personne.

Mr. de Chasseneuz *(a)* raconte une difficulté muë entre *Guillaume de Clugny*, (c'étoit l'héritier universel du Cardinal & de l'Evêque de Poitiers) & Antoine Charvot Receveur de la Ville d'Autun, dont la mere étoit de la Famille *de Clugny*. Celui-ci avoit fait mettre ses armes écartelées avec celles *de Clugny*, dans une vitre de l'Eglise de Saint Pancrace d'Autun. *Guillaume de Clugny* les fit briser, ce qui donna lieu à un procès dans lequel on se mocqua de la fausse délicatesse de *Guillaume de Clugny*. Il fut aparemment condamné à les rétablir, on les voit encore dans l'Eglise de Saint Pancrace.

Mr. *de Theniffey* s'est avisé de vouloir corriger Mr. de Chasseneuz, *(b)* il soutient qu'il s'est trompé en apellant le Receveur, dont la mere étoit de la Famille *de Clugny*, *Charvot*, au lieu qu'il prétend qu'il s'apelloit *Charnot* ; pour apuïer sa correction, il cite le Parlement de Palliot, *(c)* où il est parlé de *Jean Charvot*, Conseiller Clerc, Prevôt de Nôtre-Dame d'Autun frere du Receveur, que Palliot nomme *Charnot*. A quoi il ajoute que *Charvot* étoit un roturier, qu'il ne veut point reconnoître pour allié de la Famille *de Clugny* ; au lieu que *Charnot* étoit Noble, & pour prouver la Noblesse il a fait imprimer un acte de 1483 , où *Loüis de Charnot* est qualifié Ecuyer.

C'est une mauvaise finesse de la part de Mr. *de Theniffey*, d'avoir profité d'une faute d'impression, & de la ressemblance des noms, qui ne différent que d'une lettre, pour mettre *Charnot*, au lieu de *Charvot*. Car Palliot dans les additions & les corrections, *(d)* s'exprime en ces termes. *Page* 150, *ligne* 4, *Charnot, lisés Charvot, & ajoutés après, Prevôt de Nôtre-Dame d'Autun.* Voilà donc *Antoine Charvot*, Receveur, descendu d'une fille de la Famille *de Clugny*, malgré Mr. *de Theniffey*, qui n'y veut reconnoître que des

(a) Catal. glor. mund. part. 1. pag. 37, nomb. 10 de la concluf. 48.

CI. *Mr. de Chaffeneuz justifié d'une méprise que lui impute à faux Mr.* de Theniffey, *en tirant avantage d'une faute d'impression, qui se trouve corrigée dans l'errata.*

(b) Grande Généalogie, pag. 140 & suiv.

(c) Pag. 150.

(d) Pag. 377.

alliances Nobles. La différence des deux Familles, est encore bien marquée par celle des armes; les *Charvot* portoient d'azur au Chevron d'or de deux piéces, accompagné de trois Roses d'argent; (*a*) les *Charnot* portoient de sable au Lion d'argent, couronné & lampassé de gueules. (*b*)

L'idée bizarre de Mr. *de Thenissey*, qui met le Receveur d'une Ville, fort audessus du premier Magistrat, marque bien qu'il éléve & abaisse les personnes, & les emplois, suivant ses idées & ses interêts, & non selon la vérité. On a cru qu'il n'étoit pas hors de propos de faire sentir, combien on doit être en garde contre les citations de Mr. *de Thenissey*. Pour ses maximes, & ses décisions, sur les rangs, & sur les emplois, elles ne feront point d'impression sur l'esprit de ceux qui en connoissent le mérite.

Contrat *supposé produit par Mr. de Thenissey.*

3 Déc. 1509. En nom de notre Seigneur Amen, l'an de l'Incarnation d'icelui courant mil cinq cent & neuf, le troisiéme jour du mois de Décembre. Je Jehan Deuxsouls, Clerc Citoien d'Ostun, Chapellain aiant l'administration de la Chapelle de Mgr. *Saint Benigne fondée en l'Eglise Parochial de Mgr. Saint Jehan le grand*, ou Bourg dudit Ostun. Sçavoir fait à tous presens & avenir qui ces presentes Lettres verront & ourront, que comme puis naguerres j'aye été adjourné & convenu pardevant Monsieur l'Official dudit Ostun à certain jour & heure passez à la promossion de Noble homme, & saige Maistre *Guillaume de Clugny*, saiges ez droits, Seigneur de Monthelon, acause & raison de ce que par feu *Noble Seigneur* (c) *Maistre Guillaume de Clugny Seigneur de Conforgien & de Burry, Bailly d'Auxois, & depuis Bailly de Dijon*, du tems du Roi Jehan, Roi de France, & de feu Monseigneur Philippe Santarre Duc de Bourgogne, ont été par luy fondées trois Messes, toutes les sepmaines, qui se devoient dire en ladite Eglise Saint Jehan, en ladite Chapelle Saint Benigne, en icelle estant, & pour la Fondation & dotacion d'icelles trois Messes, a donné de ses biens, plusieurs rentes & revenües, & jusques à la somme de douze, à treize livres tournois, valans douze ou treize francs monnoyë courante, tous les ans, & que dés longtems lesdites trois Messes ne se disoient plus, & n'avoient esté dites en icelle Chapelle, estant en *ladite Eglise Saint Jehan*; à cause de quoi requeroit ledit *Procureur* (d) que ledit Chappellain fust condamné à dire, ou faire dire, ou celebrer lesdites trois Messes, selon la Fondation d'icelle Chapelle, & continuant à ce, & en l'amande à Monsieur d'Ostun. A quoi a été dit & répondu par moy ledit Chapellain d'icelle Chapelle, ci-dessus nommé, en confessant le proposé de mondit Sieur le Procureur cy dessus mentionné estre vray; mais que pour ce que ladite Chapelle est fondée de trés-longtemps par Monsieur le Fondateur cy dessus dénommé, que Dieu absolue, les rentes & revenües d'icelle Fondation japieça données, sont perdües & diminuées par les négligences de mes Chapellains prédécesseurs d'icelle. En façon telle qu'il n'y en y a plus, en estre qu'environ huit francs, dont l'on puisse rient recouvrer, au moyen de quoy les Chapellains d'icelle Chapelle, ses Prédécesseurs, ont réduites & ramennées lesdites trois Messes, à une Messe dire & célébrer toutes les septmaines en ladite Chapelle finablement pour bien de paix & pour décharger ma conscience ; je ledit Jehan Deuxsouls Chappellain d'icelle Chapelle cy dessus dénommé en faveur de *Mondit Seigneur de Monthe-* *lon venus & descendus de Mondit Seigneur de Conforgien* qui en ce se disoit avoir interêt & dommaiges à raison de ce que lesdites Messes ne se disoient pas, qui étoient fondées *par ses predeceßeurs Seigneurs dudit Conforgien*, selon la Fonda-tion d'icelle, suis content & prometz pour moy & mes Successeurs Chapellains de ladite Chapelle à Mondit Seigneur de Monthelon, present, acceptant & stipu-lant, de dire ou faire dire & celebrer tous les Dimanches de l'an, incontinant aprés les commandemens *faiz par les Curés ou Vicaires* à la grant Messe de la-ditte Paroiche & en ladite Chapelle de Mondit Sieur Saint Benigne, une Messe avec le *de Profundis* & oraisons des Trépassez dire sur la Tombe estant devant l'Autel d'icelle Chapelle avec l'eau benite, ladite Messe ditte, ainsi que l'on a accoutumé de faire en tel cas. Et pour ce que *le Calice d'argent d'icelle Chapelle armoyé aux armes de Mondit Seigneur, Fondeur d'icelle Chapelle*, estoit ez mains de moy ledit apresent Chapellain ay accordé & consentu, accorde & con-sens dez maintenant, que ledit Calice sera par moy mis & Baillé ez mains de *Ma-dame la Secretaine* dudit Saint Jehan, en garde, pour le mettre avec les au-tres Calices de ladite Eglise & Paroiche de *Mondit Sieur Saint Jehan,* (a) & de reprendre un Recipissé d'icelle Secretaine, jusques à ce que j'aye fait faire une Arche, ou Coffre, pour mettre en garde iceluy Calice, & les habillemens & ornemens de l'Autel de ladite Chapelle, pour servir à ladite Messe, & tout ce qui sert, audit Autel, d'icelle Chapelle, & ce par traictié, & accord fait par moy ledit Jehan Deuxsouls Chapellain d'icelle Chapelle avec *Mondit Seigneur de Monthelon* à la cause que dessus, dont & duquel je me suis tenus & me tiens pour content & prometz je ledit Chapellain ez dessus nommé, en bonne foi, par mon serment pour ce donné corporellement aux Saints Evangiles de Dieu, & sous l'obligation de tous mes biens temporels, meubles & immeubles present & avenir quelconques, lesquels quant à ce, j'ai submis & obligé, submetz & oblige aux introductions, compulsions & contraintes de la Cour de la Chancelle-rie du Duchié de Bourgogne, pour le Roy Nôtre Sire, de Monsieur l'Official d'Ostun, & de toutes autres Cours tant d'Eglise que Seculieres que l'on voudra quant à ce eslire, l'une d'icelles Cours non cessant poun l'autre, Sentence d'ex-communiement nonobstant & par telles & une chacune d'icelles veut moy & mesdits hoirs être contrains & compellez, ainsi que de chouse connuë & loial-lement adjugée. Lesdits Traités, accors, promesses, Obligations & autres cho-ses dessusdittes, toutes & singulieres, & une chacune d'icelles ainsi qu'elles cy dessus deussions faire, tenir, garder, observer & les avoir, & tenir perpetuel-lement fermes, estables & agreables sans corrompre, & que icelles, aucunes d'icelles, ou la teneur de ces presentes Lettres non jamais venir au contraire, en renonçeant quant à ce à toutes les chouses quelconques contraires à ces presen-tes Lettres, & mémement au droit disant que Generale Renonciation ne vaut se l'Especial ne precede. En témoin de ce j'ay requis & obtenu le sçel de ladite Cour de ladite Chancellerie dudit Duchié de Bourgogne, pour iceluy seignée estre mis à ces presentes Lettres, faites & passées, audit Ostun pardevant *Phi-libert Maignen Citoyen dudit Ostun Notaire Royal & Coadjuteur du Tabellion dudit lieu pour iceluy Seigneur*, present discrette personne Messire Jehan Char-roton Prêtre, apresent desservant icelle Chapelle, pour moy ledit Chapellain, Jehan Painsat Clerc, Jacques Poulet drapier demorans audit Ostun, témoins à ce appellés & requis les an & jour susdits. *Signé*, MARTIN, *avec paraphe.*

(a) On qualifie S. Jean de Mon-sieur, & *Guillau-me de Clugny* Avocat, de Mon-seigneur.

CII. *Autres titres fupofés, que Mr. de Theniffey met en œuvre dans fa Généalogie.*

(a) Grande Généalogie, page 146.

CIII. *Le premier qu'on examine ici, n'a aucune marque d'autenticité, & contient des contradictions fenfibles. D'ailleurs, quand il feroit légitime, il ne pouroit fervir à établir aucun degré de la Généalogie de Mr. de Theniffey.*

(b) Grande Généalogie, pag. 151.
(c) Ordonnance de Loüis XII. Juin 1510, art. 63.
Du Moulin fur l'article 4, de l'Edit des petites dattres.

Mr. *de Theniffey*, ou fes auteurs qui ont voulu embellir leur Généalogie, par des titres fupofés, ne fe font pas fervi de gens habiles pour y travailler. Il en produit un (a) datté du 3 Décembre 1509, qui dans la forme n'a pas la moindre aparence d'autenticité, & dans le fond ne contient que des contradictions fenfibles; & quand il feroit légitime, il ne pourroit fervir à établir aucun degré de fa Généalogie.

C'eft un prétendu traité entre *Guillaume de Clugny* Seigneur de Monthelon, Licentié ès Loix, & un nommé *Deuxfols* Prêtre, qu'on dit avoir été paffé pardevant *Magnen* Notaire à Autun. L'expédition produite par Mr. *de Theniffey*, eft fignée *Martin*, fans qu'on dife qui étoit *ce Martin*, s'il étoit Notaire, Greffier, ou revêtu de quelqu'autre caractére qui pût rendre fa fignature autentique, & capable de faire foi en Juftice.

Mr. *de Theniffey* répond à cela (b) que Martin, qui a expédié cette groffe, avoit les minuttes de *Magnen*; il n'en eft point parlé dans l'expédition. Avant 1510, les Notaires ne gardoient point de minutte des contrats & autres actes qu'ils recevoient en qualité de Notaires, (c) ainfi la groffe ne peut avoir été expédiée fur la minutte.

On énonce dans ce prétendu traité, que *Guillaume de Clugny* Bailli de Dijon, a fondé une Chapelle de Saint Benigne dans l'Eglife Paroiffiale de Saint Jean le Grand, du Bourg d'Autun, fans parler de la datte de la fondation. Il y a un Monaftére de Bénédictines établi dans un Fauxbourg d'Autun, qu'on apelle Saint Jean le Grand, qui a fon Eglife particuliére, & une Eglife Paroiffiale qui n'en eft pas éloignée. Il n'y a aucune Chapelle dédiée à Saint Benigne dans l'Eglife Paroiffiale: dans l'Eglife du Monaftere, il y a une Chapelle de Saint Benigne, mais on n'y voit aucune marque qui faffe connoître par qui elle a été conftruite; comme feroient des ar-

mes

ares, Infcriptions, ou autres monuments : dans les Archives du Monaftere, aucune Charte qui en parle. L'énonciation vague que *Guillaume de Clugny* de Monthelon, defcend de *Guillaume de Clugny* Bailli de Dijon, ne peut établir une defcendance. *Guillaume de Clugny* Bailli de Dijon, eft mort en 1387. L'acte prétendu eft de 1509. Il y a plus de cent vingt ans de diftance : il n'eft pas difficile, en fuivant une pareille méthode, de fe choifir des ayeux.

Extrait de deux actes produits par Mr. de Theniffey, *qui donnent deux peres à* Michel de Clugny *fon bifayeul.*

Au nom de notre Seigneur, Amen. L'an de l'Incarnation d'icelui 1537 après **22 Avril 1537.** Pafques le 22 jour du mois d'Avril, les Parties ci-après écrites ; à fçavoir Noble Seigneur Rolain de Martheault, Chevalier Echanfon ordinaire du Roi notre Sire, Seigneur de la Villette & Murats, pour lui d'une part. *Nobles perfonnes* (a) *Guiard de Clugny & Claudine de Clugny* fa fœur, enfans de furent *Nobles perfonnes* Meffire *Loüis de Clugny* ... & de Dame *Jacqueline de Drée* leurs furent pere & mere .... eux & foi faifant forts pour ...... & *Michel de Clugny* auffi enfants & héritiers defdits furent *Loüis de Clugny* & *Jacqueline de Drée* ...... Signé, Pasquier.
Sur l'imprimé dans la grande Généalogie de Mr. de Theniffey, *pag.* 152.

    pris que le titre de Noble Homme, *ou* Noble Perfonne. V. ci-d. p. 88.

(a) Mr. de Theniffey *ne veut pas que* Mr. de Clugny *foit de la véritable* Famille *de* Clugny, *parce que fes ancêtres n'ont*

Lazaire La Done Lieutenant Général au Bailliage d'*Autun*, (b) falut. Sçavoir **15 Octobre** faifons que pardevant Nous féant en Jugement au Chaftel & Maifon Fort de **1571.** Conforgien, en la falle dudit Chaftel, s'eft prefenté le Procureur du Roy audit Bailliage d'*Autun*, Dame *Charlotte de St. Belin* veuve de Meffire *Guy de Clugny* luy vivant Seigneur de Conforgien ...... Noble Seigneur *Michel de Clugny* Seigneur de Montachon & de Blargy (c) *frere dudit Sieur deffunt.* (d) ...... Avons décerné ladite Dame fa veuve pour Baillifte & Garde Noble des corps & biens dudit *David de Clugny* fon fils, & pour curateur ledit *Sieur de Montachon* (e) du cofté paternel .... Extrait du Regiftre du Procureur du Roy au Bailliage d'Autun. *Signé*, Becherame.
Sur l'imprimé dans la grande Généalogie de Mr. de Theniffey, *pag.* 161.

(b) *Il s'écrivoit en ce tems-là,* Oftun. V. ci-d. p. 124,
(c) *Il falloit dire* Blanfy.
(d) Guy de Clugny *étoit fils de* Claude de Clugny *& de* Guigonne de

Brazey, on l'a prouvé *pag.* 45. *Si* Michel de Clugny *étoit fon frere, il avoit donc pour pere* Claude de Clugny. *Le voilà pourvû de deux peres, grace aux rares découvertes de Mr.* de Theniffey.

V. les preuves cy-après, à la date des 1 & 5 Septembre 1571.

(e) *Autre preuve de faux.* Michel de Clugny *étoit débiteur de* David de Clugny, *& en procès avec fa Baillifte à l'occafion de fa dette : il ne peut donc avoir été élû fon curateur. L'Arrêt qui fuit le juftifie.*

Extrait des Regiftres du Parlement. Entre *Michel de Clugny* Sieur de Montachon, Demandeur d'une part. Et *Charlotte de St. Belin* Damoifelle, veuve de *Guy de Clugny* Sieur de Conforgien, Baillifte de *David de Clugny* leur fils, Deffendereffe d'autre.

La Cour ordonne que fans s'arrêter aux offres dudit *de Montachon* de payer les interêts de la fomme de 3500 livres qu'il doit audit mineur, ladite fomme fera mife à frais entre les mains d'un Marchand reffeant & folvable. Fait en Parlement à Dijon *le* 11 *Aout* 1576.

Le procès étoit d'une affez grande conféquence pour le mineur, pour qu'on ne lui nommât pour curateur Mr. de Montachon, *d'autant plus que fes affaires n'étoient pas en bon ordre, fes biens ayant été dans la fuite délivrés par decret.* V. les preuves à la date du premier Avril 1608,

X

CIV. *Les deux qui précédent, font diamétralement opofés, & ne peuvent fe concilier l'un avec l'autre. Si l'on s'en raporte à ces deux actes, le bifayeul de Mr. de Theniffey aura deux peres.*

(*a*) Grande Généalogie, pag. 152.

(*b*) Ibid. p. 161.

(*c*) Procès verbal du Gouverneur de la Chancellerie du 27 Mai 1542. Procès verbal du Lieutenant Général d'Auxois du 5 Avril 1562.

(*d*) *Cap.* 12 *de fid. inftrum.* aux Décretales. Mr. le P. Favre *Cod. de fid. inftrum. defin.* 3.

CV. *Preuve générale de la fupofition, ou altération des piéces produites par Mr.* de Theniffey, *prife du Procès ver-*

Il eft impoffible de concilier l'un avec l'autre deux actes employés par Mr. *de Theniffey*. Le premier du 22 Avril 1537. (*a*) Le fecond du 15 Octobre 1571. (*b*) Celui de 1537 porte que *Michel de Clugny* bifayeul de Mr. *de Theniffey*, étoit fils de *Loüis de Clugny* & de *Jacqueline de Drée*. Celui de 1571 le fait fils de *Claude de Clugny* & de *Guigonne de Brazey*. Ceux-ci n'avoient que deux fils, *Jean de Clugny* Seigneur d'Esfours, & *Guy de Clugny* Seigneur de Conforgien. (*c*) Le titre de 1571 dit que *Michel de Clugny* étoit frere de *Guy de Clugny* Seigneur de Conforgien, & par conféquent fils de *Claude de Clugny* & de *Guigonne de Brazey*, enforte que Mr. *de Theniffey* a trouvé le moyen de donner à fon bifayeul deux peres, auffi-bien qu'à fon trifayeul.

Il faut néceffairement que l'un de ces deux actes foit faux. C'eft une maxime certaine que lorfque deux actes font diamétralement opofés & qu'on ne peut concilier l'un avec l'autre, ils ne font point de foi en Juftice & doivent tous deux être rejettés. (*d*)

On feroit un gros volume fi l'on vouloit examiner dans un plus grand détail, toutes les abfurdités qui fe rencontrent dans la production de Mr. *de Theniffey*, les fauffes énonciations qui fe trouvent à chaque pas dans fes titres fupofés ou alterés, & les inductions forcées qu'il en tire. Ce qu'on vient de dire fuffit pour faire voir, qu'il ne peut remonter au-delà de fon trifayeul (*Loüis de Clugny* marié en 1515 à *Jacqueline de Drée*) fans rencontrer à chaque pas des difficultés, qui l'expofent toujours à tomber dans des contradictions nouvelles.

En finiffant l'examen de fes titres, on en donnera une idée générale tirée d'une piéce, qui ne lui doit pas être fufpecte; c'eft un Procès verbal dreffé par Mr. Pouffier Doyen du Parlement le 12 Mai 1723, à la requifition de Mr. *de Theniffey*, qui reprefenta tous fes titres, fans qu'il y eut aucun contradicteur préfent.

Cependant ce Procès verbal fait foi, que dans quelques-unes de ces piéces, il y a des trous qui emportent quelques mots, & des lignes entieres, dans d'autres des feüillets coupés à moitié, des feüillets déchirés, l'écriture ternie, des dattes rechargées d'encre nouvelle, des fignatures emportées. On doit juger par les vices apparents qui fautérent aux yeux de Mr. le Commiſſaire, combien on en auroit découvert d'autres, en les examinant en détail.

Mr. *de Theniſſey* ne s'eſt pas contenté d'employer des piéces fauſſes, alterées, fupoſées, il a encore eſſayé de dérober aux yeux de la Juſtice, la vérité des monuments publics qui fubfiſtent encore à préſent, pour tâcher de la furprendre.

Le 6 Juillet 1722, Mr. *de Clugny* fit ordonner une reconnoiſſance, pardevant le Lieutenant Général d'Autun, des armes qui font dans la maiſon de Marchaut d'Autun qui a été poſſédée par ceux de la Famille de *Clugny*, & qui fert à préſent de cafernes. Mr. *de Theniſſey* ayant été aſſigné pour y être préſent, demanda la reconnoiſſance de la Chapelle de S. Joſeph, qui eſt dans l'Eglife Paroiſſiale de S. Jean l'Évangéliſte d'Autun. Mr. *de Theniſſey* qui craignoit les lumieres du Lieutenant Général & fon exactitude, & qui vouloit une perfonne affidée, furprit du Greffier des Requêtes du Palais une Commiſſion adreſſée au Notaire *Lhomme* qui eſt fon Procureur à Autun. Mr. *de Clugny* qui en fut averti, fit révoquer la Commiſſion, & les fit adreſſer l'une & l'autre au Lieutenant Général d'Autun, ce qui rendit la tentative de Mr. *de Theniſſey* inutile.

On procéda donc pardevant ce Magiſtrat à la reconnoiſſance de la maiſon de Marchaut le 29 Juillet 1722; chacune des Parties préſenta un plan des armes qui font dans cette maiſon; celui qui fut préſenté par le Procureur de Mr. *de Clugny*, fe trouva conforme & fut paraphé par le Commiſſaire, qui donna acte *que Mr.* de Theniffey *en perfonne en avoit préfenté un qui n'étoit ni exact ni fidelle.*

Le lendemain 30 Juillet le Lieutenant Général d'Autun s'étant tranfporté dans la Chapelle de S. Jofeph qui eft dans l'Eglife de S. Jean l'Evangélifte, Mr. *de Theniffey* lui préfenta encore un plan de la Chapelle, auffi infidelle que celui de la maifon de Marchaut, qu'il avoit préfenté la veille : le Lieutenant Général l'obligea de le retirer, & ordonna qu'il en raporteroit un nouveau qui fût exact & parfaitement conforme. *(a)*

Ces faux plans contenoient des armes d'alliance parties, ou écartelées avec celles de *Clugny*, qu'il fupofoit être dans des écuffons, où les armes de *Clugny* étoient feules.

Mr. *de Theniffey* en a encore impofé au public en faifant imprimer dans fa Généalogie *(b)* l'Epitaphe de *Guillaume de Clugny* II. Bailli de Dijon, qui fe voit encore dans l'Eglife des PP. de l'Oratoire de Dijon, près du Benitier, fous prétexte qu'il s'y trouve plufieurs endroits effacés par la longueur du tems, il y a fubftitué ce qu'il a crû favorifer fes idées.

On va donner ici ce qu'on en peut déchiffrer, le refte étant abfolument effacé, fans qu'on le puiffe lire. CY GISENT NOBLES ET SAIGES MAITRES, enfuite une grande lacune. LICENTIÉ EN LOIX, autre lacune. MGR. PHE. FILS DE ROY DE FRANCE DUC DE BOURGOGNE SON BAILLY DE, troifiéme lacune. LEQUEL TREPASSA LE I. MARS. M. CCC. IIII^{xx}. VII. quatriéme lacune. CEANS, cinquiéme lacune. UNE MESSE A PERPETUITÉ LE PRER. DIMANCHE. Il refte la place de deux mots, dont on ne voit plus que quelques légers traits des lettres qui les compofent, fans qu'on puiffe les diftinguer. L'Infcription eft gravée autour de la tombe & le remplit tout entier.

On y voit les figures de deux hommes gravés par

de simples traits, avec chacun un écusson des armes de *Clugny*. Les premiers mots de l'Inscription, Cy gisent, annoncent qu'on y va parler de deux personnes, cependant on n'y fait mention que d'une seule. Ce sont des choses dont il est impossible de rendre raison.

On ne peut douter que l'Inscription ne regarde *Guillaume de Clugny* II. Bailli d'Auxois, ensuite de Dijon. Les qualités qu'on y lit encore de *Licentié en Loix*, de *Bailli*, la datte du décès, tout le confirme. On ne peut remplir la lacune entre les mots, *Licentié en Loix*, & ceux de *Mgr. Phe.* &c. que par ces deux mots, *Conseiller de*; cette restitution est fondée sur les termes des Lettres Patentes du Duc Philipe le Hardi du 26 Octobre 1374, dans lesquelles on lit ces termes, *nôtre amé & feal Conseiller Maître Guillaume de Clugny notre Bailli de Dijon.*

Cette simple & fidelle exposition suffit pour renverser tous les raisonnements de Mr. *de Theniffey*, fondés sur cette Epitaphe, qu'il a falsifiée en la faisant imprimer dans l'endroit cité. Il y a suprimé le mot *saiges*. Il y a ajouté le mot *Conforgien*, dont on ne voit pas la plus légére trace. Il supose qu'on y lit ces mots, *Licentié en Loix & en Decret*; ces trois derniers mots, *& en Decret*, ne s'y trouvent point. *Guillaume de Clugny* étoit Laïc, on ne trouvera point d'exemple d'aucun Laïc qui ait pris des degrés en Droit Canon, dans le quatorziéme siécle & les deux suivants. La datte de la mort n'est pas conforme à l'Inscription : l'imprimé porte *xxii. Nov. mil ccc iiii^{xx} vi.* on lit dans l'Epitaphe, *i. Mars m. ccc. iiii^{xx} vii.* On ajoute dans l'imprimé, *lequel a fondé tous les jours Messe à perpétuité, & à tous premiers & derniers ung anniversaire.* Dans l'Inscription on n'y lit que les termes suivants, *une Messe à perpétuité les prers. Dimanches*, le reste est effacé & ne pouroit contenir tout ce que l'imprimé porte. Enfin Mr. *de Theniffey*

CXI. *Additions, supressions & altérations que Mr. de Theniffey y a faites, en la faisant imprimer.*

avance qu'avant ces mots, *Mgr. Phe.* on y lit la fillabe, *lant*, & l'article, *de*, d'où Mr. *de Theniffey* conclut que *Guillaume de Clugny* II. a été Chambellan
du Duc. En fait il n'eft pas vrai qu'on life dans l'Infcription la fillabe, *lant*, ni l'article, *de* ; ce qui précéde ces mots, *Mgr. Phe.* eft abfolument effacé, fans
qu'on y voie la moindre trace de lettres.

Ce monument qui exifte & qui eft expofé aux
yeux du public, eft une preuve convaincante de la
fidélité avec laquelle on l'a raporté ; & des additions,
fupreffions & altérations que Mr. *de Theniffey* a faites dans l'Infcription en la faifant imprimer. A quoi
l'on ajoute que le Duc Philipe le Hardi avoit cinquante Chambellans ordinaires, qu'il en a eu cent
trente-trois pendant fon regne, ainfi qu'il eft vérifié
par les comptes de Receveurs dépofés aux Archives
de la Chambre des Comptes, & qu'il ne s'en trouve
aucun du nom de *Clugny*.

On a crû devoir entrer dans ce détail pour faire
connoître que Mr. *de Theniffey*, après s'être engagé
mal à propos dans un procès odieux contre Mr. *de
Clugny*, a employé, pour effayer de s'en tirer, toutes
fortes de mauvais moyens, qui ont tous tourné à fa
confufion.

Il y auroit encore beaucoup d'autres chofes à
relever dans tout ce qu'il a écrit ou fait écrire dans
le cours de l'inftance ; mais on eft perfuadé que ce
que l'on vient de dire fuffit pour empêcher que l'on
ajoute foi à tout ce qu'il a avancé.

Il faut ici rendre compte d'un incident arrivé dans
le cours de la procédure, à l'occafion des qualités
ufurpées par Mr. *de Theniffey*, & qui lui ont été
rayées.

Dans les premiers actes du procès il fe qualifioit
lui & les fiens, *Meffire, Chevalier, Comte* ; dans les
écritures & les plaidoiries, *Meffieurs de Clugny, les
Seigneurs de la Maifon de Clugny* ; Mr. *de Clugny* n'y

CXII. *Inci-
dent arrivé
dans le cours
de la procédu-
re, à l'occafion
des qualités de
Meffire, Che-
valier & Com-
te, ufurpées
par Mr.* de
Theniffey.

ſt d'abord aucune attention, & il leur auroit laiſſé prendre encore des qualités plus relevées, s'il ne s'en étoit pas prévalu pour avilir & abaiſſer Mr. *de Clugny.*

Le ſilence de Mr. *de Clugnyy* enhardit ſon adverſaire, & il alla juſqu'à dire dans pluſieurs écrits,(*a*) *que la Chevalerie étoit héréditaire dans ſa Maiſon, qu'elle lui avoit été tranſmiſe avec le ſang de ſes ayeux, qui étoient tous nés Chevaliers;* d'où il inféroit que Mr. *de Clugny* n'ayant pas le même avantage, il n'étoit pas en droit de porter même nom & mêmes armes que lui.

Ces diſcours réveillérent Mr. *de Clugny,* qui demanda à Mr. *de Theniſſey* d'où il tenoit un ſi beau privilege? qui lui en avoit ſcellé la Charte? & il lui ſoutint que le titre de *Chevalier* eſt perſonnel & périt avec la perſonne; qu'il n'apartient qu'à ceux qui ont été honorés par le Souverain de l'Ordre de Chevalerie, ou revêtus d'emplois éminents, dans l'Epée, ou dans la Robe, auſquels cette qualité eſt attachée: (*b*) que pour être *Comte,* il faut avoir une Terre érigée en Comté, qu'il n'étoit dans le cas à aucuns égards, & qu'ainſi lui qui accuſoit Mr. *de Clugny,* d'uſurpation, uſurpoit lui-même des qualités qui ne lui étoient pas dûës.

Mr. *de Theniſſey,* perſuadé qu'il ne pouvoit y avoir de titres trop relevez pour lui, ne put ſouffrir qu'on lui conteſtât ceux qu'il avoit pris, & qu'il croyoit, peut-être encore trop modeſtes; il préſenta une Requête le 6 Aout 1718, remplie d'injures, dans laquelle il ſoutient, que la qualité de *Chevalier* eſt attribuée à ſon ancienne nobleſſe, & proteſte de ſe pourvoir pour s'y faire maintenir & faire condamner Mr. *de Clugny* pour la lui avoir diſputée.

Mr. *de Clugny* le prévint, & le fit aſſigner le 12 Décembre 1718, pour que défenſes lui fuſſent faites de prendre à l'avenir les qualités de *Meſſire, Che-*

(*a*) Nov. 1718, & autres ſuivanc.

(*b*) Du Tillet, des Grands, tit des Chevaliers. Loiſeau, des Offices, liv. 1, ch. 7, n. 55. Chopin, des Ordres, chap. 4, n. 45, & chap. 8, n. 43. La Rocheflavin, des Parlements, ſect. 9, pag. 48. Coquille, Inſtitut. au Droit François, pag 180. La Roque, de la Nobleſſe, ch. 99. Loiſel, Inſtit Coutum. avec les notes de Laurriere, liv. 1, tit. 1 art. 15, tom. 1.

CXIII. *Mr. de Theniſſey ſe prévalant de ces qualités.*

contre Mr. 'de Clugny, celui-ci les lui contef-te, & le fait affigner pour qu'elles lui foient rayées, avec défenfes de les prendre à l'avenir.

(a) Ord. de 1629, art. 189.

Soëve, part. 2, cent. 2, chap. 2. &c.

CXIV. Mr. de Theniffey fentant qu'il n'a aucun droit à ces qualités, tâche par toutes fortes de moyens, d'élu-der la décifion, ce qui fait du-rer l'incident pendant plu-fieurs années.

valier, *Comte*, conformément aux Ordonnances & aux Réglements généraux (a) & qu'elles fuffent rayées & biffées dans tous les actes du procès où il les avoit prifes.

Mr. *de Theniffey* qui avoit parlé avec tant de hauteur fur fa Chevalerie dans fa Requête du 6 Aout, fit fignifier un acte à Mr. *de Clugny* le 14 Janvier 1719, par lequel il déclara que ni lui ni fes Affociés, *n'entendoient point directement, ni indirectement fe prévaloir au procès dont il s'agit, des qualités qu'ils avoient prifes; qu'ils s'interdifent à eux-mêmes la liberté d'en tirer aucune conféquence, dans les moyens qu'ils emploieront pour la décifion; qu'enfin ils fe foumettent de ne prendre à l'avenir dans les actes qu'ils feront fignifier à Mr. de Clugny, aucunes des qualités qui lui font peine.* Sous le bénéfice de ces offres ils demandent d'être renvoyés, fous proteftations, que leur déclaration ne puiffe nuire ni préjudicier à leurs droits, & aux qualités qui leur font dûes.

Quoique Mr. *de Clugny* eut forcé Mr. *de Theniffey* à reculer dès le premier pas; il foutint que les offres n'étoient pas fuffifantes, & que les qualités qu'ils avoient ufurpées, devoient être rayées.

La caufe portée à l'Audiance des Requêtes du Palais le premier Fevrier 1719, il fut ordonné que la demande en radiation demeuroit jointe au principal, & que du confentement de Mr. *de Theniffey*, ni lui ni fes Affociés, ne prendroient aucune des qualités conteftées dans les actes du procès; & *il fut défendu au Greffier de les leur donner dans aucuns actes qui feroient par lui expédiés* au fujet du procès dont il s'agit.

Mr. *de Clugny* apella, de ce que la demande en radiation avoit été jointe au principal; la caufe portée au Parlement, elle y fut plaidée pendant plufieurs Audiances; Meffieurs les Gens du Roi adhérérent aux conclufions prifes par Mr. *de Clugny*, & il intervint

tervint Arrêt le 30 Juillet 1719, qui ordonne que ſur la demande en radiation, & ſur les concluſions des Gens du Roi, il en feroit déliberé ſur le Régiſtre, & confirme le ſurplus de l'Apointement.

Le déliberé ſur le Régiſtre devoit être jugé promtement, Mr. *de Clugny* fit toutes les démarches néceſſaires pour y parvenir : il y trouva un obſtacle auquel il ne devoit pas s'attendre. Il fit de tems en tems des tentatives pour faire prononcer ſur cette qualité du procès ; mais toujours inutilement. On inſtruiſoit cependant le fond du procès aux Requêtes du Palais ; Mr. *de Theniſſey* qui ſe flatoit que le déliberé ſur le Régiſtre ne feroit jamais jugé ; nonobſtant la déclaration qu'il avoit faite dans l'acte du 14 Janvier 1719, qu'il ne ſe prévaudroit jamais directement, ni indirectement des qualités qu'il avoit priſes, employa encore avec plus de hauteur qu'il n'avoit fait, ſa prétenduë Chevalerie, comme un moyen victorieux qui devoit lui procurer gain de cauſe. (a)

Mr. *de Clugny* preſſoit cependant le jugement du déliberé ſur le Régiſtre, & Mr. *de Theniſſey* affectoit dans tous les actes qu'il faiſoit ſignifier, de ſe prévaloir de ſa Chevalerie, d'une maniere à faire ſentir à Mr. *de Clugny*, qu'il comptoit que jamais il ne feroit jugé ; il s'en vantoit même ouvertement dans le public.

Enfin Mr. *de Clugny* crut devoir prendre d'autres voies que celles qu'il avoit ſuivies juſques-là. Il fit donc ſignifier une ſommation à Mr. *de Theniſſey* le 26 Janvier 1723, par laquelle il l'invita de déclarer s'il entendoit perſiſter à ſoutenir ſes qualités de *Chevalier*, *Comte*, &c. & où il ne feroit point de réponſe, il proteſte de ſe pourvoir comme il jugeroit convenable. Mr. *de Theniſſey* garda le ſilence, & Mr. *de Clugny* préſenta Requête au Parlement, dans laquelle il expliqua les raiſons qui l'obligeoient de preſſer le jugement de cet incident.

Y

(a) Ecrits des mois de Juin & Aout 1720.

Les Juges qui avoient affifté aux Audiances, s'af-
femblérent le premier Fevrier 1723 ; ils fe firent
reprefenter le plumitif, qui contient toutes les raifons employées par l'Avocat de Mr. *de Theniffey* pendant deux Audiances des 24 & 28 Juillet 1719 : Mr.
l'Avocat Général avoit donné fes conclufions le 31
Juillet 1719, elles étoient inferées fur le plumitif ;
après que la lecture en eut été faite, intervint Arrêt,
qui ordonne que les qualités de *Meffire*, *Chevalier*,
& *Comtes*, *prifes par Mr.* de Theniffey *& fes Conforts
dans les actes du procès*, *feront biffées & rayées*. L'Arrêt
fut prononcé à l'Audiance publique du 4 du même
mois de Fevrier 1723, & les qualités rayées fur les
originaux & les copies ; Mr. *de Theniffey* apellé, en
exécution de l'Arrêt, fuivant le Procès verbal du
Greffier de la Cour du 22 du même mois.

Cet Arrêt & un fecond du 13 du même mois de
Fevrier 1723, qui avoit ordonné que les qualités de
tres-haut, *& tres-puiffant Seigneur*, prifes par Mr. *de
Theniffey* & par *Antoine de Clugny* fon fils dans le
Contrat de mariage de ce dernier, du 30 Novembre 1722, feront rayées & biffées à la diligence de
Mr. le Procureur Général, tant fur la minutte que
fur les groffes qui en avoient été délivrées, & dans
les Greffes où il a été régiftré ; firent redoubler les
emportements de Mr. *de Theniffey*.

Il fe flatta qu'il feroit caffer les Arrêts ; il commença par répandre dans le public un libelle (*a*)
qu'il avoit fait fignifier à Mr. le Procureur Général,
dans lequel, après plufieurs invectives, il protefte de
fe pourvoir au Roi.

Il préfenta enfuite un Placet à S. M. pour demander la caffation de ces Arrêts, où il fe porta aux derniers excès contre le Corps du Parlement & contre
Mr. *de Clugny* en particulier.

Mr. le Procureur Général ayant envoyé les motifs
de ces Arrêts à Mr. de la Vrilliere Sécretaire d'Etat,

qui en rendit compte au Roi au mois de Septembre 1724 à Fontainebleau ; la Requête de Mr. *de Thenif-fey* fut rejettée, & les Arrêts font demeurés fans atteinte.

Voilà le feul avantage qu'ait retiré Mr. *de The-niffey* de la procédure immenfe qu'il a fait, & des mouvements infinis qu'il s'eft donné dans tous les Tribunaux du Royaume ; il ne laiffe pas d'être confiderable s'il veut en profiter ; il aprendra à fe connoître & à ne fe point élever au-deffus de fon état & de fa condition. *(a)*

On ne parlera point d'un grand nombre d'incidents que Mr. *de Theniffey* a fait naître dans le cours de la procédure, tous plus bifarres les uns que les autres : il y a avancé les paradoxes les plus étranges, & les maximes les plus erronées. Il y fait des régles qui ne font fondées que fur fa propre autorité, & décide en Légiflateur des Ordonnances qu'il veut qu'on profcrive : ce détail meneroit trop loin ; on finira par le récit de ce qui s'eft paffé entre lui & le Chapitre d'Avalon, dont il a déguifé les circonftances. C'eft un épifode dans le procès, qui fait connoître le caractére de Mr. *de Theniffey* ; & l'imprudence qu'il a eu d'attaquer Mr. *de Clugny* fans titres : puifqu'il a été obligé au premier pas de l'affaire, d'en aller chercher dans les Archives du Chapitre d'Avalon, où il n'y en avoit point, & où il n'avoit aucun droit de foüiller.

Il obtint donc un compulfoire le 14 Avril 1718, qui lui permit de tirer des extraits des comptes, & autres actes dans les Archives du Chapitre de Saint Lazare d'Avalon. L'ayant fait fignifier, cinq Chanoines s'étant affemblés, & craignant les procès dont ils étoient menacés, eurent la complaifance de lui ouvrir leurs Archives ; il eut le loifir d'examiner ce qu'il voulut, il y employa fix jours entiers, tems plus que fuffifant, depuis le 26 Aout 1718, jufqu'au

(a) S. Luc, chap. 14, verf. 11.

CXVIII. *Autre incident que fait naître Mr. de Theniffey, pour retarder le jugement du procès.*

CXIX. *Récit du fait. Mr. de Theniffey obtient un compulfoire, qui lui ouvre les Archives du Chapitre d'Avalon. Il les examine à fon gré pendant l'efpace de fix jours.*

31 du même mois que le Procès verbal fut clos &
signé par les Chanoines préſents, qui firent des pro-
teſtations que cet acte de complaiſance ne pût leur
nuire ni préjudicier.

Tout ce que Mr. *de Theniſſey* découvrit dans le
grand nombre des comptes & d'autres actes, qu'on
lui donna le tems d'examiner, c'eſt que *Jean de Clugny* cinquiéme ayeul de Mr. *de Clugny*, avoit été Receveur du Chapitre en 1530 & 1547. Fait qui a toujours été avoüé par Mr. *de Clugny*: on remarquera
en paſſant, que dans ces deux comptes, & dans pluſieurs autres piéces ſignifiées à Mr. *de Clugny*, à requête de Mr. *de Theniſſey*, où il eſt parlé de *Jean de
Clugny*, ſon nom y eſt écrit *de Clugny*.

CXX. *Il en
demande une ſe-
conde fois l'ou-
verture, ce qui
lui eſt refuſé par
le Chapitre.*

Le 3 Septembre ſuivant, Mr. *de Theniſſey* ſe préſenta de nouveau au Chapitre, pour demander l'ouverture des Archives. Le Chapitre aſſemblé en plus
grand nombre, & ſentant les conſéquences de cette
prétention, forma une Délibération le 6 Septembre,
par laquelle il donna pouvoir à une perſonne du
Corps, de s'opoſer au compulſoire, & prit en con-

CXXI. *Ce re-
fus donne lieu à
un procès entre
le Chapitre &
Mr.* de Theniſ-
ſey.

ſéquence des Lettres de reſciſion contre le conſentement donné par les cinq Chanoines à l'ouverture de
ſes Archives, & tout ce qui avoit été fait en conſéquence, ce qui donna lieu à un grand procès, entre
le Chapitre & Mr. *de Theniſſey*, parce que dans le
cours de l'inſtance, il prit la qualité de Fondateur
du Chapitre, ce qui forma une nouvelle qualité dans
le procès, plus importante que la demande principale, le Chapitre prétendant qu'il eſt de fondation
Royale.

Mr. *de Theniſſey* en ſoutenant contre le Chapitre
d'Avalon, ce procès qu'il avoit groſſi par de nouvelles
qualités, qui le rendoient d'une très grande diſcuſ-
ſion, n'avoit d'autre but que de ſe préparer un prétexte pour empêcher, s'il avoit pû, le jugement de
celui qu'il avoit entrepris ſi légérement contre Mr.

de Clugny : il étoit en effet en état d'être jugé au mois d'Aout 1721. Le 6 il préfenta Requête, par laquelle il demanda qu'il fut furcis au jugement, jufqu'à ce qu'il eut fait décider celui qu'il avoit contre le Chapitre d'Avalon, *parce qu'il avoit une opération à faire audit Chapitre , avant que le procès pendant entre lui & Mr.* de Clugny, *pût être jugé.* Il trouva moyen de prolonger cet incident jufqu'au mois d'Avril 1723, qu'il en fut débouté par Arrêt avec amende & dépens.

Mr. *de Clugny* n'avoit aucun interêt à prendre parti pour le Chapitre d'Avalon : s'il avoit été condamné à ouvrir fes Archives à Mr. *de Theniffey*, qui difputoit à Mr. *de Clugny* fon nom , & qui prétendoit que ce n'étoit *que depuis quelques années feulement* qu'il fignoit *DE CLUGNY*. Mr. *de Clugny* auroit trouvé dans les Archives du Chapitre , des actes qui juftifient que depuis plus de deux cens ans, le nom de fes ancêtres s'écrivoit *de Clugny*, & qu'ils fignoient de la même maniere. Mr. *de Theniffey* malgré toutes fes recherches, bien loin d'y avoir trouvé rien de contraire , y a trouvé des preuves de la longue poffeffion de Mr. *de Clugny* & de fes prédéceffeurs; établie d'ailleurs par une infinité d'autres actes autentiques, indépendament de tout ce qui pouvoit être contenu dans les Archives du Chapitre d'Avalon.

On voit par tout ce qu'on vient de dire, que Mr. *de Theniffey* s'eft embarqué légérement dans un procès des plus odieux & des plus mal fondés, contre le fentiment de fes parents les plus proches & les plus qualifiés, & malgré les avis de gens fages & éclairés qu'il avoit confultés. Que le fuccès a été tel qu'il devoit l'attendre , Mr. *de Clugny* ayant été maintenu dans la poffeffion où il étoit de fon nom & de fes armes par Jugement du 26 Juillet 1723, qu'il n'a ofé tenter de faire réformer , depuis qu'il a été rendu.

CXXII. *Mr. de Theniffey, fous prétexte de ce procès, demande qu'il foit furcis au jugement de celui qu'il avoit contre Mr.* de Clugny, *il eft débouté de fa demande avec amende & dépens.*

CXXIII. *Il n'y a rien dans les Archives du Chapitre d'Avalon qui ne juftifie & ne confirme la poffeffion où eft Mr.* de Clugny, *de fon nom, par lui & par fes auteurs.*

Qu'il n'a pas été plus heureux dans le procès qu'il a intenté au Chapitre d'Avalon, ayant été condamné dans fa prétention, avec dépens, par Arrêt du 8 Mars 1723.

Et qu'enfin les qualités de *Meſſire*, *Chevalier*, & *Comte* qui lui tenoient ſi fort au cœur, lui ont été rayées par un Arrêt du 4 Fevrier 1723, & réduit aux qualités qui conviennent aux ſimples Gentilshommes.

Que cet Arrêt a été autoriſé par le Roi lui-même, dans fon Conſeil, fur les plaintes que Mr. *de Theniſſey* a voulu lui en porter.

Que lui reſte-t-il donc, de tout ce grand procès entrepris avec tant d'éclat, & ſoutenu avec toute la chaleur & l'opiniatreté poſſible ? la honte inſéparable d'une entrepriſe téméraire, dont le ſuccès l'a couvert de confuſion.

Depuis le jugement du procès Mr. *de Theniſſey* voyant que les voies de la Juſtice ne lui étoient pas favorables, a eu recours à un Juge plus aiſé à mettre dans ſes interêts. Il s'eſt adreſſé à un Généalogiſte dont la plume vénale diſtribuë de l'antiquité & de l'illuſtration à ceux qui lui en demandent, à proportion du prix qu'ils y veulent mettre. Si Mr. *de Teniſſey* n'a payé cet Ouvrage que ſa juſte valeur, il n'auroit pas dû lui coûter fort cher. Il lui a compoſé une nouvelle Généalogie que Mr. *de Theniſſey* a diſtribuée dans le public ; mais comme il n'a fait qu'y ajouter quelques chiméres à celles que Mr. *de Theniſſey* avoit employées pour bâtir ſes premieres Généalogies ; celle-ci ne mérite aucune réponſe, non plus que les défis qu'il a fait à Mr. *de Clugny*, à la ſollicitation de Mr. *de Theniſſey*, & les injures dont il les a accompagnées ; elles ne ſont dignes que de mépris.

Namque, ſpreta (convicia) exoleſcunt : ſi iraſcare agnita videntur. Tacit. Ann. liv. 4, chap. 34.

PREUVES
DE LA GENEALOGIE
DE LA
FAMILLE DE CLUGNY.

AVERTISSEMENT.

*L*Es titres qui servent de preuves à la Généalogie de **Clugny** & à l'Histoire du procès, sont ici rangés par ordre de Chronologie. On a cité en marge de chaque degré de la Généalogie, & de tous les faits qui composent l'histoire du procès, lès dates des piéces & actes qui en font la preuve ; & à la marge de chaque piéce on a marqué par des renvois les degrés de la Généalogie, & les faits ausquels elles se raportent, afin que ceux qui voudront en prendre la peine, puissent les vérifier aisément.

Mr. de Theniffey a avancé dans le cours de la procédure un si grand nombre de paradoxes, de faits faux, de propositions contradictoires, de maximes erronées, qu'il n'a pas été possible de les faire toutes entrer dans le récit de la procédure, sans s'exposer à y jetter de la confusion. On n'entreprend pas de les relever toutes, il faudroit pour cela un volume immense. On se contentera d'en raporter quelques-unes des principales dans des notes marginales sur les piéces qui y ont du raport. On observera seulement que tout ce qu'il avance sans en aporter de preuves, est absolument faux.

Les Provisions d'Offices sont des actes de stile, qui sont dans des dépôts publics, on n'a pas crû devoir en grossir ce Recueil.

Dans les citations des passages tirés des écrits de **Mr. de Theniffey**, on n'a rien changé dans les termes.

Comme l'orthographe de la langue françoise a toujours été sujette à de grands changemens, on s'est attaché à suivre exactement dans l'impression celle qui se trouve dans chaque titre original ; c'est ce qui fait qu'on la trouverra si différente, suivant l'âge des actes.

Le Lecteur ne doit pas prendre pour des fautes de Copiste ou d'Imprimeur, le manque de ponctuations dans quelques titres, non plus qu'un même mot écrit de plusieurs manieres, des noms écrits différemment, d'autres où il manque une lettre, par exemple, Magdelain, pour Magdelaine, &c. parce que tout cela ne s'est fait que pour se conformer scrupuleusement aux Originaux.

Délibération des Habitans d'Autun, pour obliger leur Commune envers le Roi d'Angleterre.

LEs Citoiens & Habitans d'Oſtun, aſſemblés par voix de crie, nomment leurs Procureurs generaux & meſſagers ſpeciaux, diſcrettes perſonnes & ſaiges, Maiſtres Jean d'Oudry, *Hugues de Clugny ſaiges en Droit*, Humbert Renard d'Oſtun, Guillaume de la Palu, & Guillaume de Maiſſieres, pour ſe trouver pardevers Monſr. le Duc, ou ſon Grand Conſeil, & conſentir à tous traités & accords faits avec le Roy d'Angleterre, & s'obliger aux ſommes accordées, avec les Prélats, Gens d'Egliſe, les Nobles & Communes des bonnes Villes dud. Pais ſelon leurs facultés; pourveu que led. Duc pour les gens de ſon Domaine, autres que des bonnes Villes, leſd. Prélats & Clergié pour eulx & leurs hommes, les Nobles par ſemblable maniere, & ſes autres bonnes Villes s'obligent auſſi. Les preſentes Lettres données ſous le ſcel des Bailliages d'Oſtun & de Montcenis, le *Vendredy* V I *jour du mois de Mars*, préſents noble homme Monſr. Maillart de Thanay Chevalier, Capitaine d'Oſtun, & Guillaume de Sallonay Eſcuyer l'an de grace M. CCC. L. IX.

6 Mars 1359.

Mr. de Theniſſey peut chercher dans tous les dépôts publics, dans toutes les Archives des Chapitres & anciens Monaſtéres, il ne trouvera aucun titre légitime antérieur à celui-ci, qui parle de la famille de Clugny *d'Autun.*

Liaſſe des Traités de paix faits entre le Duc de Bourgogne & le Roi d'Angleterre, pour le payement de 200000 *Moutons d'or.*

Dans les Archives de la Chambre des Comptes de Dijon, dans la Tour d'en-haut.

Palliot en fait mention, tom. 12. fol. 295.

Traité de Tréves, entre Edoüard III. Roi d'Angleterre, & Philippe dernier Duc de Bourgogne, de la premiere Race.

CEſte endeneuye faicte preſentement. Nous Edouard par la grace de Dieu, Roi de France & d'Angleterre d'une part & le Duc de Bourgoigne pour luy & pour les Ducheé Comteé de Bourgoigne & pour la Bailliage d'illes & pour les gens des meſmes les Ducheé Comteé & Bailliage demeurans en iceux d'autre part temoignent les points & articles traittiés & accordés par Nous Roy & Duc deſſuſdits Premierement que nous avant dit Roy pour nous & pour tous nos ſujets alliés aydans adherans & obeiſſans avons octroyé & octroyons bonne & lealle treuve & ſuſpenſe de guerre aux devant dits Duc Ducheé & Comteé de Bourgoigne & à la Baillage d'illes & à touttes les perſonnes demourans & habitans en iceux & dedans les meix & bondes dud. Ducheé & dureront leſdittes treuves du jour de la datte de cettes tant que à la fin de trois ans prouchains avenir & parmy les avant dittes treuves & ſuſpenſe & auſſy pour cauſe que nous faiſons livrer aud. Duc *la Ville de Flavigny* qui eſt maintenant occupée par nos gens led. Duc de Bourgoigne payera ou fera payer à nous ou à nos hoirs ou à celuy qui à ce ſera deputté eſpecialement de par nous en la Ville de Calais ſi elle ſoit adoncques de l'obeiſſance ou en la Seigneurie poſſeſſion & puiſſance de nous ou de nos hoirs ou autrement en la Cité de Londres deux cent milles deniers d'or au mouton deſdits pays & coing de France & de la value que tient mouton d'or cours au preſent Royaume de France ou Angleterre. (a) & à la value des deniers de ſon dit eſcu. C'eſt à aſſavoir à la Feſte de Saint Jehan le Baptiſte prouchain en ſuivant cinquante milles moutons & à la Feſte de Noel

10 Mars 1359.

(a) *Le Mouton d'or valloit* 30 *ſols.* V. *le compte de* Jean Fraignot, *fol.* 246.

Z

adonecques prouchain en suivant cent milles moutons & à la Feste de Pasques dés lors prouchain en suivant cinquante milles moutons & pour parfaire bien & leallement les devant dits paiemens par maniere comme ils sont cy dessus limités le Duc de Bourgoigne devant dit & aussy les Prelats c'est assavoir les Evesques de Chaalons & d'Ostun *(a)* & les Abbés de Saint Pierre de Chaalons de Saint Martin d'Ostun & de Saint Benigne de Dijon de Saint Seine de Flavigny de Tournus de Cisteaux de Fontenois de Maizieres de Lafforce de la Bussieres de Chatoillon de Saint Estienne de Dijon de Doigny de Sainte Marguerite & autres nobles Seigneurs de Bourgoigne & aussy les Communes des Cités de Chaalons & d'Ostun & des Villes de Dijon de Beaune de Semeur de Montbart & de Chatoillon & mesmement *quinze autres nobles Seigneurs* c'est assavoir Orches Sire de Granson Jacques de Vienne Sire de Lonvi * Hugues de Vienne Sire de Saint Georges ** Henry de Vienne Sire de Mirebel en Montaigne Hugues de Montagou dit de Couches Gibaut de Meslon Sieur Despoisses Jehan Sire de Sombernon Guye Desfroulois Sire d'Arceé Jehan Sire de Senecey Geoffroy de Blassy Sire de Joanoilley Guillaume de Montagu Sire de Massingy Simeon Sire de Chasteauneuf Jehan Sire de Montmartin Guillaume du Pailley & Gerard de Thoney Escuyers. *Et aussi sept Bourgeois* c'est assavoir Hugues Aubiet Poinçot Bourgeoise Guillaume de Marseilley Bourgeois de Dijon Guyot Hoin Bourgeois de Semeur *Maistres (b) Jehan Doudry & Hugues de Clugny (c)* Bourgeois d'Ostun existie Philibert Paillet Bourgeois de Beaune & chacun d'eux principalement & pour l'entier desd. sommes s'obligeront à nous & nos hoirs par leur foy serments & Lettres scellées de leurs seaulx *(d)* en la meilleure maniere que nostre Conseil voudra ordonner & à toutes les fois que aucunnes deffaites desdits payements se fera led. Duc & aussy les Prelats Nobles & Communes des Cités & des bonnes Villes & aussy quinze Nobles & sept Bourgeois susnommés se obligeront & chacun de eulx divisement s'obligera de payer au nom de peine à nous & à nos hoirs & en le devant dit lieu la double de les sommes lesquelles le Duc & les aultres obligés auront ainsy failly la quelle peine sera encourue & commise à nous & à nos hoirs tantost apres telle deffaite & à toutes les fois que se fera & la peine payée ou non le Duc & les aultres susnommés demeureront obligés pour les sors & sommes principalles que ainsy restent à payer & mesmement à touttes les fois que aucunne deffaite des payements avant dits se fera led. Duc les quinze Nobles & les sept Bourgeois susnommés par leurs propres personnes envoyer hostages en la prison de nous ou de nos hoirs à la Ville de Calais si elle soit adonecques en nostre puissance comme dit est pardessus & autrement en la Cité de Londres en Angleterre dedans ung mois prouchain apres icelle deffaite sans aultre requeste & à leurs frais & à demeurer illec ou ailleurs qu'il nous plaira sans villaine prison en hostages tant que les sommes les quelles le Duc & les aultres obligés auront ainsy failly de payer & les peines pour celle cause commises & encourues soient entierement payées & à ce faire lesd. hostages à luy envyer feront serment par leurs foy & sur les saints Evangiles & si aucuns desd. hostages apres qu'il sera ange du en aucun tems decedat ou s'en partit sans avoir sur ce la con-

(a) Preuve de la supposition des prétenduës reprises de Fief de 1203 & 1331, dans lesquelles ce nom est écrit, Autun. V. ci-dessus pag. 124.

** Jacques de Vienne Seigneur de Longvi, Chevalier, Chambellan du Duc, & son Lieutenant dans ses Païs de Bourgogne, mort en Hongrie en 1368.*

*** Guillaume de Vienne Seigneur de S. George & de Ste. Croix, Chevalier, Chambellan du Duc, Gouverneur du Comté de Bourgogne.*

(b) On les qualifie Maistres, parce qu'ils étoient Gradués; la Délibération des Habitans d'Autun du e Mars 1359, ci-dessus, leur donne le titre de Saiges en Droit.

(c) Palliot dans les extraits des pièces concernant ce traité des Moutons d'or, observe que le Duc dans son Testament du 11 Nov. 1361, *nomme les sept Bourgeois qui s'étoient établis cautions, entre lesquels est* Hugues de Clugny, *qu'il nomme* Huguenin, *& que dans les Actes qu'il a vû, on le nomme tantôt* Hugues, *tantot* Huguenin. Tom. 12. fol. 295.

(d) On voit dans la Chambre des Comptes, les Lettres d'obligations des quinze Nobles & des sept Bourgeois, qui s'obligent au payement des 200000 Moutons d'or, aux termes & conditions contenuës au présent traité; ces Lettres sont scellées de leurs sceaux, sans timbre ni autres ornemens, & sont cancellées.

On y voit aussi les Lettres d'obligations du Duc, en faveur des quinze Nobles & des sept Bourgeois, pour leur garantie.

gie de nous ou de nos hoirs par nos Lettres Patentes que led. Duc donnera au devant dit lieu ung ou plusieurs aultres souffisants au lieu des deffaillans dont nous ou nos hoirs en seront contents dedans ung prouchainement
apres que le Duc ou ses hoirs sera par nous ou nos hoirs en quelconque
maniere sur ce requis. Et est accordé presents nous Roy & Duc avant dits
que les devant nommées personnes ne angennent leurs corps en hostages au
lieu estably & par maniere que dessus est dit & aussy que les avant dittes
sommes principalles & les peines encourues & commises ne fussent entierement payées aux termes avant dits les avant dittes treuves cesseront de
tout & dez lors perdant leurs forces demourans toutes fois les obligations
comme à toutes aultres choses y compris en leur effet & vigueur mais les
avant dits payemens des sommes principalles & des peines commises & encourues par led. Duc ou aucun des avant dits obligés par maniere que dessus est
compris faict & tous les autres obligés pour celle cause soient dés lors quit-
tes de leurs foy serments & obligations & les Lettres sur ce faictes de tout
perdent leurs forces. Item accordé est nos Roy & Duc avant dits que ledit
Duc & aussy tous les Nobles & Sujets des avant dits Ducheé Comteé &
Baillage nonobstant les avant dittes treuves se puissent franchement aimer
c'est assavoir ceux des avant dits Ducheé & Baillage avecques & pour qui
il leur appartiendra & ceulx de la Comteé de Bourgoigne avecques & pour
qui il leurs plaira (excepté led. Duc & hors du pays de Bourgoigne) sans
estre empesché ne domaige de nully pour cette cause toutes fois nuls Gens-
d'armes ne aultres des marches de Bourgoigne ne feront guerre de leurs
pays ne des Forteresses & lieux qu'ils tiennent dans les bondes & sur les
frontaiges de Bourgoigne sur nous nos hoirs ne sur gens aucuns quelques
ils soient durant les treuves devant dittes. Item parmy ce present accord
toute maniere de gens tant de Bourgoigne que de quelques pays qu'ils soient
soient ils Messaigers envoiés à nous ou à nos gens ou envoiés par nous ou
par nos gens es Provinces Seigneuries & autres gens quelconques durant les
avant dittes treuves pour leurs besoignes fassent passer franchement en
payant leurs frais raisonables passer repasser aller venir demourer & se-
journer avecques leurs chevaulx biens & harnoys en les Ducheé Comteé
& Baillage devant dits à toutes les fois qu'il leur plaira sans estre arrestés
domaigés grevés decombés ne empeschés par led. Duc ne par ses gens
aydans ne de leurs sujets aucuns & sans en euvrir ne regarder les lettres
des avant dits Messaigers pour nulle cause & aussy toute maniere de ma-
lades Anglois & autres nos alliés aydans adherens & obeissants qui pour
leurs ayses se veuillent reposer & demourer dedans le pays dudit Duc y
puissent franchement venir & demourer seurement & paisiblement tant ce que
leur plaira & à toutes les fois que besoing en auront & à leur departir &
les autres avant nommés tous saufconduits dud. Duc & de ses gens & de
les supporter & conduire à leurs missions comme les sujets & autres avant nommés c'est assavoir que les susdits gens ne restent à deux nuicts s'ils n'ont
juste cause pourquoy il les convient necessairement plus demourer. Item accordé est expressement que nous nous voulussions faire ayder de la plus grande partie des pays de France & led. Duc de Bourgoigne contredisoit ne ne
vouloit faire à nous comme au Roy de France ce qu'il doit faire que les
avant dittes treuves adoncques perdent leur force & nous puissions si avant
proceder encontre ledit Duc comme si lesd. treuves n'eussent esté passées ne
accordées. Item nous ferons bailler aud. Duc ou à ses ceans deputés la Ville
de Flavigny en l'estat qu'elle est & les biens qui dedans sont & les ran-
çons des prisoniers de ladite Ville & aussy des personnes & des Villes environs qui ne sont mye encores payées nous ferons cesser & quitter de sorte
que nous Roy devant dit leallement & de bonne foy par la teneur des presentes & par nos expresses paroles de tenir & garder fermement en ce qui

nous touche lefd; treuves fans venir aucunnement allencontre & fi aucuns de
nos fujeêts & obeyffants alliés aydans & adherans faffent au contraire nous
y mettrons noftre lealle diligence & fans fraude & fans malangeins & le dommage ceffera amende & prejudice par ceulx qui l'auront faiêt. & fi nous fairons
fi notable negligence qu'ainfy faiêt dommaige ne foit amende par nos fujeêts
alliés aydans & adherants qui l'auront faiêt adoncques nous le ferons amen-
der d'un autre fi avant comme puiffe eftre accordé envers nos gents & les
gents dudit Duc à ce par nous & luy en efpecial deputés & pour que rai-
fonable eftimacion de tel dommaige puiffe mieulx eftre faiête & promettrons
auffy de tenir & accomplir tout ce que nous avons pardevant promis. En te-
moignaige des quelles chofes nous avons faiêt faire cettes nos Lettres Patentes données fous noftre grand feel à la Ville de Guillon (a) en Bourgoigne
le dixiefme jour de Mars l'an de noftre Regne de France vingt premier &
d'Angleterre trente-quatre.

A cofté de la derniere ligne de ce traitté & en marge fe lit le milliaire
1359.

(a) Bourg fitué dans la Vallée d'Efpoiffes, Bailliage d'Avalon.

Liaffe des Traités faits entre le Duc de Bourgogne & le Roi d'An-
gleterre, pour le paiement defd. 200000 Moutons d'or.

Teftament de Philippe dit de Rouvre, dernier Duc
de l'ancienne Maifon de Bourgogne.

*I*N *nomine Domini, Amen. Ego Matheus de Arneto Notarius de Ponte-*
fciffo (a) Curie Ducatus Burgondie juratus, notum facio univerfis prefentes
Litteras infpeêturis, quòd Ego vidi, tenui, ac de verbo ad verbum legi &
diligenter infpexi Teftamentum bone memorie Illuftris Principis Domini Phi-
lippi quondam Ducis Burgondie, fanum & integrum, non abolitum, non
cancellatum, non abrafum, nec in aliqua fui parte viciatum, omni prorsù-
vicio & fufpiccione carens, figillo Curie diêti Ducatus, ac fignis manualibus
& fubfcriptionibus difcretorum virorum Domini Guidonis Rabi, Magiftri Ro-
berti de Barneflis Notariorum & Juratorum diête Curie, ac Hugonis Qui-
nardi, de Portu Paluelli, (b) publici auêtoritate Imperiali Notarii, ut primâ
facie apparebat figillatum, fignatum & fubfcriptum, cujufquidem Teftamentî
tenor de verbo ad verbum dinofcitur effe talis :. En Nom de noftre Siguour
Jhejucrift, & de la gloriouse Vierge Marie fa Mere, & de toute la Court
Céleftiaul, Amen. *En l'an de l'Incarnation d'icelli courrant mil trois cenz*
fexante & ung, le unziéme jour dou mois de Novembre .. Nous Philippes
Dux de Bourgoigne, Conte d'Artois, de Bourgoigne, Palatins, de Bouloine,
d'Auvergne, & Sires de Salins, eftans en bon fenz & fains de penfée &
d'entendemant, combien que en malaidie de corps, voulanz toutes voies de
notre ame & de notre corps & des biens temporelz à nous donnez & outroiez
par notre Souverain Créatour, ourdeney & difpoufey au Ioux de luy, & de
la gloriouse Vierge Marie fa Mere, & non partir de ceft fiégle fanz reftanment,
ou darreniére ordenance, avons fait, ordeney & ordenons notre teftament
ou darreniére ordenance en la meniére qui s'enfuit. Premiéremant, recom-
mandons l'ame de Nous à Notre Sauveur Jhefucrift, & à la gloriouse Vierge
Marie & à toute la Court de Paradis, & élifons notre fépulture en l'Eglife
de Citeaulx de la Diocéfe de Châlon au leu où nos Prédéceffours gifent, &
voulons & ordenons que toutes clamours que l'on feray contre nous & touz
nos torfaiz, foient oiz, adréciez & amendez, & auxi touz nos debres paiez
& fatisfaiz entiéremant par noz Exécutours cy aprés efcripz par la meniére
qu'il appartiendra. Item, ordonnons & inftituons nos hoirs en nos Terres,
Paiis & biens quel qu'il feront, ceux & celles qui par droit ou coftume dé-

11 Nov. 1361.
(a) Pontallier.

(b) Port de Pal-
luzu.

puis te devenr & puent eftre. Item , nous laiffons à prier pour l'ame de nous
& de nos Prédéceffours à l'Eglife de Citeaux , cinq cenz livrées de terre à affeoir au plux prez ce ladicte Eglife ainfi que bonemant fe pourray
faire , dont les Religieux feront tenuz de faire le Service ainfi comme or-
dené fera par nos Exécutours cy deffoubz nommez. Item , Nous donnons &
laiffons à notre Chapelle de Dijon , en accroiffant les rentes d'icelle , trois
cenz livrées de terre à affeoir à Dijon au plux prés que l'on pourray, dont
les perfonnes de ladicte Chapelle feront tenües de faire pour nous & nos Prédéceffours les Services felon que nos Exécutours leur ordenneront. Item , aux
Chartroux de Beaune , cent livrées de terre à affeoir au plux prés d'eulx , &
pour faire le Service pour nous & noz devanciers à l'ordenance deffufdite.
Item , nous remectons & quictons pour l'ame de nous & de noz Prédéceffours
touz les fejours de chevaulx de vallez qui nous font deuz tant en la Duchie
de Bourgoigne comme en nos autres Terres & Paiis , foit en Eglifes , en Villes,
ou en Granges. Item , famblaublemant quictons & remectons touz giftes de
chiens & de Veneurs , & les pains deuz pour caufe d'iceulx chiens en quelconques Eglifes & Villes que ce foit en nofdictes Terres & Paiis. Item , volons & ordenons que toutes novelletez indehües qui par nos Prédéceffours ,
& nous , ont eftey faictes depuis trente anz en ençay ou préjudice de l'Eglife
de Befançon , foient remifes en eftat dehu , & famblaublemant de toutes autres Eglifes en nos Terres & Paiis. Item , laiffons aux Eglifes de Befançon,
d'Oftun , de Châlon , de Clarmont en Auvergne , d'Arraz , de Therouenne ,
& de Notre Dame de Boloigne , à chafcune d'icelles , vingt livrées de terre ,
pour y faire chafcun an notre Univerfaire follempnel laquelle terre leur feray
affife au plux prés & plux profitaublemant que l'on pourray en nos Terres &
Paiis. Item , à toutes Eglifes Collegiaux de nos Terres & Paiis à chafcune d'i-
celles , dix livrées de terre à affeoir par nos Exécutours , pour y faire chafcun an perpétuelmant notre Univerfaire. Item , voulons & ordonnons que des
rentes des fondations de nos Chappelles de Rouvre , & de Thalent , qui fe
paient en deniers par la main de nos Genz & Receveurs lour feront affifes en
terre à panre par leur main au plux prés d'eulx qu'il fe pourray faire bon-
nemant, & en aumentaçion defdictes rentes , donnons à chafcune d'icelles
vingt livrées de terre à affeoir par nos Exécutours. Item , laiffons à l'Eglife
de Clugny pour y faire chafcun an notre Univerfaire perpetuelmant , vingt
livrées de terre à affeoir par nos Exécutours en noz Terres au plux prés. Item,
à l'Abbaïe de Fontenoy , pour prier pour nos Prédéceffours , & nous , & y
faire chafcung an fon Unniverfaire pour Madame la Ducheffe notre aieule ,
& ung pour notre fuer Jehanne de Bourgoigne qui y gifent & le notre auxi,
quarante livrées de terre. Item , laiffons à toutes les autres Abbaies blanches
& noires , & de Saint Auguftin eftanz en notredit Duchié & en nos autres
Terres & Païs foubz notre garde , cent foudées de terre à chafcune d'icelles
pour y faire notre Univerfaire perpetuelmant. Item , à touz Priorez Conven-
tuaulx de nofdictes Terres eftanz en notre garde , à chafcun , foxante foudées de terre , pour y faire notre Univerfaire perpetuelmant. Item , aux Chartroux de Lugny , & au Priour dou Vaul des Choulx , à chafcune , dix livrées
de terre pour notre Univerfaire chafcung an. Item , à tous les Couvens des
Fréres Prefcheurs & Menours , Carméliftes , & Auguftins eftanz en nos Terres
& Paiis , trente florins pour une fois à chafcung Couvent , pour prier pour
nous & nos Prédéceffours , & en oultre au Couvent des Freres Prefcheurs de
Dijon pour refaire leur Eglife , cent florins pour une foiz. Item , nous voulons & ordennons eftre diftribué par nos Exécutours jufques à la fomme de
deux mille florins aux Eglifes Parroichaulx , Hofpitaulx & Maifons Dieu de
noz diz Paiis felon ce qu'il fembleray bon à nos Exécutours. Item , voulons & ourdennons que comme nous aienz promis à nos chiers Cofins le Sire
de Grançon , Meffire Jaques de Vienne Sires de Longi , Meffire Hugue de

Vienne Sires de Saint George ; Meſſire Henri de Vienne, Meſſire Hugues de Montagu Sires de Couches, Meſſire Jehan Sires de Sombernon, Meſſire Guy de Froloys ; le Sire d'Eſpoiſſe, le Sire de Seneecy, le Sire de Mommartin, le Sire de Mavoilli, Meſſire Guillaume de Marrigny, & à Meſſire Guillaume du Pailley, Chevaliers ; & à Poincet Sire de Chaſtenuef, & à Girard de Thori, Eſcuiers, & à noz amez *Bourgeois Maiſtre* Philibert Paillart, Huguenins Aubrioz, Guillemoz de Marcilley, Poinſart Bourjoiſe, *Maiſtre Jehan Doudri, Huguenin de Clugny,* & Guiot Fournier qui ſont obligiez pour nous, & notre Paiis de la Duchié, au Roy d'Angleterre à les garantir & délivrer de ladicte ploigerie & de touz coulz & domaiges, & que icelle garentie lour ſoit tenüe & acomplie & ſoient dédonmaigiez, & à ce voulons eſtre obligiez nos hoirs & Succeſſours en notredit Duchié, & que bonnes Lettres leur en ſoient données à chaſcun qui les requerra, par noz diz hoirs. Item, à Meſſire Guy de Bucons notre Chambellam, nous laiſſons & donnons en héritaige perpetuel pour luy & ſes hoirs deſcendeuz de droite ligne proctaez de ſon propre corps, notre Maiſon & Terre de Sainte Marie en Choux, laquelle nous li aviens donnée à ſa vie. Item, li laiſſons quatre cenz florins en deniers pour une foiz. Item, à Meſſire Hugue de Mogen cent livrées de terres en héritaige à li aſſeoir & délivrer convenablemant en notre dit Duchief par noz diz Exécuteurs. Item, à Meſſire Guillaume de Recey, en héritaige perpetuel cent florins de rente que nous li aviens donnez à ſa vie, en & ſur notre Ville de Buncey. Item, à Guiot de Rouſſoy cinquante livrées de terre à vie. Item, à Guillaume de Vaulx notre Chambellan, cent livrées de terre à vie ſeulemant. Item, à Maiſtre Roubert de Lugny notre Chancellier de Bourgoigne, cinq cenz florins de rente à vie ; c'eſt aſſavoir, trois cens ſur notre Terre de la Serrée & de Beaumont, & les tenra en ſa main ſa vie durant, & deux cenz florins à panre ſur nos Foires de Châlon chaſcung an, à chacune, cent florins, & quicte de quatre cenz florins qu'il pouhoit devoir des biens dou Duc Eude, ou pour aultre cauſe. Item, à Meſſire Hugue de Villers, cinquante livrées de terre à vie. Item, à Meſſire Girard de Lonchamp, trente livrées de terre, à vie, à aſſeoir en la Ville de Pluvot, & quicte de l'obligation qu'il nous avoit faicte pour Meſſire Girard de Mairey. Item, à Frere Guillaume de Chaſtillon, ſexante florins, & à Frere Nichole de Brion ſon compaignon, quarante florins. Item, nous voulons que la traitie fait entre l'Arcevefque & Chapitre de Beſançon, & nos Gens, ſe taigne & acompliſſe ſelon le contenu doudit Traitie. Item, voulons & ourdonnons que deux cenz florins de penſion que nous aviens donney à Maiſtre Gille de Montagu chaſcun an ſur notre Recepte de Dole, tant qu'il ſeroit en notre ſervice, il ait & preigne à ſa vie par enſint qu'il ſeray ou ſervice & au Conſoil dou Conte de Bourgoigne, ſe ledic Conte l'i vuet appeller. Item, des demandes & complaintes que faiſoit à nous notre couſin Meſſire Henri de Brenne, de Fié de Tichey, & d'autres chouſes, que raiſons briève li en ſoit faicte par nos Exécutours. Item, voulons & ourdenons que le teſtament & ourdenance de notre trés chiére Suer Jehanne de Bourgoigne, ſoient entérinez, acompliz & exécutez enterennemant & touz les teſtamens & ourdenances de nos Prédéceſſours. Item, laiſſons à Maiſtre Bertaud d'Uncey, Maiſtre Philibert Paillart nos Conſoilliers, à chaſcun d'eux, deux cenz florins pour une foiz. Item, à notre couſin Amé de Genéve, notre Chaſtel de Mimerey, & cinq cenz livrées de terre à eſtevenaz en héritaige perpetuel pour luy & les ſiens, à aſſeoir au plux prés. Item, à Maiſtre Jehan Biſet, Maiſtre Jehan de Baubigney, Meſſire Guy Rabby & à Dimenche de Vitel notre Receveur, à chaſcung cent florins pour une foiz. Item, voulons que le don à vie de quatre cenz florins que fait avons à Meſſire Thomas de Voudenay notre Conſoillier, & trois cenz à Meſſire Jocerant de Lugney, ſe taignent & ſoient vaillaubles tout ainſi & pour la meniére que fait leur avons par noz Lettres qu'il hont fur oe. Item, donnons & laiffons à Meffire Jehan de Rie notre Marefchaut, en rémunération de fes fervices, deux cenz livrées de terre à afleoir en & fur notre Ville d'Ourchans & les appartenances, en héritaige perpetuel, pour lui & les fiens. Item, en oultre li laiffons mil florins pour une foiz. Item, donnons & laiffons à notre Coufin Meffire Jehan de Vienne Arcevefque de Befançon, & aux fiens, la Juftice que nous avons fur fes hommes & en fa Terre de Omnay. Item, laiffons à noz Vallez & Clers de nos Offices qui nous hont fervi & fervent au chafcung jour, deux mille florins, à diftribuer & départir par nos Exécutours à chafcung ce que bon fembleray à noz diz Exécutours. Item, voulons & ourdonnons & nous plait, que le don que fait avons à Maiftre Pierre Cuiret notre Confoiller de notre Terre de Givrey fur Doulx & des appartenances en héritaiges pour lui & les fiens, & en rémunération de fes fervices, fe taigne & li foit gardez & acompliz felon la teneur de nos Lettres, & fe meftier eft li laiffons par ceft préfent teftanment ou ordenance. Item, des doumaiges que nos Cofins Meffire Jaques, & Meffire Henri de Vienne, & ledit Meffire Jehan de Rie ont éhuz & fouftenuz en ce qu'il furent pris à Charrey, que s'il eft avifié par nos Exécutours, ou trovoy que nous y ferens tenuz, que fatisfaçion lour en foit faicte à chafcung par fa porçion. Item, laiffons à Huguenin de Drées, cent florins. Item, à Guingonet de la Roichote, cent florins. Item, à Poinfars de Savigney, fexante florins. Et autres Efcuiers de nos Offices, & aux Maiftres de notre Hoftel, deux mille florins à leur départir par l'ourdenance de nos Exécutours. Item, à Giundot notre Sergent d'armes, cent florins pour une foiz, & l'Office de notre Chaftellenie d'Avalon, à fa vie, à tout les gaiges acouftumez. Item, à Jaquet de Grançon, quatre vins florins. Item, à Meffire Raoul Maltaillié notre Chappellain, cent florins pour une foiz. Item, voulons & ourdennonz le don que fait avons en héritaige au Sire de Voudenay, fe taigne & auffi celly que fait avons à Meffire Jocerant de Lugney. Item, voulons & ourdennons que Meffire Thiebaut de Rie apréfent notre Chaftellain de Bracons, foit & demeure en icelly Office, durant fa vie, aux gaiges acouftumez. Item, nous remectons & quictons aux Habitans de Rouvre la moitié des grains qu'il nous doivent d'arreraiges dou temps paffey. Item, voulons que ung chevaul que Guiot de Brum Efcuier ay perdu en notre fervice, en chacent deux larrons, li foit renduz en prex fuffifant au regart de noz diz Exécutours. Et pour acomplir & mettre à bon effet les choufes avant dictes & une chafcune d'icelles, ourdenons, faifons & eftaubliffons nos Exécutours notre trés chier & trés amey oncle le Cardinaul de Bouloigne, *(a)* notre très-chier coufin le Cardinaul de Clugny, *(b)* notre très chier coufin l'Arcevefque de Befançon, notre très chier oncle Meffire Jehan de Bouloigne, Meffire Henri Contes de Montbéliart, Meffire Jehan de Châlon, Meffire Jaques, & Meffire Henri de Vienne, le Sire de Couches, le Sire d'Efpoiffe, Meffire Jehan de Rie, le Sire de Muriffaut, Meffire Thomas de Voudenay, Meffire Jocerant de Lugney, & Maiftre Roubert de Lugny notre Chancellier touz enfamble les trois, ou les deux de eulx, & voulons notre préfent teftanment, ou darreniére ourdenance eftre exécutez ou acompliz par noz diz Exécutours par les trois ou les deux de lour en la forme & meniére deffus, en la main defqueulx nous avons mis & mectons de maintenant pour acomplir notre dit teftanment, ou darreniére ourdenance, touz nos biens mobles & non mobles quelque part qu'il ferent & d'iceulx nous deveftons, & noz diz Executours en reveftons pour la caufe deffufdicte, auxquelx Exécutours és deux, ou trois de lour nous donnons puiffance pléniére, frainche & généraul de panre, nous trefpaffey de ceft fiégle, la poffeffion de touz noz diz biens, réaument & de faict, de leur propre auctoritey, fenz Juge, pour iceulx vendre, diftraire & efploitier & exécuter en quelque meniére que ce foit pour acomplir notre préfent teftanment ou darreniére ourdenance jufques-à-tant qu'il foit entérinez & acompliz. Et en oultre voulons

(a) Gui de Boulogne ou d'Auvergne, fils de Robert VIII. Comte d'Auvergne, & de Marie de Flandres fa feconde femme, Archevéque de Lyon, créé Cardinal en 1342 par Clément VI.

(b) Androin de la Roche, frere du Comte de la Roche dans le Comté de Bourgogne, nommé Abbé de Clugny en 1351, créé Cardinal aux Quatre-tems de Septembre 1361, par Innocent VI.

que notre préfent teftanmènt ou darrére voulonté vaille & taigne par droit
de vray teftanment follempnel faict par efcript, ou de teftanment nuncupa-
tiz, ou de codicille, ou de donation faicte pour caufe de mort, ou par quelque aultre maniére que mieux puet & doit valoir tant de Droit Civil, comme de Droit Canon, que de Ux, que de Coftume, & à tenir & acomplir fer-
memant les choufes deffufdictes & une chafcune d'icelles, nous obligeons noz
hoirs & Succeffours & les aienz caufe de nous & d'eulx, & touz les biens
moubles & non moubles de nous & d'eulx quelque part qu'il feient, & à ce
voulons eftre controins nos hoirs & Succeffours & les aienz caufe de nous &
d'eulx par la prife, vendüe & efploit de touz nos biens moubles & non moubles, & des leurs par toutes Cours Séculiaires & d'Eglife, conjoinctémant, ou
diviféémant, l'une non mie ceffans pour l'aultre efpeciaulmant, par la Court
de notre Chancellerie du Duchief de Bourgoigne qui eft & feray par le temps,
& de toutes autres Cours que meux plairay eftire à noz diz Exécutours, és
trois, ou és deux, à la Juridiçion & coherçion defquelles Cours Séculaires &
d'Eglife, & d'une chafcune d'icelles nous fubmettons pour acomplir notre préfent teftanment, ordenance, ou darreniére voluntey nos diz hoirs & Succeffours & chafcung d'eulx, & les aienz caufe de nous, & d'eulx, & touz nos
biens, & les lours mobles & non mobles quelque part qu'il feient; Et pour
ce que ces choufes foient plux fermes & eftaubles, nous avons requis & vo-
lu le feaul de notre Court de Bourgoigne eftre mis en ces préfentes Lettres
avec les foings manuelx de Meffire Guy Raby, & de Maiftre Robert de
Baigneux nos Tabellions & Jurez de notre Court, & de Huguenin Quinart
Notaire publique de l'auttoritey de l'Emperéeur, en préfence defqueulx nous
avons fait & ourdonney icelles choufes & leur requis leur diz foings eftre
mis en cefdictes Lettres avec ledit fçel. Faites & données en notre Chaftel
de Rouvre, en la Chambre où nous gifiens de mélaidie, l'an & le jour deffus
diz, anviron heure de None, préfent Meffire Bertrand d'Aguiffi Chevalier;
Eftevenin le Doennet, de Beaune; Guiot Journi, de Baigneux; Maiftre Eftienne
de Poloigny, Chanone de Leingres; Maiftre Pierre de Chaumont, Chanone de
Beaune; Maiftre Eude de Chois Phificien. Tefmoings à ce appellez & demandez.
Et je Guy, Tabellion deffus diz appellez & requis doudit Monfeigneur le Duc,
avec les aultres Notaires & tefmoings deffus efcriptz, ay eftey préfens à toutes les choufes deffus dictes & une chafcune d'icelles en demantiéres qui fe
faifoient & ourdonnoient par icelly Monfeigneur le Duc, & à fa requefte ay
mis mon foing manuel, & me fuis foubfcripz de ma propre main en ceft
préfent teftanment, avec les foings & fubfcripçions des autres Notaires, &
le feaul de ladicte Court, fupplié à Monfeigneur le Chançellier que mette
en ces préfentes Lettres, où teftanment. En tefmoignaige de veritey des choufes
deffufdictes. Et je Roubers de Baigneux Tabellion deffufdiz appellez & requis doudit Monfeigneur le Duc, avec les aultres Notaires & tefmoins deffus efcripz, hay eftey préfenz à toutes les choufes deffufdictes & une chafcune d'icelles en demantiéres qui fe faccoient & ourdonnoient par icelly Monfeigneur le Duc, & à fa requefte ay mis mon foing manuel, & me fuis foubfcripz de ma propre main en ceft préfens teftanment, avec les foings & fubfcripçions des aultres Notaires, & le féaul de laditte Court fupplié à Monfeigneur le Chançellier que mette en ces préfentes Lettres, ou teftament en
tefmoignaige de véritey des choufes deffufdictes. *Quod teftamentum eft fic fig-*
natum per dictum Dominum Guidonem Rabby, G. Rabby. Ita eft. *Item & fic*
per dictum Magiftrum Robertum. Robertus de Valgueolis. Ita eft. *Poftea fe-*
quitur tenor fubfcriptionis Huguonini Quinardi predicti publici auctoritate
Imperiali Notarii per hunc modum. Et ego Hugoninus Quinardi de Portu Paluelli
Clericus Cabilonenfis Diocefis, auctoritate Imperiali publicus Notarius omnibus
& fingulis fuprafcriptis, dùm per dictum Dominum Ducem agerentur fic & fie-
rent una cum prenominatis Notariis & teftibus fuprafcriptis, prefens inter-
fui,

*fuit, & ad requestam dicti Domini Ducis, præsentes Litteras, seu præsens tes-
tamentum signo meo solito signavi, & hic manu propria mea me subscripsi in
testimonium omnium & singulorum premissorum vocatus & rogatus. In cujus
visionis mee predicte testimonium, ego dictus Notarius sigillum Curie Ducatus
Burgondie præsentibus Litteris rogavi & obtinui apponi. Nos autem Robertus
de Lugniaco Decanus Cabilonensis & Cancellarius Burgondie, ad relationem
dicti Notarii & dicte Curie Ducatus Burgondie jurati, ejusdem Curie sigillum præsentibus Litteris duximus apponendum. Datum die decima octavâ mensis Julii quâ die facta fuit collatio de præsenti transcripto ad dictum suum originale. Anno Domini currente millesimo trecentesimo sexagesimo tertio.*

*Collatio præsentis transcripti cum originali facta fuit in Camera Compotorum
Domini Regis Divioni* nonâ die *Augusti anno Domini millesimo trecentesimo sexagesimo tertio,* per me J. de Baubigny. Palliot en fait mention, tom. 1. fol. 16.

> *Scellé d'un sceau de cire rouge, où sont représentées sur un sim-
> ple Ecusson les Armes de Bourgogne ancien, sans aucun ornement.*
>
> *Les Timbres, les Couronnes & les autres ornemens de l'Ecu dans les
> Armoiries, n'étoient pas encore d'usage dans le 14e. siécle, à plus forte
> raison dans le 11e. auquel Mr. de Thenissey en donne à son préten-
> du Symphorien. V. ci-dessus pag. 122.*

*Après la mort du Duc arrivée le 21 Novembre 1361, le Roi Jean, com-
me son plus proche héritier, se mit en possession du Duché de Bourgogne, étant
à Beaune, il donna ses Lettres Patentes le 20 Janvier 1361, (a) par lesquelles
il déclara que les quinze Nobles Seigneurs & les sept Bourgeois, qu'il nomme tous, entre autres, Hugues de Clugny, seroient délivrés de leur pleigerie
conformément à la clause du testament ci-dessus.*

(a) L'année com-
mençoit à Pâques.

> *Tiré des Mémoires de Palliot, tom. 1, fol. 169. Les Lettres Paten-
> tes sont dans la Chambre des Comptes, avec les autres piéces qui con-
> cernent le Traité des Moutons d'or.*

On a cité dans la Généalogie les Mémoires de Palliot, pour ne pas interrom-
pre la suite des degrés, ni l'histoire de la procédure; on n'a pas voulu racon-
ter tout ce qui s'est passé dans le cours du procès à l'égard de ces mémoires &
comment ils ont été avoüés & reconnus par Mr. de Thenissey; on va le faire
ici en peu de mots.

Pierre Palliot étoit Historiographe du Roi, Imprimeur du Parlement & Gra-
veur; il a donné au Public l'Histoire du Parlement de Dijon, l'Armorial de
Geliot Avocat, avec des augmentations; il a laissé l'Histoire des Chanceliers
de Bourgogne & plusieurs autres Ouvrages manuscrits.

Il a vû les Archives de tous les Chapitres & Monastéres de la Province, de
toutes les grandes Maisons, les titres des Particuliers, qui ont bien voulu les lui
communiquer, dont il a tiré des extraits fidébes; aussi bien que de tous les Régistres du Parlement & de la Chambre des Comptes, & des titres qui y sont
en dépôt. Il en a composé quatorze gros volumes in folio, qui sont à présent
entre les mains d'une personne de qualité de Dijon.

Il faisoit ses extraits sur des feüilles volantes, & les transcrivoit ensuite dans
ses volumes. Une partie de ces feuilles volantes, qui sont ses véritables minutes, tombérent après sa mort entre les mains de Mr. de Clugny. Ce sont ces
mémoires qui lui ont donné la facilité de trouver dans la Chambre des Comptes les principaux titres qu'il a employé pour sa défense, & les extraits de Palliot s'y sont trouvés parfaitement conformes. L'on aura soin de citer les tomes
& les feüillets du grand Ouvrage de Palliot où se trouvent les mêmes mémoires dont Mr. de Clugny a les minutes en sa puissance.

Mr. de Clugny ayant donné sa Généalogie en remontant jusques à Jean de

Clugny marié à Philippée de la Boutiere *ses septiéme ayeul & ayeule*, ajouta qu'il y avoit de fortes préfomtions que ce Jean de Clugny étoit fils d'un autre Jean de Clugny & de Guiotte de Bèze, & parla par occafion des mémoires de Palliot.

Mr. de Theniffey *dans une Requête fignifiée le 21 Juin 1720, déclara à Mr. de Clugny qu'aparament ces mémoires étoient en manufcrit, qu'il le fommoit de les produire, & qu'il lui feroit plaifir.*

Mr. de Clugny *répondit par un Acte du 7 Juillet fuivant, qu'il acceptoit l'invitation de Mr. de Theniffey, & lui fit au même-tems donner copie d'un de ces extraits; & pour en affurer la foi auffi-bien que des autres extraits qu'il produiroit dans la fuite, il offrit de le vérifier par comparaifon d'actes autentiques; à cet effet lui dénonça l'Audiance pour le faire ainfi prononcer.*

Mr. de Theniffey *par cédulle du 15 du même mois déclara à Mr. de Clugny qu'il reconnoiffoit l'extrait pour légitime, fans qu'il fût befoin de le vérifier; confentoit qu'il en tirât telles inductions qu'il jugeroit à propos. En conféquence Mr. de Clugny fit donner des copies des autres extraits produits au procès.*

Mr. de Theniffey *n'y trouvant pas fon compte, s'avifa de dire dans un inventaire fignifié le 15 Aout fuivant; cotte g. g. g. g. que ce n'étoit pas ce qu'il demandoit, qu'il vouloit voir les gros mémoires. Mr. de Clugny répondit, qu'il avoit communiqué les mémoires qu'il avoit en fa puiffance, fur l'invitation qui lui en avoit été faite par Mr. de Theniffey qui y avoit pris droit, les avoit reconnus pour légitimes, & que fes déclarations ayant été acceptées en Juftice, il n'y avoit plus lieu d'en revenir. D'ailleurs, on a obfervé qu'on citera les tomes & les pages des gros mémoires de Palliot que demande Mr. de Theniffey, il poura les vérifier s'il le veut à préfent.*

Mr. de Theniffey *ne renverfera pas la foi des extraits de Palliot qui lui avoient été communiqués dès le mois d'Aout 1720, & qui avois pris trois fois en communication les piéces du procès des mains de Mr. le Raporteur, en difant, comme il le fait dans la grande Généalogie fignifiée le 14 Juin 1723, p. 59 & fuiv. qu'il n'a pas été en fon pouvoir de voir les extraits de Palliot; que celui-ci n'eft qu'un Imprimeur d'almanachs, que ces extraits ont été fabriqués probablement chez Mr. de Clugny qui en a fabriqué les minutes. Toutes mauvaifes raifons qui ne méritent pas qu'on y réponde.*

Il dit p. 71, qu'il vaut mieux s'en raporter à Mufnier, à Saulnier, à Gerfon qu'à Palliot. Il ne trouvera perfonne de fon fentiment. Palliot a travaillé fur des titres originaux, *les autres n'ont compofé leurs ouvrages que fur des faux mémoires & des traditions fabuleufes. V. ci-d. p. 10.

* Dont la plus grande partie font dans des dépôts publics, aufquels on les a trouvé parfaitement conformes lorfqu'on y a eu recours.

Tenuë du Parlement à Beaune.

Janvier 1361.

Cette tenuë du Parlement de Beaune, & celles qui fuivent dans l'ordre de leurs dates, prouvent ce qu'on a dit p. 6, note 1, que le Parlement des Ducs n'étoit pas compofé d'Officiers ordinaires.

AU mois de Janvier mil trois cent foixante un le Roy fut à Beaune où il fit tenir fon Parlement du Duché qui étoit compofé de Robert de Lugny Chancelier du feu Duc, de l'Abbé de St. Martin d'Oftun, du Prieur de St. Symphorien, Etienne de Vandeneffe Doien de Vergy, d'Auxel de Dueffme Chanoine de Langres, d'Eftienne de la Croix Chanoine de Chalon, de Jean Tierceliene Chanoine de Langres, de Bertrand d'Uncey, de Philibert Paillart, de *Guillaume de Clugny* Bailli d'Auxois, & de Jean de Oudry.

Au Compte du Receveur Général commencé en 1361, & fini en 1362.

Sentence renduë par Guillaume de Clugny Bailli d'Auxois.

A Tous ceux qui verront & oiront les pñtes Lettres *Guillaume de Clugny Clerc Licentié es Loix Bailli d'Auxois* (a) Coñiiſſaire eñ cette partie du Roy ñre Sire, ſçavoir faiſons que coñe par vertu des Lettres du Roy ñre Sire dont la teneur s'enſuit. Jean par la grace de Dieu Roy de France au Bailli d'Auxois ou à ſon Lieutt. ſalut remonſtré nous ont en complaignant les Hañs de Villers les hauts en Bourgñe. conſors en cette partie nos hommes & ſubjets avec aucuns autres Seigneurs eñ icelle Ville, que comñe tant par eulx comme par leurs devanciers dont ils ont cauſe ils ſoient en bonne poſ- ſeſſion & ſaiſine de ſi long temps qu'il n'eſt memoire du contraire d'avoir uſage eñ certaines pieces de petit Bois ſcituées au finage de lad. Ville l'une deſd. pieces appellées Monteus & l'autre les Eſpoiſſes eſtoient iceulx Bois ap- pellés communement les uſaiges de lad. Ville pour payant à nous & auxdicts Seigneurs par non divis certaines redevances en avoine, & ſemblablement ſont en poſſeſſion & ſaiſine d'élire chacung an l'un d'eulx & de le preſenter à nous & auxd. Seigneurs pour le mettre Sergent à garder leſd. petits Bois & leurs uſaiges & pour prendre tous meſfaiſants en iceulx & faire ſon rapport pardt. nous & leſd. Sgrs. pour avoir chaçung ſon droict & poróñ & ſans ce que aul- tre en ait ou doit avoir cognoiſſance excepté le Chaſtelain de Montreal pour nous & leſd. Sgrs. dou lieu deſſuſd. par non divis ou autremt. neaumoins Jehan Bouchet de Montreal Maiſtre Fourtier de nos Foreſts de Vauſe & de Mor- van & Lieutt. de ñre Gruyer de Bourgñe. de jour en jour ſe efforcent de iceulx complaignants empeſcher en leurſd. uſaiges poſſeſſions & ſaiſine à tort & ſans cauſe raiſonable & au grand prejudice & dommaige d'iceulx ſuppliants ſi coñe ils diſent, pour ce eſt il que nous mandons & ſe meſtier eſt com- mettons que ſommairement & de plain appellé ñre Procurr. en ñre Baillia- ge & autres qui feront à appeller ſur les lieux contentieux enquerir diligem- ment ſans long procés & figure de Jugemt. la verité ſur les chouſes deſſuſd. & ſe vous trouviés que ce ſoit le droict deſd. complaignans faires iceulx jouïr de leurſd. uſaiges poſſeſſions & ſaiſine en oſtant tous troubles & empeſche- ments que par leſd. Bouchet & tous aultres y ſeront apportés que nous in- hibons, ſe faites que faute n'y ait nonobſtant Lettres quelconcques impetrées ou à impetrer au contraire. Donné à Troyes le vint ſeptieſme jour de Sep- tembre l'an de grace mil trois cent ſoixante & deux & regiſtrée en l'Hoſtel deuement. A la requeſte des Hañs de Villers les hauts nous aurions fait ap- peller pardevant nous es lieux des Eſpoiſſes & de Monteus Guyot le Muſnier Procr. en nom de Procr. du Roy ñre Sire Duc de Bourgñe. & Jehan Bouchot de Montreal Foreſtier du Bois de Vauce & de Morvan . . . . .

Nous veu & diligemment regardé les actes & procés faicts pardt. nous en lad. cauſe & tout ce que fait à regarder & nous peut & doit emouvoir à pronon- cer en icelle & eu ſur ce conſeil & deliberañn avec pluſieurs ſaiges & pru- des hommes & du conſeil d'iceulx uſant, Dieu ayant tant ſeulement devant les yeux du cœur, en nom du Pere du Fils & du Saint Eſprit, *Amen* pro- nonçons & diſons à droit par ñre Sentence diffinitive leſd. Habitans & ung chacun d'eulx bien & ſuffiſament avoir preuvé leur intencion, led. Procr. pour nom de Procr. de ñred. Seigneur non avoir preuvé la ſienne. Si condannons led. Procr. de ñred. Seigneur à ceſſer leſd. troubles & empeſchemens & à laiſſer joir & uſer leſd. Habitans & ung chacung d'eulx de leur bonne poſſeſſion & ſaiſine par eulx alleguée & preuvée, & quant au poſſeſſoire aud. Procr. pour nom que deſſus mettons ſilence perpetuel, reſervé aud. Procr. pour nom que deſſus la queſtion de la pprieté, & la main de ñred, Sr. & la ñre comme ſou-

Aa ij

Vendredy après la Paſſion de Nre. Sgr. 1362.

(a) *Les quali- tés qu'on donne dans cette piéce & dans les ſui- vantes à* Guillau- me de Clugny, *qui a été Bailli d'Auxois & en- ſuite de Dijon, juſtifient qu'il a été Bailli de Ro- be longue & non pas de Robe cour- te, comme* Mr. de Theniſſey *vou- droit le faire croi- re en le faiſant Chambellan du Duc ſans aucu- ne preuve.*

V. ci-d. p. 10, 19, 105, 140, 144, 158, 164.

V. ci-après les Actes des 10 Aout 1367, Mer- credy après l'Oc- tave 1370, 16 Oct. 1374, Jeu- di après Quaſi- modo 1377.

veraine mifes es chofes contencieufes pour le debat defd. parties levons &
otons au profit defd. Habitans & de chacung d'eulx, & raifons des depens &
pour caufe. En tefmoing des quelles chofes avantdittes avons fait mettre le
grand fcel de nred. Bailliage à ces prefentes Lettres faictes & données à
Avalon le Vendredy apres le Paffion de Nre. Seigneur fecond jour de nre.
affize aud. lieu qui fut par nous tenue & commencée le Jeudy precedent l'an
de grace mil trois cent foixante deux. Signé G. de Clugny. Et fcellé en cire
verte.

Piéce originale qui eft parmi les Titres de la Communauté de
Villiers-les-hauts.

Dénombrement de la Grange de Charbonieres donné à la Chambre des Comptes, par *Guillaume de Clugny* Citoyen d'Autun.

Premier jour
avant la Fête
de St. Nicolas
d'Eté 1365.

UNiverfis prefentes Litteras infpecturis nos Officialis Eduenfis notum facimus quod in prefentia dilecti noftri Guillelmi de Sancto Salino Clerici
jurati noftri Notarii Curie Eduenfis vice que noftra in hac parte fungentis
cui quo ad ea que fequuntur & ad majora loco noftra audienda & recipien-
da ac nobis fideliter referenda commifimus vices noftras propter hoc fpecialiter
conftitutus Guillelmus de Clugneyo Civis Eduenfis publice confitetur tum pro
fe quam fuis heredibus tenere & tenere debere in feodum & homagium ab ex-
cellentiffimo Principe Domino Duce Burgundie fuam domum manfum & ma-
nerium ejufdem que vulgariter nuncupatur Grangia de Charbonereo fitum in
finagio & Parochiatu de Luzia cum parte ejufdem & cum nemore exiftenti circa dictam Grangiam pro ut fe extendit & imperat ufque ad domum. Item
duos campos . . . .

cum juribus & pertinentiis earumdem & cum Juftitia & Jurifdictione omnium
premifforum excepta Juftitia pratorum fitorum apud Buziam predictorum & de
Campo dicto de la Vacherie que omnia & fingula dictus Guillelmus perpetuo atqui-
fivit à Guillelmo Pellis Auxeris filio quondam Domini Joannis Pellis Auxeris militis (a) quondam ut afferit & pro un in quibufdam Litteris fupratenus conftis figillo Ducatus Burgundie contineri dicitur & expreffe mandatur quibus omnibus & fingulis pro ut fuperius exprimuntur dictus Guillelmus intravit ut afferit & fecit hommagium atque fidem Domino Duci pro fe & fuis fucceffioribus
Ducibus Burgundie & promifit idem Guillelmus per fuum juramentum pro fe
& fuis exinde effe fidelis & homo feodalis de predictis & dictum feodum bene & legitime defervire fecundum facultatem dictarum rerum fi & guerrando
neceffarium fuerit & opportunum & à dicto Domino fupratenus legitime &
fufficienter fuerit requifitus & contra hujus modi confeffionem de cetero non venire
nec contravenienti quoquo modo confentire in cujus rei teftimonium ad preces
& rogatum dicti Guillelmi nobis obligati per dictum Juratum noftrum cui fidem plenam adhibemus figillum Curie Eduenfis, prefentibus Litteris duximus
apponendum datum die primo ante eftivale Feftum Beati Nicolai anno Domini millefimo fexagefimo quinto *prefentibus Domino Joanne Paftorelli Cu-*
rato de Sommanto & Joanne de Sommagio Juratis Curie Eduenfis teftibus ad
hoc vocatis fpecialiter ad hoc rogatis. Signe G. de Sancto Salino avec para-
phe. Ita eft.

(a) V. la note C.
n°. 1°. de la page
fuivante.

Dans la Tour d'en haut de la Chambre des Comptes. 3e. Liaffe du
Bailliage d'Autun. V. ci-d. p. 5.

Dernier Compte de Guillaume de Clugny, Clerc, Bailli & Receveur d'Auxois.

C'Est le compte que *Guillaume de Clugney* Clerc (a) Bailly d'Auxois pour Monfieur le Duc de Bourgogne fait tans des exploits dud. Bailly faits par luy tant du Domaine amendes compofitions efchoites de baftards & aubains forfaitures efpaves comme autres recettes communes qui font venues à fa notice & connoiffance dois la Saint Martin d'hyvert *l'an mil trois cent foixante cinq* jufques à la Saint Martin d'hyvert *mil trois cent foixante fix. Auditus Divione die fecunda Augufti anno Domini millefimo trecentefimo fexagefimo feptimo.*

Dernier Compte du Bail fait à Guillaume de Clugny *par le Roi Jean, de l'Office de Bailli de Dijon pour 6 ans commencés en* 1361 *& finis en* 1366, *dans la grande Sale d'en-bas de la Chambre des Comptes, où font tous les Comptes des Receveurs de Bourgogne, tant généraux que particuliers.*

Acte de foi & hommage faits à la Ducheffe d'Hatenes, par Guillaume de Clugny *Licentié ès Lois,* qui fut depuis Bailli de Dijon.

JEhanne de Eu (a) Comteffe d'Eftampes Ducheffe d'Athenes, ayant licence & pouvoir de Monfeigneur fur le gouvernement & adminiftration de toutes nos Terres & befoignes. Faifons fçavoir que noftre amé & feal Confeiller *Maiftre Guillaume de Clugny Licentié es Loix* (b) eft aujourd'huy entré en noftre foy & hommaige de tout ce qu'il doit tenir de nous en fief *es Villes finaiges & territoires de la Croix de Dommecy & de Beurrey Beauguay.* Auquel hommaige nous l'avons receu, fauf noftre droict & l'autruy & fon ferment de feaulté obeiffance & fervice en la maniere accoutumée. En temoignage que il baille fa nomrée ainfy comme il appartient dedans le temps accoutumé, pour la quelle chofe noftre main qui mife eftoit par deffaut de homme es dictes Terres nous avons levé & levons par ces pfices, c'eft affavoir en tant comme il peut toucher & touchent *foixante & unze hurées de terre acqueftées* par noftred. Confeiller de Meffire Otthe de Cromey, & *dix autres hurées de terre acqueftées auffi* par ñred. Confeiller d'autre part fur les tailles de Beurrey Beauguay tant feulement (c) & mandons & commandons à tous les Jufticiers & Officiers de Monfgr. & de nous que led. *Maiftre Guillaume* ne moleftent & empefchent en noftre fufd. Terre pour caufe de hommaige non faict, ains l'en laiffent ufer & joir paifiblement, en oftant tous empefchements qui mis y auroient efté pour cette caufe. Donné en noftre Chafteau de Beauche le *troifiefme jour du mois de Septembre mil trois cens foixante & huit.*

Produit par Mr. de Theniffey.

tous les tems, dans les Actes de foi & hommage, le Vaffal a toujours déclaré à quel titre il poffedoit les héritages mouvans du Seigneur dominant, & que ce défaut qui fe trouve dans les fept reprifes de fief eft un moyen de faux auquel il n'y a point de replique. V. ci-d. p. 129.

2°. Mr. de Theniffey qui a choifi ce Guillaume de Clugny *pour un de fes ayeux, quoiqu'il n'ait jamais été marié;* ci-d. p. 20, 105; *le fait poffeffeur de la Croix de Dommecy, de Beurrey-Bauguai, qui font des Terres confiderables. Quand cela eft reduit à fa jufte valeur, il poffedoit en Fief* 90 *hurées de terres dans les finages de la Croix de Dommecy & de Beurrey-Bauguay, mouvans de la Ducheffe d'Athenes, à laquelle ces Seigneuries apartenoient.*

Et ces 90 *hurées, ou ourées, fe réduifent à onze journaux & deux ouvrées de terres en Fief.* V. ci-deff. p. 19.

(a) *Dans le Compte qu'il rendit pour l'année commencée à la* S. Martin 1364 *& finiffant à la* S. Martin 1365, *il eft qualifié* Bailli & Receveur d'Auxois.

Ces qualités ne conviennent point à un Bailli de Robbe courte. V. ci-deffus p. 10, 19, 105, 140, 144. 158, 164.

3 Septembre 1368.
(a) *Jeanne d'Eu, fille de Raou de Brienne Comte d'Eu, Connétable de France, mariée,* 1°. *à Gautier VI. du nom, Comte de Brienne & de Liches, Duc d'Athenes & Connétable de France.* 2°. *A Loüis d'Evreux Comte d'Eftampes.*

(b) *Il a été depuis Bailli de Dijon.*

(c) *On obferve ici deux chofes.*
1°. *Que dans*

Traité entre les Abbesse & Religieuses de S. Julien d'Auxerre, & Jean de Clugny Bailli d'Auxerre.

Le Samedy après la Feste de St. Martin d'Esté 1369.

A Tous ceux qui verront ces presentes Lettres, Nous Alix Donplasse Abbesse de St. Julien d'Auxerre & tout ly Couvent du mesme lieu salut en notre Seigneur. Sçaichent tous que nous pour l'évident prouffit de nostre Eglise, heu consideration des bons & agreables services que nous esperons avoir pour nostre Eglise de nostre bien amé *honorable homme & saige Maistre Jean de Clugny* Bailly d'Auxerre, luy avons octroyé & octroions par ces presentes pour luy & pour les siens demeurants en sa maison de Tharot (près 'Avalon) tant seulement & doresenavant à tousjours-mais, hayent usaige en nos bois & usaiges d'Annay, par semblable maniere en toutes choses & par ainsy comme ont les Habitants & demeurants en lad. Ville d'Annay en tant comme faire le pouvons de raison, & sauf le droit d'aultruy. En tesmoing de laquelle chose nous avons mis nostre scel & le scel de la Cour de Monsr. le Doyen d'Auxerre en l'absence du scel du Couvent en ces presentes Lettres *données le Sabmedy aprés la Feste S. Martin d'Esté l'an* M.C.C.C.LXIX.

Archives de l'Abbaïe de S. Julien d'Auxerre.

Led. droit d'usage confirmé par Marie de Fontaine & les autres Religieuses de l'Abbaie de S. Julien d'Auxerre, assemblées au son de la cloche, en faveur de noble homme Philippe de Loron, possesseur de la maison située à Tharot, provenante de Maistre Jean de Clugny Bailli d'Auxerre, par acte receu Nicollas Royer Notaire Royal des Bailliage & Prevosté dud. Auxerre, le 12 Aout 1556, dans lequel il est fait mention de lad. concession du Samedy aprés la St. Martin d'Esté 1369, qui est transcrite en entier dans led. contrat.

Extrait par Palliot. tom. 14. fol. 21. V. ci-d. p. 6.

Acquisition d'une rente en assiette, par Guillaume de Clugny *Licentié és Lois*, (c'est le Bailli.)

1370.

Preuve que *Hugues & Guillaume de Clugny* étoient freres. V. ci-d. p. 9.

L E Mercredy apres le Dimanche que l'on chante en Ste. Eglise *Letare Hierusalem* 1370. *Guillaume de Clugny* Licentié es Loix acquit *d'Otheu de Cromey Chevalier* Seigneur de Balotet, *Amphelise* sa femme, 40 liv. en franc alleu à l'assiette de Bourgogne en Justice & Seigneurie haute moienne & basse assignées sur leurs Terres de Courcelotte pres de Dompierre en Auxois es Villes & finages de St. Didier, Chanteau & Dompierre moienant la somme de 440 liv. *Huguenin de Clugny* les avoit acquis precedemment sous le titre de Citoien d'Autun.

Mémoires de Palliot.

Dans un autre endroit des Mémoires de Palliot il est dit, que *Hugues de Clugny* sous la qualité de Citoien d'Autun, avoit acquis *d'Otheu de Cromey* Chevalier Seigneur de Ballot & *d'Amphelise* sa femme les fruits de leurs Terres de Courcelotte pres Dompierre de St. Didier & de Chantaut pendant 12 années de cette acquisition il en est fait mention dans celle que fit son frere. (C'est celle ci-dessus.)

1371.

G Uillaume de Clugny & Hugues de Clugny *son frere* avoient acquis de *Jean de Menesserre* Chevalier constant son mariage avec *Agnés du Meix* 24 livres de terre d'annuelle rente paiable à Autun ou jour de la Pentecoste, de laquelle pour la moitié il leur en estoit deües 9 années qui les rendirent demandeurs à lad. *Agnés* lors veuve, contre laquelle ils s'estoient pour-

yeux en faisie, qui la porta à demeurer d'accord que pour ladite moitié elle
leur devoit aptes compte fait entre eux la somme de VIII^xx. francs & promit d'en paier la moitié, sçavoir IIII^xx. livres aud. *Guillaume de Clugny* au
quel elle vendit VIII francs de rente qu'elle assigna sur tous ses biens, le
Jeudy apres le Dimanche que l'on chante en S^te. Eglise, *Letare Hierusa-*
lem. 1371.

Mémoires de Palliot. Ces trois Actes se trouvent extraits dans les
grands Mémoires de Palliot, tom. 1. fol. 1. tom. 4. fol. 289. tom. 12.
fol. 257, 258.
V. ci-d. p. 10.

Lettres *du Duc Philippe le Hardi, en faveur de* Guillaume de Clugny *Bailli de Dijon.*

PHE Fils de Roy de France Duc de Bourgoigne à notre amé & feal Chanc^r
de Bourgoigne qui ors & çà ou temps avenir ou à son Lieuten. salut & di-
lecion nous avos octroié & octroions p^r la teneur de ces Lres de grace espál
à ñre amé & feal Conseiller Maistre *Guille de Clugny* ñre Bailli de Dijon
que pour toutes les Lres de acques de heritag. p^r. luy faits & à faire qui
geuront au scel de ñre Chancéllie il soit quitte aud. scel tant come il nous
plaira si vous mandons q^c. de ñre pnte grace vous faites & laissiés ñredit
Conseíllr joir & user en rendant les pntes aud. ñre Conseíllr & retenant
transp^t d'icelle colláoné en la Chambre de nos Comptes & que au contraire vous ne le molestés & empeschiés en aucune maníe & à nos amés & feaux
les Gens de nos Comptes que ce que les sceaux desd. Lres pourroient monter ils allouent en vos comptes ou d'autres à qui il appartiendra sans difficulté aucune nonobstant ordon. ou deffenses contraires. Donné à Montbar le
XXVI jour d'Octobre l'an de grace mil c. c. c. soixante & quatorze. Signé par
Monf. le Duc. J. Blanche.
V. ci-d. p. 136.

Produites par Mr. de Theniffey. Extraites par Palliot. tom. 1. fol. 343.
Au dos desd. Lettres étoient écrits de la même main ces mots.
Pr. Noble homme & saige *Maistre Guille de Clugny* Licentié es
Loix Baillif de Dijon.
On avoit graté & fait un trou dans cette étiquete pour tâcher d'ef-
facer les qualités de Licentié ès Loix & de Maistre.
La reconnoißance en a été faite par le Greffier du Parlement le 23
Fevrier 1723, en presence de Mr. de Theniffey.

26 Oct. 1374.

Les ratures qui
se trouvent dans
l'étiquete de ces
Lettres ont été
faites à dessein de
changer l'état de
Guillaume de
Clugny, & d'un
Bailli de Robbe
longue, en faire
un Bailli de Robe
courte.

V. ci-d. p. 136.

Acquisition faite par Huguenin de Clugny *Citoyen d'Autun.*

LE Mardy apres quinzaine de Pasques 14 Avril 1377. *Huguenin de Clu-*
gny Citoïen d'Autun acquit de *Louis de Vincelles* Escuyer & de *Jeanne de*
Menefferre sa femme fille de *Jean de Meneſſerre* Chevalier, la Grange de
Montmorlin au finage de Villerée vint soiture de preys y appartenans, ensemble les terres de deux charrues de bœufs du fief du Seigneur de Montjeu
le Moulin de Lucrey les battures & le Meix & la Ville de Doirant vers
Mont St. Jean qui appartenoit aud. feu Chevalier & les hommes pour le
prix de 300 francs d'or. Sauf es choses deſſuſdittes, la moitié par douhaire à Madame *Agnés* du Meix mere de sadite femme.
V. ci-d. p. 10.

Mémoire de Palliot. On le trouve dans les gros Mémoires, tom. 5.
p. 261.

14 Avril 1377.

Contrat dans lequel Guillaume de Clugny Bailli de Dijon, a été témoin.

Jeudy après Quasimodo. 1377.

EN nom de Nre Seigneur, Amen. L'an de l'Incarnacion d'icelluy, mil trois cens soixante dix sept le Jeudi âps le Dimanche qu'on chante en Sainte Eglise, *Quasimª*. Nous Jehans de Vĩllrs Escuier Baĩll. & Maistre des Foires de Chalon d'une pt, & Jehanne de Neelles feme de fu Estienne de Vĩllrs Escuier frẽ germain de moy Jehan de Vĩllrs d'autre part, façons savoir à tous pñs & advenir qui voironr & oiront ces pñtes Lrés, que come discort fut mehu ou en espänce de mouvoir entre nous Pties cidesse. dtés sur ce que je Jehanne dess. dté demandoie aud. Jehan de Vĩllrs mon frẽ que il me baĩllast & delivrat la moitié de tous les acquest fais constant le mariage dud. fu Estienne mon fu Seigneur & mari & avec ce la moitié de tous les heritaiges anciens de mon dit fu mari, par nom & à cause de mon douhaire & des quelx il estoit mort saisis & revestu les quelles choses je disois à moy äpptenir selon la generaul coutume du Pais, & requerois qe. la moitier des choses dessus dtés voussit ptir avec moy & moy en baillr & laissier joir de ma pt. & porcion d'iceulx. Je Jehan de Vĩllrs disans au contraire ce qe. ladte ma suer ne devoit prendre & avoir que la quarte ptie dtänt qe. les acques fais par mon frẽ estant led. mariage avoient esté fais és nõs de luy & de moy & pr. ainsin lui competoit & äpptenoit la moitié, & la moitié de l'autre moitié ; & ensins que led. mon frẽ tenoit en son vivant plũsrs hrtäiges qui estoient mies & avenus à mon praige à la parfin moyenäs plũsrs de nos parens & amis chnélx & aũes, nous sur lesd. debas & aũes choses pourroient estre nous des quelx acors nay estõy ay fait entre nous avons traittié, acordé, pacifié & transsigië en la manïe que s'ensuit. Premierement.

nous & un chascun de nous - psoy & pourtant come il luy touche compette & äpptient volons estre contrains auxi comme de chose adjugée ou cogneuhe pr. la Court de Monsr. le Duc de Bourgoigne & à la jurisdicõn & coutõite de la quelle Court qi. ad ce nous submettons nous nos hoirs tous nos bñs quesconques en temoin de la quelle chose nous avons requis & obtenu le seaul de ladẽ Court estre mis à ces pñtes Lrés les quelles Lrés nous voulõns un chascun de nous pr. soy expñsement nous consentons qu'elles soient faites & refaites une ou plũsrs fois les meilleurs & les plux ïdre que l'on pourray au conseil & dícts des Saiges la substance d'icelles non mehue mais bñ gardeé c'est fait en la pñce de Estienne du Mais demourät à Monsr. Jehan Coajuteur Gauchie de Trenes Tabellion de Viteaul. Pour led. Monsr. le Duc de Bourgoigne pñs Monsr. Jehan de Courtïables Chr. *Maistre Guĩlle de Clugny (a)* Baĩll de Dijon Jehan de Fucey Escuier & Guĩlle Girardot demourant à Nuys tesmoins à ce appellés & requis l'an & jour dessusdits. Signé Esté du Mais. Scellé en cire rouge à double queue de parchemin pendant. *Le sceau contient un simple écu sans casque, couronne, ou autres ornemens, (b) dans lequel sont empraintes les Armoiries de Bourgne. ancien avec celles de Bourgne. moderne.*

Piéce originale en la puissance de Mr. de Clugny.

(a) *Mr. de Thenissey, dans ses écritures des mois de Nov.* 1718, *& Juin* 1720, *avoit déclaré qu'il ne pouvoit reconnoitre Mr.* de Clugny *pour être de sa Maison, parce que ses ancêtres n'avoient pris que les qualités de* Noble homme, Noble personne, Noble & sage Maistre: *Qu'ils auroient autrement parlé d'eux & de leurs prédécesseurs, s'ils avoient crû être de l'Illustre Maison de Clugny. Il ne doit donc point reconnoitre* Guillaume de Clugny, *pour son huitiéme ayeul, puisqu'il ne prenoit que la qualité de* Maistre. V. ci-d. p. 88.

(b) *Nouvelle preuve de la supofition du Sceau de* Symphorien *en* 1083, *& de ceux qui le suivent.* V. ci-dessus p. 117 & 122.

Ferry

Ferry, Cardinal de Clugny *dans le* 15ᵉ *siécle*, *de la même Famille que* Hugues de Clugny *Bourgeois d'Autun*, *Sage en Droit*, *une des cautions dans le Traité des Moutons d'or.*

Robert. *Gall. Chrift. p.* 214. *Epifc. Eduen.* à l'article de *Jean Rolin* Evêque d'Autun en 1459, dit qu'il avoit pour Official *Ferry de Clugny* qui fut depuis Cardinal, enfuite il parle de ceux qui étoient de la Famille *de Clugny* dont ce Cardinal étoit defcendu, en ces termês, *invenio* . . . . . . *Hugonem Civem Æduenfem, locum tenentem Guillelmi D. de Charmes Baillivi Æduenfis* 1378.   **1378.**

Cet Auteur qui a été Précepteur de Mr. Fremiot Archevêque de Bourges, & de Mr. de Neucheze Evêque de Chalon, avoit une parfaite connoiffance de toutes les Familles de Bourgogne, comme on le connoît par fon Ouvrage, quand il parle des Prélats nés dans cette Province. Le crédit des deux Prélats qu'il avoit élevé, lui avoit donné l'entrée dans toutes les Archives & les Bibliotéques de Bourgogne, & on voit qu'il travailloit fur de bons mémoires & des piéces authentiques. Il mit au jour fon Ouvrage en 1626. *Après avoir parlé du pere, du frére & des autres parens de Ferry Cardinal de Clugny, il met au nombre de cette Famille* Hugues de Clugny *Citoïen d'Autun, qui vivoit dans le* 14ᵉ *fiécle. Le témoignage de cet Auteur l'emportera toujours fur celui de Munier, qui compofoit le fien à peu près dans le même tems, & qui ne s'eft apuyé que fur des mémoires remplis de fables & de chiméres.* V. ci-d. p. 5 & 9.

Extrait du contrat de mariage de Jean de Clugny I. *avec Guiotte de Beze.*

1382. *6 Janv. Jean de Clugny* Licentié és Loix Citoïen d'Oftun contracta mariage avec *Guiotte de Beze* fille de *Garnier de Beze* Bourgeois de Dijon & de *Guillemette* . . . en contemplation de ce mariage led. Garnier de Beze donna en dot à fa fille pour fa part & portion de fes droits paternels & maternels à elle refervées les fucceffions collateralles mille cinq cent francs d'or de bon or & de poids du Roy, le franc pour 20 f. paiables à Noel la fomme de 750 francs & le demeurant en l'année fuivante 1384. Lefquels 750 francs à chacun paiement le futur eftoit tenu d'en acheter des heritages pour la future & fes hoirs, fe refervants fes pere & mere de la rappeller à leurs fucceffions & partage avec fes freres & fœurs, & neamoins elle declara de l'authorité de fon futur efpoux & fit à fon pere quittance & renonciation & aux profits de fes autres enfans à tous les biens paternels & maternels refervé les efcheuttes collateralles led. futur laiffant à fa future efpoufe à laiffer fon douhaire à la generale Coutume du Duché de Bourgogne, en par fond. futur *Hugues de Clugny* & *Guillaume de Clugny* fes freres & *Guillaume de Clugny* leur coufin lefquels & chacun d'eux la douherent de 80 francs d'or de rente fur bons heritages.   **6 Janvier 1382.**

Mémoire écrit de la main de Palliot, avoüé légitime par Mr. de Theniffey, *& fur lequel il a pris droit par acte fignifié le* 15 *Juillet* 1720. *On le trouve dans les gros Mémoires de Palliot. tom.* 14. *fol.* 247. V. ci-deffus p. 21.

B b

Compte de Guillaume Bataille Receveur du Bailliage d'Autun, pour 1388.

1388.

(a) Mr. de Theniſſey donne ce Jean de Clugny nommé Conſeiller en 1387, pour fils de Jean de Clugny & de Guiotte de Beze, qui ne furent mariés qu'en 1382. V. ci-deſſus p. 6, 22, 49, 94 & ſ. & p. 197.

Emploié en depenſe vint cinq francs payés à Maiſtre *Jean de Clugny* (a) Licentié és Loix Conſeiller Advocat du Duc és Bailliages d'Autun & de Montcenis pour ſes gages dud. Office du quel il avoit été pourvû par Lettres du 6 Novembre 1387.

> *Dans la Sale d'en-bas de la Chambre des Comptes de Dijon, où ſont tous les Comptes des Receveurs.*

Annobliſſement de *Pierre de Clugny* & d'*Yſabelle* ſa femme.

May & 9 Juillet 1390.

Dans une Généalogie dont on a parlé ci-d. p. 105, qui fait partie de ce que Mr. de Theniſſey apelle les Mémoires de ſa Maiſon, qu'il cite ſi ſouvent, ſans oſer les mettre au jour; il y eſt fait mention de ce Pierre de Clugny.

Voici comment on l'y déguiſe n°. XII.

Et n'eſt d'oublier *Pierre de Clugny* Eſcuyer, qui fut tres ſaige & tout gentil, & des Gentilhommes grand amy, & Bailly de Nivernois & de l'Auxerrois & du Morvent pour Monſr. le Comte de Nevers qui de luy eſtoit eſtimé, le tenant pour un tres ſaige Eſcuyer.

Petrus de Clugny & Yſabellis ejus uxor *gratia ſibi facta de ipſorum nobilitatione ac totius poſteritatis eorum nate vel naſciture in legitimo matrimonio procreande per Litteras Regis in filis ſericis & cera viridi datas ſilvaneti menſe Maii anno milleſimo trecenteſimo nonageſimo ſignatum ſic per Regem ad relationem conſilii,* Vitry *& hoc mediante financia quadraginta octo librarum. Pariſs ſolutorum in Theſauro per ejus Cedulam datam* nona die Julii *trecenteſimo nonageſimo quam reddidimus parti.*

> *Extrait des Régiſtres de la Chambre des Comptes ſigné Du Cornet, avec parafé.*

En marge. *Expedita* duodecima die Julii trecenteſimo nonageſimo, *mediante quadraginta octo libris Pariſs per ejus Cedulam datam ut in textu.* Signé Du Cornet.

> *Du Régiſtre trois de la Chambre des Comptes de Paris* ab anno 1387 ad annum 1408. *fol.* 27.

Palliot dans ſes Mémoires communiqués à Mr. *de Theniſſey,* parle de *Pierre de Clugny* Bailli de Donzy en 1410, & en ſon Hiſtoire du Parlement p. 13, il dit que *Pierre de Clugny* aſſiſta au Parlement du Duc tenu en 1422. V. ci-d. p. 6.

Robert de Clugny *Chatelain de Chalon ſur Saone.*

1393.

L'Année ſuivante (1393) a quelque choſe de plus mémorable touchant la punition d'un nommé Jacquot Celerier. Il fut accuſé du crime d'hereſie & fut jugé & declaré heretique en la preſence de nôtre Evéque (Guillaume de Saligny) par l'Inquiſiteur des Vaudois. Jacques de Latrecey Bailli du temporel de l'Evéché de Chalon le delivra à *Robert de Clugny* Châtelain de Chalon comme à un Officier du Duc de Bourgogne qui le fit bruler par l'Exécuteur de la haute-Juſtice.

> *Hiſtoire de la Ville de Chalon ſur Saone par le P. Perry Jéſuite,* p. 258, V. ci-deſſus p. 7.

Tenuë du-Parlement à Beaune.

SUr la fin de cette année 1398, le Duc fit tenir son Parlement à Beaune, Antoine Chuffin y presida, Jean Cornilier Doien de la Ste. Chapelle, Nicolas Savigny, Jean de Varanges, Mathey de Vezon Gouverneur de la Chancelerie de Bourgne., Girard Bazan, Guillaume Breconnier, Thomas d'Auxonne & Jean de Clugny Coner.

nissey veut donner pour fils à Jean de Clugny I. & à Guiotte de Beze, mariés en 1382. Leur dernier fils nommé Jean étoit encore mineur en 1412, comme on en verra la preuve dans la suite. Comment pouvoit-il être en 1398, Official & Conseiller du Duc? V. ci-d. p. 6, 22, 49, 94 & s. & à la date de 1388.

1398.
Compte de Poulet : c'est ce Jean de Clugny Official que Mr. de Theniss̄ey

Commission du Gouverneur de la Chancelerie de Bourgogne.

MAthey de Vezon Conseiller de Monseigneur le Duc de Bourgne. Gouverneur de sa Chancelerie aux contracts du Duché au premier Sergent de mond. Seigneur à Requeste des Abbé Convent & Religieur St. Martin d'Ostun vous mandons contraindre *Huguenin de Clugny* fils de feu *Guillaume de Clugny* Citoien d'Ostun au payement de la somme de LX tt. pour arrerages d'une rente fonciere de xv st. par an cree par Lettres de mil c. c. c. LXXXVII. assignée sur *une maison situeé au Fort de Marchault dudit Ostun*, tenant d'une part à la maison de *Maistre Jean de Clugny* frere dud. *Huguenin* & à la maison de *Guillaume de Clugny* & sur une autre maison situeé au Bourg de St. Jean laquelle fut à *Guillaume de Clugny* pere dud. *Huguenin de Clugny* vendeur de ladite rente. Donné ce six Novembre mil c. c. c. xc. xc. Signé. Maistre. Avec paraphe, & scellé à simple queuë de parchemin pendant.

6 Novembre 1399.
Preuve que la maison située au Fort de Marchaut d'Autun a été possédée par Guillaume de Clugny I. Citoien d'Autun, qui vivoit au commencement du 14e. siécle, & qu'elle a été ensuite posé

Tiré des Archives de l'Abbaye de S. Martin d'Autun.

sédée par Hugues, Guillaume & Jean de Clugny ses fils. V. ci-d. p. 9, 11, 22; & qui est la même qui fut délivrée à Edoüard Boulon d'Autun sur Françoise de Clugny fille de Louis de Clugny de Monthelon. V. ci-d. p. 30.

Prestations de Serment faites par Jean de Clugny pour les Offices de Garde Scel aux contrats & Conseiller au Bailliage d'Autun.

MEmoire que Monsieur le Duc par ses Lettres données à Paris le *dixhuit Juillet* mil quatre cent a retenu *Maistre Jehan de Clugny* à Garde des Sceaulx aux contraulx de la Chancellerie de Bourgogne au Siege d'Ostun pour & en lieu de *Maistre Robert de Flacellerieres* (a) qui en estoit Garde, lequel *Maistre Jehan de Clugny* a pour ce jourd'huy cinq jour d'Aoust audit an à la Chambre des Comptes Guillaume Bernart Chastelain de Montcenis Procureur dud. Maistre Jehan a exhibé & monstré à Messieurs des Comptes les dittes Lettres de retenuë & aussy une Procuration & Lettres closes d'icelluy Maistre Jehan les quelles Procuration & Lettres closes sont enfilées & mises avec aultres semblables Lettres estants en lad. Chambre par vertu de la quelle procuration ledit Procureur ayant par icelles de ce faire puissance a fait le serment en l'ame dud. Maistre Jehan bien & loyaulment exercer en par la maniere que en tel cas appartient par led. Maistre Jehan si comme le contienne des dittes Lettres de procuration & Lettres closes n'estoit presentement

18 Juill. & 5 Août 1400.

(a) Preuve de la fausseté de la transumption de Robert de Flacellieres, elle est datée du 25 Février 1401, & il paroit par cette piéce qu'il étoit mort avant le 5 Aout 1400. V. ci-dess. p. 116.

Les fonctions de ces Gardes des Sceaux sont expliquées ci-d. p. 21 note 2.

osé venir à Dijon pour doubte de la pestilence de mortalité qui à present y regne toutes voies il a esté énoncé audit Procureur qu'il dit aud. Maistre Jehan que lad. pestilence cessée il se traye en sa personne en ladite Chambre pour illec renouveller & faire de nouveau en sa personne ledit serment. sur quoi l'y a esté escrit & pour ce par vertu desd. Procuration & Lettres closes ont esté baillés & delivrés par Mesdits Seigneurs des Comptes encloses sous leurs Sceaulx aud. Procureur pour porter aud. Maistre Jehan le Grand Scel le Contre Scel & le petit Scel ordonné par lesd. Gnaulx les quels avoient esté envoiés en lad. Chambre apres le *trespas dud. Maistre Robert* & a esté enjoint audit Procureur prendre dud. Maistre Jehan sous ses Scel & saing manuel desdits Sceaulx & iceluy renvoier en lad. Chambre & sur ce a esté aussy escript par Messieurs aud. Maistre Jehan.

8 Novembre 1400.

Le *huit Novembre mil quatre cent* led. *Maistre Jehan* fist serment dud. Office en lad. Chambre des Comptes entre les mains de mesdits Seigneurs. & aprés tout ce que susdits pour avoir esté faict en recognoissance avoir recours lesdits Sceaulx.

10 Décembre 1404.

Les fonctions de ces Conseillers des Ducs dans les Bailliages, sont expliquées ci-d. p. 21, n. 2.

Le *dix Decembre mil quatre cent quatre* cedit jour *Maistre Jehan de Clugny.* retenu par Monsieur pour Conseiller és Bailliages d'Ostun & de Moncenis pas ses Lettres données le *neuf Decembre mil quatre* cent quatre fit le serment dudit Office par la maniere qu'il appartient.

Régistre de la Chambre des Comptes catté d'une croix, fol. 531 r°.

Tenuë du Parlement à Beaune.

Octobre 1400

AU mois d'Octobre mil quatre cent le Duc fit tenir son Parlement à Beaune, composé d'Antoine Chuffain Bailli de Dijon President, de Jean Cornilier Doien de la Ste. Chapelle de Dijon, de Jean de Rochefort Bailli d'Auxois, de Mathey de Vezon Gouverneur de la Chancellerie, de Jean de Vandenesse, de Hugues Febvre, de Henry de Toisy, de Pierre Bourgeois de Langres, de *Jean de Clugny*, (a) de Guillaume Brecenot de Chalon, de Jean Mercier de Mâcon Conseillers.

(a). *C'est ce Jean de Clugny, que Mr. de Thenissey donne pour fils à Jean de Clugny & à Guiotte de Beze, qui ne furent mariés qu'en 1388.* V. ci-d. p. 22, 49, 93 & suiv. & dans les Preuves, la date de 1388.

Au Compte de Guillaume de Chemilly pour un an, fini au 3. Août 1401.

Acte de foi & homage, & dénombrement donné par *Nicolas de Clugny* de Vezelay, pour quelques héritages situés aux environs de la Ville de Saulieu, mouvans de l'Evêché d'Autun.

4 Novembre 1401.

(a) *C'est lui qui fut annobli en 1402, comme on le verra par le titre qui suit.* V. ci-d. p. 7, 340.

IN *nomine Domini Amen. Anno Incarnationis ejusdem* millesimo c.c.c.e mo. primo, *die Veneris post Festum Omnium Sanctorum quarta mensis* Novembris, *ego Guillelmus Gautheron apud Sedelocum commorans, Procurator & procuratoris nomine* hñlis *viri* Nicolai de Clugniaco (a) *de Vezeliaco &* tam suo nomine quam nomine Marie uxoris sue filie quondam Johannis le Boiteux de Vitello quorum littera Procuratoris inferius sequitur, notum facio omnibus presentes litteras inspecturis, quod ego sponte scienter & provide palam & publice confiteor & in veritate recognosco me tenere pro & no-

unu dicti Nicolai *nomine & ad causam dicte* Marie *uxoris sue in feodo & homagio à Reverendo in Chrō Patre ac Domino. Domino Episcopo Eduensi & Ecclesie sue ac Sedis Episcopalis nomine res inferius scriptas, & primo unam peciam prati vocatam pratum Enseaulmo continens circa sex sexturas prati situm in finagio de . . . . juxta Domum Johannis Odeti ex una parte & juxta magnum iter ex altera parte. Item unam peciam nemoris continentem circa centum arpentaria nemoris juxta nemora Dissetaul ex una parte & juxta nemora Ferrey cum protestacione per dictum Procuratorem nomine quo supra facta quod si aliqua omiserim per negligentiam ignoranciam aut aliter, vel magis posuerim quod non deberet apponi quod de cetero eidem Procuratori nomine quo supra & heredibus suis prejudicium non generet sine damnis in futurum promittens dictus Procurator nomine quo supra per juramentum meum propter hoc ad Sancta Dei Evangelia prestitum & sub obligāone heredum & omnium bonorum meorum mobilium & immobilium presentium & futurorum obmissa recuperabo alienata declarabo & manifestabo, posse meo impendere debite & sufficienter requisitus esse que fidelis, legalis & obeditus & facere quidquid homo feodalis facere debet & tenetur Domino suo feodali, in cujus rei testimonium nos Castellanus Custos sigilli Curie temporalis dicti dicti Domini Episcopi Eduensis ad preces & requisiōnem dicti Procuratoris sigillum dicte Curie temporalis presentibus Litteris rogavi & feci apponi datum & actum in presentia Guillelmi Lordenat de Sedeloco Clerici Notarii publici dicte que Curie Jurati presentibus discretis viris Domino Johanne de Coqto Sedeloci, Johanne Voillot & pluribus aliis testibus ad hoc vocatis specialiter rogatis anno & die predictis.* Signé G. Lordelat. *Ita est.*

Tiré d'un Cartulaire de l'Evêché d'Autun écrit en parchemin Fol. 41 *verso &* 42.

Annoblissement de *Nicolas de Clugny* & de *Marie* sa femme.

Août 1402.

NIcolaus de Clugny (a) & Maria *ejus uxor libere condicionis gratia sibi facta per Dominum Regem de Nobilitatione personarum suarum ac tocius posteritatis eorumdem utriufque fexus in legitime matrimonio procreande & quod de cetero repputentur Nobiles ubique & gaudeant privilegiis & libertatibus quibus alii Nobiles regni utuntur & usi sunt tempore preterito & quod ipfi & eorum liberi & posteritas de legitimo matrimonio procreanda feoda & retrofeoda Nobilia aliafque poffeffiones Nobiles quecumque sint habere tenere & poffidere acquifita & jam habita per eos & eorum quemlibet hactenus & etiam in futurum acquirenda & habenda perpetuo retinere & habere licite valeant atque poffint & cetera pro ut hec in Litteris dicti Domini Regis in filo serica & cera viridi figillatis Parifius mense Augufti anno millefimo quadringentefimo secundo fic fignatis per Regem ad relationem confilii.* G. Fortement. *Lacius continenturi mediante tamen financia octoginta librarum. Parifis foluta in thefauro dicti Domini per Cedulam ejufdem thefauri datam vigefima quarta Augufti, anno quo supra computatur per Dominum* Carolum de Savoify & Strabonem Fouquaut *pro dono fibi tradito de precepto Domini Regis, que quidem Cedula fuit reddita parti cum dicti Litteris.*

Extrait des Régiftres de la Chambre des Comptes. Signé, Du Cornet, *avec parafe.*

(a) C'est le même dont il est parlé dans le titre précedent.

Dans la Généalogie qui fait partie des Mémoires de la Maison de Mr. *de Theniffey,* dont on a parlé ci-d. p. 105, & dans les Preuves à la date de May 1390, aux notres.

Dans cette Généalogie. n. XII. il y est fait mention de ce *Nicolas de Clugny* en ces termes.

Nicolas de Clugny *fils dud.* Che-

valier Meffire Gerard, dont le Généalogifte venoit de parler) **En marge.** *Expedita de confenfu thefauri mediante financia ut inferius die quarta Octobris millefimo quadringentefimo fecundo. Signé Du Cornet.*

Du Regiftre trois de la Chambre des Comptes de Paris ab anno 1387, ad annum 1408. fol. 117.

fuft Gentilhomme très vertueux, du tout plaifant & gratieux, qui fuft Pannetier ordinaire de mond. Sr. Phē fans Tarre Duc de Bourgne. lequel fuft tenu pour un prudhömme, du tout rempli de vertu bonne, & fuft fa retenuë faicte en l'an mil IIII c. & deux le xxe. jour de Janvier donné à Paris, & là bien vehant vous y verrés evidemment du Roy d'Angleterre, choufe difficile à croire.

C'eft ainfi que Mr. *de Theniffey* déguife tous ceux qu'il fait entrer dans fa Généalogie. *Nicolas de Clugny* a été annobli, il le fait fils d'un Chevalier; s'il eût été fils de Chevalier il n'auroit pas eu befoin de Lettres de nobleffe.

Il a été Pannetier de *Philipe le Hardi*, que le Généalogifte nomme Phē fans Tarre. Ce Prince ne recevoit parmi les Officiers qui aprochoient de fa perfonne que des gens nobles. *Nicolas de Clugny* fut annobli par le Roi au mois d'Août 1402. Le 20 Janvier fuivant, le *Duc Philipe le Hardi* le prit pour un de fes Ecuiers Panneriers; le voilà remis dans fon état naturel, annobli & non pas fils de Chevalier.

Il faut obferver qu'en ce tems-là, l'année commençoit à Pâques.

Les Panneriers mettoient la faliere & les couteaux fur la table du Duc.

Guillaume de Clugny *Bourgeois d'Autun, Sergent Chatelain du Chateau de Rivau d'Autun.*

4 Janvier 1407

V. ci-d. p. 7.

AU nom de Notre Seigneur amen *l'an de l'Incarnation d'iceluy courant mil quatre cent & fept le quatriefme jour du mois de Janvier je Guillaume de Clugny Bourgeois d'Oftun* à tous ceux qui verront & oiront ces préfentes Lettres que comme certain debat & procès feuft nagaires meu pardevant Meffieurs du Confeil & des Comptes de Monfieur le Duc de Bourgougne à Dijon entre Maiftre Pierre Barbet Procureur de mondit Sieur de Bourgogne au Bailliage d'Oftun Jean Barreau Commis au Gouvernement de la Grurie dudit Oftun par ledit Seigneur d'une part. Sur ce que je maintenois que certains droicts que j'ay accoutumés comme Sergent Chaftelain prendre & percevoir chacun an fur la recette & émolument de la Grurie d'Oftun fans en eftre tenu de faire aucunes finances audit Sieur & lefdits Procureurs & Commis pour & au nom de mondit Sieur maintenoient le contraire difants que comme Sergent Chaftelain & à caufe defdits droits je eftois tenu à garder tous les Prifoniers qui pour cas criminels foient admenés és Prifons de mondit Sieur au Chafteau de Riveau dudit Oftun toutes fois que le cas y adviendroit duquel debat & procès fuft & a efté le *premier jour d'Octobre* (a) *mil quatre cent & fept* dit prononcé & fentencié par mefdits Sieurs du Confeil & des Comptes & par leur Sentence deffinitive que je ne faifois à recevoir à preftendre & demander comme Sergent Chaftelain les droits & autres chofes par moy requifes & demandées par mon impetration & par mes efcritures ou cas que je ne voudroife fubir & faire avec les autres Sergents Chaftelains favent & favoient à prefent les charges de garder les Prifonniers qui pour cas criminels foient prins & condamnés aud. Chaftel de Riveau d'Oftun dois le temps & jour de la condennation jufques au jour & temps de l'execution toutes & quantes fois le cas adviendroit & que j'en foie requis & que l'empefchement à moy fur ce mis ne me foit levé & ofté jufques à ce que je confentiffe & faffe pour moy en mon commandement lefd. charges de garder lefd. Prifonniers & quant aux arrerages qui deus m'eftoient du temps paffé je foie payé pourveu que je faiffe dorefenavant icelle charge de laquelle prononciacion & Sentence mon Procureur a appellé & jaçoit ainfy que aujourd'huy jour de la datte de ces préfentes je me fois tiré pardevant mef-

(a) L'année commençoit à Pâques.

dits Sieurs auquel j'ay montrée & exhibée une cedulle signée du seing manuel de Maistre Laurent Legrain Greffier au Parlem^t. de Beaune donnnée le neuf jour d'Octobre dernier passé par laquelle il leur a apparu que j'ay rendue en la main dudit Greffier l'appellation dessusditte faicte par mon Procureur & en outre ay agréer & accepter laditte Sentence & ay promits & promet par mon serment donné corporellement aux sainctes Evangilles de Dieu, & sous l'expresse hyppoteque & obligation de tous mes biens meubles & immeubles pñts & advenir quelconques & de mes hoirs avoir agreable & tenir ferme & stable à tousjours laditte Sentence & faire & accomplir le contenu en icelle assavoir de garder ou faire par mon certain commandement garder lesdits Prisonniers le temps & tout pour la maniere dessus declarée sans en faire aucuns refus tant que je seray franc Sergent Chastelain & payé des droits que j'ay accoutumé de prendre sur lad. Grurie à cause dud. Office en renonceant à tout ce faict par mondit serment & sous l'obligation que dessus à toutes actions exceptions déceptions fraudes cautelles cavillacions allegations & contradiccions quelquonecques tant de faict comme de droit stile usage ou coutume observance graces respis dispensation ou autres choses quelconques contraires à ces pñtes Lettres mesmement au droit disant generale renonciacion non valloir se l'especiale ne procede & quant à tenir faire garder entretenir & accomplir les choses dessus dittes & une chacune d'icelles je veuil moy & mesdits hoirs estre contrainct ainsy comme de chose adjugée par la Cour de mondit Sieur de Bourgogne & par toutes autres Cours & Jurisdictions quelconques aux Jurisdictions & contraintes des quelles Cours & de chacunes d'icelles promiscuement ou divisement *ut ad hoc* je soumets & oblige moy mes dits hoirs & tous lesdits biens meubles & non meubles de moy & de mes dits hoirs presens & advenir quelconques en tesmoing desquelles choses j'ay requis & obtenu le Scel de la Cour de mondit Sieur le Duc estre mis à ces pñtes Lettres fait & passé pardevant Marin Lefevre Clerc demeurant à Dijon & adjute d'honorable homme Jehan Aubert Tabellion Fermier du Tabellionage dudit Dijon en la presence de Jean Escuyer & nagaire Chastelin d'Arnay-le-Duc pour mondit Sieur & Jehan Bouloigne Huissier de lad. Chambre des Comptes temoins à ce appellés & requis l'an & jour dessus dits. Signé sur l'original en parchemin, M. le Fevre & Aubert & scellées.

Gros Régistre de la Tour d'en-haut de la Chambre des Comptes. fol. 645.

Extrait du testament de Jean de Clugny I. *que* Mr. de Thenissey *a fait imprimer dans sa grande Geneal. p. 46.*

A Tous ceux qui ces presentes Lettres verront & oiront. Nous Estienne Armenet (a) Conseiller de Mgr. le Duc de Bourgogne President de ses Parlements & Gouverneur de la Chancellerie de sond. Duché. Salut sçavoir faisons que nous avous veu le testatement de feu Noble homme Maistre (b)

1412.

(a) *Mr. de Thenissey, n'a pas bien lû dans tous les titres de la* Chambre des Comptes, il est nommé Armenier. *Compte de Charvot pour* 1439, &c.

(b) *Mr.* de Thenissey, *dit p.* 48, *que* Jean de Clugny *est qualifié* Noble homme, *pour le distinguer des Roturiers : que veut-il dire par-là? dans des écritures du mois de Nov.* 1718, *& du mois de Juin* 1720, *il avoit dit,* qu'il ne reconnoissoit point *pour être de sa Maison, ceux à qui on n'avoit point donné d'autres titres, que ceux de* Noble, Noble homme, Noble personne, Noble homme & sage maître. *V. ci-d. p.* 88.

Il ne doit donc pas mettre au nombre de ses ayeux le Testateur. Le titre qu'il a mis de son noble office à la tête de l'extrait du testament, ne peut rien ajouter au corps de l'acte.

(c) *Ce titre est simple. Mr. de Thenissey par ses raisonnemens frivoles, dans l'endroit cité, ne parviendra jamais à y rien changer ou augmenter.*

C'est le même qui a possédé la maison de Marchault, & lequel dans des actes légitimes, n'a d'autre titre que celui de Citoien d'Autun. V. ci-d. p. 5, 9, 13.

(d) *C'est lui qui fut caution dans le Traité des Moutons d'or en* 1359. *V.* ci-d. p. 10.

(e) *Le mot,* Terre, *est ici emploié pour désigner une Terre labourable & la distinguer d'un Prey ou d'une Vigne.* V. ci-d. p. 100. *Pour prouver que Vergoncey a fait de tout tems partie de la Baronie de Dracy S. Loup, & par conséquent la Seigneurie n'en pouvoit apartenir à* Jean de Clugny, *on se contentera de citer un Arrêt rendu aux Enquêtes au raport de M. de la Mare le* 16 Avril 1715, *entre M. le Prince de Guise Baron de Dracy & les Srs. Chifflot, dans lequel sont visés un terrier de la Baronie de Dracy Saint Loup de l'année* 1428, *au profit de Guy de la* Trimoille, *qui justifie que Vergoncey est dépendant de la Justice de cette Baronie, & des affranchissemens accordés par* George de la Trimoille *en* 1469, *à plusieurs Habitans de Vergoncey, sur lesquels il avoit Justice haute, moyenne & basse.*

Dans tous les contrats & dans tous les actes de Justice, quand on y parle de Terres en Justice, on emploie toujours les termes de Terre & Seigneurie; ce qu'on reconnoit en parcourant les minutes des Notaires & les actes des Jurisdictions dans les Greffes.

Jehan de Clugny Licentié en Loix, fils de feu *Guillaume de Clugny* d'Ostun, (c) par luy faict & passé souls le Scel de la Court de la dicte Chancellerie & publié en icelle Court ou Siege d'Ostun, parmy la quelle publication a esté decerné & ordonné les clauses contenues au dict testament estre extraictes vaillent & soient valables, & de tel effect comme est & peut estre led. testament, au proufit de ceulx & celles à cui les clauses peuvent & doivent competer & appartenir, auquel testament sont & avons veu les clauses cy aprés transcriétes de mot à mot.

Item je fonde dés maintenant, & veux que par mes hoirs & exécuteurs, pour & an nom de moy, pour le remede de l'ame de moy & de mes predecesseuts & successeurs, soit fondé une Messe perpetuelle que je veux & ordonne dés maintenant estre ditte chacun jour doresenavant & perpetuellement du Service & Office des Trespassés en la Chapelle Nostre Dame qui est du costé de ma Tour assise au Fort de Marchault d'Ostun, & veulx que par mes hoirs soient institués deux Chappellains qui seront chargés de celebrer lad. Messe chacung jour perpetuellement en lad. Chappelle.

Item je veulx & ordonne que lesd. Chappellains soient fondés perpetuellement de quarante livres tournois d'annuelle & perpetuelle rente, que j'assigne perpetuellement sur mes biens & heritages qui s'ensuivent. *Sur ma maison en la quelle je demeure à present, assise aud. Fort de Marchault,* sur mad. Tour seant aud. Fort de Marchault d'Ostun du costé de lad. Chappelle. Sur la maison en laquelle demeure actuellement Estienne de Broys Tonnelier sceant aud. *Fort de Marchault* d'Ostun de costé la Grange de *Huguenin de Clugny mon frere.* (d) Sur ma maison qui est assise à Ostun en la rue Chaixchien. Sur ma Terre de St. Pierre en Vaulx. Sur ma Terre de Montigoulx. Sur ma Terre de Cortecloux. Sur ma Terre de Chaissy. Sur ma Terre de Champeculeon. Sur ma Terre que j'ay au lieu de Vergoncey. (e) Sur mon Prey appellé communement le Prey de Fontaine-chaude &c.

Coppie vallant à l'original dehument collationée à icelluy par moy Edme Goujon l'aisné Notaire Royal & Greffier en la cause dont cy aprés sera faict mention, suivant l'appointement rendu pardevant Mr. l'Official d'Ostun, ce jourd'huy Samedy 27 jour du mois de Mars 1562, &c. Signé, Goujon.

Compte de Jean Nariot Receveur du Bailliage d'Autun, pour 1412.

1412.

(a) *Preuve que Jean de Clugny* II. fils de *Jean de Clugny* I. ne pouvoit être celui qui assista au Parlement de Beaune en 1401, comme le

EMploie en depense ce qu'il avoit payé à *Jean de Clugny* Chanoine d'Autun & à *Guillaume de Clugny* son frere tant pour eux que comme *aians le bail & gouvernement de Geoffroy, Jean* (a) & *Alis de Clugny* leurs freres & sœur, pour les gages qui étoient dûs à feu Maistre *Jean de Clugny* leur pere, Licentié és Loix Conseiller Advocat de Monseigneur le Duc qui étoit decedé le 6 Août 1412.

Dans la Sale d'en-bas de la Chambre des Comptes de Dijon où sont tous les Comptes des Receveurs tant généraux que particuliers.

dit Mr. *de Thenissey,* puisqu'il étoit encore mineur en 1412. V. ci-d. p. 95.

Fondation

Fondation par Jean de Clugny *Chanoine.*

LE *Lundy aprés l'Apparition de 'Noſtre Seigneur mil quatre cent treize* Maiſtre *Jehan de Clugny* (a) Chanoine d'Oſtun & de Noſtre Dame de Beaune pour luy & ſes freres, enfans de feu Maiſtre *Jehan de Clugny* Conſeiller de Monſeigneur le Duc de Bourgougne, acheta de Guillemin Baſſot deux pieces de vignes, l'une de huit ouvrées & l'autre de deux au finage de Chaſſaignes, pour le prix de neuf francs d'or au coin du Roy, & donna trois livres de rente pour l'augmentation des fondations faites par ſon pere.

Mém. de Palliot. to. 4. *p.* 290.

car il étoit mort avant le 24 *Juillet* 1414, comme on le verra par le titre qui ſuit, où i eſt fait mention de cette fondation de 3 liv. par an.

Lundy aprés l'Aparition de Nre. Sgr. 1413.

(a) *Il étoit fils ainé de* Jean de Clugny I. *V. ci-d. p.* 22. *Il mourut peu de tems après cette acquiſition,*

l

Lettres Patentes du Duc Jean accordées à Guillaume, Geoffroy, Jean & Alis de Clugny, *enfans de* Jean de Clugny I.

JEhan Duc de Bourgne. Conte de Flandres d'Artois & de Bourgogne Palatin Seigneur de Salins & de Malines à tous preſens & advenir ſalut. Nous tenons & croyons faire grand & agreable ſervice à Notre Seigneur quand nous entendons aux choſes qui touchent & regardent l'augmentation de l'eſtat des Egliſes & du Service Divin & eſt choſe bien convenable que ceulx joyſſent de plus grands libertés & faveurs qui tant de jour comme de nuit ſervent à Notre Seigneur en Sainte Egliſe & comme doncques feu Maiſtre *Jean de Clugny de notre Ville d'Oſtun jadis notre Conſeiller* & feu *Jean de Clugny ſon fils jadis auſſy Chanoine d'Oſtun,* meus en leurs vivans de devotion ayent fondé en lad. Ville d'Oſtun aucunes Chapellenies & aniverſaires pour le remede & ſalut des ames d'eulx & de leurs predeceſſeurs & ſucceſſeurs juſques à la ſomme de cinquante livres tournois de rente c'eſt aſſavoir led. feu notre Conſeiller *quarante ſept livres* & led. feu *Chanoine trois livres* (a) ainſy que par *Guillaume, Jehan,* (b) *Geffroy & Alis de Clugny enfens* de notred. feu Conſeiller nous a eſté par leur ſupplication trés humblement expoſé en nous ſuppliant trés humblement que eu regar & conſideration aux bons & loyaulx ſervices que a fait iceluy notre Conſeiller leur pere tan à feu notre trés cher Seigneur & pere dont Dieu ait l'ame comme à nous longuement & par l'eſpace de vingt cinq ans ou environ aud. Office de Conſeiller. Et auſſy qu'il a tenu & gardé le grand Scel de notre Court de Bourgne. par long temps ſans en avoir eu ou pris de nous aucuns gaiges il nous plaiſe de notre benigne grace leſdictes cinquante livres tournois de rente admortir. Sçavoir faiſons que nous ayants bonne ſouvenance deſd. ſervices voulant iceux reconnoiſtre comme raiſon eſt eu regard & conſideration aux choſes deſſuſdictes inclinants à ladicte ſupplication en faveur du Divin Service & afin que nous notre trés cheré & trés amée compagne la Ducheſſe & nos enfens ſoyons participans éſdits anniverſaires & és bonnes Oraiſons & Prieres qui doreſenavant ſeront faites & dictes éſd. Chappellenies leſdictes cinquante livres tournois de rente avons de notre certaine ſcience plaine puiſſance & grace eſpeciale ou cas deſſuſdict admorties & admortiſſons à tousjours par la teneur de ces preſentes moyenant la ſomme de deux cént cinquante livres tournois que leſd. enfans ont paye ou payeront contant à notre Receveur dud. Oſtun pour nous lequel ſera tenu de en faire recepte & d'en rendre bon & loyal compte en la Chambre de nos Comptes à Dijon en laquelle leſd. enfans ſeront tenus de bailler le denombrement deſd. cinquante livres tournois de rente dedans temps deu. Si

Juillet 1414.

(a) *En conférant cette Piéce originale avec le Mémoire de* Palliot *qui précéde, on connoit combien ſes extraits ſont fidéles.*

(b) *C'eſt ce* Jean de Clugny *le jeune, qui étoit encore mineur lorſque* Jean de Clugny I. *ſon pere mourut, en* 1412, *comme on l'a prouvé par le compte de* Nariot Receveur, *pour ladite année* 1412, *ci-devant.* V. *ci-d. p.* 22, 49, 93 & ſ.

C c

donnons en mandement par ces mesmes presentes à notre Bailly dud. lieu d'Oſtun & de Montcenis & à tous nos autres Baillis Juſticiers & Officiers de notre dict Duché de Bourgne. preſens & avenir leurs lieux tenants & à chacun d'eulx ſi comme à luy appartiendra que de notre preſente grace & admortiſſement façent ſouffrent & laiſſent leſdicts ſuppliants & celuy ou ceulx qui leſdictes Chappellenies & anniverſaires tiennent & deſſervent ou tiendront & deſſerviront jouir & uſer plainement & paiſiblement ſans les contraindres ou ſouffrir eſtre contraints aucunement à mettre les dictes cinquante livres tournois de rente hors de leurs mains ne d'en payer aucune autre finance & ſans les troubler moleſter ou empeſcher aucunement au contraire. Et afin que ce ſoit ferme choſe & eſtable à tousjours nous avons fait mettre notre ſcel à ces preſentes ſauf en autre choſe notre droit & l'aultruy en toutes ce fut fait en notre Ville de Lille ou moys de Juillet l'an de grace mil quatre cent & quatorze. Signé ſur le reply deſd. Lettres par Monſeigneur le Duc en ſon Conſeil. Vignier. Avec parafe.

Piéce originale en la puiſſance de Mr. de Clugny.

Acte de foi & hommage faits à la perſonne de Jean Duc de Bourgogne, par Guillaume de Clugny de Meneſſerre.

26 Novembre 1414.

(a) *Il étoit fils de* Hugues *de* Clugny *l'une des cautions données par le Duc dans le Traité des Moutons d'or de* 1359. V. ci-d. p. 15, 143. Et ci-après à la date du mois d'Aout 1420.

JEhan Duc de Bourgogne Comte de Flandres d'Artois & de Bourgogne Seigneur de Salins & de Malinnes à noſtre Bailly d'Oſtun & à tous nos aultres Juſticiers & Officiers ou à leurs Lieutenants ſçavoir vous faiſon que noſtre bien amé Eſcuyer *Guillaume de Clugny d'Oſtun* (a) Seigneur de Meneſſerre, *nous a ce jourd'huy fait foy & hommaige de la Terre & appartennances de Moux pres Meneſſerre & audict Bailliage d'Oſtun qu'il tient de nous en fief, auxquels foy & hommaige nous l'avons receu* & recevons par ces pntes. Si vous mandons à chacun de vous en droit ſoy, que ſi pour cauſe deſdicts foy & hommaige comme à nous non faicts; aucune des Terres ou biens eſtoient prins arreſtés, ſaiſis ou empeſchiés, vous les luy mettiés & faiſiés mettre ſan delay à plaine delivrance, pourveu qu'il fuſt tenu bailler ſon denombrement dedans temps dehu pardevers celuy ou ceulx de nos Officiers que ce regarde, ſe desja baillé ne l'a. Donné *à Beaune le vingt ſixieſme jour de Novembre l'an de grace mil quatre cens & quatorze*, ſous noſtre ſcel ſecret en l'abſence du grand. Signé par Monſeigneur le Duc, de Saulx. Avec paraphe.

Produit par Mr. de Theniſſey.

Contrat qui juſtifie que Guillaume de Clugny fils de Jean I. & ayeul de Ferry Cardinal de Clugny a poſſédé la maiſon du Fort de Marchaut d'Autun.

Le Mercredy aprés Féte de la Tranlation St. Benoit 1419

(a) *Guillaume de Clugny* ayeul du Cardinal & de l'Evêque de Poitiers, & *Geoffroy* ſon frere ſe qualifient ſimplement dans cet acte, *Guillaume & Geoffroy de Clugny* freres, enfans de feu *Maiſtre Jean de Clugny d'Oſtun.* Comment Mr. *de Theniſſey* a-t-il pû les reconnoître pour être de ſa Maiſon, comme on le dira dans peu, lui qui ne veut pas reconnoître les ancêtres de Mr. *de Clugny,* parce qu'il n'ont été qualifiés que *Noble, Noble homme, &c.* V. ci-deſſus p. 88.

AU nom de notre Seigneur amen. L'an de l'Incarnation d'icelluy courant *mil quatre cent dix neuf, le Mercredy aprés la Feſte de la Tranſlation* St. Benoiſt. *Nous Guillaume & Joffroy de Clugny freres enfans de feu Maiſtre Jehan de Clugny d'Oſtun* pour nous d'une part (a) & Jehan Bonnardot demeurant aud. Oſtun pour moy d'autre part. Sçavoir faiſons à tous ceux qui verront & oiront ces preſentes Lettres que nous leſd. Parties bien pourveues conſeillées & adviſées, de nos certaines ſciences avons fait & faiſons entre nous les bail &

reventes perpetuel qui s'enſuivent en cette maniere. C'eſt à ſçavoir *que nous
leſd. freres* & un chacun de nous pour nous & nos hoirs, *baillons, cedons, tranſ-
portons, delivrons* preſentement aud. *Jean Bonnardot pour luy & Guyote ſa
femme* & pour leurs hoirs procreés de leurs propres corps ſeulement & non
autrement, *une maiſon aſſiſe en la Fortereſſe de Marchault vers la Chapelle de
notre Dame de Marchault, du coſté de la Cour de nous leſd. freres un petit
curtil entre deux & d'une part au curtil devers les murs de Marchault qui
eſt à nous leſd. freres.* (a) *Item tout le droit tenant à lad. maiſon à la partie devers le puis appellé le puis de la Chapelle du gros de la maiſon.* Item tout le
droit tenant à icelle maiſon devers deſſus en coſté la maiſon qui fut à Meſſire
Jehan Raquin Preſtre, ſeulement du gros de la maiſon avant dite. Item le curtil
eſtant & tenant à icelle maiſon. Sans ce que led. Jehan ſa femme & leurſd. hoirs
ayent point d'aiſance au curtil devers la vigne fors que ainſy que ſe portent les
murs de lad. maiſon. Et certes preſens bail ceſſion & tranſport nous leſd. freres
faiſons aud. Jehan pour le prix & ſomme de vint gros viennois tous d'argent
d'annuelle & perpetuelle cenſe portans loux & remuage ſelon la generale Coutume de Bourgne. que led. Jehan ſad. femme & leurſd. hoirs payeront chacun an
perpetuellement à nous & à noſd. hoirs au terme & le jour de la feſte de la Nativité de St. Jehan-Baptiſte, & commencera le premier terme de paiement à lad.
St. Jehan-Baptiſte qui ſera en l'an mil quatre cent & vingt. Et avec ce eſt & ſera
tenu led. Jehan ſad. femme & leurs hoirs de maintenir & ſoubſtenir en bon &
convenable eſtat lad. maiſon & ſeſd. apartenances à leurs propres miſſions & depens & parmi ce auſſi que au cas que leſd. Jehan ſa femme & leurs hoirs deffaudront ou ceſſeront de payer lad. cenſe, & maintenir lad. maiſon & ſeſd. apartenances en eſtat convenable, nous pourrons recourir & aſſigner à lad. maiſon, la
tenir & poſſeder & mettre à notre profit les revenus d'icelle juſques à pleine ſatisfaction de lad. cenſe & des arrerages ſi aucuns en eſtoient deus, & lad. maiſon
miſe en eſtat convenable. Et je led. Jehan Bonardot, prens & reçois dés maintenant perpetuellement pour moy mad. femme & noſd. hoirs   de nos propres
corps ſeulement deſd. freres bailleurs lad. maiſon & ſeſd. appartenances cy deſſus
confinées & diviſées pour led. prix de vint gros viennois tous d'argent de cenſe
annuelle & perpetuelle portant loux & remuage, que moy mad. femme & noſd.
hoirs leurs payerons & delivrerons aud. terme de St. Jehan-Baptiſte, chacun an
perpetuell emt. & commencera le premier terme & payement de lad. cenſe à lad.
feſte St. Jehan-Baptiſte qui ſera en l'an 1420 comme dit eſt. Et avec ce, ſerons
tenus de maintenir & ſouſtenir en bon & convenable eſtat lad. maiſon & ſeſd.
appartenances à nos miſſions & depens. Et veuil & conſens pour moy & meſd.
hoirs, que au defaut de payemem & de accomplir les choſes deſſuſd. que leſd.
freres & leurs hoirs puiſſent recourir & aſſigner à lad. maiſon & ſeſd. apparte-
nance par la maniere avant dite. Deſquels bail & retenue, nous leſd. Parties
nous tenons pour contentes. Prommettans nous icelles Parties par nos ſermens
& ſoubs l'obligation de tous nos biens, meubles & immeubles preſens & avenir,
& eſt à ſçavoir nous leſd. bailleurs conduire garantir & deffendre & en paix faire
tenir lad. maiſon & ſeſd. appartenances aud. retenenr & à ſeſd. hoirs, pour payant
lad. charge & faiſant les choſes deſſuſd. envers & contre tous, à nos propres
miſſions & deſpens. Et je led. Jehan pour moy & meſd. hoirs, payer auxd. freres
lad. cenſe & faire les choſes deſſuſd. en la maniere qu'elles ſont deviſées ſans
contredit. Et promettons nous leſd. Parties non venir contre les preſentes lettres,
mais le contenu en icelles avoir & tenir pour ferme eſtable & agreable, toutes
actions, exceptions, deceptions & autres choſes quelconques à ce contraires
ceſſants du tout. Et quant à l'obſervations des choſes deſſuſd. & d'une chacune
d'icelles nous Parties avant dites & chacune de nous voulons eſtre contraintes
ainſy comme de choſe adjugée par la Cour de Monſr. le Duc de Bourgne. à la
Juriſdiction & contrainte de laquelle Cour quant à ce nous ſoumettons & obligeons nous noſds biens & ceux de noſd. hoirs, meubles & heritages preſens &

(a) *Maiſon ſi-
tuée au Fort de
Marchaut d'Au-
tun, poſſédée par
Guillaume & Geof-
froy de Clugny,*
provenante de
Jean de Clugny
leur pere, qui
l'avoit euë de
*Guillaume de Clu-
gny* I. ſon pere,
Citoien d'Autun.
V. ci-d. p. 9, 21,
23, & dans les
Preuves les actes
1398, 1399,
1412.

avenir. En tefmoin de ce nous avons requis & obtenu le fcel de lad. Cour eftre mis à ces prefentes Lettres & és doubles d'icelles, faites & données en la prefence de Meffire Jacques de Communes Coadjuteur du Tabellion d'Oftun pour mond. Sr. le Duc , de Meffire Philibert de Morey Preftre, & Jehannot Roichot alias Bayare Sergent du Roy notre Sire temoins à ce appellés & requis les an & jour deffufd. premier d'iceux hoirs. Donné comme deffus. Signé Decommunes. Et fcellé.

Cette piéce a été repréfentée en original à Mr. de Theniffey, qui fe tranfporta en perfonne au Greffe des Requêtes du Palais, accompagné d'Experts en écriture qui la reconnurent légitime, après quoi il déclara que Guillaume & Geoffroy de Clugny étoient iffus d'une branche de fa Maifon; que la piéce lui apartenoit, parce que Mr. de Clugny ni fes ancêtres n'avoient jamais rien poffédé dans la maifon dont il eft parlé dans l'afte, & il fe mit en devoir de l'enlever d'autorité à Mr. de Clugny qui l'en empêcha. Ceci eft prouvé par le Procès verbal du Greffier des Requêtes du Palais du 12 Aout 1722, dans lequel il foutient que Mr. de Clugny étoit obligé de lui déclarer de qui il tenoit cette piéce & toutes les autres qu'il a produites pour fa deffenfe.

Mr. de Clugny croit avoir bien prouvé que Guillaume de Clugny I. Citoien d'Autun & Jean de Clugny I. fon fils, defquels il defcend, ont poffédé la maifon de Marchaut. Ci-d. p. 9, 21. Dans les Preuves aux dates des 6 Nov. 1399, 1412, & par le préfent contrat.

Les ancêtres de Mr. de Theniffey ne peuvent avoir poffédé cette maifon de Marchaut, puifqu'il n'a pû faire remonter fa Généalogie au delà de 1515. Ci-d. p. 60 & f.

Légitimation de *Hugues de Clugny* fils naturel de *Guillaume de Clugny* & de Marguerite, fervante de *Hugues de Clugny* pere dud. *Guillaume de Clugny*, Seigneur de Menefferre.

Aout 1420.

Philippus Dux Burgundie Comes Flandrie Arthefii & Burgundie Palatinus Dominus de Salins & Mechlinie. Nature vicium minime decolorat illegitime genitos quos vite decorat honeftas nam decor virtutum abftergit in prole maculam geniture & pudicicia morum impudor originis aboletur notum igitur facimus univerfis prefentibus & futuris quod nos attendentes morum honeftatem & virtutum merita pro ut teftatur affertio fide digna Hugo filius Guillermi de Clugniaco Domini de Menefferre *in Ballivatu Eduenfi* decoratur qui licet ex illegitimo coitu videlicet ex dfto. Guillermo ejus patre & quondam Margereta & nunc difti Guillermi ancilla domeftica ejus matre que quidem Margareta per antea fervierat Hugoni de Clugniaco patri difti Guillermi (a) ipis vero Guillermo & Margareta ambobus tunc folutis traxerit originem fed tamen Deo & hominibus vita & viribus gratum reddit un deffeftum natalium quem patitur fupplent in eo merita probitatum eundem Hugonem de noftris fcientia & gracia fpeciali legitimatum per prefentes & in eo deffeftum natalium quem patitur abolemus concedentes eidem ac cum eo difpenfantes & decernentes de certa fciencia autoritate & gracia fupradiftis ut ipfe in quibufcumque bonis paternis & maternis paterni que generis & materni & aliis tam mobilibus quam immobilibus in quibus de jure & confuetudine five ufu aut communi abfervantia fuccederet aut fuccedere deberet aut poffet fi effet de legitimo matrimonio procreatus

(a) Mr. *de Theniffey*, p. 31 de fa grande Généalogie, donne *Guillaume de Clugny Bailli* de Dijon, pour pere à *Guillaume de Clugny de Menefferre*, dont il eft parlé dans ces Lettres, qui juftifient au contraire que *Guillaume de Clugny* III. *Seigneur de Menefferre*, étoit fils de *Hugues de Clugny.* V. ci-d. p. 11, 15, 143 & f.

succedet libere valeat & succedat pro se & suis heredibus si tamen in bonis illis non sit jus alii quesitum & aliud quod deffectus natalium non repugnet & quod bona ipsa tanquam legitimus vice successoris valeat vendicare adipisci possidere & pacifice retinere & de ipsis in testamento seu ultima voluntate suis disponere tanquam successor legitimus eorumdem & quod acquisitionem & retentionem aliorum bonorum quorumcumque acquisitorum hactenus & acquirendorum in posterum nec non officia quecumque status honnores & actus temporales & civiles ac si fuisset ab initio natus de legitimo matrimonio ab omnibus admittatur & pro legitimo deinceps censeatur dicto natalium deffectu consuetudine constitucione statuto lege edicto usu vel generali seu locali patrie ad hoc contrariis nonobstantibus quibuscumque mediante tamen financia moderata quam dictus, Hugo propter hoc pro nobis receptori nostro ad quem spectat juxta facultatem suam solvere tenebitur secundum taxacionem per dilectas & fideles gentes nostras Camere Computorum nostrorum apud Divionem fiendam quam eis tenore presentium committimus mandantes eisdem ac quibuscumque Receptoribus Justiciariis & Officiariis nostris presentibus & futuris & eorum loca tenentibus ac eorum cuilibet ut ad eum pertinuerit districtius injungentes quatenus dicta financia per gentes nostras prefattas ut supra dictum est taxata & arbitrata & per dictum Receptorem recepta dictum Hugonem filium Guillermi proles successores & posteros suos in bonis quibuscunque ejusdem acquisitis vel acquirendis aut undicumque obvenientibus occasione deffectus natalium ipsius contradictam presentem graciam & legitimacionen perturbare vel molestare quavis causa non presumant sed eadem nostra gracia uti & gaudere plenarie & pacifice faciant & permittant eundem quod ut perpetui roboris stabilitate firmetur presentes Litteras sigilli nostri fecimus appensione muniri salvo jure nostro & in omnibus aliis quolibet alieno. Datum in Villa nostra de Divione mense Augusti anno millesimo quadringentesimo vicesimo.

Ainsi signé par Monseigneur le Duc à votre relation R. Jondrier visa.

Et en la marge au dessous desd. Lettres écrit ce qui s'ensuit.

Expedita in Camera Computorum dicti Domini Ducis Burgundie Divioni secunda die Octobris millesimo quadringentesimo vicesimo mediante financia decem francorum solutorum Johanni Moisson Receptori Divionensi ad hoc commisso habita prius informacione super facultate dicti Hugonis qua quidem informacio cum copia presentium & Littera dicti Receptoris super receptione dicte summe ponuntur in sacco ad hoc in dicta Camera ordinato. Scriptum in illa Camera anno & die predictis. Sic signatum J. Gueniot.

Collatio hujus transcripti cum Litteris originalibus signatis & sigillatis ut supra facta fuit in Camera Compotorum Domini Ducis Burgundie Divioni secunda die Octobris anno Domini millesimo quadringentesimo vicesimo. Per me J. Gueniot, per me M. de Capis.

Je Jehan Moisson Receveur du Bailliage de Dijon & commis de recevoir les deniers appartenants à Monseigneur le Duc à cause des amortissements, affranchissement, legitimacion des Bastards, annoblissements & autres deniers ordonnés par mondit Seigneur estre contés és reparations de ses Chasteaux & Maisons de ses Duché & Comté de Bourgogne, confesse avoir eu & receu de *Huguenin de Clugny* de Dijon la somme de dix francs à laquelle somme il a composé à Messieurs des Comptes de mondit Seigneur à Dijon pour la finance & expedicion de sa legitimacion, de laquelle somme de dix francs je me tiens pour bien content tesmoin mon seing manuel icy mis le second jour d'Octobre mil quatre cent & vingt. Signé J. Moisson.

Dans la Tour d'en-bas de la Chambre des Comptes, liasse des legitimations.

1421.

Preuve que *Guillaume de Clugny* ayeul du Cardinal & de l'Evêque de Poitiers, avoit épousé *Guillemette le Boiteux*, que Mr. *de Theniſſey* apelle *Guillemette de Viteaux*, parce que le ſurnom de *Le Boiteux* ne lui paroiſſoit pas aſſés beau pour le mettre dans ſa Généalogie. V. ci-d. p. 23, 24, 138, 144.

1421. *Guillaume de Clugny* d'Oſtun au nom de tuteur de *Marguerite le Boiteux* fille moindre d'ans heritiere de *Jehan le Boiteux de Viteaux* plaidoit au Parlement de Beaune contre *Jeanne de Marney* Dame de Mercurey & d'Eſtrées femme de Robert de Gillans Chevalier.

Guillaume de Clugny d'Oſtun tant en ſon nom que à cauſe de *Guillemette* ſa femme fille de feu *Jehan le Boiteux* de Viteaux & heritiere d'icellui plaidoit au Parlement de Beaune contre *Robert de Gillans* Chevalier, tant en ſon nom que au nom de *Jeanne de Marney* ſa femme.

Mémoire de Palliot. Il en eſt fait mention dans ſes gros Mémoires, tom. 4, fol. 273. tom. 8, fol. 533.

Jean de Clugny *Elû des Aydes.*

16 Septembre 1423. V. ci-d. p. 7.

(a) Les Elûs ſemblent avoir été inſtitués du tems du Roy Jean … & étoit en chaque Dioceſe ou Evêché: l'argent qui en provenoit étoit mis dans des coffres baillés en garde à quelques gens que pour cet effet on éliſoit, & de là furent apellés Eleus. Guenois, liv. 10. tit. 21. aux notes.

V. le Code Henry, liv. 13. tit. 6,

LEs Treſoriers & Gouverneurs Generaux de toutes les Finances du Royaume de France, aux Eleus ſur le fait des Aydes ordonnés pour la Guerre à Oſtun, Salut. Pour accomplir le contenu és Lettres Royaux auxquels ces preſentes ſont attachées ſous l'un de nos ſeings, faiſant mention de *Maiſtre Jean de Clugny* auquel le Roy notre Sire a donné & octroyé l'Office d'*Eleu ſur le fait des Aydes* ſur les Gens d'Egliſe & Clergié de la Ville & Dioceze d'Oſtun, (a) pour icelui Office avoir tenir & exercer doreſenavant par led. *Maiſtre Jean de Clugny* en ſa perſonne & non autrement, aux gaiges prouffit & emolumens accoutumés & qui y appartiennent. Nous vous mandons & commettons par ces preſentes que prins & receu dud. *Maiſtre Jean de Clugny* le ſerment accoutumé & aud. Office d'Eleu ſur les Gens d'Egliſe & Clergié appartenant, vous le en mettés & inſtitués de par le Roy noſtre Sire en poſſeſſion & ſaizine, & d'iceluy enſemble des droits prouffits & emoluments deſſuſd. le faittes ſouffrés & laiſſer joir & uſer pleinement & paiſiblement. Mandons auſſy par ces preſentes au Receveur deſd. Aydes aud. lieu d'Oſtun que leſd. gaiges il paye baille & delivre des deniers de ſa recette aud. *Maiſtre Jean de Clugny* doreſenavant chacun an aux termes & en la maniere accoutumée, tout ainſy & par la forme & maniere que le Roy noſtred. Seigneur le veult & mande par ſeſd. Lettres. Donné à Paris le ſeizieſme jour de Septembre mil quatre cent vingt trois. Signé ſur l'original en parchemin, Marc. Avec paraphe, & ſcellé en cire rouge.

Reconnu pour légitime par Mr. de Theniſſey dans le Procès verbal du Greffier des Requêtes du Palais à Dijon du 12 Aout 1722.

aux notes. Rageau Indice des Droits Royaux. Chenu tit. 20, de la Juriſd. des Elûs. Loiſeau des Offices, liv. 1. ch. 3. n. 37. Id. des ordres, ch. 8. n. 31 & ſ. *Ce dernier Auteur après avoir expliqué quelles étoient les fonctions des Elûs, il ajoute que comme ils avoient pour lors peu d'honneur & peu de pouvoir, on leur avoit attribué beaucoup de gages. Ce qui a fait dire à un Poëte du ſiécle précédent, qui écrivoit contre un homme qui ſe faiſoit honneur de ce que ſon pere avoit été Elû :*

C'eſt un beau titre en l'autre monde,

Mais on s'en mocque en celui-ci.

Dans ſon Factum contre le *Chapitre d'Avalon,* p. 9, il avoit dit que cette ſouche des *vrais Clugny,* qui étoit deja célèbre & illuſtre dès le commencement du 11e. ſiécle, ne peut ſouffrir qu'il y ait eu des *de Clugny,* Enquêteurs au Bailliage d'Avalon, *& lui y introduit un Elû des Aydes qui eſt fort au deſſous d'un Enquêteur.*

Il parle d'un Charles de Clugny *fils de* Jean III. *mort ſans poſtérité.* V. ci-d. p. 51.

Les Enquêteurs partageoient les fonctions des Baillis avec leurs Lieutenans; étoient du Corps des Bailliages & Préſidiaux, & devoient au moins être Licentiés & Avocats,

Paris. Mai 1583. art. 20.

Il eſt-bon de raporter les termes du plaidé de Mr. de Theniſſey. Interpelle judiciellement mond. Sr. le Coner. *de Clugny* de convenir que leſd. Lettres octroyées à Me. *Jean de Clugny*, que *ce Jean de Clugny* n'eſt point de ſes ancêtres, mais bien de la Maiſon dud. Sr. *de Theniſſey*; il eſt pareillement interpellé de s'expliquer d'où & comment led. titre lui eſt parvenu; & comme il apartient à la Maiſon dud. Sr. *de Theniſſey*, s'en rend ſaiſiſſant entre mes mains (du Greffier.) Mr. *de Clugny* a dit que ma commiſſion (du Greffier) n'eſt que de procéder à la collation.

La choſe eſt nouvelle qu'un homme faſſe les fonctions de Sergent dans ſes propres affaires; cela étoit reſervé à Mr. de Theniſſey. Au fond ſa prétention eſt injuſte, Inſtrumenta eduntur, ut inſpiciantur, non ut retineantur, aut ut eorum poſſeſſio amittatur. M. le P. Favre, C. liv. 2. tit. 1. de edendo. def. 15.

Mr. de Theniſſey *dans le commencement du procès, écrit* du mois de Nov. 1718, & Fact. contre le Chap. d'Avalon, *avoit déclaré* qu'il ne reconnoiſſoit pour être de ſa Maiſon que des gens qui depuis le commencement du 11e. ſiécle, ont été puiſſans & illuſtres & en poſſeſſion de ſe dire *Chevaliers*; tous les *bons Clugny*, depuis un tems ſi reculé ayant toujours occupé des *poſtes éminens*.

C'eſt à lui à faire voir que le titre d'*Elû des Aydes* donnoit à ceux qui le portoient en 1423, le droit de ſe qualifier *Chevaliers*, & qu'en ce tems-là c'étoit un *poſte éminent*.

Maiſon de Marchaut.

EN l'an 1427. *Geoffroy de Clugny* donna un certificat de ſa main, que *Guillaume de Clugny* ſon frere, avoit eu pour ſon partage la maiſon de l'Hoſtel principal ſcis à Oſtun, l'eſtable & le jardin qui tenoit au jardin de *Hagues de Clugny* ſon couſin.

Mém. de Palliot. tom. 5. p. 492.

1427.
V. ci-d. le con-
trat du Mercredi
après la Tranſla-
tion S. Benoit 1419,

ci-d. La maiſon de Marchaut étoit donc indiviſe entre les deux freres en 1419, & en 1427 elle apartenoit pour le tout à Guillaume de Clugny, *ayeul de* Ferry Cardinal & *de* Guillaume Evêque de Poitiers, *qui l'a tranſmiſe à ſes deſcendans, qui l'on poſſédée juſques à ce qu'elle ait été vendüe ſur* Françoiſe de Clugny, *comme on le verra ci-après à la date du* 8 Mars 1546.

Acquiſition de la Terre & Seigneurie de Jouſſanvau par Henry de Clugny.

LE Vendredy jour de la Nativité de St. Jehan Baptiſte vintquatrieſme Juin 1435. *Henry de Clugny* (a) Licentié és Loix Conſeiller de Monſeigneur le Duc, par *Jean de Clugny* Procureur & par nom de Procureur, acquit de *Guy de la Trimoille* Comte de Joigny & Seigneur d'Antigny, & de *Louis de la Trimoille* Eſcuyer ſon fils, ayant par commiſe le Chaſtel & maiſon fort de Jouſſanvault, le fief reſervé aud. Seigneur, moienant la ſomme de quatre cent livres, avec promeſſe de garantie contre Louis Breſchant Eſcuyer.

Mém. de Palliot. tom. 5. fol. 497.

24 Juin 1435.
(a) C'eſt le pere
du Cardinal & de
l'Evêque de Poi-
tiers.
V. ci-d. p. 24, 3 2 3
35.

Jean de Clugny d'Avalon, & Henry de Clugny comparans dans un même acte.

LE vingt cinquieſme Novembre mil quatre cent quarante ung *Philippée de la Boutiere* femme de *Jehan de Clugny* demeurant à Avalon, & fille de feu *Pierre de la Boutiere* Eſcuyer demeurant à Oſtun, paſſa procuration aud. *Jehan de Clugny* ſon mary pour demander ſes droits & actions qui luy apartenoient à cauſe de ſond. feu pere & requerir partage. En preſence de *Henry de Clugny* (a) Licentié és Loix Coner. de Monſeigneur le Duc & de Jehan Garnier.

Mém. de Palliot. tom. 14. fol. 17.

25 Nov. 1441.
V. ci-après le
contrat du 3 Aout
1478.
(a) C'étoit le
pere du Cardinal
& de l'Evêque de
Poitiers. V. ci-d.
P. 32, 35.

Commiſſions qui prouvent que Guillaume de Clugny *qui a été Evêque de Poitiers,* & Ferry de Clugny *ſon frere qui a été Cardinal, ont exercé l'Office de Lieutenant de la Chancelerie d'Autun.*

1448.
V. ci-d. p. 32, 35.

JOur eſt aſſigné à Oſtun de nous *Guille. de Clugny* Licén. és Loix Chán. d'Oſtun & Archidiacre d'Avalon Conſeïllr. Maiſtre des Requeſtes de l'Oſtel Monſeigneur le Duc de Bourgne. & Lieuteń. de Monſr. le Gouverneur de la Chancëllie. dud. Duchié au Siege d'Oſtun pardńt. Monſr. le Gouvernenr ſon Lieutén. ou le Lieutén. dud. Monſr. le Chancellier au Jeudy avant la Feſte de la Nativité Saint Jean Baptiſte proüch. vén. heure de Prime dud. jour à Meſſés. Ligier de la Vie & Phrt. de Morey Preſtres Chappellains de la Chappelle Nré. Dame fondée en la Ville de Marchault d'Oſtun par feu Maiſtre *Jëh. de Clugny* impts. d'une part à Richard du Meix Bouchier oppôſt. d'aüe. part à appointer les Parties ainſi qu'il áppriendra par raiſon comme devất & à proceder en oüle. & aller avant en & ſur la cauſe mehue ou eſperer à mouvoir en lad. Court aud. Oſtun eńt. leſd. Parties ſelon raiſon. Donné du conſént. deſd. compſſ. judicialemết pardevất nous aud. Oſtun le Jeudi aprés les Feſtes Saint Barnabé Appoſtres le XIII jour de Juing heure de prime dud. jour l'an mil c.c.c.c. quarante & huit. Signé Cottin. Avec paraſe & ſcellé.

Quatre autres commiſſions décernées par led. *Guillaume de Clugny* en lad. qualité de Lieutenant de la Chancellerie d'Autun, des années 1448 & 1449, en la même forme que celles ci-deſſus, ſous le nom dud. *Guillaume de Clugny.*

Piéces originales és mains de Mr. de Clugny.

1459, 1461,
1462, 1463,
1464, 1465.

On trouve dans les Archives de l'Abbaye de S. Martin d'Autun dix-neuf commiſſions accordées aux Abbé & Religieux de lad. Abbaye par *Ferry de Clugny,* toutes ſignées Cottin, avec paraſe; des années 1459, 1461, 1462, 1463, 1464, 1465; dans leſquelles *Ferry de Clugny* eſt qualifié, Doĉteur és Loix & en Decret Chanoine d'Oſtun Coñr. Mãe. des Rêqtes de l'Otel de Moñſr. le Duc de Bourgñe & Lieütnt. de Moñſr. ſon Chancelier en la Court de la Chancellerie dud. Duchié de Bourgñe au Siege d'Oſtun.

Henri de Clugny, *préſent à la fondation de Notre-Dame d'Autun.*

Jeudi après
Quaſimodo
1450.

LE *Jeudy aprés le Dimanche que l'on chante en Saincte Egliſe* Quaſimodo *mil quatre cens cinquante, Henry de Clugny,* Licentié és Loix Conſeiller de Monſgr. le Duc fut l'un des temoings à la fondation de l'Eſgliſe Collegialle de Noſtre Dame d'Oſtun, faite par *Nicolas Rolin* Chancelier de Bourgogne.

Mém. de Palliot.

Loüiſe de Clugny Abbeſſe de S. Andoche d'Autun.

1450.
V. ci-d. p. 15, 18.

STe Marthe. Gall. Criſt. to. 4, p. 45. *Santi Andochii Monaſterium in urbe Auguſtoduno Ordinis Santi Benediĉti* Ludovica de Clugny *ſoror* Damiani de Clugniaco D. *de Villars* Guillelmi *ex* Philiberta de Buſſeuil *filia Eccleſiam ædificiis illuſtravit.*

Elle ſuccéda à Henriette de Vienne qui étoit Abbeſſe en 1450.

Repriſe

Reprise de fief de la Terre d'Alonne.

LE jour de la feste de St. Jean Decolate vintneuf Aouft mil quatre cent cinquante deux, *Philiberte de Buffeuil* veuve de *Guillaume de Clugny*, Dame du Chaftel & Terre d'Alonne, tant en fon nom que comme pour & au nom de *Jacques* & *Damas* fes enfans reprit de fief liege perpetuel & hommage à *Louis de la Trimoille* Comte de Joigny Seigneur d'Uchon & Baron de Bourbon-Lancis, à caufe de fon Chaftel & Seigneurie d'Uchon, de fa Terre d'Alonne, provenante de Damas de Buffeuil fon frere.

Elle en fournit le denombrement aud. Louis de la Trimoille le quatrieme Avril aprés Pafques mil quatre cent cinquante fix.

Archives de la Baronie d'Uchon.

Ce Guillaume dans fon contrat de mariage avec *Philiberte de Buffeuil* fille de *feu Damas de Buffeuil* Sgr. d'Alonne, du Lundi aprés la Fefte de Ste. Marie-Magdeleine vintquatre Juillet mil quatre cent dixneuf eft qualifié *Guillaume de Clugny* le jeune habitant d'Autun.

Mémoires de Palliot, tom. 4, fol. 386. tom. 5, fol. 463. tom. 10, fol. 484.

Henry de Clugny *pere de* Ferry Cardinal *Bailli du temporel de l'Evéché d'Autun.*

RObert. Gall. Chrift. p. 214. *Epifcopi Eduenfes* à l'article de *Jean Rolin* Evéque d'Autun en 1459, dit qu'il avoit pour Official *Ferry de Clugny* qui fut depuis Cardinal, enfuite il parle de ceux qui étoient de la même Famille que ce Cardinal. . . . . *Invenio etiam* Henricum de Clugniaco (a) *Licentiatum in Legibus D. de Conforgien Ballivum in Temporalibus* (b) *hujus noftri Epifcopi Æduenfis.*

Provifions de l'Office de Maître des Requétes pour Jean de Clugny *Seigneur de Monthelon,* Juge du Charollois.

PHelippe par la grace de Dieu Duc de Bourgougne Lóthr. de Brabant & de Lembour Comte de Flandres d'Artois de Bourgougne Palatin de Haynau de Hollande de Zellande & de Namur Marquis du Saint Empire Seigneur de Frife de Salins & de Maline à tous ceux qui ces pntes Lettres verront fçavoir faifons que pour les grands fouffifanfe difcretion & prudence que par experience fçavons & cougnoiffons eftre en la perfonne de ñre. amé & feal Confeiller & Maiftre des Requeftes de ñre. Hoftel *Maiftre Jehan de Clugny* iceluy *Maiftre Jehan* avons retenu & ordonné retenons & ordonnons par ces pntes pour en ñre. abfence de nos Pays fufnommés ou d'aucuns d'iceux ffür. dorefenavant pardevers ñre. trés cher & trés amé fils le Comte de Charrolois ayant le gouvernement d'iceux nos Pays en ñre. abfence aud. eftat de Confeiller & Maiftre des Requeftes aux gages tels & fembles que les prennent devers nous les autres Maiftres des Requeftes de ñre. Hoftel fervans en Ordonnance & que par nos autres luy feront cy aprés pour ce taxés & ordonnés & aux autres droits honneurs prerogatives libertés prouffits emolumens qui y appartiennent furquoy il fera tenu faire le ferment à ce ptinent. és mains de ñre. trés cher & feal Chr. Chancelier le Sr. d'Authumes fi donnons en mandement à ñre. dit Chancelier au premier Chambellan

D d

29 Août 1452.
Ces actes juftifient. 1°. *Que* Guillaume de Clugny *qui a été Seigneur d'Alonne, eft apellé le jeune, pour le diftinguer de* Guillaume *fon frere Seigneur de* Meneflerre. V. cid. p. 15 & 18. 2°. *Que* Jean de Clugny I. *mort en* 1412, *ne peut avoir été Seigneur d'Alonne, comme l'a avancé* Mr. de Theniffey. V. ci-d p. 103.

1456.
(a) C'étoit le pere de Ferry.
(b) V. ci-d. p. 24 & ci-aprés à la date du 24 Nov. 1487.

31 Juillet 1456.
Cette piéce établit le premier moyen de faux qu'on a donné contre un prétendu contrat de partage qu'on date du 4 Janvier 1454, produit par Mr. de Theniffey.
Ci-devant p. 137, 148, 151.

d'icelluy nrē fils & à tous autres Gens de Conseil & Officiers de nous, & de lui qu'il appartiendra & cui ce regardera que led. serment fait ils fassent souffrent & laissent led. *Maistre Jehan de Clugny* dud. estar de Conseiller & Maistre des Requestes suant. pardevers nrédit. fils au temps & en la maniere que dit est pleinement & paisiblement joyr & user cessans tous contredits & empeschemens car ainsy nous plaist - il estre fait en temoin de ce nous avons fait mettre nrē scel à ces pntés donné en nrē Chastel de Wourden le *dāre jour de Juillet l'an de grace mil quatre cent cinquante six.* Signé sur le repli par Monseignr. le Duc. Gros.

Extrait par Palliot. tom. 1 *, fol.* 349.

Au dos desd. Lettres est écrit, le XIII. d'Aoust l'an mil quatre cent cinquante six *Maistre Jehan de Clugny* nommé au blanc de cette fist serment de l'estat & Office de Conseiller & Maistre des Requestes de l'Hostel de Monsr. le Duc de Bourgougne pour suir. devers Monsr. le Comte de Charrollois selon que audit blanc est faite mention és mains de Monsr. d'Autume Chancelier de Mond. Sr. le Duc moy pnt. Signé Gros.

Et encores d'une ecriture aussi ancienne que celle des Lettres.
Pour Noble homme & saige Maiste. *Jeh. de Clugny* Sgr. de Monthelon Conseiller & Juge du Charrollois.

Produites par Mr. de Thenissey.

Par le procès verbal du Greffier du Parlement du 24 Fevr. 1723, dressé en présence de Mr. *de Thenissey*, il est acquis que le mot *homme* a été alteré & chargé pour y substituer celui de *Seigneur* qui est d'une ancre plus blanche sous laquelle on distingue celui d'*homme*. Mr. *de Thenissey* convient de l'altération & en rejette la faute sur Mr. de Valvron.

Contrat de mariage d'Aglantine de Clugny avec Loüis de la Baulme.

16 Janvier 1463.

Cette piéce prouve la fausseté d'un prétendu contrat de partage, qu'on date du 4 Janv. 1454, produit par Mr. de Thenissey, dont on a déduit les moiens qui résultent du présent contrat de mariage.

Le prétendu con-

EN nom de Nostre Seigneur amen l'an de l'Incarnation d'icelluy courant *mil quatre cens soixante & trois le seiziesme jour* du mois de Janvier Nous *Guillaume de la Baulme* Chlr. Seigneur d'Agey & de Promenoix & *Loys de la Baulme* Escuier son fils, je led. Loys souffis, emancipé dud. Chlr. mon pere & aussy des loux aûcte. & consentement d'icelluy Chlr. mon pere à ce pnt. & moy auctorizant quant ce en tant que mestier est lesquels loux aûte. licens. & consentement je led. Chlr. ay donné & octroyé par ces pntes. aud. *Loys de la Baulme* mon fils demandant & requerant en tant que mestier est quāt à luy faire passer & consentir les choses cy āps. escriptes & je led. Chlr. aussy tant en mon nom comme procurr. espāl. souffisamt. fondé de lectres de procurāon. espāle. de Dame *Marguerite de Courbeton* ma feme absente laquelle procōn sā infixēe en ces pntes. & pour laquelle ma feme. aussi je prans en main & me fais fort de luy fē. passer louher ratiffier approuver & consentir les chōs. cy āps. escriptes deans quinze jours prochēn. vēn. & āps toutes & quantes fois que requis en sāy. soubs l'obligaōn. de tous mes biens pour nous d'une part. Et nous Damoiselle

trat de partage est transcrit en entier p. 148, on y donne cinq fils à Henry de Clugny & à Pernette Coulot. Dans ce contrat de mariage, que Mr. de Clugny soutient légitime, il paroit qu'ils n'avoient que quatre fils qui se chargérent de payer la dot promise à Aglantine leur sœur.

La quittance de la dot du 8 Avril 1464, donnée par Loüis de la Baume & Aglantine de Clugny, produite par Mr. de Thenissey, & qu'on reconnoit pour légitime, est conforme à toutes les clauses de ce contrat de mariage; ces deux piéces concourent à démontrer la fausseté du contrat de partage.

Mr. de Thenissey fournit lui-même des armes pour le combattre. V. ci-d. p. 150 & s.

Perrenete Coulot Dame de Raigny vefve de feu noble homme Maiftre *Henry de Clugny* jadis Licên. és Loix Seigneur de Conforgien & Jouffanval, & *Ferry de Clugny* Docteur en Droit Canon & Civil Chanoine & Official d'Oftun & Confeillr. & Maiftre des Requeftes de l'Oftel Monfeigneur le Duc de Bourgne. & Damoifelle *Aglantine de Clugny* fa feur enffans dud. feu Maiftre *Henry de Clugny* & de lad. Damoifelle *Perrenete Coulot* pour nous d'autre part. Savoir faifons à tous pñs. & advenir que nous lefd. Parties & une chacune de nous en droit foy és nom & qualités que nous procedons & que fommes cy dedans âps. nomes. de nos ctâines. fiên. fermes ppôux.

C'eft affavoir que je led. *Loys de la Baulme* promets prendre & avoir à feme. & loyalle efpoufe lad. Damoifelle *Aglantine* deans temp deu & competent felon Dieu Sainte Eglife & felon la fainte Loy de Rome & femblablement je lad. *Aglantine* du confentemêt. voulouté & bon plaifir de lad. Damoifelle *Perrenete Coulot* ma mere dud. Meffire *Ferry de Clugny* mon frê. & de mes autres Seigneurs parens & amis à ce pñs. & confentans promets auffi prendre & avoir à mari & loyal efpoux led. *Loys de la Baulme* Efcuier dans temps deu & compêt. felon Dieu Sainte Eglife & felon la fainte Loy de Rome comme dit eft. Et en faveur & pour contemplâon. du quel mariage advenir qui s'accomplira fe Dieu plait ; nous lefd. Damoifelle *Perrenete Coulot* & *Ferry de Clugny* côftituons en dot de mariaige à lad. Damoifelle & un chûn. de nous és qualités cy âps. décle. je led. *Ferry* pour la part & porôn. feulement cy âps. declairée & non aultrement non rôncent. aucunemt. au benefice de divifion mais pour mad. porôn. donnons nous lefd. Damoifelle *Perrenete Coulot* & *Ferry de Clugny* conftituons & dot & mariaige à lad. Damoifelle *Aglantine de Clugny* à ce pñte. accêpte. & ftipulant pour tous fes droits paternels maternels & faternels la fomme de quinze cens livres tourñ. valans quinze cens francs le franc compté pour vint fols & le gros pou vint deniers tourñ. bonne monnoye courant au Pays & Duchié de Bourgougne pour une foys de laquelle fome. les douze cens livres fortiront nature d'hâige pour lad. Damoifelle *Aglantine* & pour fes hoirs & les aûes. trois cens livres tourñ. fortiront nature de meubles , & lefquelles quinze cens livres tourñ. fônt. payées par nous lefd. Damoifelle *Perrenete Coulot* & *Ferry de Clugny* & le prometons payer un chûn. de nous pour fa porôn. cy âps. declairée & pour les parties cy âps. noinées. aux mariés advenir aux termes & en la manê. qui s'enfuit & eft affavoir par moy lad. Damoifelle *Perrenete Coulot* moy faifant bonne & fourniffant auxd. deniers de mariaige pnânt. en main & moy faifant fort pour noble homme *Hugues de Clugny* Efcuier mon fils Seigneur de Conforgien & pour Damoifelle *Huguette Pourteret* veufve de feu noble home. Maiftre *Jehan de Clugny* baillifte ayant le bail adminiftrôn. & gouvernement des corps & biens de fes enffans en elle procrée du corps dud. feu Maiftre *Jehan de Clugny* pour la fomme de mille livres tourñ. qui eft pour la porcôn. dud. *Hugue de Clugny* cinq cens livres tourñ. & pour la porcôn. defd. vefve & enffans dud. feu Maiftre *Jehan de Clugny* cinq cens livres tourñ. & auffi moy faifant bonne je lad. Damoifelle *Perrenette* & fourniffant auxd. deniers de mariaige pour Maiftre *Guïlle. de Clugny* Archediacre d'Avalon mon fils pour la fome. de trois cens livres tourñ. pour lefquelles parties je me fais & conftitue principalle debtereffe & en fais mon pprê. debt defd. deniers de mariaige envers lefd. mariés advenir jufques à la fomme de treize cens livres tourñ. non ôbftant lefd. promeffes que je me fuis fait bonne pour iceulx & je led. *Ferry de Clugny* pour la fomme de deux cens livres tourñ. qui font lefd. quinze cens livres tourñ. lefquelles fe payeront auxd. mariés advenir c'eft affavoir neuf cens livres tourñ. le jour de la folemifâon. defd. mariés advenir felon les condîons. cy âps. efcriptes.

Item & en faveur & contemplôn. duquel mariaige advenir je led. *Guïlle. de la Baume* Chlr. pour moy & en mon nom auffy prôcr. efpâl. de lad. Dame *Marguerite* ma femme & moy faifant. & pnânt. en main pour icelle comme deffus pour le bien & avâcemcnt dud. *Loys* mon fils lequel eft doit eftre & demourer

hré. vray héritier feul & pour le tout en tous nos biens meubles & htaiges. . . . . .
je led. Chlr. en la qualité que deffus pó. moy & mad. feme & pour nos hoirs me
defvey & deffaifi ppétuéllt. & led. *Loys* nré. fils en revey & faify pour luy & pour
les fiens.

En tefmoing defquelles chofes nous avons requis & obtenu le fcel de la
Court de mond. Seigneur le Duc eftre mis à ces pntés. lettres & aux doubles
d'icelles lefquelles nou voulons & confentons eftre faictes & reffaictes une fois ou
plufieurs en meilleure forme que fé. fe pourra au dicts & cféil. de faiges la fubf-
tance principalle non muhée & eft faict & paffé pardevant Odot Brulet d'Oftun
& Vincent Brofier demourät. à Arnay le Duc Clercs Notaires publiques & jurés
de la Court de mondit Seigneur le Duc & prefens nobles Seigneurs Meffires
Jehan Perron Seigneur de Mypon, *Claude de Pougnieres* Seigneur de Savigny
Chevaliers *Jehan de Mandelot* Seigneur de Veuvrey, *Guille.-Poinceot* Seigneur
de Montigny *Jehan d'Oizelet* Seigneur de Chaiffaignes *Claude Fouchier* Efcuiers
honorables homés. & faiges Maiftres *Jehan Grimard* de Beaune *Guillaume*
Dabanton de Monbart Licén. en Loix. Meffés. *Huges Buffot Laurent Gouget* Pref-
tres & aües. tefmoins ad ce appellés & requis l'an & jour deffufd. Signé Brulet.
Avec parafe. Et Brofier avec parafe.

Piéce originale en la puiffance de Mr. de Clugny.
Extraite par Palliot. tom. 11, fol. 350.

Jacques de Clugny Sieur de Meneferre, mari d'Adrienne de Nevers.

Le P. Anfelme, Hiftoire Généalogique des Princes de la Maifon Royale de France & des grands Officiers de la Couronne. tom. 1. p. 124 & 125.

Décembre
1463.
V. ci-d. p. 15.
*Mr. de Thenif-
fey dans fon ar-
bre généalogique,
joint à fa groffe
Généalogie où il
renvoie à la p. 82,
ne parle point des
defcendans de Jac-
ques de Clugny de
Meneferre, quoi-
qu'on ait eu foin
de l'en inftruire
dans le cours du
procès par des pié-
ces autentiques.*
V. ci-d. p. 16.

PHilippe de Bourgne. Comte de Nevers & de Retel, Baron de Donzy Cham-
brier de France 3e. fils de Philippe le Hardy Duc de Bourgne. affifta le
Duc Jean de Bourgne. fon frere contre la Maifon d'Orleans & contre les Lie-
geois. Il commandoit douzé cens hommes à la bataille d'Azincourt, où il fut tué
le 25 Octob. 1415.
Il laiffa de Bonne d'Artois fa 2de. femme.
Charle de Bourgne. Comte de Nevers & de Retel Baron de Donzy & de Luzy. . .
Mourut en 1464 fur la fin du mois de May. . . Il n'a laiffé que des enfans naturels,
Guillaume né de Heliotte Miraillet.
Jean né de Bonne de Saulieu.
Et *Adrienne* née d'Yolant de Longnon, qui furent legitimez par Lettres du
Roy Louis XI. données à Abbeville au mois de Decemb. 1463.
Adrienne epoufa en premieres nopces Claude de Rochefort, Chevalier Sr. de
Chatillon en Bazois.
Et en fecondes *Jacques de Clugny Sr. de Meneferre.*
Jacques de Clugny Ecuyer Echanfon. Compte de Huguenin de Faletans
de 1464.

Mém. pour l'Hiftoire de France & de Bourgogne. p. 230.

Il eut cependant un fils nommé Paul de Clugny, *qui poffèda la Terre de Meneferre & avoit*
époufé Barbe de Semeur; *il vouloit fuprimer* Paul de Clugny, *pour donner* Barbe de Semeur,
qui vivoit encore en 1509, *pour femme à* Guillaume de Clugny, *Bailli de Dijon mort en* 1387.
V. ci-d. p. 19, 144.
Il fait Jacques de Clugny *Chevalier & Chambellan du Duc, fans en fournir de preuve, au lieu*
qu'il étoit Ecuyer Echanfon, comme on le voit par le compte de Faletans.

Fondation faite par *Ferry Cardinal de Clugny* dans sa Chapelle de l'Eglise Cathédrale d'Autun.

ANno Dñi. M°.c.c.c.c°. lxv. die Veneris octava Novembris presentes fuerunt in Capitulo Eduensi Dñi. Decanus, Cantor Prepositus &c.

Prefati Dñi. attendentes & considerantes piam & laudilem devotionem nobilis ac venerabilis viri Dñi. Ferrici de Clugniaco, (a) utriusque Juris Doctoris Canonici & Abbatis Sti. Stephani de Stracta in Ecclesia Eduensi, nec non Canonici & Archidiaconi de Favernerio in Ecclesia Bisuntina & Officialis Eduensis, ob remedium & salutem anime sue, animarum que patris & matris, parentum amicorum fundatorum & benefactorum suorum, & propter augmentacionem Divini cultus Deo debiti ac Stis. Martyribus Lazaro, Nazario & Celso Patronis dictarum Ecclesiarum, sponte gratanter & unanimiter eorum nemine discrepante ex eorum certa scientia & matura deliberaöne prehabita, eidem Dño. Ferrico presenti stipulanti concesserunt & promiserunt deinceps & in perpetuum singulis annis facere & celebrare, seu fieri & celebrari facere unum anniversarium panis & vini in eorum utraque Eduensi Ecclesia in die Mercurii post Festum Resurrectionis Dñi. videlicet die Martis precedente vesperas & vigilias defunctorum, & eadem die Mercurii librare seu librari facere in eorum cellario panem & vinum inter presentes, ut in aliis anniversariis panis & vini in ead. Ecclesia fundatis est fieri solitum, ipsumq. Dñum Ferricum associaverunt precibus suffragiis & orationibus in dicta Ecclesia fiendis, sibique concesserunt locum sue sepulture in Capella per ipsum construenda seu fieri facienda de qua inferius fit mentio. Pro cujus anniversarii fundaöne & dotaöne prefati Dñi. receperunt in dicto eorum Capitulo realiter & de facto in mei Notarium testiumq. subscriptorum presentia ducentas libras turoñ. monete in Francia currentis, videlicet in sexaginta leonibus auri qualibet pecia valente viginti grossos & duos albos regios, centum & duos francos eum dimidio octuoginta duobus florenis, quolibet floreno valente quatuordecim grossos monete predicte octuoginta quindecim francos & octo grossos in quatuor peciis albis monete regni qualibet valente sex parvos albos regios, sex grossos & uno scuto Sabaudie, sexdecim grossos monete prefate qui quidem testes viderunt dictas pecias & pecuniarum summas eisd. Dñis. in eorum Capitulo ab ipso Dño. Ferrico dari & realiter tradi de quibus ducentis libris monete valoris predicti eundem Dñum. Ferricum ac suos heredes successores & ab ipso causam habentes quittaverunt sibiq. & suis heredibus successoribus ac ab ipso causam habentibus quittanciam fieri ordinaverunt per me Notarium & scribam subscriptum. Item die dicti sui anniversarii statim illico & in continenti in regressu processionis singulis annis fiende supra sepulturam dicti Dñi. Ferrici quam sibi delegit in dicta Ecclesia ut inferius cavetur post pronuciaönem septem Psalmorum Penitentialium suffragiorum precum & collectarum in tali casu dicti solitorum & ante introitum Misse dicti anniversarii in navi dicte Ecclesie Sti. Lazari promiserunt dicti Dñi. decantare seu decantari facere per Collegium dicte Ecclesie ac incipi facere p̃ Succentorem solemnem pro tempore chori ejusd. Ecclesie hebdomadarium illam benedictum profulam Beate Virginis gloriose que incipit Inviolata usque in finem una cum versiculo Post partum & orationem Deas qui de B. Marie &c. & post decãtönem dicte profule. & aliorum predictorum decantare seu decantari facere alta vote Psalmum De profundis cum collectis Inclina & Fidelium &c. Et pro fundaöne. & dotaöne. dicte prolaönis septem Psalmorum Penitentialium supra dictam sepulturam precum suffragiorum oraönum profule Inviolata versiculi & oraönis. ac Psalmi De profundis cum collectis & aliis supradictis prefatus Dñus. Ferricus promisit eisd. Dñis. solvere & deliberare quinquaginta libras turoñ. ita quod dicti Dñi. promiserunt singulis annis distribuere aut distribui facere de pecuniis dicte Ecclesie inter presentes in hujusmodi prolaöne. septem Psalmorum Pñialium. precum suffragiorium oraönum. profule aliorumq. su-

4 Novemb. 1465.

(a) Ci-d. p. 24 32.

prædictorum duos francos monete currentis. Concesserunt que dicti Dñi. eid. Dño.
Ferrico licentiam & facultatem construendi & edificandi seu construi & edificare
faciendi Deo previo suis expensis unum Oratorium sive Capellam honorabiliter &
honeste in loco qui est in dicta Ecclesia immediate post murum & gradus qui sunt
juncti loco thesauri à parte inferiori & usq. ad unum pilare ipsius Ecclesie quod
subsequitur immediate post ipsum murum & etiam facultatem quod in muro dicte
Ecclesie respiciente altare .omnium Sanctorum & existente inter murum dicti
thesauri à parte inferiori & pilare statim subsequens possit fieri una porta con-
decens & honesta per quam intrabitur ab Ecclesia predicta in Capella seu Ora-
torio prefato, & alias ipse murus rumpi ad ea facienda que erunt necessaria &
oportuna pro perfecōne. constructionis dicte Capelle seu Oratorii.Insuper dicti Dñi.
eidem Dño. Ferrico concesserunt & promiserunt & in perpetuum dicere & cele-
brare seu dici & celebrari facere per eost aut per Capellanum unum vel plures,
dum tamen sint de habitu dicte Ecclesie & habitum ipsius deferant in dicto Ora-
torio sive Capella post constructionem singulis hebdomadis quatuor Missas,
videlicet singulis diebus Martis de Sta. Trinitate, singulis diebus Mercurii, &
Veneris de Requiem & singulis diebus Sabbati de B. Virgine Maria (a) *statim*
& illico in continenti in primo ictu regressus prime, & in fine cujuslibet dictarum
Missarum dicere aut dici facere per Capellanum seu Capellanos predictos Psal-
mum De profundis cum collectis Inclina & Fidelium aspergendo aquam benedic-
tam super tumulum Dñi. Ferrici prefati. Et pro fundãone & dotãone dictarum
quatuor Missarum perpetuarum & reditibus acquirendis ad opus fundãonis
earumd. dictus Dñus. Ferricus tenetur & promisit &c. sub obligãone &c. eisd.
Dñis. Decano & Capitulo reddere solvere & realiter deliberare quingentos &
sexaginta francos dicte monete, & ultra dare unum Missale, unum Calicem
argenteum, duo aquaria sive duas canetas de stagno honestas, duo paria map-
parum altaris, duas casulas munitas alba, amicta, stola, manipulo & corri-
giis sive cingulis pro prima vice tantum modo suis sumptibus & expensis, sed
deinceps in perpetuum omnia necessaria ad celebrãonem. dictarum Missarum tam
in Calice, libro vestimentis, quam aliis promittunt dicti Dñi. eid. Dño. Ferrico
pñti. acceptanti & stipulanti facere & ad implere & etiam dictas Missas dicere
seu dici facere de pecuniis dicte Ecclesie, postquam Dñus. Ferricus prefatus dictos
quingentos & sexaginta francos solverit & dictum Oratorium seu Capellam cons-
trui fecerit. Quam quidem Capellam seu Oratorium postquam constructa & com-
pleta extiterit, promittunt prefati Dñi. manu tenere & conservare perpetuo in
suis structuris & edificiis, promiserunt insuper ipsi Dñi. administrari facere per
thesaurarium dicte Ecclesie in singulis Missis supradictis unum cereum & unam
thedam sive torchiam honeste cere, promittentes dicti Dñi. & Dñus Ferricus præ-
missa ad implere &c. Sub obligãone &c. pñtibus ibidem discretis viris Dñis.
Odone Saulnerii, Michaele Rubellis, Sto. Fournerii Presbiteris dicte Ecclesie
Eduensis Chorialibus & Lamberto Roger Latomo testibus &c.

Tiré de l'ancien Régistre de l'Eglise Cathédrale d'Autun. fol. LX.

Prestation de serment par *Ferry de Clugny* pour l'Abbaye de la Ferté.

10 Décembre 1470.
Ci-d. p. 32.

G Uillelmus Dei & Apostolica Sedis gratia Episcopus Tornacensis Comissarius
ab eadem Sancta Sede ad infra scripta una cum Collega nostro subscripto
cum clausula quatenus vos vel alter vestrum ad id specialiter deputatus uni-
versis & singulis ad quos presentes nostre Littere pervenerint salutem in Domino
notum facimus per presentes quod litteras Sanctissimi in Christo Patris & Do-
mini nostri Domini Pauli Divina Providentia Pape secundi ejus vera Bulla
plumbea cum cordula canapis more Romane Curie impendente Bullatas sanas &

(a) Preuve de la fausse énoncia-tion qui se trouve dans le prétendu certificat, signé, Bordi, qu'on date du 12 Avril 1502, qui porte que le Cardinal de Clu-gny a fondé une Messequotidienne dans sa Chapelle, au lieu qu'il n'en a fondé que qua-tre par semaine. V. ci-dessus p. 102 & s.

integras non vitiatas non cancellatas nec in aliqua sui parte suspectas sed omn
prorsus vitio & suspicione carentes ut prima facie apparebat; una cum alia Bulla
clausa simili modo Bullata, Reverendo in Christo Patri Domino Episcopo Cameracensi & nobis directas, atq. in prefati Domini Episcopi Cameracensis absentia
nobis per Reverendum Patrem Dominum Ferricum de Cluniaco Prepositum Ecclesie Sancti Bartholomei Bethunensis Atrebatensis Diocesis juris utriusque
Doctorem præfate Sancte Sedis Apostolice Prothonotarium commendatarium
Monasterii Firmitatis super Groonam Cisterciensis Ordinis Cabilonensis Diocesis
reverenter presentatas, nos cum ea qua decuit reverentia recepimus tenoris sub-
sequentis. Paulus Episcopus servus servorum Dei venerabilibus fratribus Cameracensi & Tornacensi Episcopis salutem & Apostolicam benedictionem. Cum nos
hodie Monasterium Firmitatis super Groonam Cisterciensis Ordinis Cabilonensis
Diocesis tunc Pastoris regimine destitutum dilecto filio Magistro Ferrico de Cluniaco Preposito Ecclesie Sancti Bartholomei Bethunensis Atrebatensis Diocesis
utriusque Juris Doctori Notario nostro per eum quo ad viveret tenendum regen-
dum & etiam gubernandum de fratrum nostrorum consilio commendaverimus pro
ut in nostris inde confectis Litteris plenius continetur. Nos ad ea que ipsius
Ferrici commendatarii indemnitatem prospiciunt favorabiliter intendentes, & ne
ad Romanam Curiam pro prestando fidelitatis debite soluto juramento veniendo
laboribus & expensis fatigetur providere cupientes, fraternitati vestre per Apostolica scripta tenore presentium mandamus quatenus vos vel alter vestrum ab
eodem Ferrico commendatario nostro & Romane Ecclesie nomine prefatum reci-
piatis juramentum juxta formam quam sub Bulla nostra mittimus interclusam.
Formam autem juramenti quod ipsum Ferricum commendatarium prestare con-
tigerit nobis de verbo ad verbum per suas Patentes Litteras ejus sigillo munitas
per proprium nuntium quantocius destinare procurabitis datum Rome apud Sanc-
tum Petrum anno Incarnationis Dominice millesimo quadringentesimo septuagesimo
octavo idus Octobris Pontificatus nostri anno septimo sic signatas F. de Placentinis.
Post quarum quidem Litterarum & dicte Bulle clause presentationem & recep-
tionem nobis & per nos sic ut premittitur factas prelibatus Reverendus Pater
Dominus Ferricus debita cum instantia nos requisivit ut in absentia dicti Domini Episcopi Cameracensis ad harum Litterarum Apostolicarum executionem
procedere dignaremur. Nos igitur attendentes hoc mandatum Apostolicum prefato Domino Episcopo Cameracensi & nobis vel alteri nostrum esse directum cu-
pientesque mandatis Apostolicis ut tenemur obedire ad executionem ejusdem man-
dati super hoc ut premittitur nobis facti procedendo nomine ipsius Sanctissimi
Domini nostri Pauli Pape secundi & sacrosancte Romane Ecclesie recepimus ab
eodem Reverendo Patre & commendatario prefati Monasterii fidelitatis juramentum in forma que in prefatis Litteris Apostolicis vera plombea Bulla clausis
continetur per hec verba. Ego Ferricus commendatarius ab hac hora ut antea
fidelis & obediens ero Beato Petro Sancte Apostolice Romane Ecclesie & Domino
nostro Domino Paulo Pape secundo suisque successoribus canonice intrantibus,
non ero in consilio consensu vel facto ut vitam perdant aut membrum, seu ca-
piantur mala captione aut in eos violenter manus quomodolibet ingerantur vel
injurie alique inferantur quovis quesito colore. Consilium vero quod mihi cre-
dituri sunt per se aut nuntios seu Litteras ad eorum damnum me sciente nemine
pandam Papatum Romanum & Regalia Sancti Petri adjutor eis ero ad retinen-
dum & defendendum contra omnem hominem. Legatum Apostolice Sedis in eundo
& redeundo honorifice tractabo & in suis necessitatibus adjuvabo. Jura honores
privilegia & authoritatem Romane Ecclesie Domini nostri Pape & successorum
predictorum conservare, deffendere augere & promovere curabo, nec ero in consilio vel facto seu contractu in quibus contra ipsum Dominum nostrum vel ean-
dem Romanam Ecclesiam aliqua sinistra vel prejudicialia personarum juris ho-
noris status & potestatis eorum machinentur; & si talia à quibuscumque tractari
novero vel procurari, impediam hoc pro posse & quanto citius potero commode

significabo eidem Domino nostro vel alteri per quem ad ipsius notitiam possit pervenire. Regulas Sanctorum Patrum decreta ordinationes sententias, dispositiones, reservationes, collationes provisiones & mandata Apostolica totis viribus observabo & faciam ab aliis observari hereticos schismaticos & rebelles Domino nostro vel successoribus predictis pro posse persequar & impugnabo. Vocatus ad Synodum veniam nisi prepeditus fuero Canonica prepeditione. Possessiones vero ad mensam meam pertinentes non vendam neque donabo neque impignorabo neque de novo infeudabo vel alique modo alienabo etiam cum consensu Conventus Monasterii mei inconsulto Romano Pontifice. Sic me Deus adjuvet & hec Sancta Dei Evangelia. Acta fuerunt Hesdini Morniensis Diocesis presentibus ad hec venerabili viro Magistro Theodoro de Vitry Cantore Erviensi & Ludovico Leseurre Camerario nostro. In quorum omnium & singulorum fidem & testimonium premissorum omnium nostras presentes Litteras per Magistrum Angelium Donis Secretarium nostrum signari ac sigillo nostro Camere communiri jussimus datum in dicta Villa Hesdinensi anno Domini millesimo quadringentesimo septuagesimo. Mensis Decembris die decima sexta. Sur le repli desdites Lettres sont écrits ces mots: *Per Dominum Episcopum Comissarium Apostolicum.* Signé A. Donis avec parafe.

Piéce originale entre les mains de Mr. de Clugny.

Provisions de la Charge de Chancelier de l'Ordre de la Toison d'Or pour Ferry de Clugny.

CHarles par la grace de Dieu Duc de Bourgongne, de Lothier, de Brabant, de Lembourg, & de Luxembourg. Comte de Flandres, d'Artois, de Bourgongne, Palatin de Haynnaut, de Hollande, de Zeellande, & de Namur, Marquis du St. Empire. Seigneur de Salins & de Malines. Chef & Souverain de nre. Ordre de la Toison d'Or.

A tous ceulx qui ces pntes. Lres. verront ou orront Salut. Comme nouvellement soions adcertinez du trespas du Reverend Pere en Dieu Messire Guillaume d'Arrenier Evesque de Tournay qui en son vivant estoit Chancelier de nre. dit Ordre de la Toison d'Or, par le decez duquel à pnt. vaque l'estat & Office de Chancelier d'icelluy nre. Ordre, auquel soit besoin de pourveoir par voie d'election de personne qualifiée & ydoine selon certaines Ordonnances & Instructions d'icelluy Ordre à ce servans savoir faisons que pour les grans sens, vertue, science, & prudence que dez long temps par nostre experience avons apperceu, & cognue habonder, & estre en la personne de nre. amé & feal Chef de nre. Conseil en l'absence de nre. Chancellier Messire *Ferry de Clugny,* Docteur és Droit Canon & Civil, Prevost de l'Eglise Collegial Saint Bertellemy de Bethune, & Archidiacre d'Ardenne en l'Eglise de Liege, Prothonotaire du Saint Siege Aplique. & mesmement pour considerations & regard des bons, notables, & loyaulx services qu'il a faict po. cydevant longuement, & continuellement à grand soing travail, & diligence à nous, & à nre. Maison, faict chacun jour, & esperons que cy aprés encores faire devra nous icelluy Messire *Ferry de Clugny* confians à plain de sa souffisance, feäuté, preudomie & bonne diligence. Avons aujourd'huy avec nos amez & feaulx Messires Anthoine Bastard de Bourgongne, Comte de la Roche, nre. premier Chambellan, Loys de Chalon Seigneur de Chasteauguion, Phelippe de Croy Comte de Chimay, Guy de Brimeis Seigneur de Humbercourt Comte de Meghem, Jehan de Luxembourg Comte de Marle, &

15 Septembre 1473.
V. ci-d. p. 32.
On croit qu'il seroit superflu de fournir de plus amples preuves des differens Emplois & des Dignités dont Ferry *Cardinal de Clugny &* Guillaume de Clugny *son frere Evêque de Poitiers, ont été honorés. Il suffit de renvoier aux Auteurs qui en ont parlé.*

Gollut, Mémoires de la Franche-Comté, p. 1483.

Il faut observer que celui-ci s'équivoque sur le nommé Jean, *il devoit le nommer* Ferry.

Robert *Gall. Christ.* p. 214. Sainte Marth. *Gall. Christ.* nouv. éd. tom. 3, p. 109, 235, 266. tom. 4, p. 463, 933. Frison *Gall. Purpur. lib.* 4, p. 527. Gazet *Hist. Ecclesiast. des Pays-Bas.* Coquille, *Libertés de l'Eglise de France,* p. 5. Bouchet, *Annales d'Aquitaine.* Le P. Daniel, *Hist. de France, Vie de Louis* XI. tom. 2, col. 1310.

& Engelbert de Naſſault Conte de Wianden, nos Couſins & Chambellans toūs Chlẽrs, Freres, & Compagnons dud. Ordre convoquez & aſſemblez devers nous, eſleu par commun accord & aſſentement audit Eſtat & Office du Chancellier (a) de nrẽ. dit Ordre, pour & au lieu dudit feu d'Arrenier Eveſque de Tournay nagaires treſpaſſez comme dit eſt, en enſuivant laquelle election, nous avons faict, creé, ordonné & commis faiſons, creons, ordonnons & commettons, par ces pñtes. ledit Meſſire Ferry Chancellier d'icelluy noſtre Ordre de la Toiſon d'Or, & luy avons donnez & donnons par ces dittes pñtes. autoritez & mandements eſpecials de bien, deuement & loiaument faire & exercer doreſnavant ledit Eſtat & Office de Chancellier de nrẽ. dit Ordre, & faire tout ce qui y compete & appartient aux honneurs, droits, prerogatives, robbes, penſions, libertez, franchiſes, prouffits, & emoluments y accouſtumez, & āpptenans. tout ſelon les Statuts, Ordonnances, & Inſtitutions d'icelluy Ordre tant & ſi longuement qu'il nous y ſervira & ledit Ordre, dont ledit Meſſire Ferry a cedit jourd'huy en la pñce. deſdicts Chlrs. Freres dudit Ordre cy deſſus nommez a faict le ſerment à ce requis en nos mains, & illec luy avons baillés & delivrés le ſcel d'icelluy nrẽ. Ordre pour le garder & en uſer ſelon les Ordonnances & Inſtructions dudit Ordre dont deſſus eſt faict mention. Si requerons nos trés chers Freres & Compagnons les Chlẽrs. dudit Ordre, mandons & commandons aux Officiers d'icelluy Ordre, & en outre à tous autres nos Officiers & Subjets quelſconques pñts. & avenir cui ſe regardera que dudit Eſtat & Office du Chancellier de nrẽ. avant dit Ordre de la Thoiſon d'Or, enſemble des honneurs, droits, prerogatives, franchiſes, & libertez, gages, robbes, penſions, & autres prouffits & emoluments y accouſtumez & pñtent deſſuſd. ils & chcūn. d'eulx en droit ſoy & comme à luy āppten. facent, ſouffrent, & laiſſent de ce jour en avant led. Meſſire Ferry jouir & uſer plenement & paiſiblement durant le temps cy deſſus declarez, ſans luy y faire, ou donner, ne ſouffrir eſtre faict, ou donné quelque deſtourbier ou empeſchement au contraire, nous mandons en outre aux gens ou commis ordonnez ſur le faict de nos Domaines pñs. & avenir que par le Treſorier de nrẽ. dit Ordre ou meſmement par nrẽ. Argentier ou Commis à la conduitte de nrẽ. deſpence extraordinaire pñs. & avenir ou par celuy d'eulx cui ce regardera ils facent payer, bailler & delivrer doreſenavant & des deniers de ſa recepte aud. Meſſire Ferry leſd. gages robbes, penſions aud. Eſtat & Office du Chancellier de nrẽ. dit Ordre appartenants & accouſtumez comme dit eſt d'an en an; à commencer led. paiement du jour de la datte de ceſtes, & en la maniere accouſtumez & rapportant ceſd. pñtes. vidimus d'icelles faict ſoub ſcel autentique, ou coppie collationnée, & ſignée par l'un de nos Secretaires ou en l'une des Chambres de nos Comptes pour une & la premiere fois & quitance ſouffiſante dud. Meſſire Ferry pour tant de fois que meſtier ſera tant ſeulement, nous voulons tout ce que ainſy paié, baillé, delivré luy aura eſté deſd. gages, robbes, penſions eſtre alloué és comptes & rabatu de la recepte dud. Treſorier de nrẽ. dit Ordre, ou meſmement de nrẽ. dit Argentier pñt. & avenir ou d'autres commis de par nous à la conduitte de nrẽ. deſpence extraordinaire deſſuſd. qui payé l'aura par nos amez & feaulx les Gens de nos Comptes à l'Iſle, ou autres qu'il appénd. auſquels nous mandons & commandons par ces meſmes pñtes. qu'ainſy en facent ſans contredit ou difficulté, car ainſy nous plaict-il eſtre faict en teſmoings de ce nous avons faict mettre à ceſd. pñtes. le ſcel de nrẽ. dit Ordre donné en nrẽ. Chaſtel de Luxembourg le quinzieſme jour du mois de Septembre l'an de grace mil quatre cens ſoixante treize.

(a) Mr. de Theniſſey dans ſon 4e. Inventaire de production, cotte Z. avoit poſé en fait que Ferry de Clugny, avoit été Chevalier de la Toiſon d'Or.

Produit par Mr. de Theniſſey.

Sur le reply.

Par Monſeigneur le Duc, Chef, & Souverain, Meſſires Antoine Baſtard de Bourgne. Comte de la Roche, Louys de Chalon Seīgr. de Chaſteauguyon, Philippe de Croy Comte de Chimau, Guy de Brimey Seīgr. d'Humbercourt Comte de Megen, Jean de Luxembourg Comte de Marle, & Engelbert de Naſſault Comte de Wyanden tous Chérs, Freres & Compagnons de l'Ordre de la Toiſon d'Or. Signé Maerler.

E c

Quittance de Hugues de Clugny *de Conforgien.*

24 Mars 1470.
V. ci-d. p. 39.

LE 24 Mars 1470. *Hugues de Clugny* Seigneur de Conforgien Bailly d'Oſtun receut de Barthelemy Trotin Conſeiller Treſorier des Guerres pour le paiement de l'Armée la ſomme de 846. francs 2 gros 8 engroignes pour le payement d'un mois commenceant led. jour, pour 31. hommes d'armes & 148. hommes tant gens de trait que couſtilliers de ſa Compagnie, qui paſſa en montre le 22. May ſuivant pardevant Philippe Coppin Eſcuyer d'Eſcurie du Duc, commis avec Guillaume Charvot Receveur dud. Autun, elle eſtoit de 26. hommes à 3. chevaux 39. gens de trait à cheval, 8 couſtilliers à cheval & 29. demies lances.

Mém. de Palliot.

Dans le Compte du méme Charvot pour l'année 1471, il eſt qualifié Lieutenant de Monſgr. Philippe de Savoye, Général Gouverneur de Bourgogne.

Mém. pour ſervir à l'Hiſt. de Bourgogne.

Contrat de mariage de Guillaume de Clugny *Licentié ès Loix, Sgr. de Monthelon, avec Françoiſe de Meſſey.*

20 Janv. 1473.
V. ci-d. p. 29.

(a) Les Déchiffreurs qu'emploie Mr. de Theniſſey ne ſont pas plus habiles que ſes Fabricateurs. Il falloit dire Rains, *& non pas* Ranis. Rains *eſt une Seigneurie du Bailliage de Mâcon, des Etats de Bourgogne, Paroiſſe de Joncy, qui a été poſſedée par la Famille de Meſſey. Le Déchiffreur n'a pas obſervé, comme il l'auroit dû, l'ortographe qui étoit en uſage du tems où l'acte a été paſſé,*

(b) C'eſt lui que Mr. de Theniſſey avoit choiſi pour ſon quatriéme ayeul, & qu'il a été obligé d'abandonner. V. ci-d. p. 67.

AU nom de nôtre Seigneur, amen. L'an de l'Incarnation d'iceluy courant 1473 le 20 jour de Janvier, nous *Guillaume Hugonet* Chevalier Seigneur de Saillant d'Eſpoiſſes & de Lis, Chancelier de trés Excellant & Puiſſant Prince mon trés redouté & ſouverain Seigneur Mr. le Duc de Bourgogne & *Guillaume de Meſſey* Ecuyer Seigneur de Ranis. (*a*) Tant en nos noms que au nom de Noble Damoiſelle *Françoiſe de Meſſey* fille de moy led. Seigneur de Ranis & de feu Damoiſelle *Jeanne Hugonet* ſœur germaine de trés Reverend Pere en Dieu Monſieur le Cardinal Eveſque de Maſcon & nous Chancellier deſſuſd. freres de lad. Damoiſelle *Françoiſe* abſente pour laquelle nous nous faiſons fort & promettons luy faire conſentir agréer & ratifier ce que cy aprés eſt contenu & declaré d'une part. Et je *Guillaume de Clugny* (*b*) Licentié ès Loix & en Decret Seigneur de Monthelon, neveu de Reverend Pere en Dieu Meſſire *Ferry de Clugny* Evéque de Tournay, & de Reverend Pere en Dieu Meſſire *Guillaume de Clugny* Prothonotaire du St. Siege Apoſtolique Doyen d'Autun preſens d'autre part. Sçavoir faiſons à tous preſens & avenir que nous avons fait & faiſons entre nous Parties deſſuſd. nommées les traittés de mariage pactions, accords & communautés qui s'enſuivent. Premierement, je led. *Guillaume de Clugny* Seigneur de Monthelon ay promis & promet prendre à femme & loyale epouſe lad. Demoiſelle *Françoiſe* de *Meſſey* en face de notre Mere Sainte Egliſe en dedans le temps ſera fixé & adviſé par nous leſd. Parties, & nous *Guillaume Hugonet* Chancelier, & Seigneur de *Ranis* promettons pareillement que ladite *Françoiſe* prendra à maris & loial epoux led. Me. *Guillaume de Clugny* item en faveur & contemplation dud. mariage avenir, je led. Seigneur de *Ranis* ay donné & conſtitué, donne & conſtitue par ces preſentes à lad. Françoiſe ma fille, pour elle & les ſiens en dot & mariage, la ſomme de mil écus d'or du coing du Roy &c. Fait lu & paſſé en la Ville de Dijon pardevant moy Thibaud Baradot Secretaire de mond. Seigneur le Duc & Notaire juré &c. Signé. Baradot.

Sur la copie imprimée dans la grande Généalogie de Mr. de Theniſſey. P. 130.

Etabliffement d'un Parlement à Malines par Charle dernier Duc de Bourgogne qui n'eut point de lieu pendant fa vie.

Gollut Mémoires de la Franche-Comté, liv. 10, ch. 94, p. 843.

LE Duc paffa en Bourgogne, où il acheva l'hiver dud. an 1474 puis retornat aux Pais bas, où il arreftat la Court de Malines pour tous lefdicts Pais bas (fans y comprendre les deux Bourgognes, pour ce que comme feparées & qui havoient Parlement, ne refpondoient à lad. Court) & s'en fit chef : declarant que le Chancelier en feroit le Lieutenant, & en abfence d'iceluy, l'Evefque de Tornay Meffire *Jean de Cluny.* (a) Il y adjouftoit deux Prefidens ordinaires. 9 Confeillers Ecclefiaftiques. 12 Lais entre lefquels eftoient 4 Chevaliers : Maiftres aux Requeftes fix & un Advocat pour le Prince, mais cela finit à la mort du Duc.

En la premiere inftitution, Jo. *Tarulus* (ainfi les nommeray-je, felon que les Hiftoriographes Flamens les reprefentent en voix latines) Premier Prefident. Jo. *Boarius* fecond. Jo. *Pomerius, Symon Lalahus, Guido Brimurius, Antonius Montiacus, omnes Ordinis Equeftris. Joannes Junebius, Folkardus Meftreghen, Petrus Belfridus,* Guillelmus Cluniacus, *Joannes à Ligno, Philippus Vuielaudus Confiliarii at Magiftri Libellorum, Athar Longius, Joannes Jaquelin, Bernardus Figulus,* Guillielmus Cluniacus, *Guillielmus Rupefordius, Thomas ab Plana, Adrianus Civis, Joannes Vincentius, Paiens de Rota, Ludocus Vurry,* Jo. *Vander Vakerie, Philippus Brunellus, Antonius Gerardus,* Jo. *Rothelin. Richardus à Sacello, Fernandus à Lucrona, Joannes Leo, Joannes Gordgius.*

Edit accordé par le Roy Louis XI. aux trois Etats du Duché de Bourgogne, lors de fa réunion à la Couronne, donné à Arras au mois de Mars 1476. (a)

Art. I.

LA Juftice defd. Pays & autres enclavés en iceux, fera gardée conduite & gouvernée par Baillis, Gouverneur de Chancelerie, Gruiers, lefquels connoiftront & pourront connoiftre des matieres dont la connoiffance leur appartient és lieux & Refforts accoutumés & par la maniere qu'il a été fait par le temps paffé, fans innovation aucune.

II.

Defd. Juges & Auditoires on appellera en la Cour de Parlement eftablie efd. Pays, & au regard des Auditeurs qui fouloient eftre, pour ce que de prefent, les Baillis font Juges Royaux, il n'en eft plus befoin, ordonne que la Cour defd. Auditeurs ceffera dorefenavant.

III.

Efd. Pays aura un Parlement & une Cour fouveraine, laquelle fe tiendra trois mois par chacun an, c'eft à fçavoir Octobre Novembre & Decembre, & une année fe tiendra à Beaune & au Reffort de St. Laurent qui eft au Duché de Bourgogne, l'autre année à Dolle pour le Comté de Bourgogne, ainfi qu'il eft plus amplement porté par les Lettres d'inftitution d'iceluy Parlement.

IV.

En lad. Cour de Parlement feront decidées par Arrefts de toutes matieres concernant le fait defd. Pays & les habitans en iceux tant en general que particulier. Sans que des Arrefts qui y feront prononcés l'on en puiffe provoquer ny appeller

Ee ij

1474.
V. ci-d. p. 29.

(a) *Il falloit dire,* Ferry.

Mars 1476.

(a) *Par cet Edit, qui confirme les Priviléges du Duché de Bourgogne, toute la Jurifdiction contentieufe, tant en général qu'en particulier, eft attribuée au Parlement.*

Il ne donne au Maréchal de Bourgogne, que l'affemblée des Gens de Guerre, ce qui fait une des preuves de la fupofition de la prétendue commiffion de l'année 1492.

V. ci-d. p. 152, 154 & f.

& faire pourſuittes aillieurs ny en d'autre que eſd. Parlements, par allegation d'erreur, qui ſe pourra propoſer par la maniere qu'il eſt accoutumé de faire és autres Parlements.

ART. XV.

Toutes aſſemblées de Gens de Guerre qui ſe feront eſd. Pays, ſe feront ſous le Mareſchal de Bourgogne, ainſy qu'il eſt accoutumé de faire.

Paſſeport accordé à Guillaume de Clugny *Seigneur de Monthelon Licentié ès Loix, pour retirer en France les effets qu'il avoit en Flandres.*

20 Juin 1478.
V. ci-d. p. 29.

LOys par la grace de Dieu Roy de France à tous nos Lieutenants Officiers, ſalut & dilection, ſçavoir faiſons que ouis la requeſte de noſtre amé & feal Conſeiller Maiſtre *Guillaume de Clugny* Prothonotaire du St. Siege Apoſtolique, & Chief de noſtre Conſeil en l'abſence de noſtre amé & feal Chancelier, diſant que noſtre bien amé Maiſtre *Guillaume de Clugny* Seigneur de Monthelon ſon nepveux a pluſieurs meubles & biens à Malines & autres lieux du Pais de Flandres, leſquels il retireroit volontiers & feroit amener par deça en noſtre Royaume, mais obſtant les guerres & diviſions que à preſent ont cours en ces marches de Picardie à l'occaſion des rebellions faictes contre nous par les Flamands, il n'oſeroit envoier eſd. Pays . . . Nous en faveur de la bonne loyaulté que leſd. *de Clugny* ont eu & gardé envers nous, nous confians à plain d'icelles & de leur bonne prudhommie, & pour conſideration de pluſieurs bons & agreables ſervices qu'ils nous ont par cy devant faicts chacung jour & avons eſperance que encore facent le temps advenir, avons par ces cauſes octroyé de grace eſpecialle par ces preſentes congé & licence de envoyer telles perſonnes une ou pluſieurs que bon luy ſemblera, juſques aux dictes marches de Flandres & de Malines & d'illec retirer & conduire par voituriers & gens tels qu'il jugera luy eſtre convenables, tous & chacungs ſes meubles & biens quels qu'ils ſoient, juſques à ſon hoſtel par deça és Pays de noſtre obeiſſance, ſans payer aucun port peage . . . . Si vous mandons . . . . Donné à Arras *le vingtieſme Juin l'an de grace mil quatre cent ſoixante & dix huict* & de noſtre Regne le dixſept. Par le Roy le Comte de Marle, le Gouverneur de Dauphiné & autres preſents. Signé Dyome avec paraphe.

Produit par Mr. de Theniſſey.

Contrat de mariage de Marie de Clugny *fille de* Jean de Clugny *& de Philippée de la Boutiere.*

13 Août 1478.
V. p. 22, 49, 92, 94 & ſ.
Mr. de Clugny

EN nom de nré. Seigneur amen l'an de l'Incarnation d'icelluy courant, *mil quatre cent ſoixante & dixhuit le troiſieſme jour du mois d'Aouſt.* Nous Partyes cy après eſcriptes, c'eſt aſſavoir *Philibert Colas d'Eſpoiſſes* pr. moy d'une part, *Phillipée de la Boutiere* veuve de feu *Jehan de Clugny* Eſcuyer de

ayant fait ſignifier ſa Généalogie avec les piéces juſtificatives, où il remontoit juſques à Jean de Clugny II. *nommé dans le preſent contrat,* Mr. de Theniſſey *y répondit par un gros volume du mois de Novembre* 1718, *dans lequel en combattant ce degré, il s'explique en ces termes.* Mr. *de Clugny* ſe donne pour ancêtre *Jean de Clugny*, marié à *Philippée de la Boutiere;* voilà une entrepriſe qu'il eſt bien indiſpenſable de reprimer. C'eſt à lui à juſtifier que *Pierre de Clugny* qu'il reconnoît pour ſon ſixiéme aycul, étoit fils de *Jean de Clugny* & de *Philippée de la Boutiere.*

La preuve en eſt acquiſe par la piéce même. Marie de Clugny *fille de* Jean de Clugny *& de Philippée de la Boutiere,* contracte mariage avec Philibert Colas d'Eſpoiſſes, *du conſentement de ſa mere & de* Pierre de Clugny *ſon frere, en faveur duquel elle renonce à ſes droits paternels échús, & maternels à échoir. La preuve n'eſt-elle pas complette? pourquoi* Mr. de Theniſſey *la demande-t-il, puiſquil l'avoit ſous ſes yeux?*

meurant à Avalon ; *Pierre de Clugny* leur fils & *Marie de Clugny* leur fille , & chacung de nous en droict foy & pour tant que à ung chacung de nous touche. & peut toucher d'aue. part. Sçavoir faifons à tous ceulx qui ces pñtes. Lettres verront & ourront que nous avons faict & paffé par la teneur de ces pñtes. faifons & paffonsentre nous enfemble les traictiés , accords , pactions , convenances de mariage , donnacions , renonciations & autres chofes dont cy aprés fera faicte mencion. Et premierement je led. *Phlrt. Colas* promets prendre & avoir à femme & loyalle efpoufe lad. *Marie de Clugny* en temps deu & convenable felon Dieu noftre Mere Saincte Eglife & la Loy de Rome. Et femblablement je lad. *Marie* du vouloir plaifir & confentement de lad. *Phlëe. de la Boutiere* ma mere & *Pierre de Clugny* mond. frere ad ce pñts. voulants & confentants prendre & avoir à mary & loyal efpous led. Phlrt. Colas auffy deans temps dehu & convenable , Dieu , nrē. Mere Saincte Eglife & la Loy de Rome ad ce accordants. Moyenant laquelle fomme ainfy à moy payée , baillée , nombrée & delivrée , je lad. *Marie* du vouloir & confentement d'icelluy *Phlrt.* mon dit futur mary , ay renoncé & par cefd. prefentes renonce à tous mes droits paternels ja efcheus & maternels à efcheoir pour & à proffit d'icelluy *Pierre de Clugny* mond. frere & de fes hoirs de fon cofté & ligne , tant en meubles comme en heritaiges rentes & aues. chofes quelconques , quelque part qu'ils foient affis & fitués , fauf toutes-fois & referve à moy lad. *Marie* toutes fucceffions collateralles auxquelles je pourray efcheoir avec led. *Pierre* mond. frere.

En tefmoing defquelles chofes nous avons requis & obtenu le fcel de la Court de la Chancellerie du Duché de Bourgogne eftre mis à cefd. prefentes Lettres , faictes & paffées au lieu d'Avalon pardevant Pierre de Praefle dud. Avalon Clerc Notaire publique Juré d'icelle Court , Coadjuteur du Tabellion dud. Avalon pour le Roy nrē. Sire & pñs. Venerables & difcrettes perfonnes Mᶜ. Jehan Petitbaut Archipreftre & Chanoine dud. Avalon , Meffire Jehan Leblanc auffy Preftre Chanoine dud. Avalon , Mᶜ. Edme de Troncois , *Anthoine de Vezon* & aues. tefmoings ad ce appellés & requis les an & jour deffufdicts. Signé de Praefles. Avec paraphe.

Groffe originale en la puiffance de Mr. de Clugny.

Geoffroy de Clugny II. *Mᵉ. d'Hotel du Marechal d'Hoocberg.*

Ettres de *Philippe d'Hocberg* Seigneur d'Arc en Barrois du 10 Nov. 1478 en faveur de *Geffroy de Clugny* Efcuyer Seigneur de Champefcuillon , par lefquelles led. *de Clugny* auroit été fait Maiftre d'*Hotel*, (a) dud. Marechal d'Hoocberg.

Ainfi vifées dans l'Arrêt produit par Mr. de Theniffey.

10 Nov. 1478.
V. ci-d. p. 23.
(a) *Ce n'eft pas un pofte éminent , cependant Mr. de Theniffey reconnoit celui-ci pour être de fa Maifon.*

Claude *fils de* Hugues de Clugny *Conforgien* , marié à Guigonne de Brazey.

E quatorziefme Janvier mil quatre cent quatrevint , *Claude de Clugny* Efcuyer Seigneur d'Esfourgs & de Villiers-Lienas contracta mariage avec *Guigonne de Brazey* , Dame d'Aubigny fille de Guyot *de Brazey* Seigneur dud. Aubigny & de *Catherine de Bernaut.*

Mém. de Palliot. tom. 4 , fol. 241 , & tom. 6 , fol. 202.

14 Janv. 1480.
V. ci-d. p. 39.
Dans la Généalogie qui fait partie des Mémoires fecrets de ce que

Mr. de Theniffey apelle fa Maifon , il eft parlé de Guigonne de Brazey *femme* de Claude de Clugny. *Voici l'éloge que lui a donné le Généalogifte* nᵒ. xxxi. Elle fut gentille commere , faifant à ung chacung bonne chere.

Contrat de rente fonciere au profit de Pierre de Clugny I.

22 Déc. 1486.
V. ci-d. p. 49.

EN nom de notre Seigneur amen l'an de l'Incarnation d'iceluy courant mil quatre cent quatrevingt *& six le vint deuxiefme jour du mois de Decembre* je Philippes de Brolfes Charpentier fçavoir fais à tous prefens & advenir que je de ma certaine fcience & bon propos vend cede quitte tranfporte & delivre pour moy mes hoirs & ayants caufe de moy *à Noble homme Pierre de Clugny d'Avalon à ce prefent* ftipulant & acceptant pour luy fes hoirs & ayants caufe de luy en heritage perpetuel ung francs vallants vint fols tournois monnoye courant au Païs & Duché de Bourgne. d'annuel & perpetuel rente payable & rendable chacun an directement par moy led. vendeur & par mefd. hoirs aud. acheteur à fefd. hoirs & ayants caufe de luy au terme du jour de la Fefte de la Nativité Notre Seigneur. Le premier payement commençant de lad. Fefte prochainement venant en un an & d'illec en avant chacun an audit terme à routes, & lequel franc vallant vingt fols tournois dicte monoye d'annuelle & perpetuelle rente je led. vendeur affis & affigne pour moy mefd. hoirs & ayants caufe de moy aud. acheteur pour luy & les fiens efpecialement & expreffement fur un mien Molin affis au lieu de Sauvoigny le Bureaut & appartenances d'iceluy ainfy que tout fe comporte fous l'eftang dud. Sauvoigny par moy pris à rente de Monfr. de Bauvoir & par moy nagueres edifié & generalement fur tous mes autres biens meubles & heritaiges prefens & advenir quelconques & veulx & confens je led. vendeur pour moy mefd. hoirs & ayants caufe de moy que toutes & quantes fois que je led. vendeur ou mefd. heritiers cefferont & deffaudront ou aurions ceffé & defailly de payer & rendre un chacun an perpetuellement aud. acheteur & à fefd. hoirs lefd. vingt fols tournois dicte monnoye d'annuelle & perpetuelle rente aud. terme, que iceluy acheteur ou fefd. hoirs puiffent & leur layt de leur authorité privée & fans reclamation de Juftice recourir & affigner auxd. affignaulx generaulx & efpeciaulx & à chacun d'iceulx pour le tout pour & iceulx & chacun d'iceulx pour le tout tenir & poffeder & faire les fruits profits revenus & emoluments d'iceulx lever & les convertir à leur feul & fingulier profit jufques ad ce qu'ils foient entierement payés fatisfaits de lad. rente & arrerages d'icelle fi aucuns en font deus nonobftant difcontinuation de faifine & de payement mutations de tenementiers prefcription & laps de temps & autres chofes à ce contraires & cette prefente vendition ceffion & tranfport je led. vendeur ait fait & fais aud. acheteur pour le prix & fomme de dix francs vallants dix livres tournois monoye courante à prefent à moy pour ce baillés payés & delivrés par led. acheteur ja pieça dont je fuis & me tiens pour bien content payés & fatisfait & en ay quitté & quitte led. acheteur & fefd. hoirs perpetuellement en faifant par exprés valable declaration non en jamais rien demander & promettant je ledit vendeur en bonne foy par mon ferment pour ce donnés corporellement aux Sts. Evangiles de Dieu & foubs l'expreffe ypoteque & efpeciale obligation de tous mes biens & des biens de mefd. hoirs meubles & immeubles prefents & advenir quelquonques lefquels quant à ce je foumets & oblige à la jurifdiction & contrainte de la Cour de la Chanrie. du Duché de Bourgne. par laquelle je veulx eftre contraint ainfy comme de chofe cognue & loyalement adjugée led. franc vallant vingt fols tournois dicte monnoye d'annuelle & perpetuelle rente payer & rendre un chacun an directement perpetuellement aud. acheteur & à fefd. hoirs au terme & par la maniere que dit eft & lefd. affignaulx generaulx & efpeciaux & chacun d'iceulx perpetuellement conduire garantir deffendre & en paix faire tenir envers & contre tous en jugement & dehors iceulx fournir & faire valoir chacun an aud. terme aud. acheteur lad. rente comme il appartient tous exceptions à ce contraires ceffants en ce fait & du tout non miles. En temoins de ce j'ay requis & obtenu le fcel de ladite Chancelerie dudit Duché de Bourgne. eftre mis à cefd. prefentes Lettres faites, & paſſées au lieu d'Avalon, pardevant Jean Nauldin dud. lieu Notaire publique Juré d'icelle Cour & Coajuteur du Tabellion dud. Avalon pour le Roy notre Sire és preſences de Jean Chiquard de Maraulx & Jean Girard d'Eſtaules temoins à ce appelés & requis les an & jour deſſuſd. Signé Nauldin. Avec parafe.

Piéce originale en la puiſſance de Mr. de Clugny.

Extrait d'enquête dans laquelle Guillaume de Clugny Seigneur de Monthelon & Pierre de Clugny d'Avalon, ont été oüis comme témoins.

Eſtienne Berbiſey le jeune, Licentié és Loix & en Decret, Conſeiller du Roy noſtre Sire, Lieutenant de Noble Seigneur Monſieur le Bailly de Dijon, ſçavoir faiſons que l'an de grace *mil quatre cent quatre vingt ſept le vint ſixieſme jour du mois de Novembre* à la pourſuitte de noble homme & ſaige Maiſtre *Guillaume Bataille* Conſeiller du Roy noſtre Sire en ſes Parlements de Bourgogne contres les Maieur & Echevins de Beaune, au ſujet de la nobleſſe dud. Sr. Bataille

26 Novembre
1487.

On a tranſcrit ci-d. p. 7 1, les qualités & dépoſitions de *Guillaume & Pierre de Clugny.*

On ſe contentera de mettre ici les dépoſitions de deux autres témoins de la même enquête, qui ont parlé de la famille de *Clugny. Jean Charrot* Licentié és Loix & en Decret Abbé de Sainct Eſtienne de l'Eſtrier Chanoine en l'Egliſe Cathedrale d'Oſtun & Prevoſt de l'Eſglife Collegialle dud. Oſtun.

Fol. 28, v°. que furent Maiſtres *Henry & Jehan de Clugny,* (a) eſtoient Juges de pluſieurs Judicatures, jouiſſoient des droitures des Nobles ; & eſt de preſent aud. Oſtun Maiſtre *Guillaume de Clugny* (b) & Maiſtre François de la Boutiere Advocats & Juges de pluſieurs Judicatures. (c)

Noble homme & ſaige *Maiſtre François de la Boutiere,* Licentié és Loix & en Decret Conſeiller du Roy noſtre Sire en ſes Parlements de Bourgogne.

Fol. 3 1, r°. a veu feu Maiſtre *Jean du Clugny* jouir des privileges de Noble, en jouit encore aujourd'huy Maiſtre *Guillaume de Clugny* ſon fils, lequel par aulcun temps a exercé l'eſtat d'Advocat, à preſent ne s'en meſle point. A auſſi oui dire que feu Maiſtre *Henry de Clugny,* en ſon vivant jouiſſoit deſd. privileges, qui toutes fois exerceoit l'eſtat d'Advocat, comme font tous Advocats.

Ils ont tous les trois fait la profeſſion d'Avocat à Autun & exercé des Juſtices ſubalternes ; ce ne ſont pas des poſtes éminens. V. ci-d. *à la date du* 16 Septembre 1423.

Mr. de Theniſſey doit donc renoncer le Cardinal & l'Evêque de Poitiers pour ſes parens, & ne pas dire qu'ils ſont ſes ancêtres collatéraux.

(c) Les Maire & Echevins de Beaune dans leurs accordances, avoient entre autres faits avancé que les Avocats & les Juges des Juſtices Seigneuriales ne devoient plus jouir des privileges de nobleſſe.

(a) Henry & Jean de Clugny *ſon fils, étoient l'un pere & l'autre frere du* Cardinal de Clugny *& de l'Evêque de* Poitiers.

(b) Guillaume de Clugny, *étoit leur neveu & leur héritier univerſel.* V. ci-d. p. 24, 27, 29.

Acte de tutelle décernée au Bailliage d'Avalon aux enfans de Pierre de Clugny.

A Tous ceulx qui ces pñtes. Lectres verront & ouiront, Jehan Rabier Lieuteñ. au Siege & Reſſort d'Avalon pour noble Seigneur & ſaige Monſ. le Bailly d'Auxois ſalut. Savoir faiſons que cejourduy date de ceſtes ſont venus pñtes. & cõpus. judicielemēt. pdévant. nous és jours de mond. Sr. le Bailly d'Auxois pt. nous tenus aud. Avalon hoñ. hõe. Jehan Chalumeaux Prõr. Subſtitud du Roy aře. ſe. aud. Bailliage cõmpt. d'une pt. & *Marguerite* veſve de *Pierre de Clugny*

22 Avril 1487.
V. ci-d. p. 4

venerable pſonne. Meſſire Simon frẽ. pbtẽ. Chanoine dud. Avalon hon. homes
Huguen. le Gros, Pierre de Piaelles, Pierre Chaſtellain, Guilllmẽ. Mõt.
Anthſie. de Vezon, Jacques   Denis Millot, Guille. Sirebeault deffendeur d'aultre pt. tous parens amys charnels voiſins & affins de *Jehan*, *Eſtienne*,
Bartholo nie & Huguet de Clugny & du poſthume dont ſe dict eſtre enceinte, tous
enfans dud. feu *Prẽ. de Clugny* par luy procréés au corps de lad. Marguerite ſa
veſve pupilles & moindres d'eage par lequel Pcũr. Subſtitud a eſté dict & expoſé
que leſd. pupilles & moindre d'eage n'avoient ſens ne diſcreõn. pour leurs corps
& biens cauſes querelles beſoignes nourrir garder gouverner maintenir & deffendre cõe. meſtier eſtoit & pour ceſte cauſe il avoit faict adjourner leſd.
deffendeurs chũn. d'eulx à compõit. pdẽvant. mond. Sr. le Bailly ou ſon Lieũt. à
huy date de ceſtes pour eſlire entre eulx l'ung d'eulx ou aultres bons & ſouffiſans à eſtre tuteurs & curateurs pour les corps & biens cauſes querelles & beſoignes deſd. moindres d'eage & poſthume nourrir garder gouverner maintenir & deffendre. En nous rqrãnt. que aux corps & biens cauſes querelles deſd.
moindres d'eage & poſthume voulciſſions pourveoir de tuteurs & curateurs par
quoy nous oye la Requeſte dud. Procũr. inclinans à icelle comme juſte &
raiſonnable d'iceulx parens deſſus només. avons prins & receus les ſmens. pour
ce donnez corpéllement aux Saincts Evãgles. de Dieu en nos mains que bien &
dehumẽt. ils eſliront entre eulx l'ung d'eulx ou autres bons & ſouffiſans à eſtre
tuteur & curateurs pour les corps biens cauſes querelles & beſoignes deſd. moindres d'eage & poſtume nourrir regir garder maintenir & deffendre, & apréſ ſe
ſont traits ãppt. & auſſi toſt ſont revenus pãrdt. nous & nous ont dit & rapporté
qu'ils avoient adviſé entre eulx que lad. Marguerite mere deſd. pupilles eſtre
la plus propre idoine & cvẽnable. à eſtre tutrice deſd. moindres d'eage ſes enfans, & led. Meſſire Simon frere, Huguen. le Gros & *Antoine de Vezon* chãc.
d'eulx pr. ſoy & des trois les deux curateurs deſd. moindres & poſthume ouy lequel rapport.   .   .   .   .   . En teſmoing deſquelles choſes affin
qu'elles ſoient fermes & eſtables à tousjours avons fait ſceller ces pñtes. du ſcel
és cauſes de la Court dud. Baille. judñt. faictes & données aud. Avalon és jours
de mond. Sr. le Bailly devant nous pour ce tenus le mardy *vingt dẽxe. jour du
mois de Juillet mil quatre cent quatre vingt & huit* aprés Paſques en la pñce.
de Jehan de Launey & Guille. Belin Sgts. Royaux temoings à ce pñts. Signé
Lebault avec paraphe. Et ſcellé.

Piéce originale entre les mains de Mr. de Clugny.

Extrait d'Arrêt qui prouve que la poſterité de Geoffroi *de* Clugny *un des fils de* Jean I. *eſt éteinte.*

15 Fév. 1493.
V. ci-d. p. 22.

EN la cauſe de Gilbert de Graſſet Eſcuyer Sr. de Champerroux, au nom &
qualité qu'il procede impetrant en matiere de criées & ſubhaſtations & des
de Lettres Patentes du Roy notre Sire.

CONTRE.

Meſſire Philippe d'Hoocberg Marquis de Rothelin Mareſchal de Bourgogne.

Damoiſelle *Marie de Clugny* veuve de feu Louis de Charnot en ſon vivant Sr.
Faulverges.

Damoiſelle *Bonne Bernard* veuve de feu *Jehan de Clugny* & à preſent femme
de Gabriel de Valette.

Condamne lad. Court Damoiſelle *Marie de Clugny*, laquelle s'eſt nommée
pourtée & declairée aux actes de ce preſent Procés heritiere dud. feu *Jehan de
Clugny* ſon frere aux depens des impetrants & oppoſants raiſonablement faits
en ce preſent Procés, la tauxe d'iceux à lad. Court reſervée.

Prononcé aux Arreſts generaux le 15 Feuvrier 1493.

Fondation

Fondation faite au Prieuré de Couches par Antoine de Clugny *Prieur. dud. Couches.*

10 Décembre 1504.
V. ci-d. p. 28 &

E N nom de Nôtre Seigneur amen. *L'an de l'Incarnation d'icelui courant mil cinq cent & quatre le dixiefme jour de Decembre.* Je *Antoine de Clugny* Prieur de Couches fçavoir fais à tous pñs. & advenir qui ces pñtes Lrés. verront & ourront, que je defirant proveoir au falut de mon ame & de mes parents & amis trefpaffés, confiderant la fondation ja par moy faicte en la Chapelle que par moy a efté conftruite & de nouvel edifiée en mond. Prieuré en honneur & reverence du Glorieux Sainct & ami de Dieu Monfieur St. Jehan l'Evangelifte & Marie Magdeleine, en laquelle par Meffire Guïlle. du Marettray Prebftre Curé de St. Jehan l'Evangelifte d'Oftun Chapelain par moy nommé & etabli fe doit dire & celebrer trois Meffes la femaine, le Dimanche de la Vifitation de la glorieufe Vierge Marie, les Mercredy & Vendredy de *Requiem* comme appert par la fondation d'icelle & fous les charges y declarées. Je defirant l'augmentation & decoration d'icelle & pour le falut de mad. ame & de mes parents vivans & trefpaffés, baille cede quicte renonce & tranfporte & delivre perpetuellement à Meffire Guïlle. Chapelain deffufdict & à fes fucceffeurs Chapelains deffervant icelle, led. Meffire Guïlle. à ce prefent, ftipulant pour & au prouffit de la dicte Chapelle & de fes fucceffeurs deffervants icelle, acceptant les rentes & cenfes qui s'enfuivent par moy acquifes pour la fondation d'une Meffe au prouffit de lad. Chapelle à fçavoir fept mefures de froment acquifes de noble homme *Philibert de Monfarrin* & de *Claude* fa femme qui dehues leurs eftoient par les hoirs de furent Simon & Pierre Currot. Dix huit gros & une pinte d'huifle de rente fur les hoirs de fut Jean Rolland. Trois gros de cenfe fur les hoirs de fut Jehan Goireneaut dit Coichot. Un gros de cenfe acquife dud. Monfarrin & fadicte femme fur Benoift de Vefure & Benoifte fa femme fix gros de cenfes par eux vendus. Item fur les hoirs de fut Marc Pin vingt gros de rente & un blanc de cenfe acquifes de Philibert Quarret, toutes ainfy que acquifes ont efté, & en la maniere & condition que contenues font és Lectres d'acqueft fur ce faictes, parmy ce & moyenant que led. Meffire Guïlle. Chapelain deffufdict & fes fucceffeurs feront tenus thacun Lundy de la femaine dire, celebrer ou faire dire & celebrer perpetuellement une Meffe baffe en honneur & reverence du glorieux Monfieur St. Jehan Evangelifte Patron d'icelle, en laquelle Meffe fera faicte commemoration, de Ste. Marthe, de la Magdeleine des Trefpaffés & de Monfieur St. Ladre, les Images defqueulx glorieux Saincts & Sainctes font elevées & repofent en lad. Chapelle. A la fin de lad. Meffe par led. Chapelain & fes fucceffeurs avant que de fur ce tabler & des aultres Meffes auffy. Sur la tombe qui fera mife devant led. Autel fera dit, *Libera me Domine, Requiem. Kirie eleifon, Pater nofter, Inclina* & *Fidelium.* Avec l'affolution accoutumée & au furplus faire tout ainfy que contenu eft efdictes premieres Meffes par moy fondées, lefquelles rentes & cenfes dés maintenant font & demeurent à lad. Chapelle & és mains dud. Chapelain & de fes fucceffeurs, pour icelles lever & percevoir, les recevoir pour la defferte de lad. Meffe, me fuis départy & depart, les ay laiffées & laiffe aud. Meffire Guïlle. Chapelain deffufd. prefent & acceptant pour luy & fefd. fucceffeurs, l'ai mis & mets en mon lieu, lequel a promis & promet pour luy & fes fucceffeurs dire chacun Lundy de la femaine perpetuellement, ou faire dire en la maniere deffufdicte. Et promets en bonne foy par mon ferment, & foubs le vœu de ma Religion, & obligation de tous mes biens temporels, lefqueulx j'ay foubmis & obligé foubmeft & oblige à la Cour de la Chancellerie de Bourgogne pour le Roy noftre Sire, de Monfieur l'Official d'Oftun & à toutes autres Cours tant d'Efglife que Seculieres les choufes deffufdictes avoir & tenir perpetuellement fermes eftables & agreables, contre icelles, ne le contenu d'icelles aller, dire, faire, ne fouffrir dire ne venir au contraire, mais les avoir perpetuellement agreables, en renonceant à toutes cautelles cavillations & autres choufes que l'on pourroit dire au contraire de ces presentes. Faictes & passées pardevant Jean Dupertuis Notaire publicque Juré de lad. Cour de la Chancellerie de Bourgogne pour le Roy nostre Sire & de Monsieur l'Official d'Ostun, & presents Martin Dupertuis, Guillemain Guyon de Couches, Bastien la Loiche dict St. Marc & aultres tesmoings ad ce presents. En tesmoing desquelles chouses j'ay requis & obtenu le scel de ladicte Cour de la Chancellerie & de mond. St. l'Official d'Ostun estre mis à cesdictes presentes Lettres faictes & données les an & jour predits. Signé, sur la grosse de cette en parchemin. Dupertuis Notaire avec paraphe.

Archives du Prieuré de Couches.

Guillaume de Clugny *Seigneur de Monthelon neveu de* Ferry *Cardinal & de* Guillaume *Evêque de Poitiers,* Juge du temporel du Chapitre d'Autun.

1505.
V. ci-d. p. 29, 108.

(a) Mr. de Thenissey *qui ne veut*

RObert. Gall. Christ. p. 214. *Episcopi Eduenses* à l'article de *Jean Rolin* Evêque d'Autun en 1459, dit qu'il avoit pour Official *Ferry de Clugny* qui fut depuis Cardinal; il parle ensuite de ceux qui étoient de la même Famille que ce Cardinal, *Invenio* . . . . *Guillelmum Jurisperitum, Judicem temporalitatis Capituli,* ad pensionem decem librarum, (a) D. de Monthelon 1505.

reconnoître pour ses ayeux que des gens qui ont occupé des postes éminens, avoit choisi celui-ci pour son quatrième ayeul; il étoit possesseur de plusieurs Seigneuries, avoit été nommé pour être Maitre des Requêtes du Parlement de Malines, & ne se crut cependant pas deshonoré d'exercer la Judicature du Chapitre d'Autun. On pensoit donc differemment en ce tems-là de ce qu'on pense à présent sur les emplois qui donnoient occasion de rendre service à l'Eglise.

Traité *entre* Paul de Clugny *Seigneur de* Meneserre *&* Claude de Clugny *Seigneur d'Esfourgs.*

13 Nov. 1509.
V. ci-d. p. 10, 39, 40.

(a) *C'est cette Barbe de Semeur que Mr. de Thenissey donne pour femme à Guillaume de Clugny Bailli, mort en 1387. V. ci-d. p. 144.*

Mr. de Thenissey p. 83, de sa grande Généalogie, dit que Guillaume de Clugny Seigneur de Meneserre eut d'Adrienne de Nevers, un fils nommé Panet qui finit la Branche de Meneserre; sans en fournir de preuve.

On va lui prou-

EN nom de Nre. Seigneur amen, *l'an mil cinq cens & neuf le treiziesme jour du mois de Novembre nous* Parties cy apprés nommées, assavoir *Paul de Clugny* Escuyer Seigneur de Meneserre & de Corselotte, tant en mon propre & privé nom que au nom de Damoiselle *Barbe de Semeur* ma femme (a) absente à laquelle je promest faire ratiffier appreuver consentir & ratiffier & avoir pour agreable ferme & estable à tousjours le contenu en ceste toutes & quantes fois que requis en seray dehuement pour moy d'une part, & je *Claude de Clugny* Escuyer Seigneur d'Esfourgs & de Souvert pour moy d'aultre part. Savoir faisons à tous ceux qui ces presentes verront & orront que nous lesd. Parties & chacung de nous à son regard avons entre nous faicts & faisons les traictiés accords, promesse bail prinse retenues obligations vendages & aultres choses qui s'ensuyvent assavoir que je led. *Paul* aud. nom vend cede quicte transporte & deslivre audict nom perpetuellement pour moy madicte femme mes hoirs & ayans cause au temps advenir, audict *Claude de Clugny* ad ce present stipulant acceptant de moy acquerant perpetuellement pour luy ses hoirs & ayans cause, c'est assavoir le pouvoir puissance aucthorité & faculté de pouvoir prandre ou faire prandre par luy ses gens serviteurs & familliers en tous & chascungs mes bois & forests de Pastuel Justice & Seigneuries dud. Meneserre, tous boys morts & morts boys, chaisnes rompus & versés pour le chauffaige de ses deux maisons, assavoir d'Esfourgs & de Souvert toutes & quantes fois que bon luy semblera & aultrement dehument pour ses necessités affaires & eschevoir de sesdictes maisons, & semblablement pour faire bouchure de posts & de palis de boys de chaigne hors boys de coupis, avec ce pourra prendre icelluy St. d'Esfourgs & de Souvert & les siens doresenavant chascung an perpetuellement en iceulx mesdicts boys un pied de chaigne bon & suffisant à faire matrin à mettre vin, pourveu toutes fois que luy & les siens seront tenus le requerir & demander à moy ledict vendeur ou és miens & le faire marquer, & apprés la requisition faictéo u refus ou de luy de moy led.vendeur ou des miens, en ce cas ledict acheteur ou les siens le pourront prandre abbattre charger & emmener de mesdicts boys sans danger. Item est accordé entre nous lesdictes Parties que quant ledict Seigneur d'Esfourgs & de Souvert ne sera audict Souvert ou audict lieu d'Esfourgs & n'y fera pas sa residence en ce cas le mitayer ou tenemantier desdicts lieux ou de l'ung d'iceulx ne pourra prandre en iceulx mesdicts bois aucungs boys portant fruicts fors seulement que boys mort & mort boys pour son chauffaige seulement sans rien abattre. Item plus est convenu & accordé entre nous lesdictes Partyes le cas advenant que led. Seigneur d'Esfourgs achepteur ou les siens vendissent lesdicts lieux & places d'Esfourgs & de Souvert ou l'une d'icelles en aultre main que de *ceux de Clugny* en ce cas l'achepteur ou tenemantier d'iceulx lieux ou sera vendu à aultre qu'à ceulx *dud. Clugny* n'y aura & ne prendra aulcung droict des susdicts ne aultre en iceulx mesd. boys en quelque maniere ne façon que ce soit, car ainsy a esté accordé entre nous lesdictes Partyes & ceste pnte. vendition cession & transport je ledict *Paul de Clugny* vendeur audict nom ay faicte & fais pour moy madicte femme & les nostres audict achepteur & és siens perpetuellement moyenant & pour le prix & somme de six vingt livres tournois vallans six vingt francs bonne monnoye à present courant au Pays & Duché de Bourgougne à moy led. vendeur audict nom pour ce payés baillés & delivrés par ledict achepteur ja pieça en faisant ung aultre vendaige entre luy & moy de ce qui me competoit & appartenoit au lieu de Souvert tant en censives rentes que aultrement . . . En tesmoingt de ce j'ay requis & obtenu le scel de la Cour de ladicte Chancellerie estre mis à ces presentes Lectres, faictes & passées à Vaulseseul en l'Hostel de Chrestien Thibault pardevant Philipes Gaudry Clerc Notaire Royal Juré de la Court de ladicte Chancellerie & Coadjuteur du Tabellion Fermier d'Ostun pour le Roy nostre Sire presens noble homme *Aubert de Clugny* Escuyer Sr. de Buys Chrestien & Barthelemy Thybault freres   Charbonier Paroissien de Manlay tesmoings ad ce requis & appellés les an & jour dessusdicts. Signé Gaudry avec paraphe.

Piéce originale entre les mains de Mr. de Clugny.

1°. Le mari d'Adrienne de Nevers s'appelloit Jacques & non pas Guillaume V. ci-d. p. 15, le passage du P. Anselme, sur l'an 1463, & le compte de Jean de Falletan à l'an 1464. Il est si peu d'accord avec lui-même, que dans sa Carte Généalogique, jointe à sa grande Généalogie, il le nomme Jacques, & finit en lui la Branche de Meneserre. Il le fait dans cette Carte fils d'un Geoffroi. Le pere de Jacques s'apelloit Guillaume qui est le premier qui a possédé Meneserre. V. ci-d. p. 15. Il cite un Arrêt sans date qu'on ne trouve point.

2°. Jacques de Clugny & Adrienne de Nevers, *n'ont point eu de fils nommé* Panet. *Leur fils s'appelloit* Paul, *comme le prouve cet acte de* 1509. *La Branche de* Meneserre *ne finit point en lui, puisqu'il laissa* Jean, Jeanne, Susanne & Anne de Clugny. *On en trouvera la preuve en l'année* 1542, *dans les Preuves.* V. ci-d. p. 16.

Il n'y a presque point de page dans tout ce grand Ouvrage de Mr. de Thenissey, où l'on ne découvre quelque bévuë; il faudroit un gros volume pour les relever toutes.

La Généalogie qui fait partie de ce que Mr. de Thenissey apelle les Mémoires de sa Maison, dont on a parlé ci-d. p. 105, s'explique sur le degré de Paul de Clugny, n. XXXI. Jacques de Clugny & Adrienne de Nevers ont ung fils, Paule de Clugny qui a chacun se montre ami desirant à tous faire plaisir. En quoi elle est contraire à ce que Mr. de Thenissey a avancé dans sa grande Généalogie, comme on le voit dans la notte précédente.

L'Auteur de cette Généalogie ajoute, Et est sa femme Mlle. de Censenier, qui est surnom & des armes de Mr. St. Hugues, Abbé de Clugny & Fondateur de Clugny.

Cette piéce prouve évidemment que Paul de Clugny avoit pour femme Barbe de Semeur; l'Auteur de la Généalogie lui donne pour femme Mlle. de Censenier. Il ajoute, qui est surnom & des armes de Monsr. St. Hugues Abbé de Clugny & Fondateur de Clugny.

L'Abbaïe de Clugny fut fondée par Bernon, Abbé de Gigny, par les libéralités de Guillaume Duc d'Aquitaine & Comte d'Auvergne en 910. S. Odon succéda à Bernon, à S. Odon S. Mayole ou Mayeul, à S. Mayole S. Odilon, à S. Odilon S. Hugues, mort en 1108. Ste. Marthe Gall. Christ.

On doit juger par ce qu'on vient de dire & ce qu'on a dit ailleurs, que l'Auteur de cette Généalogie l'a composée d'imagination, sans examiner les chartres & les titres, & sans consulter les Historions. C'est cependant sur lui que Mr. de Thenissey fonde toutes ses rêveries.

Ff ij

Contrat de mariage de Bartholomine de Clugny *fille de* Pierre de Clugny I.

20 Juillet 1511.
V. ci-d. p. 49, 95.

Mr. de Clugny *dans tout le cours du Procès a prouvé fa defcendance de* Jean de Clugny I. *& de Guiotte de Beze, par la liaifon de ce contrat avec les autres qui précédent, comme il s'en eft expliqué ci - d. p. 96.*

Il eft bon de raporter ici de quelle maniere Mr. de Theniffey *y a répondu dans un écrit du mois de Juin 1720.*

Le plus habile Généalogifte feroit ici fort embarraffé & auroit peine à concevoir comment un mariage fait environ l'an 1412, lequel régulièrement ne produit qu'une alliance entre les deux conjoints, eût pû produire cent ans après,

A Tous ceulx qui verront ces pñtes. Lectres, Claude de Verey Efcuyer Seigneur de Senecey Confeiller & Chambellan de trés haulte & puiffante Dame Madame la Comteffe de Bourgogne fon Gouverneur & Bailli de Chaftel. chignon Lorme & leurs appartenances & Garde du fcel de la Chaftellenie dud. Chaftelchignon pour mad. Dame falut. Sçavoir faifons que pardevant Sire Jén. Regnault Preftre Notaire Juré de mad. Dame à l'Office dud. fcel auquel quant ad ce nous avons commis noftre pouvoir, pour ce perfonellement eftabli noble homme *Adrien de Montagu* fils de feu *Jehan de Montagu* ufant de fes droicts & pleine puiffance d'une part, & *Bartholomyne de Clugny* fille de feu noble homme *Pierre de Clugny* & de l'aucthorité de *Marguerite Obbe*, fa mere à prefent femme d'honorable homme & fage Pierre Darmes pñt. quant ad ce aucthorifant lad. *Margueritte* fa femme & *Jehan de Clugny* frere de lad. *Bartholomine* & fils de lad. Marguerite pour eulx d'aultre part lefquelles Parties deça & dela chacune en droit foy & des aucthorités que deffus, ont reconnu & confeffé eulx avoir faict entre elles les traictés, accords, promeffes, obligations rénonciations convenances de mariage & aües. choufes que s'enfuivent. C'eft affavoir que led. *Adrien de Montagu* du gré & confeutement de *plufieurs fes parents amis charnels & affins* a promis & promet prendre à femme & efpoufe lad. *Bartholomyne* fi Dieu & noftre Mere Saincte ad ce font confentants & accordants. Et femblablement lad. *Bartholomyne* du gré & confentement de plufieurs fes *parents & amis charnels* a promis & promet prendre à mary & efpoux led. *Adrien de Montagu*, fi Dieu & noftre Mere Saincte Efglife ad ce font confentants & accordants felon le Statut & Ordonnance de Rome. . . . . .

Moyenant laquelle fomme de quatre cent livres tournois lad. *Bartholomine* de l'aucthorité de fond. futur efpoux a renoncé & renonce à tous fes droits paternels efcheus & maternels à efcheoir pour & au profit defd. Pierre Darmes, Marguerite & *Jehan de Clugny*, & à toutes aultres fucceffions collateralles. . . .

En tefmoing de ce, nous à la relation dud. Juré avons fcellé ces pñtes. du fcel deffufd. donné le *vingtiefme jour de mois de Juillet mil cinq cent onze* prefents noble homme *Lucas de Vezigneulx* Efcuyer Sr. dud. lieu, Charles l'Admiral de Coulanges-les-Vineufes, Me. *Pierre de Beze Eleu* de Vezelay, Jeha l'Evefque Grenetier dud. lieu Andoche Rouffeau & Eftienne Darcy d'Avalon, tefmoings ad ce appellés & requis. Signé Regnault avec paraphe.

Groffe originale en la puiffance de Mr. de Clugny.

c'eft-à-dire, en 1511, une parenté entre deux Familles? Que doit-on penfer de la maniere dont la parenté de Mr. *de Clugny* a pû fe former?

On ne fçait fi quelqu'un pourra concevoir ce que veut dire Mr. de Theniffey; *on ne croit pas qu'il puiffe détruire les preuves de cette alliance, raportées ci-d. p. 96.* Jean de Clugny I. *marié en 1388, avec Guiotte de Beze, & non pas en 1412, qui eft l'année de fa mort, ont contracté alliance l'un avec l'autre, & tous leurs defcendans fe trouvent par là parens de la Famille de Beze. Rien ce femble n'eft fi aifé à comprendre.*

Comptes de Jean de Clugny *Receveur du Chapitre d'Avalon.*

3 Juin 1530.

Ompte rendu par *Jean de Clugny III.* Receveur de Meffieurs du Chapitre d'Avalon. Au feuillet 20. v°. eft écrit, aud. Receveur pour fes gages pour l'an de ce prefent compte cent livres. cy . . . . C tt

Clos, *dic tertia Junii anno Domini milleſimo quingenteſimo trigeſimo.*

S Econd compte rendu par led. *Jean de Clugny*. Au feuillet **14 v°**. eft écrit, au Receveur de Meffieurs pour fes gages ordinaires la fomme de cent livres tournois. cy . . . . C^{tt}. 108.

20 Juin 1547. V. ci-d. p. 50.

Clos , *die vigefima Junii anno Domini , millefimo , quingentefimo quadragefimo feptimo.*

Ces deux extraits ont été fignifiés à Mr. de Clugny *à requête de* Mr. de Theniffey *le* 20 Juin 1720 ; *c'eft tout ce qu'il a trouvé dans les Archives du Chapitre pendant fix jours qu'il les compulfa au mois d'Aout* 1718 ; *fur quoi il y a quelques réflexions à faire.*

1°. Mr. de Theniffey *qui n'avoit pas encore imaginé fa fable du bâtard ,* (*il ne la mit au jour qu'au mois de Novembre fuivant ,*) *cherchoit à découvrir les fignatures des ancêtres de* Mr. de Clugny ; *il a reconnu qu'ils mettoient un* G. *dans leur nom , & par conféquent qu'il avoit avancé contre vérité, que* Mr. de Clugny *depuis quelques années feulement , avoit figné differemment de fes peres & ayeux. Au lieu donc de trouver ce qu'il cherchoit , il a fourni lui-même à* Mr. de Clugny *une preuve de fa poffeffion pendant* 188 *ans , en lui faifant fignifier ces deux extraits de comptes.*

2°. Jean de Clugny III. *avoit fondé en* 1529 *, la Proceffion folemnelle de la Fête-Dieu ; les Doyen & Chanoines d'Avalon le voyant difpofé à faire du bien à leur Eglife , le nommérent leur Receveur pour l'an* 1530 *, & ce fut en cette année qu'il fit bâtir la Chapelle de* S. Jean-Baptifte *, qu'on ne feroit pas conftruire à préfent pour deux mille écus; en* 1532 *, il fonda deux Meffes par femaine dans cette Chapelle , que le Chapitre s'obligea de célebrer moyennant les fommes qu'il leur donna. Enfuite ayant été nommé Receveur en* 1547 *, il fonda encore en* 1551 *, une troifiéme Meffe par femaine , & une Proceffion folemnelle le jour de la Décolation de* S. Jean. *On en va raporter les preuves incontinent.*

Il donna encore dans le même tems le bâton de Bedeau d'argent & de vermeil où font fes armes , & le Lazare fortant du tombeau y eft repréfenté fur une chryfolite de prix , avec un livre en vélin pour chanter l'Office, orné de mignatures ; il y eft peint à genoux revêtu d'une robbe , avec fon nom Jean de Clugny. *Ce ne font pas là des fondations & des préfens faits par un homme réduit à vivre des gages qu'il a reçû du Chapitre pendant deux années , comme* Mr. de Theniffey *voudroit l'infinuer. Ces deux monumens fubfiftent encore dans l'Eglife de* S. Lazare d'Avalon.

Preuves de la fondation de la Chapelle de S. Jean-Baptifte par Jean de Clugny *cinquiéme ayeul de* Mr. de Clugny, *& de la poffeffion de fes defcendans.*

C E jourd'huy *fix Septembre mil fept cent dixhuit, à l'heure de deux après midy, en la Chapelle dédiée à l'honneur de* St. Jean-Baptifte *érigée en l'Eglife Paroiffiale de* St. Pierre *d'Avalon, pardevant* François Gaudot & Claude Bredeau *Notaires Royaux de la réfidence d'Avalon* foufnes. *a comparu en perfonne* Monfr. Jean Morifot *Efcuyer* Coner. *du Roy Lieutenant Particulier au Bailliage & Chancellerie d'Avalon , fondé de procuration de Meffire* Etienne de Clugny *Confeiller Honoraire au Parlement de Dijon, lequel nous a dit qu'en une inftance que* mond. Sr. le Coner. de Clugny *a aux Requêtes du Palais de Dijon , contre* Louis de Clugny *Ecuyer ci-devant Seigneur de Grignon ,* Charles de Clugny *Ecuyer Seigneur de Darcey ,* Antoine de Clugny *Ecuyer Sgr. de Colombier ,* François de Clugny *Ecuyer Sgr. de Theniffey , & autres à eux joints , il fit fommation le jour d'hier* aufd. Sieurs de Clugny *à la perfonne* dud. Sr. de Theniffey, *tant pour luy que pour fes confors, par laquelle il les interpelle de convenir de huit faits contenus en* lad. *fommation , qui feront ci-après rapportés , de faire fignifier leur réponfe dans ce jourd'hui neuf heures du matin au domicile* dud. Sr.

1530 & f. V. ci-d. p. 50, 80, 82, 84, 87.

Morisot, & faute de le faire, *il les auroit fait assigner à ced. jour, lieu & heure*, & pardevant nous par exploit de Berthier Huissier dud. jour d'hier, controllé à Avalon le même jour par Jacob, pour donner des actes d'évidence desd. faits, & de ce qui nous apparoîtra, pour quoi il nous requiert, qu'au cas que lesd. Srs. de Clugny comparoissent, qu'en leur présence, *sinon par défaut contre eux*, nous ayons à luy donner des actes d'évidence de ce qui nous apparoîtra du contenu esd. faits qui sont.

Sur quoi après avoir attendu *jusques à l'heure de trois après midi* nous avons donné acte aud. Sr. Morisot, *pour & au nom de mond. Sieur de Clugny* Conseiller, de ce que led. Sieur de Clugny de Thenissey, *n'a point comparu, ni personne pour lui*, & de tant donné defaut de lui, & pour le profit, vû lesd. sommation & assignations ci-dessus datées, sur les requisitions dud. Sr. Morisot aud. nom, nous lui avons donné acte.

De ce que lad. Chapelle est fermée d'un balustre de bois très ancien, rompu en quelques endroits de vetusté, ce qui ne detruit pourtant pas lad. fermeture. *(a)*

Que sous lad. Chapelle, & au-devant de l'Autel *il y a un caveau*, dans lequel nous lesd. Notaires avons vû inhumer Monsieur *Georges de Clugny* Coner. du Roi Lieutenant Civil au Bailliage de cette Ville, ayeul de Mr. *de Clugny*, & Damoiselle *Magdeleine de Clugny* fille de mond. Sieur *Georges de Clugny*.

Que sur le caveau, *dans l'enceinte dud. balustre*, au pied dud. Autel, est une grande tombe de pierre, sur laquelle est gravé un écusson entouré de palmes, où sont *deux clefs adossées posées en pals, & unies par les anneaux.* *(b)*

Que sous la Statuë de St. Jean, qui est au dessus dud. Autel, *est un grand écusson* echancré à l'antique, où sont pareillement lesd. armes émaillées, *les clefs d'or* en champ d'azur.

Que plus bas dans un bas-relief qui sert de retable, sont encore *deux écussons*, un à droite *où elles sont parties d'un Soleil*, qui étoient *les armes de la femme du Fondateur*; (c) & l'autre au milieu dud. retable, où sont pareillement lesd. armes pleines en plus petit volume.

Que *les armes de lad. femme* dud. Fondateur ci-dessus énoncées, sont encore dans un petit écusson qui est au pied d'une Statuë de St. François posée sur led. Autel à côté droit de celle de St. Jean.

Que sur la vitre qui éclaire lad. Chapelle est encore peint sur le verre un grand écusson, où les deux clefs d'or, blasonées en champ d'azur sont representées.

Que sur le *tapis qui couvre l'Autel, qui est très ancien*, coussin & autres ornemens de lad. Chapelle, *lesd. armes y sont encore*, blasonées de la même maniere.

Et enfin qu'au-dessus dud. retable à main gauche, l'année de la construction de lad. Chapelle est en chifre arabe, ainsi figuré 1530, (d) *mil cinq cent trente* ce qui a été de toute ancienneté, & a été fait ou mis *dans le tems de la construction de lad. Chapelle.* Lesquels actes nous avons d'abondant octroyé aud. Sr. Morisot pour & au nom de mond. Sr. le Coner. de Clugny, comme nous ayant apparu que le tout est, ainsi que nous l'avons ci-dessus rapporté, que nous attestons veritable, pour le tout valoir & servir ce que de raison à mond. Sr. le Coner. de Clugny, & témoin de quoi led. Sr. Morisot s'est soussigné avec nous lesd. Nres. Signé Morisot. Bredeau Nre. avec paraphe. Gaudot Nre. avec paraphe. Controllé à Avalon le même jour.(e)

en répétant ce qu'il avoit dit dans une *Requête du 19 Janv. 1718, & dans ses écritures du 9 Nov.* suivant, il soutient avec opiniâtreté, que la Chapelle vient certainement de sa Maison, qu'elle a été construite dans le 15e. siécle, que Mr. *de Clugny* s'est équivoqué quand il dit qu'on y voyoit les armes d'une femme.

Enfin pressé & harcelé pour l'obliger à s'expliquer nettement, il dit, si ce sont les armes de *Clugny* qui sont dans la Chapelle, elle est à moi; si ce sont d'autres armes, je la laisse à Mr. *de Clugny.*

Dans son Factum contre le Chapitre d'Avalon, p. 3, *il avouë* que la Chapelle a été bâtie par *Jean de Clugny* 5e. ayeul de Mr. *de Clugny*; mais il dit que la vitre qui éclaire la Chapelle est à lui.

Mr. de Clugny lui ayant oposé cet aveu fait dans le Fact. du Chapitre d'Avalon, que la Chapelle avoit été bâtie par *Jean de Clugny* III. il répondit hardiment, que cela n'étoit pas vrai.

Le simple récit des faits caractérise bien Mr. de Thenissey, *il n'est pas besoin de commentaire.*

Procès verbal dreſſé par Commiſſaire député par M. l'Evêque d'Autun.

EXtrait tiré ſur la minutte du Procès verbal, commencé le Jeudy *vingt uniefme Octobre mil ſix cent ſoixante & dixſept* & jours ſuivans par *Mre. Noel David Docteur en Theologie un des Directeurs du Seminaire d'Autun*, *Commiſſaire député* par Monſeigneur l'Illuſtriſſime & Reverendiſſime Evêque d'Autun, pour l'execution de la Requéte preſentée à ſa Grandeur, par les Srs. Doien, Chanoines & Chapitres de l'Egliſe Collegiale Noſtré Dame & St. Lazare d'Avalon tendante à la reduction des ſervices, anniverſaires, Meſſes, Proceſſions & autres charges de lad. Egliſe.

ARTICLE CENT DIX-HUIT.

Item appert par le même livre, d'une fondation tous les Lundis par *Jean de Clugny à l'Autel de St. Jean-Baptiſte de l'Egliſe de St. Pierre*, & par le même *une autre Meſſe tous les Mercredys, & une autre tous les Vendredys.*

ARTICLE CENT QUARANTE-HUIT.

Jean de Clugny a fondé une Proceſſion comme celle de la Feſte-Dieu.

Et du dernier feuillet dud. Procès verbal verſo.

Plus s'eſt preſenté *Noble Georges de Clugny*, ancien Lieutenant d'Avalon, lequel a declaré s'opoſer, pour *pluſieurs fondations faites par ſes predeceſſeurs.* Mais d'autant qu'il n'a pas preſentement ſes papiers, qu'il a dit eſtre entre les mains du Sr *de Clugny* Lieutenant General à Dijon, il demande temps pour recouvrer leſd. titres. Dont nous luy avons octroié acte & accordé temps de quinzaine pour repreſenter ces tiltres ou copies dehument collationées.

Le *preſent extrait tiré ſur la minutte* dud. Procès verbal delivré à *Monſieur de Clugny* Conſeiller Honoraire au Parlement de Bourgogne, par moy Secretaire de l'Evêché d'Autun ſoubſſigné, ce jourd'huy huitieſme Juillet mil ſept cens vingt. Lequel Procès verbal a eſté preſentement laiſſé dans les Archives dud. Evêché. Signé **La Croix** Secret. avec paraphe. Et ſcellé du ſceau de l'Evêché. (*a*)

V. ci-d. p. 85, 86.

(a) *Voilà ce que Mr.* de Thenilley *p.* XVII. *de ſa Réfutation appelle une paperaſſe dreſſée par un homme ſans caractére.*

Il porte le même jugement des piéces qui ſuivent; on ne croit pas qu'il ſoit aprouvé des gens ſages.

Titres de la conſtruction & dotation de la Chapelle de Jean de Clugny, *produits par* George de Clugny *ayeul de Mr.* de Clugny, *en conſéquence du Procès verbal ci-deſſus.*

EN nom de Nrë. Seigneur, amen. L'an de l'Incarnation d'icelluy courant *mil cinq cens trante deux le penultiéme jour du mois de Novembre je Jehan de Clugny* Receveur de l'Eglé. Collegial Nrë. Dame & Sainct Ladre d'Avalon, mehu de devotion. Sçavoir fais à tous pñs. & avenir, *que pour le ſalut & remede de mon ame de mes feurent pere & mere & de tous mes autres parens & amys vivans & treſpaſſés* que Dieu abſoille, ay fondé & par ces preſentes fais & fonde *une fondation de deux Meſſes quotidieñes. chün. lundi & vendredi de l'an*, qui ſe diront en celebreront en l'Eglé. Monſr. Sainct Pierre d'Avalon, *à l'Autel Sainct Jehan Baptiſte*, que je led. *de Cluguy* puis nagueres ay *faict* fé. *& eriger en lad. Eglé.* aſſavoir led. Lundi des Treſpaſſés & led. Vendredi des Cinq Playes de Nrë. Sr. & ſe celebreront à ſept heures du matin aprés le ſon de cinq reſteaux de la groſſe cloiche de lad. Egliſe de Sainct Ladre, icelle fondation acceptées par Meſſrs. les Vén. Doyen Chanón. & Chapitre de lad. Eglé. Sainct Ladre. Aſſavoir vén. & ſciétifiques. pſõnnes. Maiſtres Eſine Bougare Doyen, Pierre Moireaul, Guille. Frere, Mathieu Maſſoneaul, Pierre Dupin, Jehan Champion, Jehan Bonneaul, Phé. de Beze, Jehan Marrault, Thibault

26 Novembre 1532.

Pigenat & Jehan Calmeau *tout Pbres. Chanon. de lad. Eglise & Curés dud.
Avalon* pns. & acceptans tant pour eulx que pour leurs autres freres & Chanoin-
de lad. Eglé. & Curés deffufd. ou temps advenir, pour lefquelles deux Meffes
fera payé par mefd. Srs. ou leur Receveur à celluy ou ceulx qui celebreront
lefd. deux Meffes chn. an la fome. de douze livres tourn. par moictié &
egalle porcion és Feftes de Nativité Nre. Sr. & Pentecofte & cmenceront à
lad. Fefte de Nativité Nre. Sr. prochr. venant & d'illec en avant chn. an pptnt.
à tousjours mais. Lefquelles Meffes feront infcriptes & entablées en la table
des Meffes ordinaires qui fe celebreront chn. an en icelle Eglé. de Sainct Ladre
felon qu'il eft accouftumé faé. & pour ce fé. & fupporter lefquelles charges
je led. *Jehan de Clugny* ay baillé laiffé ceddé & tranfpourté à lad. Eglife la
fome. de trois cent livres tourn. en la maniere que s'enfuyt, premierement
fur Jehan Robert de Vmoiron. quatre livres tourn. de rente payable chn. an
au terme de Sainct Mtin. d'yver affignées fur plufrs. htaiges. declés. és lrés.
fur ce faictes rachetab. de foixante livres tourn. Item foixante fols tourn. de
rente fur les hoirs de feu Claude Montenat de Valoux au terme de Touffaincts
rachetables de quarante cinq livres tourn. Item quatre livres dix fols tourn.
de rente fonciere affignées fur plufrs. htaiges. decláes. en ltrés. fur ce faictes
rachetable de quatrevingt dix livres tourn. Et affin que lad. rente foit mieulx
& plus amplemt. affigné. je led. *de Clugny* ay ypothequé pour lefd. quatre
livres dix fols de rente une myenne maifon affife à Cofain la Roiche avec le
jardin pefcheoir, court ayfáces. d'icelle pr. moy acquife de Martin Champion
éft. devant la maifon de noble home. & faige Maiftre Hugues de Vezon la
rue cmunne. entre deux, oultre lefd. affignaulx cténus. en lad. rente. Item
quatre livres tourn. de rente dehue par chn. an par Jehan Rouffeaul fils de
feu Andoiche Rouffeaul fon pere de Sainct Liger de Foulcheray que feu Meffire
Jehan Alin Pbré. en fon vivant a tranfporté à lad. Eglé. ou nom & l'intenón.
de ayder à fonder lefd. deux Meffes, lefquelles quatre livres tourn. de rente
font dehues au jour de Noel rachetable de foixante livres. Item quinze livres
tourn. payées pt. ordonn. de mefd. Srs. à François Baulereau pour l'achat de
vingt fols tourn. de rente paiabl. chacun an aud. jour de Touffaints. Item aultres quinze livres tourn. payées come. deffus par led. *de Clugny* à Jehan Robert
de Vmoiron. pour l'achat d'autre vingt fols tourn. de rente payables chn. an
aud. jour de Touffaints, & le refte payé ctánt. par led. *de Clugny* le tout à
l'intenón. & devotion *de moy led. Fondateur* avantd. dont & defquelles chofes
je led. *Jehan de Clugny* fuis & me tiens pour bien contant, pourquoy d'icelles
rentes, enfemble des affignaulx gnaulx. & efpáulx de d'ung chacun d'icculx, je led.
de Clugny Fondateur que deff. me defvés & deffaifi & lefd. Vén. devant només-
ou nom que deff. en refveft & faifis par ces pntes. & promects en bonne foy
pr. mon ferment pour ce dóné. corporellement aux faincts Evágiles. de Dieu
& foubs l'expreffe ypotheque & efpál. obligaón. de tous mes biens meubles &
immeubles pns. & advenir quelcóques. lequeulx quant ad ce je fubmets & oblige
à la juridition & cótrainte de la Court de la Chancélle. du Duché de Bourgougne
pour y eftre cótraint. epélly. & executé cóe. de ppré. chofe adjugée les chós.
deffufd. & une chúne. d'icéll. felon que cy deffus font efcriptes fpecifiées & declár.
tenir entretenir & accomplir de point en point felon leur forme & teneur & leur
ay remis lefd. lrés. pour garantie en tant q. touche mon faict en renóncr. à toutes chofes ad ce cótraires & mefmement au droit difant gñal. renón. non valoir fi
l'efpecial ne procede. En tefmoiug de ce j'ay requis & obtenu le fcel aux
cótraulx de lad. Court deffufd. eftre mis à cefd. pntes. lrés. *faictes & paffées ou
Chapitre defd. Veñ.* pdvánt. & en la pñce. de Pierre Lefoul Noré. Royal Juré
d'icelle Court du nombre ordonné ou Tabéll. d'Avalon pour le Roy nré Sire
prefents difcrettes perfonnes Meffire Jehan Ferrey, Jehan Boheron Pbrés. &
autres tefmoings ad ce appellés & requis les an & jour deffufd. Signé P. Lefoul
avec paraphe. Exp. Signé Chaudot. Et fcellé en cire rouge.

Extraits

Extrait de deux autres Contrats de fondation par led. Jean de Clugny, qui font en la même forme que le précédent.

Ontrat reçû Fillon Nre. Royal le 1 Avril 1551, led. *Jean de Clugny* a fait **1 Avril 1551.**
deux autres fondations ; *l'une d'une Meffe baffe qui fera célébrée tous les Mercredis* de chacune femaine de l'an perpétuellement, *en l'Eglife S^t. Pierre en la Chapelle de S^t. Jean-Baptifte,* laquelle fe célébrera, *de omnibus Sanctis,* à la fin de laquelle Meffe après les fuffrages accoutumés de dire, fera dite la Paffion par le Prêtre ayant celebré lad. Meffe, auquel fera diftribué *comme aux autres deux Meffes ja fondées par led. Jean de Clugny aud. Autel le Lundy & Vendredy de chacune femaine.*

Item *une Proceffion generale & folennelle* qui fera celebrée & menée par lad. Eglife S^t. Ladre par le Clergé de lad. Eglife chacun an perpetuellement, *le jour & Fefte de la Decolation S^t. Jean-Baptifte* à l'iffuë de Matines aud. jour en chantant par led. Clergé l'Antienne, *Inter natos mulierum,* avec chappes par les deux Chantres à la maniere accoutumée & fera par led. Clergé faite Station en l'Eglife dud. S^t. Pierre, où fera celebré une grande Meffe à Diacre & Souf-diacre, à laquelle affifteront les Vénérables Doien & Chanoines avec led. Cler-gé auxquels fera diftribué en chantant, *Agnus Dei,* à M. le Doien, à Monfieur le Lieutenant en y affiftant fix blancs, *& au plus ancien heritier du nom & race de Clugny* fix blancs. Et à la fin d'icelle grande Meffe feront chantés les fuffrages pour les Trépaffés ; comme, *De profundis, Congregati funt,* & au-tres, & par les quatre Enfans de chœur fera chanté par trois fois, *Pie Jefu;* pour l'entretien de laquelle fondation led. *Jean de Clugny* a donné vint deux livres quinze fols de rentes en contrats qui furent mis en main auxd. Doien & Chanoines.

Utre contrat reçû Lefoul Notaire Royal à Avalon le 15 Juillet 1529, led. **15 Juillet 1529**
Jean de Clugny avoit fondé la Proceffion de l'Octave de la Fête-Dieu en ces termes, lefd. Doien & Chanoines s'obligent & fe font obligés de mener à l'heure de None la Proceffion quotidiene de lad. Eglife S^t. Ladre, une Pro-ceffion folennelle chacun an le Jeudy des Octaves de la Fefte de Nôtre Seigneur Jefus Chrift tel & femblable que led. jour du Corps de Dieu & à telle heure, en chantant & faifant l'Office & Service femblable que le jour de la Fefte Dieu à laquelle fera dit, *De profundis* & les Collectes accoutumées dire pour les Tré-paffés & par les Enfans de chœur de lad. Eglife, au lieu de, *Requiefcant in pace,* fera chanté par iceux, *Pie Jefu &c.* & par le College fera repondu, *Amen,* & de *diftribuer au Fondateur tant qu'il vivra, & après fa mort au plus pro-chain heritier quatre blancs;* à Monfieur le Lieutenant au Bailliage d'Auxois Siege & Reffort d'Avalon 4 blancs, au Procureur du Roy aud. Siege 4 blancs, pourvû qu'ils affifteront à lad. Proceffion, à quatre perfonages qui porteront le pavois à chacune 4 blancs, pour l'entretient de laquelle fondation led. *Jean de Clugny* a affigné quatre livres quinze fols de rente en bons contrats qui fu-rent mis en main auxd. Doien & Chanoines.

Mémoire écrit de la main de Georges de Clugny ayeul de Mr. de Clugny.

Emoire des diftributions qui font dûës par le Chapitre d'Avalon à moy
Georges de Clugny, comme Lieutenant d'Avalon, *& encore comme aifné de la Maifon de Clugny,* à caufe de quelques fondations faites par mes pre-deceffeurs.

Le premier jour de l'année m'eſt deu comme Lieutenant d'Avalon à la Proceſſion qui ſe fait entre Veſpres & Complies, vingt deniers pour la fondation de Me. Mathieu Maſſoneau Chanoine d'Avalon.

Plus par la meſme fondation m'eſt encores deu comme Lieutenant d'Avalon vingt deniers les ſix Dimanches de Careſme pour chacun deſd. Dimanches, à la Proceſſion qui ſe fait entre Veſpres & Complies.

Encores par la meſme fondation m'eſt deu vingt deniers à la Proceſſion d'entre Veſpres & Complies du Dimanche avant la Pentecoſte.

A la Proceſſion de l'Octave du St. Sacrement, fondée *par mes prédéceſſeurs* m'eſt deu double diſtribution vingt deniers comme Lieutenant d'Avalon, *& vingt deniers comme aiſné de la Maiſon de Clugny.*

Le 29 Aouſt jour de la Decollation de St. Jehan *à la Meſſe qui ſe dit en noſtre Chapelle à St. Pierre* par M. le Doien & deux Chanoines qui ſervent de Diacre & Souſdiacre, m'eſt deu double diſtribution comme celle cy deſſus.

M'eſt deu encores tous les ans par led. Chapitre 10 ħ. 8 ſ. qui me ſont payées par leur Receveur le dernier jour de May chaque année, à cauſe des fondations de la Maiſon de Vezigneux en l'Egliſe St Lazare d'Avalon, lequel droit ſe payoit autres fois en pain & vin, mais il a eſté eſtimé par mes predeceſſeurs & reduit en argent à la ſuſd. ſomme avec led. Chapitre.

Leſquelles fondations ſe celebrent les cinq Feſtes principales de Noſtre Dame à l'iſſuë de Matines, & un anniverſaire le jour de St. Jacques & St. Chriſtophle 25 Juillet entre huit & neuf heures du matin.

Extrait du compte rendu au Chapitre d'Avalon pour l'année 1560.

1560. COmpte rendu par Lazare Courtois Receveur de Meſſieurs du Chapitre de l'Egliſe Collegiale nôtre St. Lazare d'Avalon, intitulé ſur le premier feuillet, troiſieſme compte de Lazare Courtois Receveur du Chapitre d'Avalon pour l'an mil cinq cent ſoixante.

Au chap. de dépenſe au feüill. 210. v°. eſt écrit ce qui ſuit.

Le jour des Octaves du Corps de Dieu, à la Proceſſion *fondée par Jean de Clugny* a eſté diſtribué cinquante ſept ſols un denier. cy . . . . . LVII ſ. 1 d.

Au feüillet 212. v°. eſt écrit ce qui ſuit.

Le jour de la Decolation St. Jean-Baptiſte, à la Proceſſion & Meſſe haute, *celebrée en la Chapelle Jean de Cluguy par luy fondée en l'Egliſe St. Pierre*, à eſté diſtribué la ſomme de quatre livres neuf ſols ſept deniers. cy . IIII ħ. IX ſ. VII d.

Le preſent compte a eſté clos & arreſté aud. Chapitre le 11 May 1561. Signé M. Dupin. De Beze. G. Menetrey. Mondoy. E. Fabry. G. Fillotte. Boucquin.

Extrait du teſtament de Georges de Clugny I. *& de* Jeanne Martenot *ſa femme du 27 Février 1620, publié au Bailliage le 14 Mars ſuivant.*

POur ce qui eſt de nos corps, nous deſirons, ſous le bon vouloir & plaiſir de Dieu, qu'ils ſoient inhumés & enſepulturés, *au ſepulchre qui eſt en la Chapelle des de Clugny dans l'Egliſe de St. Pierre Paroiſſe d'Avalon*, avec les ceremonies de l'Egliſe Catholique.

Cédule signifiée aux Fabriciens de l'Eglise de S. Pierre à Requéte de Jacques de Clugny, frere de Pierre III. bisayeul de Mr. de Clugny.

ENcores que *le Sr. de Préjouam* (a) ait quitté la robe pour prendre les armes, sa demeure de la Ville pour celle de la campagne, il a tousjours gardé la memoire de ses predecesseurs, de leurs monuments & de leur nom, & l'affection de reposer auprés d'eulx & sa Famille, Dieu les appellant à soy. Qui fait qu'ayant laissé *dans l'Eglise Paroissialle Sr. Pierre d'Avalon une Chapelle appellée la Chapelle des de Clugny, où sont les armes de Clugny, qui sont deux clefs d'or endossées & annelées en champ d'azur,* avec un Calice d'argent auquel sont imprimées *lesd. armes* & que *le Sr. de Clugny pere gardoit,* avec plusieurs beaux ornements & linges pour le service de Dieu dans lad. Chapelle, qui estoient dans un coffre dont led. Sr. *de Clugny pere* avoit la clef, & dont de son vivant il prenoit grand soin; mais depuis sa mort & particulierement depuis dix à douze ans, cela estant demeuré au maniment du Marigler qui les a négligé, cela fait que led. Sr. *de Préjouam* interpelle les Srs. Fabriciens de les representer & lascher à l'usage particulier de *lad. Chapelle & de la Famille de Clugny.* Demande acte comme lad. Chapelle est fondée par ses predecesseurs qui y ont esté enterrés de temps en temps; *que lesd. armes sont composées comme dit est & couvertes en chef d'un heaume.* Fait à Avalon ce XXI. Avril 1637. Signé J. de Clugny.

Le jour & an que dessus l'interpellation cy dessus a esté leuë & signifiée de mot à aultre à requeste dud. Sr. *de Préjouam,* par moy Notaire Royal soubsigné demeurant à Avalon aux personnes de Guillaume Pirot Conseiller au Bailliage d'Avalon & Jean Borot Juge Prevost Civil & Criminel en la Prevosté Royalle dud. lieu, Procureurs Fabriciens de l'Eglise St. Pierre d'Avalon, lesquels m'ont requis copie, pour en conferer avec leurs consors, és presences de Simon Bailly Clerc, & Pierre Oudin demeurants à Avalon tesmoings requis. Signé Chevalier Nore. avec paraphe.

21 Avril 1637.

(a) Jacques de Clugny *frere de* Pierre de Clugny III, *bisayeul de* Mr. de Clugny. V. ci-d. p. 52, 59.

Notice de la Ville & de l'Eglise Collegiale d'Avalon par M. Forestier Chanoine de la méme Eglise msf.

ON trouve des marques de la devotion de la Maison de *Messieurs de Clugny* envers le Chapitre dés les premieres années du Regne de François I. car en 1521, un *Jean de Clugny,* & un *Jean Odebert* firent du bien à *l'Eglise de St. Pierre gouvernée alors par les Chanoines*

Ces deux personnes ont chacun une Chapelle dans Avalon, *l'une à St. Pierre & l'autre à S. Lazare, qui ne faisoient alors qu'un même corps sous une même desserte.*

Les Srs. Odebert ont la leur dans l'Eglise de St. Lazare avec anniversaires richement fondés, il y a des personnes de ce nom qui ont esté *Receveurs* de l'Eglise de St. Lazare, *Office qui a succédé à la dignité & Charge de Prevôt, qui avoit soin des affaires & des biens du Chapitre;* Office que les Chanoines eux-mêmes ont exercé; ce qui se fait encore dans plusieurs Cathédrales.

La Chapelle de Messieurs de Clugny est dans l'Eglise de S. Pierre, apartenant pour lors aux Chanoines; cette Chapelle est fondée par le même Jean de Clugny *en 1530, bâtie de ses largesses, avec trois Messes par semaine.* Leurs armes paroissent dans le retable de pierre de cette Chapelle, très-poli & très-bien travaillé; avec les *armes des Pigets, qui sont un Soleil,* car ce *Jean de Clugny* avoit épousé une *Piget;* les armes *de Clugny* se trouvent par la même raison à la vitre voisine qui éclaire l'Autel de cette Chapelle. Quelques anciens d'Avalon

Gg ij

difent avoir oüi dire à leurs peres, que dans le caveau de cette Chapelle, ils avoient vû un cercüeil de plomb. Note de diftinction.

Le même *Jean de Clugny* a fondé une Proceffion par la Ville le jour de l'Octave du St. Sacrement, marqué fur les tables annuelles du Chapitre, *pro Magiftro Joanne de Clugny*, il fonda cette Proceffion en 1529. Enfin en 1551, il fonda une Proceffion en l'Eglife de St. Pierre qui fe fait au mois d'Aout.

Le même *Jean de Clugny* a encore donné la maffe d'argent que le Bedeau porte devant les Chanoines dans les cérémonies.

Pierre de Clugny II. *Lieut*. du Bailli d'Auxois à Avalon.

19 Mars 1536.
V. ci-d. p. 51.

GErard de la Magdeleine Seigneur dud. lieu de Ragny, de Coulanges de Corcelles en Beaujolois, Confeiller du Roy noftre Sire & fon Bailly d'Auxois à Maiftre *Pierre de Clugny* Licentié és Droits demeurant à Avalon falut, par les Venerables Abbé Religieux & Couvens de Noftre Dame du Repoux les Avalon nous a efté expofé en complaignant, difants qu'à caufe de la dotation fondation & augmentation de leur Eglife, entre autres chofes leur compete & appartient le droiét faculté & aucthorité de prendre ou faire prendre lever & recevoir chacung an par eulx ou leurs ferviteurs & negofiateur le jour de Pafques le pain benift qu'on offre en l'Eglife Paroiffialle de St. Germain de Magny, & auffy de prandre lever & colleger à chacung an les jours de Feftes de la Nativité de Noftre Seigneur fur les Paroiffiens de ladiéte Paroiffe y manans & ceux tenants les quartiers de pain & miches qu'ils font manger les jours & Feftes de Noel, & chafcung quartier de l'eftimation d'un petit blanc. A la charge & foubs condition que lefd. expofants feront tenus recevoir & heberger les lépreux de lad. Paroiffe en leur leproferie de Sarce, en les rendant par lefd. Paroiffiens tous approuvés & garnis de veftemens & de tous menages d'hoftel & de mouftures, les conduifant & amenant avec leur Proceffion jufques fur la bonde de l'eftang de Sarce, qui eft tenu pour limite de la Seigneurie dud. Magny & celle dud. Sarce appartenant auxd. expofants comme ils ont fait dernierement de la perfonne de Sebaftienne Covetant lepreufe & receue par lefdits expofants en leur ditte leproferie à requefte defd. Paroiffiens ou des Procureurs de lad. Efglife Paroiffialle dud. Magny, comme il feroit efté fait d'autres quand le cas y feroit avenu. Defquels droits, facultés & proffits, lefd. expofants tant par eulx que leurs predeceffeurs Abbé & Couvent d'icelle Abbaye ont tousjours jouy & ufé, tellement qu'ils en ont tousjours efté, comme ils font encores de prefent en bonne poffeffion jouiffance & faifine, ont auffy efd. noms & qualités eulx en dire faire & nommer vrays Seigneurs proprietaires & poffeffeurs, d'en prandre cuillir, lever & percevoir par chacung an les fruits droits & proffits en provenants, ou les faire prendre lever & percevoir efd. jours par leurs ferviteurs & negotiateurs & d'iceulx en faire & difpofer comme de leur propre chofe & affaire à leur plaifir & volonté fans contredit d'empefchement de perfonne quelles qu'elles foient. Item ou aucunes perfonnes fe feroit ingeré ou efforcé de faire le contraire foit defd. Paroiffiens ou des aultres etrangers, qui vint auxd. expofants efd. noms les contredire & empefcher, le tout faire reparer & remettre incontinent & fans delays en fon premier eftat & ce moyenant juftice ou aultrement dehuement à la confervation de leurfdiéts droits, jouiffance, poffeffion & faifine. Item que defd. droits facultés aucthorités, jouiffance poffeffion & faifine, lefd. expofans ont tousjours cy devant tant par eulx que par leurs predeceffeurs Abbé & Couvent dud. lieu jouy & ufé par ung, dix, vingt, trante, quarante, cinquante, cent ans & plus, & par tel & fi long temps qu'il n'eft memoire du commencement, ne du contraire & mefmement par les derniers ans & jours & derniers faits fruits & exploits derniers poffeffion & fai-

fine publiquement paifiblement & notoirement qu'eft temps fuffifant à toutes
bonnes poffeffions & faifines acquerir, & icelles acquifes conferver retenir &
garder envers & contre tous. Que neanmoins les expofants etants en leurfd.
droits poffeffion & faifine, feroient efté empefchés és Feftes de Pafques dernierement cy devant paffées en l'année mil cinq cent trante cinq, & és Feftes
de Noel aprés fuivant en la poffeffion & perception de leurfd. droits par Pierre
Poirier & Meffire Guillaume Croflebois, quant aux quartiers de pain & quant
au pain benift par Jehan Peulceau Marguillier de lad. Efglife en les troublan-
inquietant & empefchant en leurfd. droits poffeffion & faifine & auffi par force
& violance, leurs oftant lefd. pains & quartiers de pain à tort & fans caufe
indehuement & de nouvel & tout puis ung an & jour en ça, à leur tres gros
prejudice & domage, nous requerant à ce moyen fur ce nos Lettres de commiffion par forme de complainte & en cas de nouvelleté. Sy vous mandons
& commettons par ces prefentes qu'appellé avec vous un Nottaire de Cou-
laye vous informiés bien diligemment & fecrettement & par écrit defd. dro s
poffeffion & faifine, & nouveau trouble ainfy faict auxd. expofants, defquels
s'il vous appert fuffifament & autant que fuffire doit, vous auxd. cas, lefd.
turbateurs & tous autres qu'il appartiendra, appellés pardevant vous à tel jour
competent que requis ferés, par le premier Sergent Royal fur ce requis que
commettons ad ce fur les lieux de ladicte Efglife ou autre competant, main-
teniés conferviés & gardiés de par le Roy noftre Sire & nous lefd. expofants en
leurs droits jouiffance poffeffion & faifine, levant & oftant tous troubles & empefchements y mis & donnés au contraire, & deffendant auxd. turbateurs & à
tous aultres en general de troubler molefter & empefcher deformais en leurfd.
droits poffeffion & faifine, & en cas d'oppofition, lefd. deffenfes & fequeftre tenants réellement & de fait felon la forme des Ordonnances Royaulx, & les
plumaux Royaulx mis en lieu competant, à ce que perfonne n'en puiffe pretan-
dre jufte caufe d'ignorance, baillés & affignés les oppofants au contraire à
comparoir pardevant vous à jour competant tel que requis ferés pour dire &
debattre leurs caufes de leurs oppofitions requis fur ce proceder oultre & avant
aller felon la raifon en certifiant de ce que faict vous aurés, auquel jour vous
enverrés ou apporterés féablement les informations par vous faittes claufes &
fcellées pour aud. jour faire auxd. Parties ce que verrons eftre à faire par raifon. Donné à Avalon fous le fcel de la Cour dud. Bailliage *le dixneuf jour de
Mars, mil cinq cent trante fix.* Signé Blanche. Et fcellé.

23 Mars 1536.

PIerre *de Clugny* Licentié és Loix . . . . *ce dixneufviefme jour du mois de
Mars mil cinq cent trante fix,* moy eftant en lad. Ville d'Avalon appellé avec
moy honorable homme Jean Lefoul Nottaire Royal, & illec bien diligemment
& fecrettement par écrit me fuis informé fur le contenu efd. Lettres de complaintes, ce fait par Jehan Deftranchoy Sergent Royal, j'ay fait appeller &
adjourner à eftre & comparoir pardevant moy au lieu de Magny devant l'Efglife
dud. lieu au *Vendredy vingt troifiefme jour dud. mois de Mars* aux fufd. heures de midy dud. jour, Pierre Poirier, Jehan Pulceau, & Meffire Guillaume
Croflebois Preftre, turbateurs nommés efd. Lettres pour voir par moy proceder à l'execution d'icelles Lettres de complainte felon leur forme & teneur,
auxquels jour lieu & heure furfd. pardevant moy icelles eftant appellés, le tout
bien & dehument prefenté, eft comparu Frere Jehan de la Chaume Preftre
Procureur defd. Venerables. . . . . . . Parties ouyes, en premier lieu ay
octroyé acte de leurs plaidés. . . . . . Ay maintenu & gardé maintiens &
garde de par le Roy noftre Sire lefd. complaignants, és droits, poffeffion,
jouiffance & faifine defd. droits cy devant efcripts & mentionés par exprés, par
la tradition d'une verge, en oftant & levant tous troubles & empefchements
y faits mis & donnés par iceulx Poirier & Pulceau, auxquels & à tous aultres
en general, j'ay faict inhibitions & deffenfes de par le Roy noftre Sire & nous,

fur certaines & groffes peinés pecuniaires & de vingt mates d'argent blanc &
fin à icelluy Seigneur appliquer, & fur peine de garde enfrainte, de ne dorefenavant troubler, molefter & empefcher lefd. impetrants en leurditte poffeffion,
jouiffance & faifine d'iceulx droits, mais d'iceulx en laiffer & fouffrir jouir
lefd. expofants, comme à eulx appartenants plainement & paifiblement comme
de leur propre. Signé en fin. *P. de Clugny*.

Archives de l'Abbaye de Marcilly-lès-Avalon.

Sentence d'ordre au decret de Meneferre.

27 May 1542.

DU Samedy *vingtfeptiefme jour du mois de May, mil cinq cent quarante
deux* heure de cinq heures du foir expedié par *J. Moiffon* Gouverneur de
la Chancellerie entre Meffire *Phë. de Sainct Leger* Chevalier Sieur de Ruilly,
fils & heritier de feu Damoifelle *Ifabeaul de Goux* Dame dud. Ruilly & comme fubrogué au lieu inftance & droict de *Jacques de Brazey* Efcuyer Sieur
dudict lieu, & *de Jehan & Georges Lombard* Seigneurs de Miffey, impetrans
en criées & fubhaftations au faict de la Terre & Seigneurie *de Meneferre* membres & dependances & appartenances d'icelle jadis appt. à feu *Paulle de Clugny*,
contre Maiftre François Lemoyne curateur dicerné à la deffence de cefte caufe
au lieu de *Jehan, Sufanne & Anne de Clugny* (*) enffans & heritiers dud. feu
Paulle de Clugny deffendeurs pnaulx. Les *Venerables Doyen & Chappitre de
l'Eglife Chatedral d'Oftun Jan de Clugny* (a) Sr. *d'Effourgs, Loys de Genelard*
Sr. de Lyman, Jehan de Ganay, Nicolas Marhoux & *Loys de Chaulgi* Sieur de
Savigny, oppofans. . . . .
Veues les pieces & Procés defd. Parties. . . . . . . Declairant en premier
lieu ladicte Seigneurie eftre par generalité d'hypotheque chargé & affecté envers lefd. *Venerables d'Oftun* de deux ftiers froment mefure dud. Oftun, & d'un
poinçon de vin vermeil de rente payable chûn. an au jour de Fefte St. Martin
d'hivert, & ce pour la charge de par iceux Venerables dire & celebrer chûn.
an en lad. Eglife Chatedral le *jour & Fefte Ste. Catherine* l'anniverfaire y fondé
par feu *Guillaume de Clugny* en fon vivant Bailly de Dijon, les colloquant pour
les arrerages. . . . . En deuziefme lieu l'on declare le droict à plain
ufaige appartenir *au Sr. d'Effourgs* fur lad. Seigneurie de pouvoir prandre ou
faire prandre par fes gens, ferviteurs & familliers és bois de Paftuel dependans d'icelle Seigneurie toute & quant fois que bon luy femblera tous boys
morts & morts bois cheus rompus & verfés pour le chauffaige tant de la maifon
dud. Effourgs que celle de Souvert aultrement dehument pour fes neceffités
& affaires & teneur de fon menaige, auffy ponr faire bouchure de paulx & palis
de bois de chaigne horfmis de couppe és queulx n'a ufaige. Et femblablement
de pouvoir prandre efd. bois chûn. an ung pied de chaigne fuffifant à faire mar-
rin pour faire vaiffeaulx à mettre vin moyenant toutefois licence que fera tenu
demander quant il voudra prendre led. pied de boys au Pr. de lad. Seigneurie
& le tout en cas qu'iceluy Sieur *d'Effourgs* face demeurance efd. lieux d'Effourgs
& Souvert & où il n'y refideroit, declairons le droit feulement competer à
fes mitanchers defd. lieux de pouvoir prandre bois morts & mort bois pour
leur chauffaige & non plus. Et au cas auffy qu'icelluy Sieur d'Effourgs ou ayant
caufe vendent lefdictes Seigneurie d'Effourg & Souvert & mettent hors leurs
mains à *aultre que du nom de Clugny* declarons aulcung droict des deffus bap-
tifés ne leur competer en aulcune façon que ce foit, felon que du toutaige
plus amplement appert par le tiltre fur ce de la part dudict Sieur d'Effourgs
exhibé en datte du 13 Novembre 1509. Signé Gaudry. . . . .
En cinquiefme lieu l'on colloque ledict Sieur *de Genelard* pour la fomme
de cinq cens livres tournois pour une foys à luy dehue de refte des deniers

(*) V. ci-devant
à l'année 1509,
13 Nov.

(a) Ce Jean de
Clugny *Sr. d'Ef-
fourgs avoit fuc-
cédé à Claude fon
pere, qui avoit
fait le traité du
13 Nov. 1509,
avec* Paul de Clu-
gny *fon coufin.*
V. ci-d. p. 40.

à luy promis par le traicté de mariage entre luy & *Jeanne de Clugny* (a) sa femme fille dudict feu *Paulle de Clugny*. Led. traicté en datte du 30 May 1527. . . . . Colloquons en oultre lesd. Venerables d'Ostun, Sieur *d'Effourgs*, *Genelard*. . . . . . Pour les despens par eux raisonablement faicts à la poursuytre de ceste dicte cause. . . . la tauxe & des adjugés avant reservé. Signé Moisson.

   Comparans lesd. Deffendeurs pnaulx. par Paultet leur Procureur assistant, avec luy ladicte *Susanne de Clugny*, ordonnons la pnte. Sentence estre notifiée aux deffaillans par le premier Sergent Royal sur ce requis, auquel mandons ainsy le faire & certiffier de son exploict ad ce qu'il n'en puisse pretendre cause d'ignorance. Signé Miletot.

Grosse originale en la puissance de Mr. de Clugny.

Extrait de la grosse du decret des biens ayant apartenu à Françoise *&* Jeanne de Clugny, *seules héritieres de* Louis de Clugny *Seigneur de Monthelon & de* Marie de Chaulgy *leurs pere & mere, de l'autorité du Parlement de Dijon.*

JEan Tisserand Seigneur d'Aubigny Conseiller du Roy en sa souveraine Cour du Parlement à Dijon Commisre. deputé d'icelle en cette partie à tous ceux qui ces presentes verrons salut. Sçavoir faisons que pour avoir l'execution de l'Arrest rendu en lad. Cour le vingt deuxiesme du mois de Juin l'an mil cinq cent quarante cinq confirmatif de la Sentence rendue en la Chancellerie aux contraux du Duché de Bourgogne au Siege d'Autun le vingt & unieme jour du mois de Mars l'an mil cinq cent quarante trois, entre *Jean Dehan & Jean Piard* Sr. de Montantaume impetrans en matiere de criées & subhastation par decret sur les *Terres Chevances & Seigneries de Monthelon, Raigny, maison d'Autun* rentes censes bois buissons, moulins eaux cours d'eaux & autres droits y appartenans circonstances & dependances d'iceux qui furent à feu *Louis de Clugny* & appellés d'une part. Et Messire *Hugues de la Rocque* Chevalier & Dame *Françoise de Clugny* sa femme Seigneurs & tenementiers desd. Terres & Seigneuries Deffendeurs principaux & apellans d'icelle Sentence, *Anne, Barbe & Jeanne de Clugny* Religieuses és Monasteres de St. Jean le Grand d'Autun & de Molaise, Maistre Jacques Ballard &c.

   Du huictieme Novembre mil cinq cent quarante six. . . . . honorable homme Antoine Tixier marchand & citoien d'Autun par Perrenet Visaine son Procureur nous a remonstré qu'il a acquis le quinziéme Novembre

28 Mars 1546.

V. ci-d. p. 30, 129 & s.

Ce Procès verbal de délivrance par decret, comprend la maison de Marchaut, *possédée par* Françoise *&* Jeanne de Clugny *Défenderesses principales, qui provenoit de* Guillaume de Clugny I. *citoyen d'Autun leur sixiéme ayeul, & leur avoit été transmise de pere en fils ; sçavoir, de* Guillaume à

(a) V. ci-d. p. 16.

Hugues, Guillaume II. & Jean I. *ses fils.* V. ci-d. p. 9, & à la date du 6 Nov. 1399, p. 195.
   Jean I. *la posséda seul.* V. ci-d. p. 9. *& aux dates de* 1412 *&* 1419, *p.* 199, 202; *de* Jean I. *à* Guillaume V. *son fils.* V. ci-d. p. 23, *& aux dates de* 1419 *&* 1427. Guillaume V. *étoit pere d'*Henry, *& par conséquent ayeul du* Cardinal *& de l'*Evêque *de* Poitiers. V. ci-d. p. 23, 24, 30, 32, 35.
   Guillaume VII. *leur héritier universel & leur neveu, assigna une rente de 6 liv. 8 gros sur tous ses biens, dont la* maison de Marchaut *faisoit partie, comme le vérifie le présent* Procès verbal. V. encore ci-d. p. 25, *aux notes.*
   Loüis de Clugny, *fils de* Guillaume VII. *a aussi possédé la* maison de Marchaut, *le présent Procès verbal disant en termes exprès que tous les biens mis en criées proviennent de* Louis de Clugny, *pere de* Françoise *&* Jeanne *Défenderesses principales.*
   Y *eut-il jamais descendance mieux prouvée que celle-ci, par la possession de cette* maison de Marchaut, *de pere en fils pendant huit générations ?*

l'an mil cinq cent trante neuf-dud. *Hugues de la Rocque* Dame *Françoise de Clugny* sa femme & *Marie de Chaulgy* mere d'icelle Françoise principaux Deffendeurs. . . . .

Du vinthuitieme dud. mois de Novembre mil cinq cent quarante six se sont comparus *Nicolas de la Rocque* & Dame *Jeanne de Clugny* sa femme. . . . .

Du Lundy troisieme jour de Janvier aud. an mil cinq cent cinquante six s'est judiciellement comparu & presenté pardevant nous venerable personne Maistre *Pierre Motin Religieux & Chantre de S . Symphorien d'Autun* pour & au nom desd. Religieux & a remontré, *que de tout temps & ancieneté y a une petite Seigneurie & Justice avec certains meix & heritages nommé* le meix Piault, *auquel meix lesd. Venerables souloient avoir la toutale Justice*, que de present on appelle la Justice de Clugny, *lesquels meix Justice & Seigneurie ensemble leurs dependances dès longtemps furent cedés & transportés*, aux furent Seigneurs de Montholon, (a) *à la charge toutes fois que iceux Seigneurs & leurs successeurs ou ayans cause seroient tenus leur payer chacun an & perpetuellement aux termes declarés en leurs Lettres dix livres de rente & un blanc de cense, desquels lesd. Venerables sont esté payés hormis puis certain temps en ça, pour lesquelles censes & rentes led. meix Piault ensemble lad. Justice membres & dependances d'icelle sont toujours demeurés chargés & hypothequés envers lesd. Venerables Religieux comme mouvans & dependans du domaine de leur Eglise*, dont led. Motin aud. nom a demandé distraction estre faite d'iceluy meix Justice & Seigneurie à leur profit. . . . . . .

Par led. Sr. Maistre *Guillaume de Montholon* (*) a esté dit que led. *membre de Clugny* compris & inclus esd. criées sous lad. Seigneurie de Montholon *lequel membre de Clugny* il pretendoit estre compris en son appretiation.

Edouard Boulon met à prix *la maison assise en la Ville de Marchaux d'Autun*, les cours, jardin verger & pourpris d'icelle maison. (*)

Du Lundy *dixieme jour du mois de Janvier aud. an mil cinq cent quarante six.*
Led. Impetrant a augmenté lad. appreciation faite par led. Sr. Me. *Guillaume de Montholon* de la Seigneurie de Montholon de la somme de cent ecus sans y comprendre *la piece de Clugny.* (b)
A declaré led. Impetrant qu'il mettoit à prix lad. Seigneurie de Montholon jusques à la somme de quatre mil quatre cent livres tournois, *lad. piece de Clugny non comprise d'autant que lad. piece de Clugny n'est des dependances dud. Montholon.*
Du Lundy *vinthuitieme jour du mois de Mars aud. an mil cinq cent quarante six.*
Autre lettre en parchemin de l'an 1514, par laquelle *Guillaume de Clugny* (c) Sgr. de Montholon a vendu aux Venerables de Notre Dame 6 ħ. 8 gros de rente pour la somme de 100 liv. tour. Signé Dupertuis. . . .
Avons mis & mettons led. appreciateur aud. nom comme ayant satisfait & paié lesd. colloqués jusques à la treiziesme collocation incluse suivant sadite appreciation en la possession verbale desd. Chevances & Seigneuries de Montholon, Lavaut sous Corlon dependant dud. Montholon Raigny leurs aisles membres & dependances. . . . Pareillement faisons delivrance à iceluy *Boulon* des maisons censes rentes & heritages assis aud. Autun. Signé à la fin Tisserand avec parafe. Et de Souvert aussi avec parafe.

(a) *Jean de Clugny* nommé Maître des Requêtes en 1456, est le premier de la Famille *de Clugny* qui a possédé la Seigneurie de Montholon & qui en a pris le nom ; on ne trouve aucun titre qui prouve qu'aucun de la Famille l'ait possédée avant lui, ainsi c'est lui auquel le meix Piault a été donné à titre de rente & cens, & ce n'est que depuis le bail qui lui a été fait que ce meix Piault a été apellé la petite *Seigneurie de Clugny* ; la preuve que cette dénomination étoit nouvelle, se tire des termes du plaidé des Religieux St. Symphorien, *le meix Piault ... que de present ont appellé la Justice de Clugny.*

(*) Maison de Marchaut provenante de *Guillaume de Clugny* I. citoyen d'Autun, sixiéme ayeul de *Françoise & Anne de Clugny* sur qui elle fut délivrée à Edouard Boulon.

(b) Depuis cette déclaration les Religieux de St. Symphorien se mirent en possession de ce *meix Piault* apellé la *Justice de Clugny*, & en jouissent encore à present par droit de retour.

(c) *Il étoit pere de* Loüis de Clugny, *& ayeul de* Françoise *&* Jeanne de Clugny.

(*) Il étoit Avocat Général au Parlement.

Au-

Acte de baillisterie & curatelle décernée aux enfans de Jean de Clugny & de Melchyonne de Rouvray.

Dernier Mars
1562.
V. ci-d. p. 40.

HVgues Caßard Docteur és Droicts Conseiller du Roy & Lieutenant Gñal. au Baillie. d'Auxois & plus ancien Juge au Siege de Chancellerye dud. Auxois pour l'absence des Lieũt. en icelle, à tous ceux qui verront ces presentes salut, sçavoir faisons que le *Mardy děr. jour du mois de Mars aprés Pasques mil cinq cens soixante deux*, sur l'heure de huit heures du matin, seant par Jugement en la maison Seignorialle de Montilles lés Semeur Siege principal dud. Baille. & appellé Me. Claude Baraud Greffier Fermier oudict Baille. pardevant nous s'est presenté Me. Didier Malaquin plus ancien Prãtien. aud. Baille. Substitut du Procũr. du Roy en icelluy avec noble & saige Me. *Melchisedec Boursaut* Licén. és Droicts son Conseil & Advocat demandeur en dation & confirmation de tutelle balisterye & curatelle à *Anthoine de Clugny, François de Clugny & Maximilien de Clugny* Escuyers comparans lesd. Srs. *Anthoine & François de Clugny* en leurs personnes, Demoiselle *Jehanne & Claudine de Clugny*, aussy en personne ladicte Jehanne, tous enffens & coheritiers de feu noble & puissant Seigneur *Jehan de Clugny* luy vivant Seigneur de Sathonet, Mantonet, Rancey, St. Suply Joursenvault & du Brulart d'une part; Demoiselle *Melchyonne de Rouvray* relicte & delaissée vesve par led. Sr. de Clugny deffunct comparante en sa psonne. nobles Seigneurs *Guy de Clugny* Escuyer Seigneur de Conforgien oncle paternel desd. Srs. enffens en personne, (a) *Louys de Thoisy* Escuyer Seigneur de Munois en sa personne, *Hugues de Thoisy* Escuyer son fils en sa personne, *Phrt. de Janlis* Escuyer Sr. dud. Montilles comparant aussy en sa per-

(a) Mr. de Thenissey dans sa Carte généalogique

que jointe à sa grande Généalogie, où il renvoie à la p. 156, dit que Claude de Cluguy, à qui il donne pour femme Georgette de Freslan, quoique sa femme s'apellât Guigonne de Brazey, n'eut qu'un fils nommé Jean.

Cet acte au contraire justifie qu'il laissa deux fils, sçavoir, Jean, aux enfans mineurs duquel on décerna pour curateur Guy de Clugny leur oncle paternel, & par conséquent frere de Jean & fils de Claude.

Mr. de Thenissey s'étoit d'abord introduit dans la Branche de Monthelon, il ne fut pas difficile de l'en faire sortir. V. ci-d. p. 67.

Il chercha à se placer ailleurs & choisit la Branche de Conforgien. C'est pour y parvenir qu'il a ôté à Claude de Clugny un de ses fils, (Guy) pour le transporter dans la sienne.

Dans sa Carte généalogique, où il renvoie à la p. 161 de sa grande Généalogie, il donne à Guy de Clugny Conforgien pour pere Louis de Clugny, & pour mere Jacqueline de Drée. On vient de prouver que Guy de Clugny Conforgien est fils de Claude de Clugny, il ne peut donc avoir pour pere Louis de Clugny & pour mere Jacqueline de Drée.

Il faut même que Mr. de Thenissey en convienne, dès qu'il demeure d'accord que Jean de Clugny d'Effourgs est fils de Claude, & qu'on lui prouve par une piéce authentique que Guy est fils de Jean, il doit être persuadé qu'il s'est équivoqué.

Il dit que Louis de Clugny son trisayeul a eu un fils nommé Guyard, cela est vrai; mais il ne faut pas le confondre avec Guy, qui est certainement fils de Claude. Il donne à Guyard dans sa Carte généalogique deux femmes. 1°. Gabrielle de Bauves. 2°. Charlotte de St. Belin.

Dans tous les titres produits par Mr. de Thenissey, qu'on a examiné avec une exactitude scrupuleuse, on n'en trouve aucun qui prouve que Guyard de Clugny fils de Louis de Clugny & de Jacqueline de Drée, & frere de Barthelemy & de Michel de Clugny, ait été marié.

On prouve au contraire par cette piéce & celle des 1 & 5 Septembre 1571, qui suit dans son ordre, que Guy de Clugny Conforgien étoit fils de Claude, frere de Jean, & qu'il eut deux femmes, Gabrielle de Bauves & Charlotte de St. Belin. Il ne faut donc pas le confondre avec Guyard fils de Louis & frere de Barthelemy & de Michel.

Mr. de Thenissey peut choisir telle Branche qu'il voudra pour s'y placer; on le fera toujours monter de degré en degré, jusques à Guillaume de Clugny I. Citoien d'Autun, qui vivoit au commencement du 14ᵉ. siécle, dont toutes les Branches de la Famille de Clugny tirent leur origine.

H h

sonne, *Phrt. de Thoify* Efcuyer Sʳ. de Torcy prefent, *Jehan Berthot* Efcuyer Sʳ. de Vignolles prefent, *Phés. de Brafey* Efcuyer Sʳ. dud. lieu auffy p͠nt. *Gabriel de Hefdouard* Efcuyer Sʳ. de Santenet la Borde en fa perfonne, *Jacques de Gourrelier* Efcuyer Sʳ. d'Arcenay en pf͠onne, *Phés. de Gourrelier* auffy Efcuyer Confieur dudiⱦ lieu en perfonne & de *Brandin le jeune* Efcuyer Sʳ. d'Allerey d'aultre part tous parens, voifins, affins & allyés defd. enffans adjournés par Jehan Raiffon en vertu de commiffion à luy donnée par efcript. . . . . . .

Icelluy Sʳ. *de Conforgien* à ladiⱦe requifition a diⱦ que librement & volontairement, comme oncle paternel plus proche parent defd. enffens *Jehan de Clugny* il offroit prandre & accepter la charge de curateur, avec *Hugues & Adrien de Rouvray* Efcuyers concurateurs nommés & agreés cy devant & faire debvoir de bon pareut & curateur auxd. enffens, confentant que ladiⱦe Demoifelle *Melchionne* fuft tutrice & balifte mefmement audiⱦ *Maximilien* moindre, dont du tout avons oⱦroyé aⱦe. . . . . . De laquelle Demoifelle avons derechief prins le ferment au cas pt͠inent. de bien & dehument exercer la charge de balifte & tutrice, ce qu'elle a promis & juré faire, comme auffy avons prins & receu le ferment au cas requis dud. *Guy de Clugny* Sʳ. de Conforgien de faire le debvoir en fa charge de curateur en laquelle l'avons receu aprés luy avoir faiⱦ entendre icelle charge & confirmé lad. balifterye ce qu'icelluy *Guy de Clugny* Sʳ. de Conforgien a promis & juré faire, & ladiⱦe qualité lad. Demoifelle *Melchionne* balifte femblablement led. de Clugny curateur. . . . . En tefmoing de quoy nous avons faiⱦ meⱦre auxd. prefentes le fcel Royal defd. Cours icelles fignées & fait figner par led. Baraud Greffier cy avant nommé de nos noms & feings cy mis les an & jour avant diⱦs lequel p͠nt. aⱦe a efté faiⱦ aux requifitions que deffus nonobftant les feryes pour les urgentes affaires defd. enffens moindres dud. deffunⱦ *Jehan de Clugny*, auffy pour le voiaige où eft appellé led. *Guy de Clugny* Sʳ. de Conforgien pour le fervice du Roy comme il a affermé avec tous les avant nommés qui l'accompaignent, & fi avons commis led. Sallier pour defcripre & recevoir la volonté & ferment defd. Sʳˢ *Hugues & Adrien de Rouvray* s'ils veullent entendent prendre & accepter la charge avec led. Sʳ. de *Conforgien* de concurateur auxd. moindres & l'efcripre à la fin de ceftes en tant que meftier & befoing feroit. Signé Baraud avec paraphe.

Groffe originale ès mains de Mr. de Clugny.

Inventaire de biens délaiffés par Guy de Clugny Sgr. de Conforgien.

1 & 5 Septembre 1571.
V. ci-d. p. 161.
(a) V. ci-d. à la date du dernier Mars 1562.

Azaire la Done Doⱦeur és Droiⱦs Confeiller du Roy noftre Sire Lieutenant General au Baillage d'Oftun à tous qu'il appartiendra fçavoir faifons qu'aprés l'advertiffement à nous faiⱦ du decés & trefpas de Meffire *Guy de Clugny* (a) quand vivoit Chevalier Seigneur de Conforgien Beurry Baugay Longecour & Travoify decedé le *premier jour de Septembre mil cinq cent foixante unze* nous fufmes exprés avec Mᶜ. *Geoffroy de Charancy*, Subftitut de Mᶜ. *Anthoine de Ganay* Licentié és Loix Procureur du Roy aud. Baillage d'Oftun pour l'abfence d'icelluy & fur attendu par deux jours la maladie de fon Subftitur, en empefchement notoire de Me. *Nicolas Munier* Advocat du Roy ayant declaré n'y pouvoir affifter, auffy avec *Jacques Gaudry* Notaire Royal Commis au Greffe, & Jean de Labruere Sergent Royal auffy aud. Baillage, cejourd'huy Mercredy *cinquiefme dud. mois de Septembre an fufdiⱦ* du matin retrouvés au Chaftel & maifon forte dudiⱦ Conforgien, affin de faire inventaire & defcription des biens delaiffés du decés & trefpas dud. feu Sieur pour la confervation des droiⱦs de noble *Guillaume de Clugny* fils dud.

feu Sieur de son premier lict (*a*) & de noble *David de Clugny* (*b*) aussy son fils du second lict, estants auquel lieu avons par ledict Labruere Sergent Royal faict mettre le panoncel Royal à la porte de l'entrée. dud. Chastel & faict saisir soubs la main dud. Sr. Roy & nostre tous & chacuns les biens estants en iceluy Chastel & aillieurs appartenans audict feu Sr. de Conforgien avec prohibitions & deffenses à toutes personnes d'en distraire aucuns sur peine de l'emande arbitraire, ce que tout à l'instant a esté notifié à *Dame Charlotte de St. Belin* veuve dud. feu Sieur *de Conforgien* trouvée aud. Chastel & à tous les serviteurs, servantes & autres y trouvés. Et après avons ladicte Dame fait entendre l'effect auquel estions venus, & l'advertissement à nous faict dud. decés par Michel Chauveau aussy present luy faisant commandement de nous mettre en apparence tous & chacuns les biens meubles delaissés par le decés & trespas dudict feu Sieur affin d'estre par nous inventoriés & description en estre faicte à la conservation des droicts de qui il appartiendra, ce qu'elle a promis & juré faire & de n'en receler aucun. Quoy faict avons, affin de proceder audict inventaire, ce requerant led. Substitut du Procureur du Roy prins & receu le serment sur les Saincts Evangilles de Dieu de Jacques Regneau du Village dudict Conforgien, Leonard Pelletier Mareschal du Village de Mons en la Paroisse d'Aligny & Pierre Fornier Marchand à Saulieu presents, de bien loyaulment & en leur conscience vacquer & proceder à la taxe des meubles qui seront inventoriés, après qu'ils les auront veu & visité, ce qu'ils ont promis & juré faire, comme au semblable avons pris mesme serment dudict Labruere Sergent Royal de en nous assistant audict inventaire en sa conscience faire taxe des meubles qui seront descripts, ce que pareillement il a promis & juré ; & en leur presence, lad. Dame nous a, ensemble lesdicts Substitut du Procureur du Roy & Commis au Greffe conduicts & menés dans tous les lieux & endroicts où estoient lesd. meubles & premierement en la bassecour dudict Chastel & d'illec auxd. lieux, où en chacun a esté fait inventaire & taxe des meubles par les susdicts moyenant leurdict serment, selon que cy après est escrit. . . . .

. . . .

Et en tesmoin de ce se sont soubsignés avec nous. Signé de St. Belin. La Done. De Clugny. G. de Charancy. J. Gaudry & Labruere.

Louis de Clugny & de Jacqueline de Drée ; *il ne pouvoit donc être frere de* Guy de Clugny *qui étoit fils de* Claude de Clugny d'Effourgs & de Guigonne de Brazey. V. ci-d. p. 40, *& à la date de* 1562, p. 241.

Les qualités qu'on lui donne dans cet acte de tutelle ou baillisterie sont bien differentes de celles qu'il prend dans son contrat de mariage qui suit, du 6 Octobre 1572, *dans lequel on le qualifie simplement,* Noble Michel de Clugny Seigneur de Montachon & de Blanzy.

Il est dit à la fin, que c'est un extrait du regitre du Procureur du Roy au Bailliage d'Ostun, signé Becheranne. *Les Procureurs du Roy ont un régistre pour inscrire les dénonciations qu'on leur fait, un autre pour les conclusions qu'ils donnent par écrit.*

Le dépôt de tous les autres actes de Justice, comme dations de tutelles, &c. est le Greffe de la Jurisdiction, & s'expedient par le Greffier.

En 1571, Antoine de Ganay *étoit Procureur du Roi &* Nicolas Munier *étoit Avocat du Roi à Autun. Cette piéce qu'on assure être authentique le justifie. Ce n'est ni l'un, ni l'autre qui a signé l'extrait de ce prétendu régistre qu'on leur attribuë. Il est signé* Bercheranne. *On a vérifié sur le régistre du Parlement, que depuis* 1571, *il n'y a eu ni Procureur du Roi, ni Avocat du Roi au Bailliage d'Autun qui se soit apellé* Becheranne.

Si Mr. de Thenissey *prétend qu'il y en a eu, c'est à lui à le prouver. On peut assurer qu'il n'en viendra jamais à bout.*

(*a*) *Avec Gabrielle de Bauve morte en* 1555.

(*b*) *Mr.* de Thenissey, *p.* 161 *de sa grande Généalogie, a fait imprimer l'acte de tutelle & baillisterie décernée à David de Clugny, qui y est daté du* 15 Octobre 1571; *cette piéce est supposée ou alterée par quelque adjonction.*

On y lit ces mots, Noble Seigneur Michel de Clugny Escuyer Seigneur de Montachon & de Blangy, frere dud. Sr. deffunt.

Cette énonciation est visiblement fausse par les pieces mêmes de Mr. de Thenissey.

Michel de Clugny *étoit son bisayeul, & par conséquent fils de* Guy de Clugny

Contrat de mariage de Michel de Clugny *bisayeul de Mr.* de Theniſſey.

6 Oct. 1572.
V. ci-d. p. 165.

Nous Garde du ſcel commung Roial eſtably és Baïlle. Judicatures Royaulx de Maſconn̄. ſçavoir faiſons à tous ceux qui ces pñtes. Ltrés. verront & ouyront que pardevant Phés. Riſpenſe Notre. Royal de la Ville de Sainct Gengoul le Royal ſoubſigné & des teſmoings ſouſcripts & ſoubſignés ſont eſtablis en leurs perſonnes, noble *(a)* *Michel de Clugny* Seigneur de Montachon & de Blanzy d'une part, & Damoiſelle *Gabrielle de Colombier* fille de feu hault & puiſſant Seigneur Meſſire *Anthoine de Colombier* en ſon vivant Seigneur dud. lieu, de Savigny-St.-Remys, de St. Loup & Cortevau & Chr̄. de l'Ordre du Roy ſñre. Sire d'aultre part. .   .   .   .   .   .

Led. Sr. *Mishel de Clugny* Sr. de Montachon promet par ſerment prendre à femme & loialle eſpouſe advenir, lad. Damoiſelle *Gabrielle de Colombier*, & ſemblablement lad. Damoiſelle *Gabrielle* du vouloir & conſentement de Madame *Loiſe de Mandelot* ſa mere, de nobles Sieurs *François & Guille. de Colombier*, Sieurs du lieu de Savigny-St.-Remys & de St. Loup freres & aultres parens & amys pour ce aſſemblés promet prendre à mary & loial eſpoux advenir led. Sr. *Michel de Clugny.* .   .   .   . En faveur & contemplation dud. mariage noble Dame Madame *Loiſe de Mandelot* mere de lad. Damoiſelle *Gabrielle* & leſd. Srs. *François (b) & Guillaume de Colombier* ſes freres heritiers univerſels dud. feu Sr. de Savigny leur pere conſtituent & dot & mariage à lad. Damoiſelle eſpouſe advenir preſente ſtipulante & acceptante pour elle & les ſiens la ſomme de dix mil livres tournois. .   .   .   . Moyenant laquelle ſomme & conſtitution de mariage, lad. Damoiſelle future eſpouſe de l'aucthorité dud. Sr. *de Montachon* ſon futur eſpoux a quicté & renoncé & par ces pñtes. quicte & renonce à tous biens & droicts paternels à elle eſchus, & auſſi à tous biens maternels & de ſes freres & ſœurs pñs. & advenir & au ſurvivant l'ung de l'aultre au pffit. deſd. Srs. *François & Guillaume de Colombier* ſes freres de leurs hoirs & ayants cauſe. .   .   .   . Faictes & paſſées au Chaſtel & maiſon fort de Savigny *le ſixieſme jour du mois d'Octobre mil cinq cens ſoixante & douze* pñs. noble Meſſire *Jehan de l'Aubeſpin* Chevalier de l'Ordre du Roy Sr. de Chigi & Eſſertot, *Anthoine de l'Aubeſpin* Sieur de Cleſley, & *Jehan de Meſley* Eſcuyer Sr. dud. lieu, teſmoings à ce appellés & expreſſemment requis. Signé *M. de Clugny.* L. de Mandelot. G. de Colombier. F. de Colombier. J. de l'Aubeſpin. A. de l'Aubeſpin & J. de Meſley. Expedié par moy Nôte. Roial. Signé Richepenſe.

(a) Mr. de Theniſſey dit que Mr. de Clugny ne peut être de la Maiſon de Clugny, parce que ſes ancêtres n'ont point pris d'autre qualité que celle de Noble *ou* Noble homme: *ſuivant ce principe, il n'en eſt pas non plus, puiſque ſon biſayeul dans ſon contrat de mariage, qui eſt un des actes le plus important de la vie, n'a point d'autre titre que celui de* Noble. V. ci-d. p. 88.

(b) François de Colombier *recueillit tous les biens de la ſucceſſion d'*Antoine de Colombier *ſon pere, & étant mort ſans enfans, il ne laiſſa que la Terre de Colombier à* Gabrielle *ſa ſœur, & donna toutes ſes autres Terres & biens à* François de Mandelot *ſon parent, Lieutenant Général du Lyonnois, des mains duquel elles ont paſſé à la Maiſon de Souvré, qui les a tranſmiſes à la Maiſon de Louvois.* Grande Généalogie, p. 177.

Georges de Clugny I. *Député aux Etats Généraux de Blois en* 1576.

1576.
V. ci-d. p. 51.

Recueil général des Eſtats tenus en France, ſous les Rois Charles VI. &c. Paris, au Palais. 1651.
P. 189, l'Ordre des Etats tenus à Blois l'an M. D. LXXVI.
P. 201. .   .   . Bailliage d'Auxois.
Maiſtre *Georges de Clugny.*

Claudine de Clugny *fille de* Jean de Clugny *& de* Melchionne de Rouvray.

Guichenon Hist. de Bresse, Généal. de la Touvieres.

LOuis *de la Touvieres* Escuyer Seigneur de Servignat & de Beauregard.....
en secondes noces il épousa *Claudine de Clugny* fille de *Jean de Clugny*
Baron de Satonay Seigneur du Brouillard &c. & de *Merchionne de Rouvray.*
Par son testament du 13 *Mars* 1575 on voit qu'il n'eut aucuns enfans de sa
premiere femme, & que de sa seconde il sortit un fils, Laurent de la Touvieres

1575, 1577.
V. ci-d. p. 41.

Id. Généalogie de Monspey.

JEan *de Monspey* Baron de Beost, Chastenay, Toiria & Montjay Gentilhomme ordinaire de la Chambre de S. A. de Savoye & Capitaine de cinquante Chevaux Legers de ses ordonnances. . . . Il eut trois femmes. . . .
La seconde fut *Claudine de Clugny* veuve de *Louis de la Touvieres;* ce mariage fut conclu le *9 Juillet* 1577.

Traité entre les enfans de Jean de Clugny *Baron du Brouillard, & de* Marcionne de Rouvray.

EN nom de Nre. Seigneur amen. L'an de l'Incarnation d'icelluy courant
mil cinq cens quatre vingt ung le unziesme jour du moys de Decembre
commil soyt que procés fust pendant à Bailliage de Dijon Siege de Beaune
entre Damoiselle *Jehanne de Clugny* de l'authorité de noble Sieur *Philibert
de Helyot* Escuyer Sieur de Gamay, Sainct Aubin & de Fussey demanderesse
contre nobles Seigneurs *François & Maximilien de Clugny* Seigneurs & Barons du Brouillard Jouisansvault Rancy &c. auquel procés lad. Damoiselle
Jehanne de Clugny maintenoyt que la dot de mariage à elle promis de la
succession de feu Messire *Jehan de Clugny* son pere de la somme de six mil
francs n'estoyt suffisant & avoyt obtenu Lres. pour estre relevée des renonciations
qu'elle avoyt faict. Demandoyt aussi lad. Damoiselle la succession de noble psonne.
Anthoine de Clugny son frere. A quoy lesd. Seigneurs disoyent qu'elle avoyt
esté suffisamment dottée, & que pour le regard de la succession dud. feu Sieur
Anthoine de Clugny luy offroyent la somme de mil francs conformement au
testament dud. Seigneur *Jehan de Clugny* leur pere & pour vuider leursd. differents se seroyent lesd. Parties retreuvées le second jour de Janvier mil cinq
cens quatre vingt ung aud. lieu de Beaune où elles avoyent transigé & accordé
de tous lesd. differents moyenant la somme de huict mil quatre cens cinquante
frans que lesd. Sieurs *François & Maximilien de Clugny* promyrent payer à lad.
Damoiselle, tant pour le restat de ses deniers de mariage supplement d'icelle
succession dud. feu Sieur *Anthoine de Clugny* escheutte que de celle de Damoiselle *Marcionne de Rouvray* leur mere à eschoir. . . . . . .

11 Décembre
1581.
V. ci-d. p. 40.

   Faictes & passées aud. Beaune en la maison du Sr. de Rouvray heure de unze
heures avant midy pardevant Vincent Barolet Noté. Royal aud. Beaune Juré
de lad. Cour pour le Roy nre. Sire au Tebellionage d'icelle pñts. noble *Jehan
du Bourgdieu* Sieur de Premenois Greffier en chef au Bailliage d'Arney le Duc
& Mre. Jehan Lebault demeurant à Jourfansvault tesmoings signé sur la minutte avec led. Noté. Royal soubscript. Signé Barolet avec paraphe.

Grosse originale en parchemin en la puissance de Mr. de Clugny.

Preuve des pertes souffertes par George de Clugny I. *trisayeul de* Mr. de Clugny, *pendant la Ligue.*

1594.
Ci-d. p. 52,
106.

Par Arrêt du Parlement du 12 Aout 1589, il avoit été fait défenses à toutes personnes de reconnoître pour Roy, Henry Roy de Navarre, *le favoriser, ou lui bailler aide, en quelque maniere que ce soit, directement ou indirectement, à peine d'être punis* comme heretiques, & perturbateurs du repos public.

CEtte Ville (Avalon,) fut encore insultée du tems de la Ligue. Ceux qui tenoient pour le Roy s'en aprocherent, voulant s'en rendre maîtres & y entrer par le moien d'une saucisse qu'ils firent jouer à une des portes , mais elle n'eut point d'effet ; c'est pourquoi les Habitans , afin d'en rendre graces à Dieu, ordonnerent une Procession générale & une Messe au même jour ; on l'apella la Procession de la saucisse.

Mezeray dit , en 1594, que cette Ville étoit une des meilleures de Bourgogne, avec Auxerre & Mâcon ; il ajoute que ces trois Villes se rendirent à Henry IV. cette année.

Le Prince obligea la Ville d'Avalon à recevoir le Sr. *de Clugny* de la Famille d'Avalon, à le retablir dans tous ses droits & honneurs, sa Charge de Juge Prevôt lui fut renduë. Il avoit été chassé de la Ville pendant dix années par les Habitans, parce qu'il tenoit pour le Roi. Le Duc de Mayenne avoit suprimé sa Charge & établi un Maire à sa place ; la Procession de la saucisse fut abolie, comme injurieuse à l'autorité Royale , & la Mairie suprimée.

> *Notice mf. de l'Eglise de la Ville d'Avalon, composée sur les Archives du Chapitre & de l'Hôtel de Ville. Par Mr. Forestier Chanoine de la même Eglise.*

On peut juger comment furent traités tous ceux qui avoient toujours tenu le parti du Roi Henry III. *contre la Ligue, & qui s'étoient déclarés pour* Henry IV. *son successeur, dans une Province dont* le Duc de Mayenne *étoit Gouverneur.*

Discours prononcé par noble Mc. George de Clugny *Conseiller du Roy, Juge pour Sa Majesté en la Prevôté d'Avalon, Seigneur d'Estaulles & de Préjouam, à la tête d'autres Deputés par les Officiers du Roi & Habitans d'Avalon, au Chapitre de l'Eglise Collégiale après la réduction de la Ville sous l'obéissance du Roi, pour l'établissement à perpetuité d'une Procession & autres Prières, & supression de la Procession de la saucisse.*

IL n'y a celuy tant dépourveu de jugement qui ne voye, que l'importance des affaires de ce temps calamiteux avec les traits de l'ire de Dieu que l'on voit descocher sur ce Royaume par divisions & guerres civilles, ne nous convie à le prier de tout nostre cœur d'appaiser son courroux ; veu que par sa parolle il ne nous découvre plus seure retraitte en temps d'affliction, que la Priere suivie d'une perpetuelle vigilance. Pour donc nous dresser à si louable exercice, nous debvons ramentevoir les pertes, affaires & desmeslés d'où Nostre Seigneur, par sa seule Providence a tiré cette Ville, *le dernier jour du mois de* May, *mil cinq cent quatre vingt quatorze,* (a) estant détenue & occupée par Gens de guerre tenants alors le party contraire à Sa Majesté. Outre les mauvais traitemens qu'ils faisoient aux Habitants, ils vouloient bastir une Citadelle à la grande porte de la Ville pour la tiranniser & tenir en perpetuelle servitude, ce que les Habitants, ja desireux de reconnoistre leur Roy naturel

(a) Les articles de la réduction de la Ville furent accordés par le Roi au Camp devant la Fére, le 14 Juillet 1494.

auroient tellement apprehendés, que la plus faine partie d'iceulx fe feroient re-
folus au peril de leurs vies, familles & biens, de recouvrer leur ancienne liberté, affin de rentrer en l'obeiffance de Sa Majefté, d'où ils avoient efté dif-
traits, foubs pretexte de conferver la Relligion Catholique, Apoftolique &
Romaine, fubjeƈt trés faint & honorable, fi bien que pour l'execution de fi
belle entreprife, ils auroient choify pour leur chef, entre la Nobleffe du pays,
noble Seigneur *Edme de Rochefort* Chevalier Seigneur de Pleuvaut Gouverneur pour Sa Majefté de la Ville de Vezelay & de prefent en cette Ville le noftre,
affurés de la vertu, generofité, affeƈtion qu'il portoit, tant au fervice de Sa
Majefté, que liberté & repos de la Ville, la reduƈtion de laquelle il defiroit
de tel courage, que le jour fufdit environ les fix heures du matin, il fe feroit
prefenté à la porte Auxerroife d'icelle Ville, où receu par les Habitants, ils
luy auroient tellement facilité l'entrée, qu'en moins d'une heure il s'en feroit
rendu maiftre, & de fept ou huit cents hommes de guerre qui eftoient faits
prifoniers, avec celuy qui commandoit pour led. party, fans perte d'un feul
Habitant, honneur des Dames & Bourgeoifes, fac ny pillage d'une feulle maifon; en quoy Dieu nous a fait paroiftre avoir fingulierement aimé cette Ville,
qu'il n'a voulu du tout perdre, quant dans fa grande & deplorable extremité
il a produit les effeƈts de fa divine bonté pour la relever d'oppreffion : dont nous
avons tous occafion de luy rendre graces à jamais, mefmement de ce qu'en
un moment d'heure, il a par fa feulle puiffance reconcilié les Magiftrats &
Bourgeois de lad. Ville abfents pendant les prefents troubles, avec ceux qui
y eftoient demeurés, comme fy la guerre civille ne les euft divifé. C'eft fous
cette confideration que les fufnommés Officiers ayants pouvoir de tout le
corps & Communauté, ont prié les Srs. Venerables, tant au nom de leur col-
legues qu'Habitants d'icelle, d'accepter la fondation que par pieté & devotion
les Habitants ont advifé une Proceffion perpetuelle à chacun dernier jour du
mois de May, accompagnée de Prieres, fuffrages & ceremonies conformes
à leur vœu, affin que continuant à honorer Dieu, il continue à nous bien faire.
Ce que lefd. Venerables, par led. Sr. Doien ont loué & approuvé avec autant
de zelle & affeƈtion que lefd. Habitants ont peu defirer. Et par ce moyen &c.

Extrait d'un des Régiftres de l'Hôtel de Ville d'Avalon, intitulé,
livre rouge; & cotté fept. fol. VI^xx. VIII. & VI^xx. IX.

Contrat de mariage d'Anne de Clugny, *avec* Jacques de Loron.

L'*An mil fix cent le vint huit*. *jour du mois de Juillet* à Avalon pardt. le Noté. 28 Juillet 1600.
Royal foubfigné furent pñs. en leurs pfõnnes. les Ptîes cy aprés efcriptes V. ci-d. p. 52.
c'eft affavoir noble Sieur *Jacques de Loron* Efcuyer Sgr. de Domecy-fur-Chores
y demeurant, fils de noble Sieur *Lazare de Loron* deffunt auffy Efcuyer Seigneur dud. Domecy & de Damoifelle *Claude de Certaines* fes pere & mere,
led. Sr. Jacques de Loron emancipé & ufant de fes droits pr. luy d'une part
affifté neantmoins de noble Sr. *Jean de Carrault* Efcuyer Seigneur de Marcilly-
fur-Yonne fon beau pere mary de lad. Damlle. Claude de Certaines à laquelle
Damoifelle de Certaines led. Sr. de Marcilly fon mary a promis fé. toutes &
quantes fois qu'il en fera requis de ratiffier en tánt ql. eft de befoing & faire
trouver bon & agreable & auƈthorifer led. Sr. Jacques de Loron fur le faiƈt du
mariage contenu en ce contraƈt feulemt. & pour ce dés à prefent il a donné
& donne auƈthorité à icelle Damoifelle fa femme abfente fans eftre tenus pour
ce à aulcunes claufes dud. contraƈt, finon de l'auƈthorité dud. mariage. Noble
Me. *Georges de Clugny* Seigneur d'Eftaulles Doƈteur és Droiƈts Juge pour Sa
Majefté en la Pvõfté. & demeurant en ce lieu d'Avalon, Damoifelle *Jeanne*

Martenot fa femme & Damoiſelle *Anne de Clugny* leur fille pour eux d'aultre pt.
leſd. Dam^lles *Jeanne Martenot* & *Anne de Clugny* leur fille aucthoriſée deuement
dud. Sr. *de Clugny* quant à fé. & paſſer ce que s'enſuit. Leſquelles Parties font
aſſavoir à tous ql. appartiendra qu'ils ont faict & font entre elles les traictés
accorts convence. de mariage obligaõns. & aũes. choſes qui s'enſuivent. De
l'advis vouloir & cſentemt. de pluſieurs notables Seigneurs & aũes. perſonnes
de qualité leurs parents & amys cy bas nommés pour ce fé. aſſemblés. Que led.
Sr. *Jacques de Loron* & lad. Damoiſelle *Anne de Clugny* ont p̃mis. & p̃mettent
ſe prendre & avoir l'un l'aũe. par foy & loyauté de mariage ſelon Dieu & ſa
ſaincte Egliſe Catholique Apoſtolique & Romaine. . . . . . .
Fait aprés midy en la maiſon dud. Sr. *de Clugny* preſents hault & puiſſant Seigneur *Olivier de Chaſtelux* Chevalier Seigneur dud. lieu Vicomte d'Avalon,
noble Seigneur *Dieudonné de Carubles* Eſcuyer Seigneur de Chaſſy Carubles
oncle, noble Sieur *Phrt. d'Argoulois*, noble Seigneur François *de Caramaignes*
Seigneur de Thory, noble Sieur *Lazare de Loron* Sr. de la Provenche frere
dud. Sieur futur eſpoux, noble Sieur *Edme de Loron Eſcuyer* fils du Sr. Baron
de Limenton, noble Me. *George Filsjean* Sieur de la Chaume & d'Iſlan-le-Saul-
ſoy Coner. du Roy Lieutt. au Baïlle. dud. Avalon, noble homme & ſaige Me.
Pierre de Clugny frere de lad. future eſpouſe, qui ont ſigné en la minutte.
Coppie pour led. Sr. de Clugny pere. Signé Gaffey avec paraphe.

Traité paſſé dans la maiſon de Mr. de Clugny à Avalon, par la médiation de Guillaume de Clugny Seigneur de Conforgien.

16 Septembre 1602 & 29 Sept. 1608.

V. ci-d. p. 45, 52, 53, 73.

L'An mil ſix cent deux le dixieſme jour de Septembre en la preſence du Notaire Royal ſouſſigné demeurant à Avalon & des teſmoins cy aprés nommés
conſtitués en leurs perſonnes, Meſſire *Benigne Fremyot* Chevalier Coner. du
Roy en ſes Conſeils d'Eſtat & Privé & ſecond Preſident en la Cour de Parlement de Dijon, tant en ſon nom que comme ayant droit de *Guy de Tornes*
Eſcuyer & ſe faiſant fort pour led. Sr. de Tornes promettant luy faire ratifier
le contenu des preſentes dans deux mois à peine de tous depens dommages &
intereſts pour luy eſd. noms d'une part, & *François de Loron* Eſcuyer Baron
de Limanton Changy Forcarville Moncelat en Beauce, heritier univerſel de
deffunt *Dieudonné de Tornes* quant aux propres maternels dud. Sr. Dieudonné
ſon nepveux & tel declaré par Sentence de la Pairie de Nivernois dattée du
11 Mars 1591 pour luy d'autre part leſquels pour pacifier les differents proches à mouvoir entre eux au fait & pour raiſon des biens dud. Dieudonné de
Tornes. . . . . . . De l'advis de noble Seigneur *Guillaume de Clugny*
Chevalier Baron de Conforgien. . . . . ont tranſigé & accordé deſd. procés
comme s'enſuit. . . . . moienant le prix & ſomme de quatre cent cinquante eſcus que led. Sieur Preſident Fremyot a promis & ſera tenu payer aud.
Sr. de Limanton preſent & acceptant en la maiſon de *Monſieur de Clugny* (a)
en ce lieu d'Avalon dans le 1 jour de Mars prochain. . . . . & pour
l'execution du preſent contract les Parties ont reſpectivement eleus domicile
au logis dud. Sr. *de Clugny*. . . . Fait & paſſé és preſences, d'honorable
homme Me. Lazare Millot l'aiſné Procureur és Bailliage & Prevoſté d'Avalon
& Jacques Millot Marchand aud. Avalon teſmoins requis les an & jour que
deſſus aprés midy & ont ſouſſigné. Signé ſur la minutte Fremyot. De Loron
Lymanton. *De Clugny Conforgien*. L. Millot. Jacques Millot & Mynard Nore.
Royal. A la ſuite eſt écrit ce qui ſuit.

Et le vint neuf du mois de Septembre mil ſix cent & huit au lieu d'Avalon
à midy pardt. led. Mynard Nore. eſt comparu noble Seigneur *François de Loron*

(a) George de Clugny I. *triſayeul de Mr.* de Clugny.

Baron

Baron de Limanton Changy & autres lieux lequel a confeſſé avoir receu de *Meſſire Benigne Fremyot* Chevalier Con^{er} en ſes Conſeils d'Eſtat & Privé ſecond Preſident au Parlement de Dijon par honorable homme François Belot Marchand à Avalon par vertu de deux reſcriptions. . . . . oblige par la Cour de la Chancellerie &c. Ren. &c. Faict és preſences de noble & ſage M^e. *Pierre de Clugny* (a) Conſeiller du Roy Lieutenant Criminel d'Avalon , & honorable homme & ſage M^e. Sebaſtien Goreau Advocat à Avalon temoins. Signé ſur la minutte De Loron Limanton. Belot. *P. de Clugny.* Goreau & Mynard Notaire.

(a) *Biſayeul de Mr.* de Clugny.

Compulſé par autorité de Juſtice.

Contrat de mariage de Pierre de Clugny *& de* Magdelein Canelle.

A Tous ceux qui ces preſentes Letrres verront Mathieu de Launay Licentié és Loix Advocat au Bailliage & Siege Preſidial de Sens, Procureur du Roy en l'Eſlection Magazin & Grenier à Sel de Tonnerre, Garde du ſcel Royal aux contracts eſtabli en la Ville, Bailliage Comté & Eſlection de Tonnerre, ſçavoir faiſons que pardevant Regnault Leclerc Notaire Tabellion Royal & Garde notte hereditaire eſtabli par Sa Majeſté en lad. Ville Bailliage Comté & Eſlection de Tonnerre furent preſens en leurs perſonnes, noble perſonne M^e. *Pierre de Clugny* Advocat en Parlement fils de noble *Georges de Clugny* Seigneur d'Eſtaules & de Préjouam Juge Prevoſt d'Avalon aſſiſté dud. S^r. *Georges de Clugny* pour luy d'une part & Damoiſelle *Magdeleine Canelle* fille de noble homme *Jacques Canelle* Eſcuyer Seigneur de Bernoul Commiſſaire des Guerres d'autre part, leſquels *Pierre de Clugny* & Damoiſelle *Magdeleine Canelle* authoriſés & aſſiſtés de leurs peres ont promis & promettent avoir & prendre l'un d'eux l'autre par foy & loyaulté de mariage , Dieu & noſtre Mere S^{te.} Eſgliſe Catholique Apoſtolique & Romaine à ce accordants. . . . . au regard dud. S^r. de Bernoul pere de ladicte Dam^{lle}. Canelle a promis bailler & payer à ladicte Dam^{lle}. Magdeleine Canelle tant pour le droict ſucceſſif de deffunte Dam^{lle}. *Anne le Maiſtre* vivant femme dud. S^r. de Bernoul & mere de la Dam^{lle}. Magdeleine que par forme d'advance. . . . . . . Renonceans en ce faiſans à toutes choſes generalement quelconques contraires à ces preſentes lettres au droict diſant generalle renonciation non valoir ſi l'eſpecialle ne precede. En teſmoing de ce nous Garde deſſuſdict au rapport dud. Juré avons ſcellé ces preſentes dud. ſcel Royal qui furent faictes & paſſées à Tonnerre en la maiſon dud. S^r. de Bernoul *l'an mil ſix cent trois le Dimanche vingt neufvieſme de Juin* , és preſence de noble & ſcientifique perſonne M^e. *François Pierron* Conſeiller & Auſmoſnier ordinaire du Roy , Abbé Commendataire de l'Abbaye de Noſtre Dame de Quincy , M^e. & Adminiſtrateur de l'Hoſpital de Tonnerre. *Hercules de Chaſtellux* Seigneur & Baron dud. lieu Vicomte d'Avalon , *François de Caramaignes* Eſcuyer Seigneur de Thory & Lucy, *Georges Filsjean* Lieutenant au Bailliage d'Avalon Seigneur d'Iſlan & la Chaume , *Jacques de Clugny* Eſcuyer fils dud. S^r. *Georges de Clugny* , nobles perſonnes *Henry Canelle* Eſcuyer Sieur de Vaulicheres & Bragelonne, *François Canelle* Eſcuyer fils dud. S^r. de Bernoul, *Jean de Cabaret* Eſcuyer Sieur de la Crolliere , *Robert Guillaume* auſſy Eſcuyer Sieur de Marlangis , *Brice de Cabaret* Eſcuyer S^r. de la Vauſſelles , tous proches parens & amis deſdictes Parties teſmoings qui ont ſigné ſur la minutte. La groſſe en parchemin ſigné Leclerc Not^e. Royal avec paraphe.

14 Juin 1603.
V. ci-d. p. 53.

Elle etoit fille de Pierre le Maistre Greffier en chef de la Chambre des comptes de Paris, frere de Gilles le Maistre premier Président du Paris, et de Marie de Maistre.

Publié à l'Audience du Bailliage d'Avalon.

I i

Contrat de mariage de Jean du Montet *Seigneur de Lufigny*, avec Melcyonne de Clugny.

22 Aout 1604.
V. ci-d. p. 41.

AU nom de Dieu amen. L'an mil fix cens & quatre le vingt deuxî. d'Aouft au Chaftel du Brouillard avant midy ont eftés pfonnellement eftablis , noble *Jehan du Montet* Seigneur de Lufigny & Grandmont pour luy d'une pt. Dame *Françoife de Ferrieres* relicte de Meffire *François de Clugny* vivant Chevalier Seigneur dud. Brouillard , Jourfanfvaux , Maignen , Sainct-Aubin & dependances , Damle. *Melcyonne de Clugny* fa fille & dud. deffunt Sieur du Brouillard dehument auctorifée par lad. Dame fa mere pour elle d'aultre pt. lefquelles Ptîes. des advis & confentement des notables Seigneurs leurs parans & amis cy bas nommés pour tefmoings ont faict & font entre elles les traictés acords cvénances de mariage affociations & aultres chofes cy aprés declairées Affavoir que led. Sieur *du Montet* & lad. Damle. *Melcyonne de Clugny* des auctorités & advis fufd. fe font promis & promettent prendre & avoir l'ung d'eux l'aultre à mary femme & loyaux efpoux felon Dieu & Saincte Eglife.

Faictes pdévant. François Salier Noë. Royal à Saulieu és pñces. de Meffire *Guïlle. de Clugny* Chevalier Seigneur de Confôrg. *Loys de Haramberg* auffy Chevalier Seigr. Baron des Ofches & d'Athée. *David de Clugny* Chevalier Seigr. de Travoify Ranfi Alligny , *Jehan de la Boutiere* Seigr. de Morges Chafley. *Loys du Meix* Seigneur de Chafelles , Montagnerot & Verchify. *Charles du Bled* Seigneur de Cufly-la-Colonne. *Jehan & Maximilien de Clugny* freres de lad. Damle. future efpoufe. *Helye de Gond* Seigr. de la Chaume. *Jacques de Meritin* Seigneur de Lagoy & plufieur aües. tefmoings. Tous lefquels ont figné le prefent traicté avec lefd. Ptîes. eträhantes avec moy led. Note. Signé Salier avec paraphe.

Groffe originale en parchemin entre les mains de Mr. de Clugny.

Teftament de Dame Marguerite d'Amboife *Dame de Chaftellux*.

11 Nov. 1605.
V. ci-d. p. 51.

AU nom de la Trés Sáinte en individue Trinité du Pere du Fils & du Saint Efprit amen. *Le unziefme jour du mois de Novembre mil fix cent cinq* avant midy , comparut perfonellement haulte & puiffante Dame Madame *Marguerite d'Amboife* efpoufe de hault & puiffant Seigneur Meffire *Olivier* Baron & Seigneur de Chaftellux Vicomte d'Avalon Chevalier de l'Ordre du Roy Gentilhomme ordinaire de fa Chambre , laquelle ayant fupplié & requis led. Seigneur fon efpous cy prefent luy bailler l'authorité requife pour faire le teftament & ordonnance de fa derniere volonté qu'il luy a librement & volontairement ottroyée & accordée & à ce moyen lad. Dame faine d'efprit & entendement , bien que fon corps foit affligé de maladie a recogneu que la mort eftant certaine & indifferente à tous hommes & creatures l'heure d'icelle , neaulmoins incertaine elle veult & defire fous l'authorité dud. Seigneur fon efpoux difpofer par teftament de fa derniere volonté en la forme & maniere que s'enfuit. Premierement elle recommande fon ame à Dieu qu'elle fupplie d'ung faint zele & devotion la recevoir en fon Saint Paradis. . . . . . . Declare fon defir & intention eftre que fon corps aprés la feparation de l'ame foit conduit en l'Abbaye des Nonnains de Noftre Dame de Grifenon Diocefe d'Auxerre & inhumé en telle place qu'il fera advife remettant la ceremonie des funerailles & du Divin Service pour le falut à la difcretion & volonté dud. Seigneur de Chaftellux affurée qu'elle eft qu'il s'en acquittera dignement felon la qualité d'elle , auquel Seigneur fon epoux , à Monfieur & à Madame la Marquife de Nefle fon nepveu & fa niepce elle recommande affectueufe-

ment tous & chacungs ſes enffans. Pour avoir le ſoing, les inſtruire & former à la
crainte de Dieu & à la vertu affin qu'ils ne degenerent de leurs predeceſſeurs paternels & maternels, particulierement elle ſupplie de tout ſon cœur leſd. Seigneur
& Dame ſes nepveu & niepce, & pour la derniere priere, de faire par leur faveur
qu'une de ſes filles vouée & dediée au veu de Religion, ſoit receue & ayt place
en l'Abbaye d'Origny dont Madame *Catherine de Montluc* ſa niepce & leur
ſœur eſt Abbeſſe. Et pour la diſpoſition de ſes biens temporels & mondains,
elle veult & entend que led. Seigneur de Chaſtellux ſondit eſpoux en jouiſſe
de tous tant meubles qu'immeubles. . . . . . . Et pour ſes heritiers legitimes à luy ſucceder nomme *Hercules, Cæſar, Alexandre, Jehan, Achilles*
& Auguſte de Chaſtellux ſes enffans naturels & legitimes nais du mariage d'elle
avec led. Seigneur de Chaſtellux qu'elle veult luy ſucceder, ſçavoir led. Hercules leur fils aiſné au tiers de tous ſes biens. . . . . . aud. Alexandre l'autre
tiers. . . . . . aud. Cæſar Chevalier cent livres de penſion annuelle juſques
à ce qu'il ſoit pourveu de Commande, & auſdits Achilles & Auguſte l'aultre
tiers deſd. biens. . . . . . Tous leſd. heritiers chargés chaſcung à proportion
de ce qu'elle les inſtitue de la penſion dud. Chevalier leur frere. . . . . . .
Et pour le regard dud. Cæſar, Jehan, Madame *Diane* eſpouſe du Sr. *Baron*
de Rouſſillon (a) *Angelicque, Helayne, Mynerve, Lucreſſe, Caſſandre, Marie-*
Magdne. de Chaſtellux ſes aultres enffans legitimement procreés dud. mariage elle
veult auſſy & ſon intention eſt que led. Chevalier ſe contente à ladite penſion,
attendu les frais qu'il a convenu faire pour ſa promotion à ladite Chevalerie,
& que led. Jehan voué & dedié à l'Egliſe ſe contente de tel Benefice qui luy
ſera donné par Monſieur ſon pere ou aultre, & à faulte de ſe contanter à
icelluy qu'il retourne à la ſucceſſion de ladite Dame ſur le tiers de ſes biens
immeubles qu'elle a donné cy deſſus auſdits Achilles & Auguſte. Leſdites Diane
& Angelicque, ayans cy devant renoncé aux ſucceſſions paternelle & mater-
nelle ſous le dot conſtitué à icelle Diane, auquel dot lad. Dame entend auſſy
ſes biens eſtre obligés & affectés pour ſa part, comme de faict elle eſt, par
le contract de mariage de lad. Diane avec led. Seigneur Baron de Rouſſillon.
Et lad. Angelicque par le vœu & promotion de l'Abbaye de Noſtre Dame de
Griſenon dont elle eſt pourveue & jouiſſante. Et à l'eſgard deſd. Helaine, Mynerve, Lucreſſe, Caſſandre & Marie-Magdne. ſon intention eſt qu'elles demeurent au vœu de Profeſſion de Religion auquel elles ont eſté vouées par ledit
Seigneur ſon eſpoux & elle ſans eſtre reffractaires de leur volonté & intention, à
la charge de leur donner par tous ſes heritiers cy deſſus nommés à meſme proportion que dit eſt penſion à chacune telle qu'il ſera adviſé par led. Seigneur
leur pere. Et au cas qu'elles ne vouldroyent ſuivre led. vœu & Profeſſion de
Religion, ains troubler & inquieter leurſdits freres ſuſnommés, il ſera par eulx
donné & à meſme proportion qu'ils heritent à chaſcune d'elle ce qui leur pourra
competer & appartenir pour leur ſimple legitime ſelon & conformeiment à la
Coſtume de ce Pays & Duché de Bourgougne. . . . . D'autant que par
diſpoſition de tous droits & coſtumes la tutelle des enffans moindres eſt plus
naturellement & legitimement deue aux peres qui ſurvivent leurs eſpouſes que
aulx aultres pour l'affection naturelle & paternelle qu'ils doibvent avoir & porter à leurs enffans : Elle ſupplie trés humblement led. Seigneur de Chaſtellux
ſon cher mary & amy d'accepter la charge tutellaire de ſeſdicts enffans, s'aſſu-
rant qu'il ne manquera de l'office d'un bon pere pour avoir ſoing de leurs
mœurs de leurs perſonnes & adminiſtration de leurs biens, ce que led. Seigneur a accepté dés à preſent & promis de ſatisfaire à ſadite volonté, *& pour*
Curateurs elle a auſſy nommé ledit *Seigneur de Rouſſillon* ſon gendre & *noble*
George de Clugny Seigneur de Prejouam & Eſtaules Conſeiller du Roy & Juge
pour Sa Majeſté en la Prevoſté d'Avalon, *leſquels elle prie affectueuſement*
avoir le ſoing & prendre garde ſur leſd. enffans, auſquels elle commande d'ha-
bondant de leur pourter honneur & obeiſſance. . . . . Faict & paſſé

(a) Guy de
Chaulgy.

aud. Avalon au logis dud. Seigneur de Chaftellux, prefens Reverend Pere en Dieu Meffire Claude de Denefvre Pbré. Abbé Commendataire de l'Abbaye de Reigny, honñe. homme Maiftre Jean Morot Procureur au Bailliage dud. lieu, Me. Lazare Ramonet Chirurgien, Me. Guillaume Curé Appoticquaire tefmoings requis. Ainfy figné de Chaftellux. D'Amboife. *De Clugny*. De Denefvre. Morot. Ramonnet. Curé & Borot Notaire Royal. La groffe fignée Borot avec paraphe, delivrée aud. Sr. *Georges de Clugny*.

Délivrance par decret des biens de Michel de Clugny ayeul de Mr. de Theniffey.

1 Avril 1608.
V. ci-d. p. 65,
161.

(a) *Bifayeul de Mr. de Theniffey.*

(b) *Montachon n'eft pas éloigné d'Avalon, qui eft le centre de tout le commerce du Morvand.*

Eft-il à préfumer que le Sr. de Montachon ignorât que les premiers Magiftrats portoient même nom & mêmes armes que lui, & que leur poffeffion fut clandeftine, comme Mr. de Theniffey le foutient en cent endroits de fes écritures?

(c) *Charles de Clugny d'Aify, étoit l'ayeul de Meffieurs de Grignon & de Darcey que Mr. de Theniffey avoit apellé à fon fecours.*

EXtrait tiré du procés verbal de delivrance par decret faite le *premier d'Avril mil fix cent huit* par Monfieur Saumaife Confeiller au Parlement de Bourgogne Commiffaire à ce deputé à Meffire *Joachim Damas* Sieur du Rouffet de la Terre & Seigneurie de *Montachon* membres & dependances Cotaprey, Molfey, Romannay & l'Hafte de Joigny & la metairie de Bordeaux ayant appartenu à feu *Michel de Clugny* (a) Sr. dud. Montachon & Damoifelle *Gabrielle de Colombier* fa femme & de l'ordre de diftribution faite aux Creanciers oppofans de la fomme de 21500 ℔. prix de la delivrance, led. extrait tiré comme s'enfuit.

Avenu led. jour cinquiefme Mars heure de midy en noftre hoftel comparurent les Parties cy devant nommées; & ayant led. Larmier en premier lieu requis acte de la reprefentation par luy faite, *du proclamat fait en publié en la Ville d'Avalon* (b) lequel auroit été obmis de reprefenter en l'acte dernier.

Contrat de mariage du 6 Decembre 1572 par lequel auroit efté conftitué en dot à lad. *de Colombier* la fomme de 10000 ℔. laquelle luy devoit fortir nature d'anciens pour en eftre acquis heritages à fon profit ou affignés fur bons & fuffifans heritages. La Cour ayant égard à ladite ceffion & faifie en ce qui concerne les arrerages & interets feulement des fommes de dix mil livres d'un coté & cinq mil livres d'autre pour la conftitution du dot de ladite Demoifelle *de Colombier* & fupplement d'icelle, a ordonné que led. Meffire *Benigne Fremiot* fera payé des interets & arrerages de lad. fomme de dix mil livres à raifon du denier vingt du 6 Decembre 1572 jour de fon contrat de mariage.

A nobles *Barthelemy & Charles de Clugny* (c) Seigneurs d'Aify & des Laumes colloqués du onziefme du mois de Novembre mil cinq cent foixante & treize de 1083 ℔. 6 f. 8 d. par vertu de la tranfaction dud. jour.

En marge de l'article eft écrit ce qui fuit. J'ay receu la fomme de mil quatre vingt trois livres fix fols huit deniers par les mains dud. Sr. du Rouffer & de fon appretiation fait le premier Avril mil fix cent huit. Signé *de Clugny Aify*. Signé Guyton avec paraphe. Collationé figné Boiffet.

Les uns & les autres prétendent que la Chevalerie a coulé dans leurs veines avec le fang de leurs ayeux, cependant en Juftice on ne leur donne que le fimple titre de Noble. Et dans tout le cours de la procédure décretale, l'ayeul de Mr. de Theniffey eft qualifié fimplement, Michel de Clugny Sr. de Montachon. V. ci-d. p. 166.

Jacques de Clugny *de Préjouam, Deputé aux Etats Généraux de 1614.*

1614.
V. ci-d. p. 59.

REcueil des Eftats tenus en France fous les Rois Charles VI. &c. Paris au Palais 1651.

P. 223, noms & furnoms de Meffieurs les Deputés des trois Ordres des Eftats Generaux tenus & affemblés en la Ville de Paris en l'année 1614. Bailliage d'Auxois.

P. 225, Noble homme *Jacques de Clugny* Seigneur de Préjouam Confeiller du Roy Juge Prevoft d'Avalon.

Teſtament de Georges de Clugny I.

A U nom de Dieu qui a fait le Ciel & la Terre. Ainſy ſoit il.
  Soit notoire à tous, que nous *Georges de Clugny* & Damoiſelle *Jehanne Martenot* ma femme, enfants de furent, noble *Pierre de Clugny* vivant Docteur és Droits, mary de Damoiſelle *Deniſe Filsjehan*, & de *Remy Martenot* auſſy Docteur és Droits mary de Damoiſelle *Margueritte Symon*, confeſſons & reconnoiſſons devant Dieu que nous ſommes pécheurs nés en iniquité, que tranſgreſſons tous les jours ſes ſaints Commandements dont nous avons deſplaiſir. . . . . Nous *leſd. de Clugny & lad. Martenot, Seigneur & Dame d'Eſtaules & de Préjouam*, lad. Martenot de moy dehument auctoriſée de moy led. *de Clugny* ſon mari, avons enſemblement de meſme devotion ſur meſme carte & table diſpoſé ſur ce noſtred. teſtament & derniere volonté à la forme & maniere que s'enſuit. Pour cette occaſion aprés avoir invoqué & prié Dieu de favoriſer par ſon S^t. Eſprit nos veues & ſainctes intentions. . . . Pour ce qui eſt de nos corps, nous deſirons ſous le bon vouloir & plaiſir de Dieu qu'ils ſoient inhumés & enſepulturés au ſepulchre qui eſt en *la Chapelle des de Clugny* deans l'Egliſe S^t. Pierre Paroiſſe d'Avalon (*a*) avec les ceremonies de l'Egliſe Catholique. . . . . Quand aux biens & affaires du monde, nos enfans qui ſont les plus prétieux & bien aimés, nous les nommons nos vrais & legitimes heritiers pour nous ſucceder en tous nos biens. Sçavoir, Damoiſelle *Anne de Clugny* relicte de feu *Jacques de Loron* Seigneur de Dommecy ſur Chores, noble *Pierre de Clugny* Con^{er}. du Roy Lieutenant Criminel au Bailliage d'Avalon, & noble *Jacques de Clugny* Con^{er}. du Roy Juge Civil & Criminel pour Sa Majeſté en la Ville d'Avalon Seigneur pour la moitié de Sauvigny-le-Bois, deſquels biens nous voulons, que la *Terre & Seigneurie d'Eſtaules*, *Sauvigny-le-Bois*, telle que nous l'avons, & encores la *Seigneurie de Préjouam*, leſd. biens mouvants du Fief du Roy à cauſe de ſon Duché de Bourg^{ne}. ſoient & demeurent en toute proprieté & poſſeſſion aprés la vie expirée de nous leſd. teſtateurs auxd. *Pierre & Jacques de Clugny* nos enfans maſles, pour les conſerver au nom & à la Famille autant que Dieu le permettra, leſquelles Seigneuries en Juſtice haute moienne & baſſe. . . . . . .

partage des biens ſuivant la dipoſition qui y eſt contenuë, pardevant Thomas Notaire à Avalon le 19 Mars 1624. La maiſon qui a toujours été occupée par les prédéceſſeurs de Mr. de Clugny *eſt compriſe dans ce contrat de partage en ces termes* : la maiſon d'Avalon ſciſe en la rue du Marché, cour, écurie, aiſances & apartenances.

 C'eſt la même maiſon que Mr. de Clugny *a venduë au pere de Mr. Moriſot Lieutenant Particulier d'Avalon, pardevant Delacour Notaire au Préſidial de S^t. Pierre le Moutier le 12 Septembre 1695, qui eſt ainſi confinée dans le contrat* : Une maiſon ſciſe aud. Avalon en la rue du Marché en quoi qu'elle puiſſe conſiſter, en chambres baſſes, chambres hautes, caves, greniers, cours, écuries, aiſances & apartenances, ten^t. d'un long à Etienne Jacob Marchand, d'autre à Jacques Gautherot, par devant à lad. rue, par derriere au S^r. Avocat Normant. *Il eſt énoncé dans le contrat que Mr.* de Clugny *a remis à l'acquereur des actes qui juſtifient que ſes prédéceſſeurs poſſedoient cette maiſon avant l'an* 1498.

 Mr. de Theniſſey *a avancé que les prédéceſſeurs de Mr.* de Clugny *avoient poſſédé la maiſon près de la tour de l'horloge; dont il eſt parlé dans ſa prétenduë tranſaction de 1455, ſans en aporter la plus legere preuve. V. ci-d. p. 92, ce qui ſeul ſuffiroit pour établir la fauſſeté de ſon allegué. Voici une preuve d'un fait contraire, à laquelle même on n'étoit pas tenu.*

 Mr. de Clugny *a poſé en fait que* Guillaume de Clugny I. *Citoien d'Autun qui vivoit dans le 14e. ſiécle, a poſſédé une maiſon ſituée au Fort de Marchaut d'Autun, qu'il l'a tranſmiſe à ſes deſcendans, dans la Branche qui a produit le* Cardinal de Clugny & *l'Evêque de Poitiers ſon frere qui l'a poſſédée pendant 8 générations; il en a fourni la preuve de degré en degré. V. ci-d. p. 5, 9, 11, 21, 23, 30, 141, 142, 200, 201, 204, 207.*

 Mr. de Theniſſey *avance tout ce qui lui vient dans l'eſprit & s'imagine qu'on doit l'en croire ſur ſa parole.* Mr. de Clugny *n'avance rien, dont il n'ait la preuve en main.*

27 Fev. &
14 Mars 1620.
V. ci-d. p. 52, 80, 84.

(a) *Preuve de la poſſeſſion de la Chapelle d'Avalon, que* Mr. de Theniſſey *a voulu s'attribuer, en opoſant pour toute preuve, qu'il a oüi dire qu'elle étoit à lui.* V. ci-d. p. 84.

En exécution de ce teſtament, les trois enfans des teſtateurs firent le . . .

Ordonnons que lad. Damoiselle *Anne de Clugny* nôtre fille aura ce qui nous appartient au *Fief Goutier* scis au Territoire de Menades mouvant de la Baronnie de Pierre Pertuis divisé, de present possedé par les heritiers de feu Monsieur de la Chaulme nostre cousin. . . . . Voulons que nos autres biens soient partagés & divisés entre nosd. heritiers nommés. . . . . Aprés que led. S^r. *de Clugny* pere a luy mesme leu & releu le present testament & lad. Damoiselle *Martenot* sa femme de luy auctorisée comme dessus, ont franchement & librement dit & declaré que le tout est selon leur intention, & à l'observance & entretenement ont obligé & obligent tous leurs biens presents & advenir par la Cour de la Chancellerye du Duché de Bourgogne, fait aud. Avalon *en l'hostel desd. S^r. de Clugny & Martenot le vingt septiesme jour de Febvrier mil six cent vingt* aprés midy, és presences de Maistres Claude Michel Docteur en Medecine, David Bierry Appotichaire & Gabriel Morel Chirurgien, qui ont veu led. S^r. lire & relire le pnt. testament à cause de la surdité d'iceluy, lad. Damoiselle Martenot presente & l'ayant semblablement ouy; faict devant moy Jean Borot Notaire Royal Gardenotte hereditaire Juré aux contraux de lad. Chancellerye resident aud. Avalon, la minutte est signée *de Clugny. Martenot*, Michel Docteur Medecin. Bierry. Morel & Borot Juré avant dict.

Publié à l'Audience du Bailliage d'Avalon *le quatorziesme Mars mil six cent vingt* & regiftré au feuillet 11e. XLII. Signé Mynard avec paraphe.

Contrat auquel Maximilien de Clugny *du Brouillard* a assisté *comme témoin.*

13 Janv. 1621.
V. ci-d. p. 73.

A Tous ceux qui ces presentes Lettres verront, Estienne Gascoing Seigneur de Bertung Conseiller pour le Roy nostre Sire au Bailliage & Siege Presidial de St. Pierre-le-Moustier, Garde du scel estably aux contraux & Sentences rendues aud. Bailliage salut. Sçavoir faisons que pardevant Jean Houdaille Notaire-Royal Juré & institué à l'Office dud. scel, auquel quant à ce nous avons donné nostre pouvoir. *L'an mil six cent vingt un le jour treiziesme de Janvier* environ midy au Chastel & maison forte de Dommecy sur Chores Paroisse dud. Dommecy comparut personellement Damoiselle *Anne de Clugny* relicte de feu noble *Jacques de Loron* quand vivoit Escuyer Seigneur dud. Dommecy, laquelle tant en son nom que comme mere & tutrice ayant la garde noble de Damoiselles *Claude & Anne de Loron* ses enfants, volontairement sans force ny contrainte publiquement & en droit a vendu cedé quitté & perpetuellement transporté vend, cede, quitte & perpetuellement transporte, promet garantir envers & contre tous de tous troubles & empeschements quelconques à peine de couts depens dommages & interests à honorable homme Jean Soulier Marchand demeurant au Village de Vopitre Paroisse de St. Germain des Champs en Bourgogne present & acceptant acquerant pour luy ses hoirs & ceux qui d'eux auront cause au temps avenir les heritages qui s'ensuivent, c'est à sçavoir une maison consistant. . . . . . Tous lesquels heritages sont situés & assis au finage de Marraut & appartenants à lad. Damoiselle *de Clugny* comme heritiere de feu noble *George de Clugny* son pere & par partage fait entre elle & nobles *Pierre & Jacques de Clugny* ses freres de l'autorité de Damoiselle *Jeanne Martenot* leur mere. . . . En temoin de quoy nous Garde du scel cy dessus dit au rapport dud. Juré avons fait sceller ces presentes, qui furent faittes & passées les an, jour & lieu que dessus és presences de noble *Maximilien de Clugny* Seigneur Baron du Brouillard, y demeurant Paroisse de Vy-sous-Ty en Bourgogne & Religieuse personne Frere Thomas Dupont Sacristain de l'Abbaye de St. Martin de Chores y demeurant, de Lazare Amy manœuvre demeurant à Precy-le-Mol Paroisse de Pierre-Pertuis & de Mathurin Meusnier M^e. Cou-

vreur demeurant aud. Chores, lefquels Meufnier & Amy ont declaré ne fçavoir figner enquis par moy Juré fouffigné. Et ont lefd. Damoifelle *de Clugny*,
Jean Soulier , led. S^r. *de Clugny* & F. Thomas Dupont figné la minute originale des prefentes avec moy No^{re}· Royal foufné. qui a declaré aud. acquereur
le prefent contract devoir eftre fcellé au Bureau pour ce eftabli au lieu de
Tannay en Nivernois Hotel de M^e. François Cliquet à peine de nullité. Signé
Houdaille & fcellé. Et à cofté. Extrait aud. Soulier ce requerant·

Verifié par procés verbal du Greffier des Requeftes du Pais du 2 3 Avril 1 6 2 3·

Extrait des Regiftres des De'libe'rations du Parlement de Dijon.

28 Juin 1621.

DU Lundi *vingt huit. dud. mois de Juin mil fix cent vint un* du matin.
Monfr. le Procureur General du Roy entré a prefenté les declarations
faittes par ceux de la Religion pretendue reformée de la Ville de St. Jean de
Lône enfuite des Lettres Patentes de S. M. du vint fepte. May dernier publiées
en ce Parlement le quatorziéme du prefent mois de Juin & aiant mis icelles
fur le Bureau; a dit que le jour d'hier le Sr. *de Refuge* Seigneur *de Conforgien* (*a*) faifant profeffion de lad. Religion pretendue reformée , demeurant
d'ordinaire proche la Ville de Blois, donna une declaration à luy & à M. de
Xaintonges Avocat du Roy écritte & fignée de fa main conforme auxd. Lettres ,
qu'il les fupplia de recevoir & lui en faire donner acte pour temoigner fon
obeiffance ; laquelle déclaration led. S^r. Procureur General a auffi mis fur le
Bureau , afin de pourvoir fur led. acte , & s'eft retiré.

Lefd. declarations vûës en cette Chambre , & en la Tournelle, où elles ont
été portées par M. Tifferand Sindic; a été dit que celle defd. de St. Jean de
Lone fera renduë aud. S^r. Procureur General.

Et pour celle dud. S^r. *de Refuge* , quelle fera retenuë au Greffe , & lui en
fera donné acte par le Greffier pour lui fervir de defcharge.

(a) Il étoit Sei-
gneur de Confor-
gien du chef de
Marie de Clugny
fa femme, heritie-
re univerfelle de
Guillaume de Clu-
gny IX. fon pere
Seigneur de Con-
forgien le dernier
mâle de fa Bran-
che. V. ci-d. p. 4 5·

Tranfaction entre Pierre de Clugny Lieutenant Criminel , puis Lieutenant Civil d'Avalon , & Meffieurs de Nuis fes neveux.

17 Fev. 1622.
V. ci-d. p. 5 3·

PArdevant Antoine Petitjehan Notaire & Tabellion Juré au Bailliage & Comté de Tonnerre foubfigné furent prefens en leurs perfonnes *Edme de Chenu*
Efcuyer Sieur de Nuis, tant en fon nom qu'en qualité de *tuteur de fes freres
& fœurs mineurs des deffunt Sieur & Dame de Nuis* fes pere & mere pour
luy d'une part Me· *Pierre de Clugny* Efcuyer Confeiller du Roy & Lieutenant
Criminel au Bailliage & Siege d'Avalon pour luy d'aultre part. Lefquelles Parties ont accordé & tranfigé entre elles des differends cy aprés declarés ainfy
que s'enfuit. Sçavoir que pour demeurer quicte par le Sieur *de Clugny* envers
led. S^r. *de Nuis* & fes mineurs du principal & arrerages de moitié d'une rente
de cinquante huit livres fix fols huit deniers par an racheptable de fept cent
livres qui eftoit dehue au deffunt Sieur *de Nuis* & à fa femme par la fuc-
ceffion de deffunt le Sr. *de Bernoul* à icelle prendre fur Jofias de Frerart Sieur
de Beauvilliers dem^t. à Dié, & de quinze années de moitié des arrerages de
lad. rente dont led. Sr. n'avoit peu eftre payé, led. *Sieur de Clugny* s'eft trouvé
debteur pour fa cinquiefme part & portion. · · · Car ainfy a efté accordé
entre les Parties fi comme p^r. obl. reñ. ce fut fait & paffé aud. Tonnerre en la
maifon d'honorable homme Milles Gerard Advocat au Bailliage de Tonnerre ,
l'an mil fix cent vingt deux le dixfeptiefme jour de Februrier après midy és
prefences de noble homme *Henry Canelle* Seigneur de Bragelognes en partie

& dud. S^r. Girard Advocat demourant aud. Tonnerre tefmoings. Et ont lefd.
Parties & tefmoings figné fur la notte originalle des prefentes avec ledict No-
taire foubffigné qui eft demourée és liaffes dud. Note. l'expedition fignée A.
Petitjehan Note. avec paraphe.

Contrat de mariage de Georges de Clugny & Magdeleine Lefoul.

4 Juin 1630.
V. ci-d. p. 53.

AU nom de Noftre Seigneur amen. Symon Martenot Receveur des deniers
Royaux au Bailliage d'Avalon, Tabellion en chef hereditaire & Garde du
fcel Royal eftably aux contracts dudict Bailliage falut. Sçavoir faifons que l'an
mil fix cent trante le quatriefme jour du mois de Juing à Avalon aprés midy pardevant Jean Thomas Notaire Royal hereditaire & Gardenotte au Bailliage d'Auxois demeurant audict Avalon foubffigné comparurent en leurs perfonnes noble
Georges de Clugny Confeiller du Roy Lieutenant au Bailliage dud. Avalon fils de
feu noble *Pierre de Clugny* vivant auffy Confeiller du Roy & Lieutenant aud.
Bailliage, & Damoifelle *Magdeleine Canelle* fes pere & mere de l'aucthorité en
tant que befoing feroit de ladicte Dam^{lle}. fa mere d'une part, Damoifelle *Magdeleine Lefoul* relicte de noble François Fevret (a) vivant Advocat en Parlement, demeurante à Avalon d'aultre part, lefquelles Parties de l'advis & confentement de plufieurs notables perfonnes leurs plus proches parans à ceft effet
affemblés, ont fait & font entre elles les traictés accords affociations promeffes
convenances de mariage & autres chofes qui s'enfuivent. . . . . . . Car
ainfy a efté accordé entre lefdictes Parties promettant icelles avoir pour agreable
le contenu au prefent contract fans aller au contraire à l'effect & enrretenement
duquel elles ont obligé tous leurs biens par la Cour de la Chancellerie du Duché
de Bourgougne, renonçans à toutes chofes à ces prefentes contraires en tefmoing
dequoy le fcel a efté mis à cefdictes prefentes faictes & paffées en la maifon de
ladicte Damoifelle Fevret és prefences de noble *Jacques de Clugny* Efcuyer Seigneur de Préjouam Eftaulle le bas Eftaulle le hault oncle dud. Sr. futur demeurant audict Eftaulle le bas. *François Canelle* Efcuyer Sieur de Bernoul demeurant à Tonnerre. Hault & puiffant Seigneur *Meffire Helye de Jaucourt Baron* de
Plancy & Dommecy demeurant audict Dommecy, noble & faige Maiftre *Pierre
Filjean* Advocat, noble *François Filsjean* Sieur de Prédefond Lieutenant Criminel audict Bailliage, venerable & difcrette perfonne Me. *Pierre Filsjean* Pbrĕ.
Doyen & Chanoine de l'Eglife de Sr. Lazare d'Avalon, venerable & difcrette
perfonne *Maiftre Georges Filsjean* auffy Pbrĕ. & Chanoine de ladicte Efglife,
Jean-Baptifte de Blanchefort Efcuyer Sr. de Villechagues, qui fe font avec les
Parties foubfignés en la minutte avec ledict Note. Signé fur la groffe en par-
chemin, Thomas avec paraphe.

(a) *Il étoit fils
de* Jacques Fevret
*Confeiller au Par-
lement.*

Lettre de S. A. S. Mgr. le Prince de Condé.

30 Mars 1639.
V. ci-d. p. 53,
80.

MOnfieur de Clugny, ayant efté adverty des defordres qu'a fait la Compagnie de Carabins qui a voulu loger à Annay-la-Cofte, je vous fais la pñte.
pour vous dire qu'auffi toft que vous l'aurés receue vous en informiés & dreffiés
vos procés verbaulx pour y eftre pourveu ainfi qu'il fera de raifon, c'eft à
quoy vous ne manquerés de travailler foigneufem^t. Je fuis,
Monfieur de Clugny,

A Nefle ce 30 Mars 1639.

Vrĕ. affectioné amy
Henry de Bourbon.

Adreffe : à Monfieur, *Monfieur de Clugny* Lieutenant Civil, à Avalon.

Preuve de la Branche d'Esfourgs.

5 Novembre
1640.
V. ci-d. p. 10,
40, 46.

Pardevant nous Anthoine Bernard Advocat en Parlement Juge ordinaire en la Justice d'Esfourgs, Tavelle & Guise, cejourd'huy *cinquiesme du mois de Novembre mil six cent quarante* à l'issue de la tenue des jours expediés aud. Esfourgs, s'est presenté Me. de Francelle Procureur d'Office en lad. Justice, pour Messire *Touffaint de Clugny* Seigneur defd. lieux, lequel nous a remonstré & exposé que par contract de l'an mil cinq cent neuf treiziesme de Novembre, *Paul de Clugny* Escuyer Sieur de Menesserre & Damoiselle *Barbe de Semeur* sa femme auroient allené & vendu à *Claude de Clugny* Escuyer Sieur d'Esfourgs & de Souvert le pouvoir puissance aucthorité & faculté de prendre & faire prendre par luy ses gens serviteurs & familliers en tous & chacuns ses bois de la Forest de Pastuel, Justice & Seigneurie dud. Menesserre. . . . .

Du depuis en l'an mil cinq cens quarante deux fut mise en discution pardevant le Sr. Gouverneur en la Chancellerie par la Sentence decretalle tiré collocation en deuxiesme lieu lad. Terre de Menesserre fust declarée estre chargée dud. droict de plein usage au profit dud. Sr. d'Esfourgs selon que plus amplement il est rapporté en lad. Sentence. Ensuite & privilege duquel droict d'usage en l'an mil cinq cent cinquante neuf vingtiesme Novembre, Messire *Jehan de Clugny* Seigneur pour lors dud. Esfourgs & aultres lieux fit proceder à la confection du terrier de lad. Seigneurie d'Esfourgs Francelles & Guise par lequel est reconnu par les sujets dud. lieu d'Esfourgs qu'ils sont tenus de charroier le bois dud. Sr. d'Esfourgs qui luy appartient en usage au bois & forest de Pastuel, toutes fois & quantes qu'ils en seront requis, depuis lequel terrier led. Sr. *Touffaint de Clugny* à present Seigneur defd. lieux, tant par son fait que de deffunt *Messire David de Clugny* son pere & predecesseurs ont tousjours jouy dud. droict & usé en la susd. forme, & d'autant que à pñt. lad. Terre de Menesserre se discute au souverain Parlement de Paris où le decret est evocqué par Arrest du Privé Conseil auquel led. Sieur *Touffaint de Clugny* est opposant pour la conservation du susd. droict d'usage aud. bois & forest de Pastuel dois le commencement dud. decret sont enviroon dix ans, craignant qu'on ne lui objecte la non jouissance paisible du susd. droict, qu'il desire faire attester lad. jouissance. . . . . .

En tesmoin dequoy nous nous sommes sounés. avec le souné Greffier ordinaire dud. Esfourgs. Signé A. Bernard avec paraphe. Et Nyard avec paraphe.

Original en la puissance de Mr. de Clugny.

Testament de Maximilien de Clugny III. *du Brouillard.*

28 Nov. 1640.
Ci-d. p. 41, 53,
73.

Au nom de la Trés Sainte & individue Trinité, Pere Fils & Sr. Esprit, l'an *mil six cent quarante le vint huictiesme jour du mois de Novembre* à Avalon avant midy & pardevant le Notaire & Tabellion Royal soubssigné demeurant aud. Avalon a comparu en sa personne, *Maximilien de Clugny* fils de deffunt Messire *Maximilien de Clugny* Baron du Brouillard, Seigneur de Villargeau, Maison-Baude &c. & de Dame Dame *Claude de Loron*, lequel a déclaré qu'estant sur le point de partir pour s'en aller à Paris achever ses estudes & apprendre les exercices convenables à un Gentilhomme de sa naissance & y faire peut estre un long sejour, afin qu'il ne soit point prévenu de la mort dont l'heure est incertaine a déclaré qu'il fait son testament & ordonnance de derniere volonté en la forme que s'ensuit. Premierement il a recommandé & recommande à Dieu par les merites de Nostre Seigneur Jesus Christ, la Glorieuse Vierge, tous les Saints & Saintes du Paradis. Et pour les services qu'il conviendra faire aprés qu'il aura pleu à Dieu l'appeller, les a delaissé & delaisse à la charge de lad. *Dame de Loron* sa

K k

258

mere fon heritiere ey après inftituée. Donne & légue à *Anthoine de Clugny* fon frere la fomme de trois mil livres. Et pour fa feulle & univerfelle heritiere a nommé & inftitué nomme & inftitue lad. Dame *Claude de Loron* fa mere pour apprehender tous & uns chacuns fes biens, en quelque part qu'ils puiffent eftre après fon decés. Et pour Exécuteur de fon prefent teftament a nommé noble *George de Clugny* (*a*) Confeiller du Roy & Lieutenant Civil au Bailliage & Chancellerie d'Avalon, lequel il prie d'en accepter la charge. Lequel prefent teftament ayant efté leu & releu aud. Sieur *de Clugny* teftateur par moy led. Notaire en prefence des temoins cy bas nommés, a dit iceluy eftre fa volonté, veut & entend qu'il foit effectué à l'effet de quoy il a obligé fes biens par la Cour de la Chancellerie du Duché de Bourgogne renonceant à toutes chofes à ces prefentes contraires. Fait & paffé és prefences de Lazare Carré Marchand à Avalon, & Jacques Daulin de Vignes temoins requis & foubffignés avec led. Sr. *de Clugny* & moy led. Notre. Signé fur la minutte *M. de Clugny*. L. Carré. Jacques Daulin. & Cominet Notre. Royal foufné.

Compulfé par autorité de Juftice.

(a) Ayeul de Mr. de Clugny.

Preuve des fervices militaires de *Jacques de Clugny* Seigneur de Préjouam, qui a été fucceffivement Prevôt d'Avalon, Capitaine d'Infanterie & Tréforier de France en Bourgogne.

Tiré d'un inventaire de production des piéces produites dans une inftance au Parlement de Bourgogne.

20 Juillet 1641
V. ci-d. p. 59.

UN Certificat du Sr. Thibault & autres Officiers, & des Magiftrats de Charleville des fervices dud. Sr. *de Préjouam* du 17 Mars 1630.

Une Commiffion octroyée par S. M. aud. Sr. de Préjouam pour la levée d'une Compagnie de Gens de pied dans le Regiment du Sr. de Pluvault du 14 Mars 1635, deuement fignée & fcellée.

Un Certificat du Sr. Thibault Maréchal de Camp & dud. Sr. de Pluvault Meftre de Camp, des fervices dud. Sr. *de Préjouam* dans le Regiment de Pluvault des 12 & 17 Aouft 1635, deheument figné.

. . . . vingt trois.

Led. inventaire cotté. . . . . vingt huict. Signé Taifand avec paraphe.
Produit par led. Taifand Procureur. *Le* xx *Juillet* 1641. *Signé Joly avec paraphe.*

Opofition au decret de Menefferre au nom de *Pierre de Clugny* frere de *Touffaint*.

Extrait du 36 vol. fol. 14.

5 Juin 1642.
V. ci-d. p. 66,
& à la date du 5
Nov. 1640, p.
257.

AUjourd'huy eft comparu au Greffe de la Cour Me. Jacques Mirey Procureur en icelle & de Dame *Philiberte de Pracontal* Dame de Travoify, mere & baillifte de *Pierre de Clugny* lequel en vertu du pouvoir à luy donné par lad. Dame *de Pracontal* aud. nom a declaré qu'il s'oppofoit aux criées pourfuivies en lad. Cour, des Terres & Seigneuries de *Menefferre* & de la Motthe-Chiffey, faifies fur Meffire Vincent de Fuffey, à ce que lad. Terre de Menefferre foit vendue à la charge que lad. Dame *de Pracontal* en la qualité que deffus, aura plein ufage de prendre & faire prendre par chacun an

dans le bois & foreſt de Paſtuel dependant d'icelle Seigneurie de *Meneſſerre* toutes & quantes fois que bon luy ſemblera tous bois morts. . . . . .
Et led. Mirey eleu domicile en ſa maiſon ſeize rue neufve de Noſtre Dame dont il a requis acte. Fait en Parlement ce *cinq Juin , mil ſix cent quarante deux*. Signé Guyet avec paraphe.

Original en la puiſſance de Mr. de Clugny.

Donation de Marie de Clugny *Religieuſe , au profit de* Magdeleine Canelle *ſa mere.*

L'An de la Nativité de Noſtre Seigneur, *mil ſix cent quarante deux le premier jour de Septembre* au lieu du Brouillard Paroiſſe de Viſoubthil en Auxois apprés midy pardevant François Micheaul Notaire Gardenotte & Tabellion Royal demeurant à Precy y exprés mandé, a comparu en ſa perſonne Damoiſelle *Marie de Clugny*, fille de noble Sieur *Pierre de Clugny*, vivant Conſeiller du Roy & Lieutenant Civil au Bailliage d'Avallon ſuffiſament agée & jouiſſante de ſes droits, *eſtant de preſent reſidente en la maiſon Seigneuriale dud. Brouillard*, (*a*) laquelle de ſon plein gré & vollonté ſans force ny induction précedente, comme elle a juré pardevant moy led. Notaire en preſence des temoings cy bas nommés pour ce & appellés , a faict & faict par ceſte don & donation pure parfaite & irrevocable entre vifs portant force d'inſinuation au dict de ſages, à Damoiſelle *Magdeleine Canelle* ſa mere relicte dud. Sʳ. *de Clugny* abſente ledict Notaire pour elle ſtipulant, de tous ſes biens meubles & immeubles à elle eſchus à cauſe du decés & treſpas dudict feu Sʳ. *de Clugny* ſon pere . . . . . . à charge que Dieu continuant, comme elle l'en prie , ſes deſſeins à l'aller ſervir en Religion, (*b*) ladicte Damoiſelle ſa mere ſera tenue & obligée de luy donner & fournir honneſte condition, ſans que jamais une fois icelle acceptée par elle & la Reverente Superieure puiſſe rien accroiſtre & diminuer à icelle, car ainſy elle l'a voullu. . . . . . . Renonçant à toutes choſes contraires, faict & leu és preſences de Mᵉ. Maximilien Bouvard Recepveur du Brouillard , & Jacques Gillot Clerc au Greffe de la Baronnie de Thil teſmoings ſoubſignés, & ladicte Damoiſelle donatrice en la minutte. Ainſy ſigné. *M. de Clugny.* Bouvard. Gillot & Micheaul Notaire Royal ſoubſigné en la minutte de ceſte pardevers moy ledict Notaire. Signé ſur l'expedition en parchemin, Micheaul avec paraphe.
Inſinué au Bailliage d'Avalon le 10 Dec. 1642, feuill. 68 & 69 du Regiſtre des inſinuations.

1 Septembre 1642.
V. ci-d. p. 92.

(a) *Preuve de la liaiſon qui a toujours été entre la Branche du Brouillard & celle de Mr.* de Clugny.
V. ci-d. p. 73.
(b) *Depuis que Mr.* de Theniſſey *a mis au jour ſa fable du bâtard, qu'il prétend avoir poſſédé une maiſon près l'Hôtel de Ville d'Avalon.* (*Nov.* 1718 ,) *il a tâché de l'apuyer par des ſuppoſitions , mais ſi mal imaginées , qu'elles ont toutes tourné à ſa confuſion.*

Il diſtribua d'abord un Factum, dans lequel il dit pag. 6, *qu'on donna en* dot la maiſon qui *avoit apartenu à ce bâtard à* Marie de Clugny *ſœur de* George de Clugny *ayeul de Mr.* de Clugny, *en la mariant avec* Antoine Pirot.

Mr. de Clugny *répondit, que* George de Clugny *ſon ayeul avoit eu une ſœur,* Marie , *Religieuſe aux Urſulines de Viteaux , & pour le prouver il fit donner copie de l'acte de donation qui eſt ici tranſcrit.*

Le 20 *Juin* 1720, *Mr.* de Theniſſey *mit au jour un autre écrit, dans lequel pag.* 15, *il avance que* Marie de Clugny, *à laquelle il donne pour mari* Antoine Pirot, *étoit fille de* Pierre de Clugny 5ᵉ. *ayeul de Mr.* de Clugny , *qui lui donna en* dot la maiſon *près l'Hôtel de Ville d'Avalon. Enſorte que ſuivant ce ſecond ſyſtème , voilà* Antoine Pirot, *vrai fantome, transporté de* 1642, *en* 1488 , *comme on va le voir.*

Le 4 *du même mois de Juin* 1720 , *Mr.* de Clugny *avoit fait donner copie à Mr.* de Theniſſey *de la tutelle décernée le* 28 *Avril* 1448 , *aux enfans de* Pierre de Clugny 5ᵉ. *ayeul de Mr.* de Clugny, *qui étoient au nombre de quatre; ſçavoir,* Jean, Etienne , Bartholomie & Huguette de Clugny , *& du contrat de mariage de* Bartholomie de Clugny *avec* Adrien de Montagu *du* 20 *Juillet* 1511. *Ce ſimple expoſé des faits réſultans de piéces autentiques, renverſa l'un & l'autre des ſyſtèmes de Mr.* de Theniſſey ; *de ſorte qu'il n'a pû y rien répondre.*

Preuve de l'alliance de la Famille de Mr. de Clugny avec la Maison de Jaucourt.

1 5 Juillet
1643.
V. ci-d. p. 53,
26.

DU Mercredy *quinziéme du mois de Juillet mil six cent quarante trois* expedié à Avalon par nous François Cuilliere, Coner· du Roy & Lieutenant Criminel au Bailliage dud. Avalon.

Me. Georges Millot Procureur de Dame *Gabrielle de la Magdeleine* Abbesse de St. Julien d'Auxerre, Dame d'Annay, Demanderesse en desistance de six ouvrées de vignes au finage dud. Annay.

Contre Damoiselle *Anne de Clugny* relicte de *Jacques de Loron* Escuyer Seigneur de Dommecy sur Cures, Procr. Chevalier. . . . . Led. Chevalier fondé de procuration d'*Helie de Jaucourt* Chevalier Seigneur de Plancy Dommecy sur Cure & mary de Dame *Anne de Loron* donataire universelle de lad. Damoiselle *Anne de Clugny* sa mere receue Mourcelot Notaire le 9 du courant, a dit qu'il prend le fait en main pour lad. Damoiselle *de Clugny.*

Sur quoi est intervenu Damoiselle *Magdeleine Canelle* veuve de M. *Pierre de Clugny* vivant Lieutenant !à Avalon, & *Jacques de Clugny* Escuyer Sieur d'Estaules, Coner· du Roy Treforier de France en la Generalité de Bourgogne, par Me. Jean Turreau leur Procureur, qui a dit qu'estant coheritiers avec lad. Dame *Anne de Clugny* de deffunt M. *Georges de Clugny* leur pere & beau pere, ils sont garants envers lad. Damoiselle *Anne de Clugny* & aud. Sr. *de Plancy* à present son gendre du tiers chacun de lad. eviction, à raison du prix pour lequel lad. vigne a été donnée en partage à lad. Damoiselle *Anne de Clugny* . . . . . Sur quoy octroiant acte aux Parties de leur dire plaidés offres & requisitions, ordonné qu'elles regleront leurs plaidés de six en six jours, joindront & produiront toutes pieces que bon leur semblera, sçavoir lad. Dame Demanderesse la premiere, led. Sr. *de Plancy* aprés, & sur les requisitions dud. Chevalier, qu'il advertira led. Sr. *de Plancy*, tant des pretentions dud. Sr. Barbe, que des offres de ses coheritiers, pour en revenir à de Samedy en huit, constitution & election faite suivant l'Ordonnance. Signé Minard avec paraphe. XXVIII. 2 d. Me. Clerc. IXl. III d.

Testament de Claude de Loron *Dame du Brouillard,* extrait des Régistres de la Chancellerie de Semur en Auxois.

19 Juillet
1644.
V. ci-d. p. 41,
54, 74.

AU nom de Dieu amen l'an de l'Incarnation d'iceluy courant, *mil six cent quarante quatre*, au Chateau & maison forte du Brouillard une heure aprés midy pardevant moy François Michault Notaire Gardenotte & Tabellion Royal hereditaire de la residence de Precy-sous-Thil exprés mandé cejourd'huy dix neuf du mois de Juillet a comparu en sa personne Dame *Claude de Loron* relicte de Messire *Maximilien de Clugny* Baron du Brouillard, Villargeot, Maison-Baude, laquelle de sa pure franche & libre volonté, sans force ny induction quelconques, saine d'esprit & entendement, comme il m'a apparu & aux temoins cy bas nommés, a dit vouloir disposer de ses biens ainsy qu'elle a presentement fait par testament & ordonnance de derniere volonté en la forme suivante.

Premierement lad. Dame de Loron a recommandé son ame à Dieu le Createur le suppliant par les merites du Sang precieux de Jesus Christ, par les souffrances de la Glorieuse Vierge Mere, & par les Prieres de tous les Saints la vouloir colloquer aprés son decés au Royaume des bien heureux.

Veut son corps estre inhumé en l'Eglise St. Jean-Baptiste de Vis-sous-Thil fur les cendres dud. Seigneur du Brouillard fon époux , & fes funerailles eftre faites fuivant qu'à fa qualité & condition apartient.

Lad. *Dame de Loron* a inftitué & nommé, inftitue & nomme, *Maximilien de Clugny* & *Anthoine de Clugny* Efcuyers fes enfans pour fes vrais & legitimes heritiers, & où led. *Anthoine de Clugny* viendroit à deceder, elle luy fubftitue en ce cas led. *Maximilien de Clugny* fon frere pour luy fucceder en tous fes biens à la referve de la legitime que par droit & coutume luy apartient en l'hoirie de lad. Dame teftatrice & de laquelle legitime il poarra difpofer ainfy que bon luy femblera. Et où lefd. *Maximilien & Anthoine de Clugny*, viendroient, que Dieu ne veuille, à deceder avant l'age de vint cinq ans ou fans enfans, en ce cas elle veut & entend, que tous lefd. biens, à la referve des meubles cy devant legués retournent & foient acquis en toute proprieté, à *Jacques de Clugny* fils de noble & fage, *George de Clugny*, Confeiller du Roy Lieutenant Civil au Bailliage d'Avalon, fans que par le moien defd. fubftitutions lefd. biens puiffent recevoir aucune alteration ou diminution, prohibant à cet effect toutes détractions de quarte trebellianique. Deffend pareillement lad. Dame aucun inventaire eftre fait en fa maifon pour quelque caufe & raifon que ce foit. A l'entretenement de la prefente difpofition qui luy a efté leue & releue, & qu'elle veut eftre fuivie au prejudice de toutes autres qu'elle auroit cy devant faites, lefquelles expreffement elle a revoqué & revoque, elle a obligé & oblige fes biens par la Cour de la Chancellerie de Bourgogne renonçant à toutes chofes contraires. Faites & paffées és prefences de noble & fage *Edme Lemulier*, Advocat en Parlement Bailly de Ragny & M^e. Pierre Hugot Praticien à Precy témoins requis appellés & foubflignes avec lad. Dame & moy led. Notaire, la minutte fignée De Loron. Edme Lemulier. P. Hugot & Michaut Notaire.

Ouvert & publié en lad. Chancellerie ce Jeudy *vingttroifiefme Fevvrier mil fix cent quarante cinq*, pardevant nous François Jacob Confeiller du Roy Lieutenant General en lad. Chancellerie, ce requerant M^e. *Guy Chartraire* Procureur du Roy en perfonne, affifté de M^e. *Jacques Seguenot* Advocat du Roy, *en prefence des prefomptifs heritiers de lad. Dame de Loron denommés* en l'acte de publication pour ce par nous dreffé & regiftré pour y avoir recours, en temoin de quoy nous avons figné & fait figner auxd. Gens du Roy & au Greffier de ladicte Chancellerie. Signé Jacob. Chartraire. J. Seguenot. L'expedition fignée Joly Greffier.

Antoine de Clugny *Gouverneur de S. Quentin*, *grand oncle de Mr.* de Theniffey.

30 Juill. 1644.
V. ci-d. p. 6..

MR. *de Theniffey* en s'attachant à des chimeres pour embellir fa Généalogie, a négligé ce qu'il y a de réel & qui fait tout l'honneur de fa Branche. Il a paffé legerement fur *Antoine de Clugny* fon grand oncle Gouverneur de S. Quentin, connu dans le monde fous le nom de *Colombier*, Terre qui a paffé à Mr. *de Theniffey*, & dont Monfieur fon pere a porté le nom toute fa vie.

Ce feroit ici qu'il faudroit placer le teftament de Mr. *de Colombier* Gouverneur de S. Quentin. Il eft daté du 23 Janvier 1639, & fut publié au Bailliage de S. Quentin le 30 Juillet 1644; Mr. *de Clugny* n'a pû avoir de copie de ce teftament en entier, il n'en a que des lambeaux qui luy ont été fignifiés; voici ce qu'il en a retenu, après une lecture affés rapide de l'original, fur le Bureau de Mr. le Raporteur.

La piéce eft bien écrite, le ftile fent bien fon Cavalier, les difpofitions en font fages. Les hommes fe font connoître dans leurs teftamens; en lifant celui de Mr. *de Colombier* on conçoit de lui une grande idée.

Le début en eſt ſimple ; *Moy Anthoine de Clugny fils de Michel de Clugny & de Gabrielle de Colombier.* Il déclare enſuite qu'il n'a pas tiré de ſa famille 500 liv. de rente, qu'il a paſſé par tous les degrés de la Milice, qu'il a été Aide de Camp des Armées du Roi, Capitaine au Régiment de Piémont, Meſtre de Camp entretenu ; qu'ayant été bleſſé au Siége de S. Antonin en Albigeois, il fut viſité dans ſa tente par le Roi Louis XIII. qui lui donna le Gouvernement de S. Quentin, après quoi il inſtituë ſon héritier *Antoine de Clugny,* (c'eſt le pere de Mr. *de Theniſſey,*) fils de *Guy de Clugny,* (frere du teſtateur) & d'*Anne de Conſeil,* lui ſubſtituë *François de Clugny ſon frere,* (c'eſt le célébre Pere *de Clugny* de l'Oratoire.)

Mr. *de Theniſſey* a eu dans la perſonne de Monſieur ſon grand oncle, de grands exemples de valeur & de modeſtie.

Contrat de mariage de Georges de Clugny *Tréſorier de France, Seigneur d'Eſtaules-le-Haut.*

11 Juin 1646.
V. ci-d. p. 59.

AU nom de Dieu ſoit. *L'an mil ſix cent quarante ſix le unzieſme jour du mois de Juin,* après midy, pour le mariage qui ſe fera & accomplira s'il plaît à Dieu, entre *Georges de Clugny* Eſcuyer Sr. d'Eſtaules fils de *Jacques de Clugny* Eſcuyer Sr. de Préjouam Coner. du Roy & Treſorier de France en la Generalité de Bourgogne & de Dame *Françoiſe Filsjean* ſes pere & mere de l'aucthorité vouloir & conſentement deſd. Sr. & Dame ſes pere & mere & par l'advis de Monſieur *Georges de Berbiſey* Coner. du Roy au Parlement de Bourgogne, noble *Jacques Filsjean* l'aiſné Coner. du Roy Maiſtre Ordre en la Chambre des Comptes de Dijon, Monſieur *Claude Bretagne* auſſy Coner. du Roy aud. Parlement, noble *Pierre Thomas* Me. Ordre. en lad. Chambre des Comptes, noble *Eſtienne Filsjean* auſſy Coner. du Roy Me. Ordre. en icelle Chambre, noble *Jean de Clugny* (a) Advocat en Parlement, Monſieur *Gerard Sayve* Coner. du Roy aud. Parlemt. Seigneur de Vaivrotte, & Me. *Thomas Berthier* Commis à la Recette generale du Pays, *tous parens & alliés dud. Sr. futur époux,* d'une part.

(a) Il fut depuis Lieutenant Général de Dijon, & Conſeiller d'Etat ; couſin germain du futur.

Et Damoiſelle *Anne Maleteſte* fille de noble *François Maleteſte* Advocat aud. Parlement & de Damoiſelle *Marie Arviſet* ſes pere & mere de leurs aucthorités vouloir & conſentement, & par l'advis de Monſieur *Eſmilland Arviſet* Seigneur de la Coſne & la Colonge Coner. aud. Parlement oncle, Monſieur *Claude Maleteſte* auſſy Coner. du Roy aud. Parlemt. frere, noble *Eſtienne Lantin* Coner. du Roy Me. Ordre. en ſa Chambre des Comptes beau frere, Meſſire *Jean Boucha* Chevalier Coner. du Roy en ſes Conſeils d'Eſtat & Privé, Premier Preſident du Parlement de Dijon, Monſieur *Jean-Baptiſte Lantin* auſſy Coner. du Roy aud. Parlement, noble *Jacques Valon* Seigneur de Mimeures Coner. du Roy Preſident au Treſor de France en la Generalité de Bourgogne & Breſſe, Monſieur *Nicolas Valon* Coner. du Roy aud. Parlemt. noble *Adam Soyrot* Coner. du Roy Me. Ordre. en lad. Chambre des Comptes, noble *Richard Arviſet* Coner. & Secretaire du Roy en la Grande Chancellerie de Bourgogne, Monſieur *Philippe de Villers* Coner. du Roy aud. Parlement, Monſieur *Chreſtien de Macheco* auſſy Coner. aud. Parlement, noble *Claude de Ganay* Coner. du Roy Threſorier de France de la Generalité de Bourgogne & Breſſe, *tous parens & alliés de lad. future,* & encores Me. Bryet Preſtre & Me. Benoiſt Radiaut Procureur & Secretaire de la Ville, voiſins, d'autre part, ont eſté accordés les articles ſuivants. . . . .

Fait leu & paſſé aud. Dijon en la maiſon dud. Sr. Maleteſte Paroiſſe de St. Medard, pardevant Chreſtien Mouchevaire Notaire & Gardenotte & Tabellion Royal demeurant aud. Dijon Paroiſſe de St. Michel, en preſence de Maiſtre Denys Prinſtet Procureur au Parlement, & honorable homme Simon Jobard Prudhomme de lad. Ville, temoins appellés & requis. La minutte eſt ſignée des Parties parents & temoins & dud. Notaire. Signé ſur la groſſe, Mouchevaire Noᵗ⁰· avec paraphe. Regiſtré en la Chancellerie d'Avalon le 10 Septembre 1646, & en celle de Dijon le 22 du même mois.

Lettres de Conſeiller d'Etat pour Jean de Clugny grand oncle de Mr. de Clugny.

21 Avril & 8 Aout 1654. V. ci-d. p. 53.

LOuis par la grace de Dieu Roy de France & de Navarre, à ñre. amé & feal Conᶜʳ· Lieutenant Gñal· au Baillage de Dijon *le S . de Clugny* ſalut. La connoiſſance que nous avons des bons & fidelles ſervices que vos *ayeul, pere & frere* nous ont rendus dans la Charge de Lieutenant Gñal. au Baillage d'Avalon & de ceux que vous nous rendés depuis longtemps en la vrē. avec toute ſorte de fidelité & d'affection à ñre. ſervice , nous convians de vous admettre en nos Conᶜˡˢ. ſur l'aſſeurance que nous avons que vous vous acquitterés dignement de cet Employ , par le moyen de la grande experience que vous vous eſtes acquiſe aux affaires qui regardent la Juſtice.

A CES CAUSES Nous vous avons conſtitué, ordonné & eſtably, conſtituons, ordonnons & eſtabliſſons par ces pñtes. ſignées de ñre. main Conᵉʳ. en nos Conᶜˡˢ. d'Eſtat Privé & Finances pour nous y ſervir dorénavant, y avoir entrée ſceance & voix deliberative & en jouir aux honneurs aūctés. prerogatives & prééminences y appartenans & dont jouiſſent nos aūes. Conᵉʳˢ. en noſd. Conᶜˡˢ. és gages qui ſeront employés ſur nos Eſtats. Sy donnons en mandement à ñre. trés cher & feal Chevalier le Sʳ. Seguier Comte de Gien Chancelier de France que de vous pris & receu le ſerment requis & accouſtumé en tel cas , il vous admette en nos Conᶜˡˢ. & vous faſſe recognoiſtre & obeyr par tous nos Officiers Juſticiers & Sujets comme il eſt requis à l'un de noſd. Conᵉʳˢ. Car tel eſt noſtre plaiſir. Donné à Paris *le xxi jour d'Avril, l'an de grace mil ſix cent cinquante quatre* & de ñre. Regne le unze. Signé LOUIS. Et plus bas. Par le Roy , PHELYPEAUX. Et ſcellé du grand ſceau de la Chancelerie de France.

Au bas.

Aujourd'huy huitieſme Aouſt mil ſix cent cinquante quatre, le Conſeil du Roy eſtant à Paris led. Sr. *de Clugny* denommé cy deſſus a eſté receu en la Charge de Conᵉʳ· de Sa Maᵗᵉ· en ſes Conſeils d'Eſtat & Privé & des Finances, & d'icelle fait le ſerment accouſtumé és mains de Monſeigneur *Seguier* Chevalier Comte de Gien Chancelier de France moy Conᵉʳ· Secretaire de Sad. Maᵗᵉ· de ſes Finances & Greffier dud. Conſeil Privé preſent. Signé Forcoal.

Tranſaction entre Helie de Clugny & Magdeleine de Clugny ſa ſœur Dame d'Arconcey.

26 Juin 1661. V. ci-d. p. 55.

COmme il ſoit que donation entre vifs ait eſté faicte par feu Dame Dame *Françoiſe Filsjean* relicte de *Jacques de Clugny* Eſcuyer Seigneur de Préjouam d'Eſtaules haut & bas d'une ſomme de ſeize mil livres à Dame Dame *Marie-Magdeleine de Clugny* ſa fille femme & compagne de Meſſire *François de Sercey* Conſeiller du Roy en ſes Conſeils Chevalier d'Honneur en la Chambre des Comptes de Bourgogne Seigneur d'Arconcey , oultre & par deſſus la dot à elle conſtituée. A prendre leſd. ſeize mil livres ſur le plus clair de ſes biens aprés ſon decés lad. donation en datte du 23 jour de Septembre 1651, & inſinuée le 25 dud. mois au Bailliage d'Avalon. Que depuis le 13 jour du mois de Juillet 1652, ſeroit arrivé le decés de *Georges de Clugny* Eſcuyer Treſorier General de France en Bourgogne & Breſſe & de *François de Clugny* ſon fils environ un mois aprés led. Sr. Treſorier ſon pere, duquel *Helie de Clugny* Eſcuyer Sr. d'Eſtaules & lad. *Dame d'Arconcey* étoient de droit heritiers collateraux.

Il eſt que cejourd'huy *vingtſixieſme de Juin mil ſix cent ſoixante un* pour eviter toutes les difficultés qui pourroient arriver de ce que deſſus & toutes autre difficultés , qui pourroient arriver en conſequence de ce que deſſus enoncé & de toutes autres difficultés & entretenir l'affection qui doit eſtre entre perſonnes ſi proches, les Parties ont traité & tranſigé comme s'enſuit & ont comparus en leurs perſonnes pardevant Louis du Ballay Notaire & Tabellion Royal eſtabli & reſidant à Dijon Paroiſſe Noſtre Dame , ſçavoir led. Sr. *Helie de Clugny* & lad. Dame *Marie-Magdeleine de Clugny* de l'authorité dud. Sr. *d'Arconcey* ſon mary cy preſent & l'authoriſant quant à ce, leſquelles Parties ſont demeurées d'accord de ce qui s'enſuit. Que led. Sr. *Helie de Clugny* Sieur d'Eſtaules aura & luy appartiendra en toute proprieté pour toutes pretentions de ſes droits paternels & maternels és ſucceſſions deſd. Sieurs *de Clugny* ſon frere & nepveux, la Terre & Seigneurie d'Eſtaules-le-bas maiſon chaſteaux jardins. . . . . en toute Juſtice haute moienne & baſſe, cens rentes. . . . . Demeurera & appartiendra en toute proprieté à lad. Dame *d'Arconcey* acceptante de l'authorité dud. Sr. ſon mary leurs hoirs & ayants cauſe, la Terre & Seigneurie d'Eſtaules-le-hault, y compris le fief de Faix en toute Juſtice haulte moienne & baſſe. . . . . . . Fait, leu releu & paſſé en l'Hotel dud. Sr. d'Arconcey de l'advis & conſeil de Monſieur *Eſtienne Filsjean* Conſeiller du Roy Maiſtre Ordinaire en ſa Chambre des Comptes & Finances en Bourgogne & Breſſe, oncle maternel deſd. Parties, és preſences de Pierre Bouvot Coner. du Roy Subſtitut de Monſieur le Procureur General au Parlement de Bourgogne, & Jean-Baptiſte Pommier eſtudiant aud. Dijon teſmoins requis. La minutte eſt ſignée des Parties, teſmoins & du Notaire Royal ſoubſligné. L'expedition ſignée Du Ballay Notaire avec paraphe.

Lettres d'Honneur pour Georges de Clugny II.

17 Fev. 1664.
V. ci-d. p. 53.

LOuis par la grace de Dieu Roy de France & de Navarre à nos amez & feaux Coners. les Gens tenans ñre. Cour de Parlement à Dijon , ſalut. Deſirant temoigner à ñre. bien amé Me. *Georges de Clugny* la ſatisfaction que nous avons des bons & agreables ſervices qu'il nous a rendus & au feu Roy ñre. trés honoré Seigneur & pere en la Charge de ñre. Coner. Lieutenant Civil au Bailliage & Chantrie·d'Avalon depuis trante ſix années avec beaucoup d'honneur & d'integrité pour le bien de ñre. ſervice & advantage de nos Sujets, de laquelle il a pñtement. diſpoſé en faveur de *Jacques de Clugny* ſon fils, & voulant à cet effect luy donner des marques d'honneur que meritent ſes ſervices , A CES CAUSES , Nous avons aud. *de Clugny* pere permis & accordé & de ñre. grace ſpecialle, plaine puiſſance & auctorité Royalle permettons & accordons par ces pñtes. ſignées de ñre. main que nonobſtant la reſignation de ſond. Office , il puiſſe neantmoins ſa vie durant ſe nommer & quallifier ñre. Coner. Lieutenant Civil aud. Bailliage & Chancellerie d'Avalon, y avoir ſeance voix & opinion deliberative , jouir & uſer des honneurs , autoritées & prerogatives dont il jouiſſoit avant lad. reſignation , ſans qu'il puiſſe pretendre aucuns gages ny eſpices ny avoir rang que comme Coner. du jour qu'il a eſté receu en lad. Charge, & qu'en concurrence de voix , les deux ne ſeront comptées que pour une. SI VOUS MANDONS & enjoignons fé. regiſtrer les pñtes, & du contenu en icelles jouir & uſer led. *de Clugny* pere pleinement & paiſiblement , ceſſant & faiſant ceſſer tous troubles & empeſchemens au contraire, CAR tel eſt ñre. plaiſir. Donné à Paris le XVII jour de Febvrier, l'an de grace mil ſix cent ſoixante quatre & de ñre. Regne le vingtuniesme. Signé , LOUIS. Et plus bas. Par le Roy. PHELYPEAUX. Et ſcellé.

Lettre de Cachet adreſſée : A ñre. amé & feal le Sr. de Clugny Lieutenant Civil à Bailliage de ñre. Ville d'Avalon.

NRé. amé & feal, nous avons eſté informez que le Sr. *de Tharot* qui eſt un **25 Mai 1667.** Gentilhomme d'auprés ñre. Ville d'Avalon en Bourgogne faiſant profeſ- V. ci-d. p. 54 & ſion de la Religion pretendue reformée uſe de quelques violences envers la 87, 89. Dac. ſa femme & ſes enfans pour leur oſter la liberté de ſe faire Catholiques, quoy qu'ils ſoient en age de faire choix de la Religion qu'ils veullent embraſſer. & comme ce procedé eſt conztaire à l'Edict de Nantes & que nous deſirons en avoir connoiſſance, pour prévenir les mauvaiſes ſuittes qui en pourroient arriver, nous vous faiſons cette Lettre pour vous mander & ordonner trés expreſſement, qu'incontinent aprés l'avoir receuë, vous ayés à informer bien & deument de la conduite que tient led. Sr. de Tharot, tant à l'endroit de ſad. femme que de ſes enfans, & lad. information faite, nous l'envoier pour eſtre ordonné ce que de raiſon, cependant vous emploier, non ſeulement pour empeſcher & faire ceſſer le mauvais traitem'ent que led. de Tharot fait à ſad. femme & enfans, mais auſſi pour l'obliger de les laiſſer en toute liberté ſur le fait de la Religion dont vous nous rendrés compte, ne faites donc faute d'accomplir ñre. intention, CAR tel eſt ñre. plaiſir. Donné à St. Germain en Laye le 15 e. jour du mois de May 1667. Signé, LOUIS; & plus bas, PHELYPEAUX.

Au bas de la Lettre eſt écrit, *au Sr. de Clugny* Lieutenant Civil au Bailliage d'Avalon.

En exécution de ces Ordres, Dame *Marguerite de Conquerant* femme de Mr. *de Tharot, Marie & Henriette - Marie de Loron* leurs filles, & *Gedeon de Loron* un de leurs fils firent leur abjuration pardevant *Monſieur de Clugny* és années 1667, & 1668.

Teſtament de *Hierôme de Chenu* Baron de Nuis.

Extrait des Regiſtres de la Chancellerie de Semur.

DU Samedy *unzieſme Septembre mil ſix cent ſoixante & dix ſept*, expedié **11 Septembre** à Semur par nous *Jacob Lemulier* Coner. du Roy Lieutenant General en lad. **1677.** Chancellerie. Sur la reprétaon. judiciellement faite à noſtre Audiance par Me. V. ci-d. p. 54. Hugues Paſſerat Notaire Royal noſtre Greffier du teſtament olographe de *Hieroſme de Chenu Chevalier Seigneur & Baron de Nuis-ſous-Ravieres*, datté en ſa ſuperſcription du *vingt troiſieme Feuvrier de la pñte. année mil ſix cent ſoixante & dix ſept* dont l'ouverture a eſté faicte cejourd'huy avant noſtredicte Audiance par procés verbal ſeparé en preſence de Maiſtre *Guy Chartraire* Procureur du Roy & des Parties intereſſées dénommées audict procés verbal ſur les requiſitions de Maiſtre *Jean Mathelon* Advocat du Roy, lecture & publication faicte dud. teſtament par noſtre Greffier en preſence de Maiſtre Olivier Thibault Procureur de *Dame Roze de Chenu* relicte de Meſſire *Pierre de Leſtang*, ſeule & unique heritiere dud. Sr. de Chenu, ordonné qu'il ſera regiſtré & noſtre procés verbal d'ouverture pour y avoir recours.

Enſuit la teneur dud. teſtament datté dans le corps *du vingt ſepte. Janvier mil ſix cent ſeptante ſept*, & dans la ſuperſcription du vingt troiſe. Febvrier ſuivant.

Au nom de Dieu, amen. Je *Hieroſme de Chenu* declare que je fais mon teſtament & ordonnance de derniere volonté en la maniere que s'enſuit.

Premierement je remercie Dieu, en luy rendant graces de tous les biens tant ſpirituels que temporels qu'il a plu à ſa Divine bonté me faire pendant ma vie, je le supplie de me proteger & assister le reste de mes jours, principalement à l'heure de ma mort, luy recommandant mon ame par les merites de sa mort & passion, de la Glorieuse Vierge Marye, de tous les Saints & Saintes du Paradis.

Je veus & entend que mon corps soit enterré en l'Eglise de Sainct Cire de Nuis où est enterrée ma chere femme sans aucune ceremonie, ne desirant avoir sur mon miserable corps que le drap des Morts qui sert à tous ceux qui meurent dans la Paroisse, & quatre petits cierges portés par quatre Pauvres. Pour des Ecclesiastiques j'entends que l'on en fasse trouver autant que l'on en pourra avoir dans le voisinage à deux ou trois lieuës la ronde pour celebrer la Saincte Messe le jour de mon enterrement.

Je donne & legue à Monsieur *Georges de Clugny* mon cousin germain deux mille livres une fois payées.

Je donne & legue à Monsieur *Jacques de Clugny* son fils Lieutenant General au Bailliage de Dijon deux mille livres une fois payées.

Je donne & legue mille livres une fois payées à *Hierosme de Clugny* fils dud. Monsieur *Jacques de Clugny*, mon filleul.

Je donne & legue à ma cousine *Madeleyne de Clugny* fille dud. Monsieur *Georges de Clugny* deux mille livres une fois payées.

Je donne & legue à Messire *Charles le Bourguoin* Marquis de Faulin, fils de mon cousin germain, dix huict cent livres une fois payées.

Je donne & legue à la fille de Messire *Louys de Maurisse*, qui avoit espousé Dame *Guillemette de Rouvray* ma belle sœur, la somme de dix huict cent livres une fois payées.

Je nomme & institue pour ma seule & universelle heritiere *Roze de Chenu* ma sœur. (a) Je nomme pour executeur de mon testament Monsieur *Georges de Clugny* mon cousin germain, que je prie d'en prendre la peine : aprés avoir leu & releu le testament cy dessus, je declare que c'est ma derniere volonté, que je veult & entand estre exécuté apprés ma mort revocquant tous autres testaments que je pourrois avoir faict auparavant en foy de quoy je me suis soufné. cejourd'huy *vingt sept. du mois de Janvier mil six cent soixante & dix sept*. Signé *H. de Chenu.*

Reconnu pardevant Clairaumbault Notaire Royal aud. Nuis le 23 Feuvrier 1677.

Ouvert & publié en la Chancellerie de Semur le Samedy *unziesme Septembre mil six cent septante sept* pardt. nous Jacob Lemulier Conseiller du Roy Commissaire Examinateur Lieutenant General de lad. Chancellerie, à la requisition de Me. Guy Chartraire Procureur du Roy au Bailliage d'Auxois & en lad. Chancellerie assisté de Me. Jean Mathelon Conseiller & Advocat du Roy auxd. Sieges en présence des Parties interessées denommées au procés verbal de l'ouverture & acte de la publication qui en a esté faicte à nostre Audiance led. jour, & a esté registré aux feuillets sept vingt dix, sept vingt unze & sept vingt douze & nous sommes soufnés. avec lesd. Procureur & Advocat du Roy, & nostre Greffier. Signé J. Lemulier. Chartraire. Mathelon & Passerat. Et scellé.

Extrait de Lettres écrites de Plombieres près Dijon, par Madame de Clugny à Mr. de Clugny son neveu, Lieutenant General de Dijon.

(a) Elle est morte sans enfans au mois de Septembre 1684.

27 Janv. 1677.

23 Fev. 1677.

1679.
V. ci-d. p. 75.
Ces lettres, celles de Mr. l'Evé-

19 Avril 1679.

MOnsieur mon neveu

. . . . Je vous supplie de vous souvenir du *Pere de Clugny* pour ce qui concerne *Madame sa belle sœur*, si vous ou Madame ma niece le voiés je vous prie de l'affurer de nos refpechs. . . . Je vous prie de me pardonner, ma niece & vous toutes les peines que je vous donne, vous affurant que je fuis de tout mon cœur & à ma niece & à voftre famille à qui mon frere vous en dit autant que mois.

Monfieur mon neveu

Vôtre trés humble & trés obeiffante fervant.
P. Gaulthier de Clugny.

Autre Lettre.

Monfieur mon neveu

. . . Nous eufmes hier aprés le diner *le P. de Clugny* & le P. de Ruffey il venoit au devant du Confrere des Rofiers qui ne vint pourtant pas. *Le P. de Clugny* nous dit que le P. Mathieu (Recteur des Jefuites) avoit été le prier de prefcher à la St. Ignace, ce qu'il luy a accordé. . . . . *Madame de Colombier* eft à Dijon, elle nous promit qu'elle nous viendroit voir bien fouvent *avec le P. de Clugny.* . . . Je fuis de tout mon cœur à ma niece & à toute votre famille &c.

Autre Lettre.

Monfieur mon neveu

. . . J'efpere que nous vous verrons demain, & ma niece auffi. Je vous dirai qu'il y a deux heures que mon frere a efté faigné au pied, j'efpere qu'il en recevra du foulagement, & enfuite de l'honneur de vous voir, & ma niece, & *le P. de Clugny & fa noble Compagnie &c.*

Clugny *fon oncle, dans une Requête du* 19 *Janvier* 1718, *que c'étoit un bon Prêtre ; ce qu'il dit avec un air de mépris, comme s'il avoit honte d'avoir un fimple Prêtre dans fa Famille.*

Dans tous fes autres écrits, quoiqu'on lui eut donné lieu d'en parler, il n'en a pas dit le moindre mot. Cependant le P. de Clugny a acquis une véritable & folide gloire, dont le fouvenir fe confervera dans tous les fiécles.

Acte qui prouve que Mr. de Colombier pere de Mr. de Theniffey, a trouvé des reffources dans la bourfe de la Famille de Mr. de Clugny.

L'*An mil fix cent quatrevint le feptiéme jour de Juin* avant midi à Dijon en l'Eftude & pardevant le Notaire & Tabellion Royal fouffigné y demeurant Paroiffe Notre Dame, a comparu en perfonne Meffire *Antoine de Clugny* Seigneur de Colombier & autres lieux, lequel a nommé conftitué fon Procureur.

Auquel il donne pouvoir de pour & au nom dud. Sieur conftituant de faire payement & acquittement de la fomme de quatre mil livres deue au Sr. Jazu Procureur à Noyers par l'hoirie de feu *Monfieur de Theniffey* enfemble les arrerages & ratte, frais de lettres & tous autres neceffaires, dud. paiement tirer quittance pardevant Notaire, & toutes les groffes & pieces qu'il peut avoir concernant lad. rente. *Faire fubroger M. le Mr. des Comptes Gaulthier* (a) des deniers duquel led. acquittement fera fait & generalement &c. obligeant &c. Fait leu & paffé és prefences de Jean Marchifieux Me. Menufier & Jean Montenot dud. Dijon temoins requis, led. Montenot ne figne enquis. Signé *A. de Clugny Colombier.* J. Marchifieux & Carré Note.

étoit alors à Dijon à la pourfuite de fon procès, & n'étoit pas en état de payer exactement fes arrerages. Il acquitta un créancier qui le preffoit, & en trouva un autre qui avoit pour lui plus d'indulgence,

---

Marginal notes:

que de Langves & de Mr. Amat fon Grand Vicaire, de l'année 1683. *de Mr. & de Madame* de Colombier, *de l'année* 1684, *qui fuivent dans leur ordre, marquent bien l'étroite liaifon qui étoit entre la Famille de Mr.* de Clugny *& celle de Mr.* de Theniffey, *particulierement avec le P.* de Clugny *de l'Oratoire fon oncle.*

Mr. de Theniffey *en répondant aux inductions que Mr.* de Clugny *en a tirées, fe contente de dire, parlant du P. de*

7 Juin 1680.
V. ci-d. p. 75.

(a) *Mr.* Gauthier *étoit frere de Madame* de Clugny *grande tante de Mr.* de Clugny. Mr. de Colombier

Extrait d'un Factum de Dame *Claude de Senevoy* femme de Messire *Anne - Georges de Pernes*, Marquis d'Espinac, & auparavant veuve de *Benigne Edouard* Seigneur *de Theniffey*.

Contre Antoine de S^t. Martin, *Damoiselles* Yolande *&* Charlotte-Marie de S^t. Martin *ses sœurs.*

1682.
V. ci-d. p. 75,
83, 84.

. . . La Dame de Senevoy s'étant trouvée donataire de feu Benigne Edouard son mari decedé sans enfans, Dame *Charlotte Edouard* sœur du defunt & femme *du S^r. de Colombier, & Charles de S^t. Martin* pere & tuteur des S^{rs}. & D^{lles}. *de S^t. Martin*, enfans de Dame *Angelique Edouard* son autre sœur, voulurent en detacher les Terres de Theniffey & Corrabœuf, dont le donateur estoit mort saisi, par des demandes en substitution. . . . s'etoient liguées contre la Dame de Senevoy. . . . Les S^r. & D^{lles}. de St. Martin ont pris Reqte. civile contre l'Arret du 30 Mars 1680.

Extrait du Factum de la Dame de Colombier, *contre les S^r. & D^{lle}. de* St. Martin.

. . . La Dame de Colombier produisit l'extrait d'un testament dont l'original avoit été représenté en 1640. . . . Aussi-tôt que cette piéce parut, le S^r. de S^t. Martin qui ne cherchoit que des occasions de former de nouvelles contestations, donna sa Requête pour s'inscrire en faux contre. . . . . Les S^r. & D^{lles}. de S^t. Martin se sont pourvûs jusques à deux fois au Conseil en cassation des Arrêts de la Cour.

Ce petit extrait des Factums de Madame d'Espinac & de Madame de Colombier mere de Mr. de Theniffey, contre Mr. de S . Martin & Mesdemoiselles ses sœurs, suffit pour faire voir que le procès qui étoit pendant au Parlement de Dijon entre les Parties, étoit du nombre de ces procès immenses, capables de ruiner quelques-unes d'elles & d'incommoder les autres. Donation impugnée, testamens disputés, substitutions demandées & combattuës, détractions & précipuités prétenduës, inscription en faux, demandes en cassation d'Arrêts, Requêtes civiles.

L'on peut juger de l'embarras où se trouvoient le pere & la mere de Mr. de Theniffey, chargés alors de huit enfans, dont Mr. de Theniffey étoit l'aîné, & jouissant à peine de 1200 liv. de rente, toutes charges payées.

Dans le tems que les Parties étoient le plus échauffées, Dame Claude de Senevoy veuve de Benigne Edouard Sgr. de Theniffey, se maria avec Anne-Georges de Pernes Marquis d'Espinac. Mr. de Clugny Lieutenant General, pere de Mr. de Clugny, qui étoit des amis intimes de Mr. le Comte d'Espinac pere du Marquis, & qui avoit pris à cœur les interêts de Mr. & de Madame de Colombier, profita de l'occasion pour faire des propositions d'accommodement entre eux & Mr. le Marquis d'Espinac & Madame sa femme; les Parties agréérent sa médiation & passérent entre elles une transaction dans la maison de Mr. de Clugny, par laquelle ils terminérent tous les differends qui étoient entre eux, & se réunirent pour défendre à la Requête civile prise par Mr. & Mesdemoiselles de S^t. Martin, laquelle, si elle avoit été admise, auroit rendu le procès immortel; ils en furent déboutés. Tous ces faits ont été articulés à Mr. de Theniffey dès le commencement du procès, qui les a avoués, en donnant à entendre que si dans ce tems-là son pere & sa mere n'inquiétérent point le pere de Mr. de

Clugny, c'est qu'ils suivoient les manieres & la politique du siécle. (a) L'on se contentera pour l'éclaircissement de ces faits, de mettre ici une lettre de Mr. le Comte d'Espinac écrite à Mr. de Clugny Lieutenant Général.

(a) Ecrit imprimé du mois de Juin 1720.

A Espinac ce 25 May 1682.

Monsieur . . . . Trouvés bon aussi, en cas que vous alliés à Paris, que je vous fasse ressouvenir de la supplication que je vous ay faite, d'avoir un extrait de la Sentence, que Madame de Maurisse & moy, obtinmes par vôtre entremise à Paris en 1667 ou 68 dont vous avés bien voulu prendre le memoire. Voicy le temps où il faut que M. d'Agencour (St. Martin) parle, je crois que M. *de Colombier*. est bien resolu de le presser, je vous assure que *ma belle fille & moy* sommes fortement dans ce sentiment là, & qu'elle n'attent que des nouvelles de son Procureur pour aller à Dijon. C'est assés vous importuner, souffrés que je finisse en vous assurant qu'on ne peut estre avec plus d'attachement & de reconnoissance que je le seray toûte ma vie. (b)

Monsieur

Vostre trés humble & trés
obeïssant serviteur,
L. de Pernes d'Espinac.

(b) *Cette lettre & toutes les autres produites par Mr. de Clugny, sont comprises*

dans un inventaire signifié le 2 Juillet 1721, dans lequel, sous la cotte M. M. il déclara à Mr. de Thenissey que ces lettres étoient véritables, & que s'il en avoit le moindre doute, on offroit d'en faire faire la reconnoissance par comparaison d'écritures autentiques.

Mr. de Thenissey avoüa les lettres & dans tout le cours du procès se contenta d'épiloguer sur les termes & d'employer, à son ordinaire, des pitoyables raisonnemens pour tâcher d'éluder les conséquences qu'en tiroit Mr. de Clugny. Etoit-il tems, plus de deux ans après, & lorsque les Juges étoient prêt à opiner, de dire qu'elles n'avoient pas été reconnuës?

Lettre de S. A. S. Mgr. le Prince de Condé.

Monsieur de Clugny j'ay receu vostre lettre du 20 de ce mois, & j'ay veu ce que vous me mandés au sujet d'une contestation qui est entre vous & le Maire de Dijon sur l'aposement de quelques scellez. Je vous remercie de la deference que vous voulez avoir pour mon jugement vous en raportant à moy, mais c'est une affaire qui me paroist d'une trop grande discution pour que je la puisse entreprendre, au reste vous devés vous assurer de ma bonne volonté pour toutes les choses qui vous regardent, & que je serois fort aise de trouver les occasions de vous temoigner que je suis.

Monsieur de Clugny

A Versailles le 30 Janv. 1683.

Vostre affectioné amy
H. J. de Bourbon.

30 Janvier 1683.
V. ci-d. p. 79 r 89.

Mr. de Thenissey dans son premier Libelle, V. ci-d. p. 79, avoit fondé son action sur cet unique moyen, que Mr. de Clugny, depuis quelques années seulement,

L'adresse : à Monsieur, *Monsieur de Clugny* Lieutenant General du Bailliage de Dijon.

avoit signé son nom avec un G. & que son pere & son ayeul, n'avoient jamais mis de G. dans leur nom.

Mr. de Clugny pour prouver que lui & ses prédécesseurs avoient de tout tems signé leur nom DE CLUGNY; *ce qui étoit si public, que dans tous les actes de Justice, même à la Cour, dans les dépêches qui leur étoient adressées, leur nom y étoit écrit,* DE CLUGNY, *produisit cette Lettre & les autres qu'on a vûës ci-devant.*

Mr. de Thenissey ne pouvant contredire ces actes de possession, dit, que c'est par orgueil que Mr. de Clugny a produit ces lettres. Pouvoit-il supprimer ces actes de possession sans trahir sa cause?

Publication de l'Avertiſſement Paſtoral du Clergé, au Temple d'Is-ſur-Tille.

Lettre de Mr. Amat Prêtre de l'Oratoire, Vicaire Général de l'Evêché de Langres, à Mr. de Clugny Lieutenant Général.

1683.
V. ci-d. p. 55, 76, 82, 83.

Langres ce 31 Mars 1683.

MOnſieur

Je ne ſçai où la lettre que vous m'avés fait l'honneur de m'écrire a eſté ſi long temps arreſtée, car elle eſt du 24 & je ne la receus qu'hyer au ſoir. J'avois desja envoié à M. Buiſſon Promoteur l'*Advis Paſtoral* qu'il m'avoit demandé comme l'on en donna à tous les Eveques. Je me fis heureuſement laiſſer par Mgr. celui qu'il avoit. Je ne puis Monſieur vous dire autre choſe là deſſus. Je marque à M. le Promoteur de vous le faire voir, mais *il faudra* que je le rende à Mgr. aprés que vous vous en ſerés ſervi, pour tout le reſte Monſieur, vous aurés ſans doute receu reponſe de Mgr.

Ne devés-vous pas Monſieur, avoir un peu de ſcrupule de me parler de l'amendement *du R. P. de Clugny?* ne ſont-ce pas de ces paroles inutiles que l'Ecriture deffend? *avés-vous oublié Monſieur qu'il eſt opiniaſtre comme un dévot?* ſouvenés-vous-en s'il vous plaiſt, & que je ſuis avec une reconnoiſſance reſpectueuſe.

Monſieur

Voſtre trés humble & trés obeiſſant ſerviteur.
Amat Vic. Gñal.

Lettre de M. de Gordes Evêque Duc de Langres, à Mr. de Clugny Lieutenant Général de Dijon.

MOnſieur

A Paris le 8 Avr. 1683.

J'ay chargé mon Grand Vicaire d'envoier à Mr. l'Official de Dijon l'*Advertiſſement Paſtoral* & les inſtructions neceſſaires pour la ſignification qui en doibt eſtre faite au Conſiſtoire d'Is-ſur-Tille, qui ne manquera pas de concerter avec vous, & de prendre les meſures que vous jugerés à propos & dont vous conviendrés enſemble. Je ne doute pas, Monſieur, que voſtre zele ne vous faſſe emploier tous vos ſoings pour une action auſſy chreſtienne & auſſy utile à l'Etat que celle là, conformément aux intentions de Sa Majeſté, je vous y exhorte en vous aſſeurant que je ſuis avec beaucoup d'eſtime & de conſideration,

Monſieur

Voſtre trés humble & trés obeiſſant ſerviteur.
L'Eveſque Duc de Langres.

Lettre de Mr. Amat à Mr. de Clugny Lieutenant Général.

MOnſieur

Langres ce 21 Octobre 1683.

Je ſçavois bien que vous eſtiés à Paris, mais je fus aſſés malheureux pour ne vous y trouver pas aprés vous avoir cherché, il eſt vray Monſieur que pendont le peu de temps que j'y reſtay, eſtant preſſé de m'en retourner pour l'Ordination j'eus plus d'embarras que je n'y en avois jamais eu, la mortification de n'avoir pas eu l'honneur de vous y embraſſer m'a eſté je vous aſſeure trés ſenſible.

Je ſuis trés aiſe, Monſieur, *que vous ayés forcé le R. P. de Clugny de faire ſon devoir dans cette occaſion* & d'emploier le talent que Dieu luy a donné, mais la priere preſſante que je vous fais, *eſt d'empeſcher ſes Devotes de le ſuiure, car autrement les Huguenots n'auront point de place.* Si Monſieur le Preſident Symony ne m'avoit fait eſperer que vous auriés cette lettre avant voſtre départ, je vous aurois envoié un exprés pour vous donner cet advis, n'en riés pas s'il vous plaiſt, mais faites moy l'honneur de me croire avec une reſpectueuſe reconnoiſſance.

Monſieur

Voſtre trés humble & trés
obeiſſant ſerviteur.
Amat Vic. Gñal.

Publication de l'Avertiſſement Paſtoral.

JACQUES DE CLUGNY Coner. du Roy Lieutenant General au Bailliage de Dijon Siege principal, Commiſſaire deputé par Sa Majeſté, ſçavoir faiſons que ce jourd'huy Dimanche, vint quatriéme Octobre mil ſix cent quatre vint trois, nous nous ſommes tranſportés au Bourg d'Is-ſur-Tille dans le Preſche & le lieu où s'aſſemblent ceux de la R. P. R. de nôtre Bailliage, accompagné de Meſſire Benoît Bouhier Conſeiller en ſa Cour de Parlement de Bourgogne Official de Monſieur l'Evêque de Langres & Doien de la Ste. Chapelle du Roy à Dijon, de Me. Jean Buiſſon Docteur en Theologie Promoteur dud. Evéché, de Meſſire *François de Clugny Docteur en Theologie, Superieur des Preſtres de l'Oratoire* de la Maiſon de Dijon, de Me. Lombus auſſy Docteur en Theologie & Preſtre de l'Oratoire & de Me. Levacher Curé dud. Is-ſur-Tille, & etans arrivés dans la place qui eſt au devant dud. Temple, les Sieurs Geliot & Lalouet anciens ſont venus nous recevoir hors la premiere cour & en deſcendans de caroſſe, & nous ont conduit dans led. Temple, où ſe tient ordinairement le Conſiſtoire, n'aians point d'autre lieu pour le tenir, dans lequel Temple eſtoit le Miniſtre Gautier & le Sr. de la Corne l'un des anciens aſſis ſur un banc, & ayans devant eux une table couverte d'un tapis vert, leſquels ſe ſont levés lorſque nous ſommes entrés, auſſi bien que les anciens & tous ceux qui eſtoient dans led. Temple, & ayant pris les places qui nous eſtoient deſtinées dans des fauteuils à main droite au deſſus de lad. table, les anciens & tous ceux qui font profeſſion de lad. R. P. R. de l'un & de l'autre ſexe, ſe ſont aſſis dans leurs places ordinaires. Nous leur avons dit que le Roy nous avoit fait l'honneur de nous envoier une Lettre de Cachet, par laquelle il nous ordonnoit de venir en ce lieu pour eſtre preſens à la lecture & à la ſignification qui devoit leur eſtre faite de l'Advertiſſement Paſtoral que Meſſieurs les Deputés du Clergé de France avoient dreſſé, dont la lecture & l'explication leur ſeroit faite par Monſieur l'Official. *Le Miniſtre Gautier s'eſtant levé nous a dit, que comme il n'eſt rien qui ſoit plus fortement imprimé dans leurs cœurs, aprés la crainte & le ſervice de Dieu, que l'obeiſſance & le reſpect inviolable qu'ils doivent à nôtre illuſtre Monarque, ils ſeroient toujours diſpoſés à recevoir avec une entiere ſoumiſſion, & une veneration trés profonde, les Ordres de S. M. c'eſt dans cet eſprit qu'ils alloient ecouter, puiſque le Roy leur ordonnoit par nôtre bouche, la ſignification que Mr. l'Official leur alloit faire de l'Ecrit de Meſſieurs de l'Aſſemblée du Clergé, intitulé Advertiſſement Paſtoral, qu'ils reſpectoient ces Meſſieurs comme des perſonnes qui tenoient un rang trés conſiderable dans l'Etat, qu'ils honoroient auſſi Monſieur l'Official & ces autres Meſſieurs qui nous accompagnoient, comme des perſonnes trés diſtinguées par leur reputation & leur*

On célébra une Grande Meſſe dans l'Egliſe Paroiſſiale, avant que Meſſieurs les Eccléſiaſtiques ſe rendiſſent au Preſche, pendant laquelle le *P. de Clugny* précha; l'Auditoire fut nombreux & compoſé d'un grand nombre de perſonnes qualifiées qui y étoient accourües de toutes parts.

grand merite : mais vivans comme ils faiſoient dans une autre ſocieté de Re-
ligion que la leur, & ſous une autre diſcipline, ils leurs permettroient, s'il
leur plaît, de dire qu'ils ne pouvoient les regarder en aucune maniere comme
leurs Paſteurs, qui ayent à cet égard & en cette qualité quelque authorité ſur
eux ; ſi leur écrit étoit un office de leur charité, qu'ils y repondroient par la
leur, en faiſant reciproquement des vœux pour leur ſalut, & en priant Dieu
qui eſt magnifique en ſes conſeils & puiſſant en moiens, comme parle l'Ecriture
qu'il veuille accomplir en eux la bonne œuvre, auſſi bien qu'en eux mêmes.
Cependant que l'heureuſe experience qu'ils avoient fait de la protection de S. M.
juſques à cette heure, leur donnoit lieu d'eſperer de ſa bonté Royale, qu'il vou-
droit bien leur en accorder toûjours la continuation & de ſa juſtice, qu'il les
laiſſeroit vivre dans la liberté de leur conſcience, ſans quoi la vie leur ſeroit
non ſeulement indifferente, mais amére, & la mort ſouhaitable. Qu'ils ſupplioient
S. M. avec toute l'humilité & toute la reverence qu'ils luy doivent, de les con-
ſiderer comme ſes bons & fidels ſujets, qui ne reſpirent que l'amour, la ſu-
jettion, l'obeiſſance, & la fidelité qu'ils doivent à ſon ſervice, & que vivans
& mourans, ils auroient toûjours dans la bouche & dans le cœur, les vœux
ardens & zelés qu'ils preſentoient continuellement à Dieu pour la conſervation
de ſa Perſonne Sacrée, & pour la benediction de ſon auguſte Famille Royale,
& pour la gloire & l'étendue de ſon Empire d'un bout du monde juſques à l'autre.
Ce que led. Miniſtre a prononcé debout & découvert. Aprés quoy Monſieur
l'Official a pris la parole, & a dit ce que le Conſiſtoire a entendu teſte nuë
avec un grand ſilence & beaucoup d'attention. Et ſon diſcours étant fini, il a
fait lecture dud. Advertiſſement Paſtoral en latin & en françois, laquelle finie,
le Miniſtre Gautier s'étant levé, nous a dit, *que nous avons vû quelle a été*
l'attention qu'ils avoient eu à cette lecture ; bien qu'ils ayent remarqué avec
douleur qu'on leur imputoit des choſes qui ne leur concernoient pas, & à quoy
l'on avoit déja ſouvent repondu : qu'ils s'eſtimoient trés heureux de nous avoir
dans cette rencontre pour temoins de leur conduite, & du reſpeſt & de la ſou-
miſſion trés parfaite qu'ils ont eu pour S. M. Enſuite de quoy led. Sr. Official
a donné entre les mains du Miniſtre Gautier une copie de l'Advertiſſement
Paſtoral, au bas duquel eſt l'acte de publication & ſignification, & en a diſtribué au Secretaire & a tous les anciens, & à ceux de la R. P. R. qui ſe ſont
trouvés dans le Temple. Aprés quoy étant ſortis, le Miniſtre Gautier & trois
anciens nous ont conduit juſques à ce que nous ſoions remontes en caroſſe.
Dont nous avons dreſſé le preſent procés verbal pour eſtre envoié à S. M.
conformément à ſes ordres. En foy de quoy nous nous ſommes ſouſſignés ſur
la minutte, avec leſd. Srs. Gautier & de la Corne & Me. Nicolas Turlot Greffier
ordinaire étant avec nous. Signé Turlot avec paraphe.

Lettres miſſives de Mr. & Madame de Colombier à Mr. *de Clugny Lieutenant Général à Dijon.*

1684.
V. ci-d. p. 75,
82, 84.
Mr. de Clugny
a produit cinq au-
tres lettres de Mr.
& de Madame de
Colombier, à *Mr.*

MOnſieur

Je n'ay pas eu pluſtoſt reçû la lettre que vous m'avés fait l'honneur de
m'écrire, que j'ay eſté parler au Maſſon qui a coutume de tirer de nos pierres,
& luy ayant fait quitter tout autre ouvrage je l'ay obligé à travailler inceſ-
ſamment à vous trouver la pierre que vous demandés, il me fait la choſe
extremement difficile ſuivant la bonne coutume des ouvriers & meſme impoſſible

de Clugny *Lieutenant Général à Dijon, dont la derniere eſt du 2 Aout* 1684.
Mr. de Clugny *Lieutenant Général mourut le* 4 Octobre *ſuivant.*
Ce ſont ces lettres que Mr. de Theniſſey *fit deſavouer par ſurpriſe à Monſieur ſon pere, âgé*
de plus de 80 *ans, comme on l'a dit ci-d. p.* 82.

poſſible à l'egard des huit pouces d'epaiſſeur, parce qu'il eſt vrai que le ban où elles ſe tirent ne ſçauroit porter qu'environ ſept pouces d'eſpaiſſeur. Il croit encore que la longueur de trois pieds & demi ſe trouvera difficilement à cauſe que les joints ſont ſi inegaux dans les bans de ces ſortes de pierres qu'on a peine à trouver une egale largeur de trois pieds & demi. Que ſi vous pouviés vous ſervir d'une pierre de huit pieds & demi de long & deux pieds huit pouces de large & de ſix pouces d'eſpaiſſeur, comme celle qu'il a desja fournie pour le grand Autel des Religieuſes de la Viſitation, il en a une de decouverte qu'il pourroit couper de cette dimenſion & qui apparament ſe trouvera belle & bonne, cela ne l'empeſchera pas d'en chercher une plus grande & plus eſpaiſſe, attendant que nous aions de vos nouvelles je vais prendre tout le ſoin que je dois, c'eſt-à-dire, Monſieur, que comme il n'y a rien que je ſouhaite davantage que de vous donner des marques de ma paſſion à vous rendre mes trés humbles ſervices je vais m'emploier en cette petite occaſion de mon mieux. Je voudrois bien en avoir de plus grandes & pouvoir vous faire connoitre qu'en toutes ſortes de rencontres je ſuis.

J'oubliois à vous mander que je n'ay reçû voſtre lettre du 13 Apris que le premier de May.

Monſieur

Voſtre trés humble & trés
obeiſſant ſerviteur,

A Dracy ce 4e. May 1684.

A. de Clugny Coulombier.

Adreſſe : à Monſieur, Monſieur de Clugny Lieutenant General à Dijon.

M Onſieur

Comme vos gens ne veuillent pas reſter icy aſſés de temps pour faire une grande leſtre je ne puis pourtent m'empaicher de vous faire ce petit mot pour vous rendre mille grace de toutes vos bontés & pour vous en demander la continuation. Pour ñre. pierre il ne faut pas vous en mettre en peine rien ne preſſe ñre. ouvrage va trés lentement & il ſufira de ne nous faire ſavoir lorſqu'elle ſera en eſtat de faire chairier pour que vous n'aiés pas ceſte peine vous en avés deja aſſés il ne ſeroit pas juſte de vous en donner davantage ce ſeroit abuſer de vré. bonté ce qui n'ait pas de mon deſſein mais de vous faire connoiſtre en toute occaſion que je ſuis de tout mon cœur,

Monſieur

Vré. trés humble &
obeiſſante ſervante,
De Theniſſé.

Faite moy la grace d'offrir mes reſpect à Madame vré. Epouſe à toute vré. belle famille.

Ce 3 Juillet.

Acte de tutelle, curatelle ou bailliſterie décernée aux enfans de Jacques de Clugny *Lieutenant Général de Dijon.*

E Stienne Dévoyo Conſeiller du Roy Lieutenant Particulier Civil & Criminel au Bailliage de Dijon, premier Conſeiller en la Chancellerie le Siege vacant par le decés du Sr. Lieutenant General aud. Bailliage, ſçavoir faiſons que cejourd'huy Lundy *neufvieſme Octobre mil ſix cent quatre vingt quatre* heure de huit attendue de ſept du matin en notre Hoſtel pardevant nous a comparu noble Jean-Hierome Tiſſerand Conſeiller & Procureur du Roy eſd. Sieges, Demandeur aux fins de nôtre Commiſſion & de l'exploit de Guiot Sergent du ſix du preſent mois, controllé à Dijon le huit par Dumont, en *Election de Tuteur, Curateur ou Bailliſte,*

9 Oct. 1684.
V. ci-d. p. 55.

A *Eſtienne de Clugny* agé de vint un an.

Damoiſelle *Pierrette de Clugny* agée de dixhuit ans.

Et *Hierome de Clugny* agé de ſeize ans. Tous enfans delaiſſés par feu Monſieur *Jacques de Clugny* Conſeiller du Roy Lieutenant General aud. Bailliage *du corps de Dame Jeanne Filsjean ſon épouſe.*

Contre lad. *Dame Filsjean*, comparante en perſonne aſſiſtée de Me. Quantin Petitot Procureur. Monſieur *François Thomas* Conſeiller du Roy au Parlement de Bourgogne couſin iſſu de germain auxd. Srs. mineurs comparant en perſonne. Monſieur *Nicolas Richard* auſſy Conſeiller aud. Parlement parent au quatrieſme degré auxd. mineurs, en perſonne. *Eſtienne Filsjean* Eſcuyer Conſeiller du Roy & ſon Secretaire oncle maternel auxd. mineurs. . . . Monſieur *Pierre Thomas* Conſeiller du Roy Maiſtre Ordinaire en ſa Chambre des Comptes couſin iſſu de germain auxd. mineurs, en perſonne. Monſieur *Eſtienne Thomas* Eſcuyer auſſy couſin iſſu de germain en perſonne. Monſieur *Pierre Filsjean* Seigneur de Grand-maiſon Conſeiller du Roy Maiſtre Ordinaire en ſa Chambre des Comptes de Paris couſin iſſu de germain aux mineurs du coſté maternel. Monſieur *Eſtienne Filsjean* Abbé (a) parent au meſme degré en perſonne. Monſieur *Jean-Baptiſte de Chaumelis* Conſeiller du Roy aud. Parlement Doien de la Cour parent du trois au quatre auxd. mineurs en perſonne. Monſieur *Jean Gaulthier* Conſeiller du Roy ancien Maiſtre en ſa Chambre des Comptes, oncle à la mode de Bourgogne des mineurs du coſté maternel en perſonne. Monſieur *Claude Filsjean* auſſy Conſeiller du Roy Maiſtre Ordinaire en lad. Chambre des Comptes parent du trois au quatre deſd. mineurs en perſonne. Monſieur *Jean-Baptiſte Lantin* Conſeiller du Roy aud. Parlement parent au quatrieſme degré auxd. mineurs. Monſieur *Philibert de la Mare* Conſeiller du Roy aud. Parlement parent au meſme degré. Monſieur *Philippe de la Mare* auſſy Conſeiller aud. Parlement parent au meſme degré. Monſieur *Benigne Milletot* auſſy Conſeiller aud. Parlement parent au meſme degré, *Jean de Maſſol* (b) Eſcuyer Seigneur de Colonges parent du trois au quatrieſme degré. Monſieur *Antoine Bernard de Maſſol* Preſident en ſa Cour des Comptes parent au quatrieſme degré. *Eſme Filsjean* Eſcuyer Seigneur de Ste. Colombe parent du trois au quatrieſme degré. Noble *Chriſtophe Filsjean* Chanoine en l'Egliſe Collegiale de St. Eſtienne de Dijon parent au meſme degré tous aſſignés. . . . .

En teſmoin de quois nous nous ſommes ſouſſignés ſur le carnot avec led. Procureur du Roy, lad. Dame de Clugny leſd. Sieurs Conſeillers *de Chaumelis & Thomas*, & fait ſigner au Greffier de cette Cour, les an & jour avant dits. Signé Teurlot avec paraphe.

(a) *Il fut depuis Conſeiller Clerc au Parlement.*

(b) *Il fut depuis Preſident en la Chambre des Comptes.*

Mr. *de Colombier* pere de Mr. *de Theniſſey*, ſe qualifie ſimplement Eſcuyer.

Extrait des Regiſtres des Commiſſaires du Parlement de Bourgogne.

29 Déc. 1685.

PArdevant nous Claude de Maillard Conſeiller du Roy audict Parlement Commiſſaire cette part deputé cejourd'huy Samedy *vingt neufvieſme jour du mois de Decembre mil ſix cent quatre vingt cinq*, heure de midy en notre Hoſtel, procedant aux liquidations des collocations & pretentions des Parties oppoſantes & intereſſées au decret fait ſur les biens de feu Benigne Prudhom Chirurgien à Thorey & Jeanne Rebour ſa femme, à la pourſuitte & impetration de Maiſtre Jacques Rainville Procureur d'Office au Comté de Commarrain.

A comparu Claude Buret Marchand à Saint Seyne ſur Vingenne opoſant

aud. decret Demandeur.   .   .   .   *Anthoine de Clugny Efcuyer (a)*   *(a) En 1685.*
Seigneur de Collombier comparant par M^e. Anthoine Thielley fon Procu-   *Mr. de Colombier*
reur. . . . . . .   Sur quoy apointant, avons en ce qui   *pere de Mr. de*
concerne les collocations pretenduës par lefd. Chavanfon & Buret conteftées   *Theniffey , ne fe*
par led. S^r. *de Collombier*, ordonné que pour y eftre fait droit les Parties ef-   *donnoit que pour*
criront & produiront dans les delays de l'Ordonnance, & cependant il fera   *un fimple Ecuyer.*
paffé outre aud. decret, & led. S^r. *de Collombier* payé à fa caution juratoire.   *Il n'a point quitté*
Signé Pelletier. Collationé, Signé Grignon.   *fon Village depuis*
                                                           ce tems-là , juf-

ques à fa mort. Par quel fait d'armes a-t-il pû devenir Chevalier! La Chevalerie n'étant pas
dans fon fang, il n'a pû la tranfmettre à Mr. de Theniffey fon fils.
    V. ci-d. p. 166 & fuiv. Ci-après à la date de 1723.

Jugement de renvoi de Mr. Ferrand Intendant de Bourgogne , en faveur de François de Clugny *de Theniffey.*

Ntoine-François Ferrand Chevalier Seigneur de Villemilan Confeiller du   **20 Mars 1698.**
Roy en fes Confeils Maiftre des Requeftes Ordinaire de fon Hotel In-   V. ci-d. p. 66.
tendant de Bourgogne.

Veu l'exploit d'affignation donnée le 24 Nov. dernier à requefte de Georges
Foraftier Bourgeois de Paris chargé par S. M. du recouvrement des fommes
& amandes qui doivent eftre payées par les ufurpateurs des titres de nobleffe
en execution de la Declaration du Roy du 4 Septembre 1696 , & Arrêt du   *(a) Quand on*
Confeil du 26 Feuvr. 1697 à *François de Clugny* Chevalier *(a)* Seigneur de   *plaida la caufe*
Theniffey & Dracy en Bourgogne d'Arifoles & de Riau en Bourbonnois à com-   *des qualités à*
paroiftre pardevant nous. . . . .   doit eftre renvoié fur ce   *l'Audiance publi-*
qu'il *eft d'une des plus anciennes & des plus illuftres Maifon de la Province,*   *que , Mr. de The-*
eftant defcendu en ligne directe de *Symphorien de Clugny* Efcuyer qui vivoit   *niffey foutint*
en 1083. *Mais qu'il luy fuffit de nous faire voir que Louis de Clugny Che-*   *qu'on ne pouvoit*
valier (b) mary de Dame *Jacqueline de Drée (c)* eftoit fon trifayeul. *(d) Que*   *lui difputer celle*
Michel de Clugny Chevalier (e) Seigneur de Montachon eftoit fon bifayeul. . .   *de Chevalier. 1°.*
    Pour nous perfuader de l'ancieneté de la Famille du Deffendeur il nous re-   *Parce que Mr.*
prefente *un livre relié & écrit à la main, intitulé Memoires genealogiques*   *Ferrand la lui*
pour la Maifon de Clugny, (*) par lequel il paroit que le premier de cette   *avoit donnée dans*
Famille eft *Symphorien de Clugny* qui fit hommage à genoux le 1 Août 1083   *fon Jugement de*
à l'Autel & Châffe de S^t. Symphorien d'Autun pour fon Fief & maifon de   *renvoi. 2°. Parce*
Clugny, tous ceux de cette Famille y font denommés avec leurs qualités &   *que les Commiffai-*

res de la Nobleffe nommés pour la vérification des titres des Gentilhommes qui doivent entrer aux
Etats , l'avoient qualifié Chevalier. 3°. Parce que lorfqu'il fit fes foi & hommage à la Chambre
des Comptes de Dijon , on le qualifia Chevalier dans les actes qui lui furent expédiés.
    C'étoient là fes principaux moyens : les Intendans, les Commiffaires de la Nobleffe , les Chambres
des Comptes, tous les Tribunaux du Royaume , même ceux dont l'autorité eft la plus grande, n'ont
pas le pouvoir de faire des Chevaliers. Il faut des Lettres du Roy ou des dignités aufquelles le
titre de Chevalier foit attaché. V. ci-d. p. 167.
    (b) *Louis de Clugny de Grignon ne lui donne que la qualité d'Ecuyer.*
    (c) *Le même ne la qualifie que de Damoifelle.* V. ci-après à la date du 22 Déc. 1702.
    (d) *Mr. de Theniffey ne fait qu'un faut pour defcendre de 1083 , à 1515.*
    (e) *Dans fon contrat de mariage avec Gabrielle de Colombier du 6 Octobre 1572 , on ne lui*
donne point d'autre titre que celui de noble Michel de Clugny. V. led. contrat à la date de 1572.
    (*) *Ce doit être une piéce curieufe, Mr. de Theniffey devoit bien la produire. On peut affurer*
qu'elle ne s'accorde ni avec fon ancienne Généalogie , ni avec toutes celles qu'il a données au
public depuis le procès, qui fe détruifent les unes les autres.

alliances *jusques au Deffendeur.* Parmy lesquels il se trouve un Cardinal, un Archéveque, (a) un Eveque & d'autres Prelats, des Ambassadeurs, Chefs de Conseil, *Chevaliers de Rhodes* (b) *de Malthe.* Et que les autres ont eu des Emplois distingués dans les Armées & dans l'Etat, tant sous les Roys que Ducs de Bourgogne (c) leur armes y sont peintes, qui sont d'azur à deux clef d'or en pals, adossées, les anneaux en lozanges passés l'un dans l'autre, boutonnés aux angles, soutenus de deux daims aux ramures semées d'hermine, & en cimier un daim naissant. Copie collationée par Perrot Notaire le 15 Decembre 1692 d'un Arrêt du Parlement de Dijon entre le Sr. Marquis de la Boullaye, Edme de Cluny Sr. de Valvron d'autre, & *Charles de Clugny* Baron de Grignon Seigneur d'Aify intervenant. (d) . . . . . Sur les degrés de *Louis de Clugny* trifayeul, & *Michel de Clugny* bifayeul à nous representé. . . . . . - .

Ici sont visées les piéces dont on a fait mention dans la Généalogie de la Branche de Mr. de Thenissey, p. 65.

Nous Intendans &c. avons renvoié led. Sr. *François de Clugny* de l'assignation qui luy a esté donnée le 24 Novembre dernier à requeste dud. Forastier, ce faisant l'avons maintenu dans sa noblesse, ordonnons qu'il jouira de tous les honneurs & privileges des Nobles. Fait à Dijon ce 20 Mars 1698. Signé Ferrand.

vaillant & l'un des saiges de son Ordre promist à Monsr. le Duc *Hudes* de Bourgne. de l'accompagner en son saint Voiage de Jerusalem & le mener seurement ce qui fist de très bon cueur le connoissant pour son naturel sr. & fust en l'an mil c.c. xxi. le premier jour de Mars.

Les Hospitaliers ou Chevaliers de Saint Jean de Jerusalem, ne conquirent l'Isle de Rhodes sur les Sarrasins sous la conduite de Foulque de Villaret, *qu'en l'année 1309, ou 1310, le jour de l'Assomption de la Ste. Vierge, & ce fut alors qu'on commença à les apeller, Chevaliers de Rhodes. Ce qui fait un anacronisme de près de cent ans.*

Eudes III. Duc de Bourgogne se croisa en 1218, & mourut à Lyon le 6 Juillet, laissant pour successeur de ses Etats Hugues IV. son fils qui mourut en 1272. Duchêne, Sainte-Marthe, le P. Anselme, &c. Hugolin n'a donc pû mener surement à Jerusalem en 1231, Eudes IV. qui étoit mort en 1218.

Munier n'est pas d'accord avec l'Auteur de cette Généalogie ; celui-ci fait Hugolin Chevalier de Rhodes, Munier en parle comme d'un des ancêtres de Mr. de Thenissey. Ci-d. p. 121.

On remarque encore ici en passant, une autre contrariété qui se trouve entre Munier & cet Auteur, à l'égard de ces prétenduës reprises de fief. Munier en compte sept. Ci-d. p. 25.

L'Auteur de la Généalogie n°. IX. ne parle que de cinq. Le Moine Magnien en avoit promis huit, ci-d p. 115, *quoiqu'il n'en ait donné que sept. On laisse à Mr. de Thenissey à demêler ce chaos.*

(c) *Mr. de Thenissey qui ne veut pas reconnoître* Guillaume de Clugny *Citoien d'Autun, qui vivoit au commencement du 14e. siécle, pour l'auteur commun de toutes les Branches de la Famille de Clugny, répanduës en differens endroits de la Province, s'est mis par-là hors d'état de prouver qu'il apartienne à tous les grands hommes qui en sont sortis.*

(d) *C'est la fausse expédition de l'Arrêt du 17 Aout 1658. V. ci-d. p. 130 & suiv.*

Jugement de renvoi de M. l'Intendant d'Orleans, en faveur de Louis de Clugny de Grignon.

INventaire des tiltres de noblesse que produit pardevant vous, Monseigneur de Bouville Coner. d'Estat Intendant en la Generalité d'Orleans, *Louis de Clugny Chevalier Comte de Grignon* (a) Seigneur de Chastenay y demeurant, Election d'Agien deffendeur d'une part. Contre Me. Etienne Dieudonné chargé par S. M. de la recherche des usurpateurs du tiltre de noblesse en execution

---

Marginal notes:

(a) *Néant.*

(b) *Quand Mr. de Thenissey a exposé à Mr. Ferrand, qu'il avoit eu dans sa prétenduë Maison un Chevalier de Rhodes, il l'a fait sur la foi de la Généalogie qu'on a citée ci-d. p. 105, qui parle ainsi de ce Chevalier de Rhodes, n°. X. Messire Hugolin de Clugny* Chr. de Rodes, hardy

22 Déc. 1702.
V. ci-d. p. 66.

(a) *Les qualités de Chevalier & de Comte lui ont* été rayées par l'Arrêt du Parlement de Dijon du 4 Fevrier 1723.

Il y avoit plus de 30 ans que la Terre de Grignon avoit été délivrée sur lui par decret ; elle n'a jamais été érigée en titre de Comté.

de la Declaration du 4 Septembre 1696, Demandeur fuivant l'exploit du 9 Juin 1700, à ce qu'il vous plaife Monfeigneur veu les tiltres cy aprés rapportés par led. Sr. *Comte de Grignon* le renvoier de l'affignation à luy donnée.

. . . . Led. Sr. *Comte de Grignon* eft d'une des plus anciennes Familles nobles du Royaume, *quoyqu'il ne tire fon origine que de Louis de Clugny Efcuyer premier du nom fon quart-ayeul*, & pour juftifier de leurs degrez de Genealogie & de nobleffe, produit led. Sr. *Comte de Grignon* les tiltres qui en fuivent.

Premierement fur le degré dud. *Louis de Clugny* Efcuyer premier du nom, raporte la groffe en parchemin du contract de mariage noble dud. *Louis de Clugny* Efcuyer premier du nom & de Damoifelle *Jacqueline de Drée* (a) fon epoufe paffé prefent Claude Albinet Notaire Royal à Arnay-le-Duc le *dix Septembre mil cinq cent quinze* (b) led. contract en parchemin cotté de la main de Faulcon à la lettre A.

Enfuite font raportés les titres dont on a parlé dans la Généalogie de la Branche de Mr. de Grignon, Ci-d. p. 63.

Veu par nous Confeiller d'Eftat & Intendant de la Generalité d'Orleans, les tiltres & pieces enoncés en l'inventaire cy joint reprefenté par *Louis de Clugny* Baron de Grignon pour fatisfaire à la Declaration du Roy du 4 Septembre 1696, Arrefts & Reglemens rendus en confequence, defiftement de Me. François Ferraud fubrogé au lieu & place de Me. Eftienne Dieudonné chargé par S. M. de la recherche des ufurpateurs du tiltre & privileges de nobleffe en cette Generalité, conclufions du Procureur du Roy de la Commiffion, auxquel le tout a efté communiqué, & tout confideré.

Nous Confeiller d'Eftat & Intendant fufd. avons donné acte aud. *Louis de Clugny* Chevalier (c) Baron de Grignon de la reprefentation qu'il nous a faite des fufdits tiltres, & en confequence l'avons dechargé de l'affignation à luy donnée à la Requefte dud. Dieudoné, pour joüir par luy, enfemble fes enfans nais & à naiftre en loyal mariage de tous les privileges honneurs & exemptions dont joüiffent les autres Gentilhommes du Royaume, tant & fi longuement qu'ils vivront noblement, & ne feront acte de derogeance. Ce fait lefd. tiltres & pieces ayant efté paraphez par nôtre Secretaire ont efté rendus aud. Sr. *Louis de Clugny*. Fait à Orleans le *vingt deuxiefme Decembre mil fept cent deux*. Signé Jubert. Et plus bas. Par Monfeigneur. Bechade avec paraphe.

(a) *V. ci-d. le Jugement de Mr. Ferrand du 20 Mars 1698, dans lequel Mr. de Thenilley avoit donné à Louis de Clugny I. le titre de Chevalier, & celui de Dame à* Jacqueline de Drée *fa femme; dans celui-ci* Louis de Clugny II. *ne leur donne que les titres d'Ecuyer & de Damoifelle.*

(b) *Voilà Mr. de Grignon fixé à l'époque de 1515, & au degré de* Louis de Clugny *fon quatriéme ayeul. V. ci-d. p. 66.*

(c) *Mr. de Grignon lors de la plaidoierie de la caufe fur les qualités, fonda fa Chevalerie fur ce Jugement; mais une énonciation dans un Jugement d'Intendant, ni de quelque autre Tribunal que ce foit, ne peut faire un Chevalier. Il faut des Lettre du Roi, ou une Dignité à laquelle ce titre foit attaché. V. ci-d. p. 167.*

Certificats de la mort d'Helie de Clugny d'Eftaule, tué au Siége de Toulon.

NOus Capitaine au Regiment de Forêt Infanterie certifions que le Sieur de *Clugny* Seigneur d'Eftaule en Bourgogne Lieutenant audit Regiment y a été tué *la nuit du deux au trois du mois d'Août mil fept cent fept*, à l'attaque d'une batterie des Ennemis à Toulon en Provence. En foy de quoy nous nous fommes fouffignez. A Avalon ce dix neuf Mars mil fept cent vingt neuf. Signé Larray & Guiebert.

1707.
V. ci-d. p. 60.

NOus Major du Regiment d'Infanterie de Forêt, certifions que le Sr. de *Clugny* Seigneur d'Eftaule, a été tué au *Siege de Toullon*, étant commandé au Détachement de quatre Compagnies de Grenadiers que Monfieur Devoyot Lieutenant Colonnel dudit Regiment commandoit, pour deftruire une batterie des Ennemis, en foy de quoy avons donné le prefent certificat pour fervir en ce que de raifon. A la Rochelle ce 31 Mars 1729. Signé Laval.

Extrait du testament olographe de Messire Charles de la Boutiere *Maître des Requétes, du 20 Octobre* 1709, *reconnu le méme jour pardevant Mangeron Notaire à Chagny, déposé ès mains de Navarre Notaire au Chatelet de Paris le 2 Juin* 1710, *enfuite d'Ordonnance de Mr. le Lieutenant Civil, du méme jour.*

20 Octobre 1709, 12 Mai & 2 Juin 1710.
V. ci-d. p. 75. Ci-après la notte qui eft à la fuite des Déclarations de M. *** & de Mr. le Lieutenant Général de Dijon.

JE donne & légue à M. *de Theniſſey* mon coufin la Terre de l'Eperviere, les Peages, les Etangs fans réferve; à la charge de paier tous les ans à Madame fa mere ma coufine germaine deux mil livres de penfion viagere.

Codicile du 12 Mai 1710, reçû ledit Navarre & fon Compagnon.

DOnne & legue à Mre. *François de Clugny-Colombier* fon coufin la fomme de 34000 ℔. de principal produifant rente à lui dûë par Madame Berbis du Marteret, outre auſſi & par deſſus ce qu'il lui a legué par fond. teftament.

Premier acte ſignifié à Mr. de Clugny, à Requéte de Mr. de Theniſſey.

25 Septembre 1717.

En marge eft écrit: Biffé & rayé fuivant l'Arreft du 4 Feuvrier 1723, & le procés verbal du 22 dud. mois. Signé Myette avec paraphe.
Mr. de Theniſſey dans fes premieres écritures du mois de Nov. 1717, dit, qu'il reprefenta fort

MEſſire *Louis de Clugny* de Grignon Chevalier Seigneur de Chatenay, *Charles de Clugny* Chevalier Seigneur de Darcey, *Antoine de Clugny* Chevalier Seigneur de Coulombié, *François de Clugny* Chevalier Seigneur de Theniſſey, *Charles de Clugny* Chevalier de l'Ordre de St. Jean de Jerufalem dit de Malte & *Charle-Antoine de Clugny,* tous & les feuls reftans de l'ancienne & noble Maifon de Clugny, ne pouvant fouffrir ce qui leur vient de toutes parts que Monfieur Eftienne de Cluny antien Confeiller au Parlement de Dijon, & Meſſieurs fes fils auſſi Confeillers au mefme Parlement fe difent de la Maifon de Clugny, dont les Armes font d'azur à deux clefs d'or adoſſées, pofées en pal, les anneaux en lozenge pommetés & entrelaſſés, ayants pour fuports deux daims d'argent aux ramures herminées, laquelle Maifon de Clugny a pris fon origine fi avant dans les fiecles paſſés qu'il eft impoſſible d'y remonter. Poſſedoit la Terre de fon nom de Clugny prés d'Autun, & en reprenoit de fief de la Châſſe de St. Symphorien, comme il fe voit par actes qui reftent dans fes Archives de l'an *mil* (a) laquelle a eu pluſieurs Baillis d'épée és Bailliages d'Autun, Dijon, Semeur (b) & Nevers, (c) des Officiers de Guerre, Gouverneurs de Places, (d) des Generaux d'Armées, (e) des Che-

modeftement fes raifons à Mr. *de Clugny. Voit-on dans cette piéce, dans la fuivante & dans tous les autres actes de la procédure, quelque trace de modeftie?*

Dans une Requête du mois d'Aout 1710, *il fe propofe de raifonner avec fa modération ordinaire. N'eft-ce pas infulter le public? la piéce même, celles qui ont précédé & celles qui ont fuivi, étant d'un emportement dont on trouve peu d'exemple?*

(a) *Munier, Auteur favori de Mr. de Theniſſey, le met en* 1083.

(b) *Les deux Baillis de Dijon, Auxois & Auxerre étoient de Robbe longue.* V.ci-d. p. 6, 19.

(c) *Il n'y a point eu de Bailli de Nevers,* Pierre de Clugny *a été Bailli de Donzy qui dépend de la Pairie de Nevers.* V.ci-d. p. 7 & à la date du mois de Mai 1390, p. 194.

(d) Antoine de Clugny *qui n'a jamais été marié, grand oncle de Mr. de Theniſſey, a été Gouverneur de S. Quentin.*

(e) *On apelle Général d'Armée celui qui commande en chef, & ne reconnoit d'autre Maitre que fon Roi. Qu'on parcoure la Généalogie de Clugny, qui eft au commencement de cet Ouvrage, on n'y trouvera perfonne de la Famille de Clugny, qui ait été honoré d'un tel Commandement.*

valiers des Ordres du Roy, (*a*) des Conseillers d'Etat & Chefs des Conseils des Ducs de Bourgogne & Roys de France (*b*) des Ambassadeurs (*c*) un Cardinal, (*d*) & plusieurs Evêques (*e*) & alliées aux plus grandes & illustres Maisons de la Province & autres, étant important à ceux qui restent actuellement de ladite Maison de Clugny de n'être point confondus avec des étrangers par les inconveniens qui en peuvent naître & à cause des substitutions de Terres considerables qui sont faites aux aînés de la Maison. (*f*) Ils se voient par cette raison contraints de sommer & en tant que besoin d'interpeller led. S^r. *Etienne de Clugny* de declarer s'il pretend se dire de la noble Maison *de Clugny* & en porter les armes, ce que lesdits *Seigneurs de Grignon*, *de Darcey*, *de Coulombier* & *de Thenissey* ne peuvent croire, étant nottoire que la Famille du S^r. Conseiller de Cluny est originaire de la Ville d'Avalon (*g*) où ses predecesseurs ont porté les Charges de Lieutenant Criminel & Lieutenant Civil, le S^r. *Jacques de Cluny* son pere qui est mort Lieutenant General de Dijon, ayant possedé pendant plusieurs années lad. Charge de Lieutenant Civil au Bailliage d'Avalon, qu'il tenoit par la resignation de Maistre *George de Cluny* son pere, lequel bien instruit de ce qu'il étoit, n'affectant pas, avec raison le nom ny les armes de la Maison *de Clugny* signoit differemment d'eux, en ce qu'il ne *mettoit point de G. dans son nom*, comme l'a fait *depuis quelques années* led. S^r. Conseiller *de Cluny* (*h*) ce qui pouvant tirer à consequence par la suite des tems s'il étoit davantage dissimulé. Il est par cette invité de convenir de bonne foy qu'il n'est point de la *Maison de Clugny* & n'a point droit d'en porter les armes. Sinon & à faute de ce lesd. *Seigneurs* de Grignon, de Darcey, de Coulombier & de Thenissey font toutes deues & pertinentes protestations de se pourvoir par tout où il apartiendra, ce qui sera signifié aud. S^r. *de Cluny* pere, tant pour luy que pour lesd. S^{rs}. ses enfans afin qu'ils n'en ignorent, declarant lesd. *Seigneurs* qu'ils font election de domicille en la maison curiale. pour vingt quatre heures seulement, fait ce vingt trois Septembre mil sept cent dix sept. Signé *Ch. de Clugny* Chatenay, me faisant fort pour *Louis de Clugny* Grignon mon frere. *A. de Clugny* Coulombier. *De Clugny* de Thenissey tant pour moy, que me faisant fort pour *Charle de Clugny* Chevalier de Malthe mon frere, que pour *Charle Antoine de Clugny* mon fils.

L'an mil sept cent dix sept le vingt cinquiesme jour du mois de Septembre, avant midy à Requeste desd. *Seigneurs* de Clugny, qui font election de domicile en leurs Chasteaux, & au lieu de Nuis sous Ravieres pendant vingt

(*a*) *Dans les Registres des Ordres du Roi, dans le P. Anselme & dans tous les Généalogistes, on n'y a point vû de* Clugny *qui ait été Chevalier de ces Ordres.*

(*b*) Ferry de Clugny Cardinal *a été Chef du Conseil du Duc, en l'absence de son Chancelier.* Ci-d. p. 33.
Guillaume de Clugny *Evêque de Poitiers son frere, fut Chef du Conseil de Louis XI. en l'absence de son Chancelier.* Ci-d. p. 36.
Mr. de Thenissey *les apelle ses ancêtres collateraux, (ces deux mots ne s'étoient jamais trouvés ensemble,) il n'a jamais pû prouver qu'il fut de la même Branche qu'eux.* V. ci-d. p. 66.

(*c*) Ferry *Cardinal*, Guillaume *Evêque de Poitiers*, Jean *Maitre des Requêtes du Duc, qui étoient freres.* V. ci-d. p. 27, 33, 35.

(*d*) Ferry *Cardinal*.

(*e*) *Il n'y a eu que* Guillaume *Evêque de Poitiers*.

(*f*) *Mr.* de Clugny *a parcouru tous les Registres des Bailliages de la Province, dans lesquels les testamens & autres actes qui contiennent des substitutions, doivent être insinués; il assure avec certitude, qu'il n'y a trouvé aucune substitution faite au profit de Mr.* de Thenissey *& des siens. On lui a soutenu dans tout le cours du procès qu'il ne pouvoit justifier qu'il y en eût une seule, sans qu'il ait répondu à ce défi.*

(*g*) *Etre originaire d'une telle ou telle Ville, n'est pas une raison pour être ou n'être pas d'une telle ou telle famille. Mr.* de Thenissey *s'est démenti lui-même en disant dans ses écritures des mois de Novembre* 1718, *& Juin* 1720, *que ceux de son illustre Maison avoient fait autrefois leur résidence à Avalon.* V. ci-d. p. 90.

(*h*) *Le contraire est prouvé par tous les titres de la Famille de Mr.* de Clugny, *qu'on a fait imprimer ci-devant, collationnés fidélement sur les originaux. Les Registres du Parlement, de la Chambre des Comptes, des Bailliages de Dijon, de Semur & d'Avalon, ceux du Bureau des Finances, les titres qui sont dans les Archives des premieres Maisons de Bourgogne, où le nom des ayeux de Mr.* de Clugny *est écrit & signé,* DE CLUGNY; *seront dans tous les siécles à venir des monumens de la fausseté de l'allegué de Mr.* de Thenissey.

quatre heures feulement & pour la validité du prefent exploit feulement en la maifon Curialle , je Claude Bizouard Huiffier en la Chambre des Comptes de Dijon y refidant fouffigné rue du Petit Potet Paroiffe St. Pierre eftant exprés au lieu de Nuis fous Ravieres depuis Theniffey, ay deument leue fignifiée & montré lad. cedulle aud. Seigneur *Confeiller de Clugny* y denommé en fon Chafteau aud. Nuis parlant à fa perfonne , lequel Seigneur Coner. de Clugny a fait reponfe, *qu'il eft en poffeffion depuis plufieurs fiecles, tant par luy que par fes autheurs de porter le nom de Clugny & de le figner avec un G. & de porter pour armoiries deux clefs d'or en champ d'azur en pals, les anneaux en lozange pommetés & entrelaßées, telles qu'elles font reprefentées dans la Chapelle de St. Jean-Baptifte fondée par un de fes predeceffeurs dans l'Eglife de St. Pierre d'Avalon dés le commencement du feiziefme fiecle , où tous fes predeceffeurs font inhumés, ce qui eft de la connoißance defd. Srs. de Clugny, particulierement du Sr. de Colombier qui a reçû plufieurs lettres de Mr. de Clugny Lieutenant General de Dijon pere dud. Seigneur Coner. de Clugny , auquel led. Sr. de Colombier en a auffi écrit plufieurs ; qu'il pretend fe maintenir dans fa poffeffion ; fi lefdits Srs. ont des fubftitutions il n'y demande rien , peu luy importe qu'ils le reconnoißent pour parent. . . . .* Proteftant au furplus de tous dommages & interets , & ay laiffe la prefente copie aud. Seigneur de Clugny, qui a figné fur l'original. Signé Bizouard avec paraphe.

Extrait de la Requéte préfentée à Monfieur le Lieutenant Général de Dijon , par Mr. de Theniffey.

19 Janv. 1718.
En marge eft écrit: Biffe & rayé fuivant l'Arrét du 4 Fevrier 1723 , & le procès verbal du 22 dud. mois. Signé Myette avec paraphe.

A Monfieur Monfieur le Lieutenant General au Bailliage de Dijon. Supplient humblement Meffires *Louis de Clugny* de Grignon Chevalier Seigneur de Chatenay, *Charle de Clugny* Chevalier Seigneur de Darcey, *Anthoine de Clugny* Chevalier Seigneur de Colombier, *François de Clugny* Chevalier Seigneur de Theniffey, *Charle de Clugny* Chevalier de l'Ordre de St. Jean de Jerufalem dit de Malte & *Charle-Anthoine de Clugny* tous & foeuls reftant de l'ancienne Maifon de Clugny.

Difans, &c. *Ils expofent tout ce qui eft contenu dans la cedule ci-deffus, & dans la réponfe de Mr.* de Clugny.

M. le Confeiller de Cluny convient tacitement qu'il n'eft point de cette Maifon, puifqu'il repond fierement qu'il luy importe peu que les Supplians le reconnoiffent pour parent (a) . . . . . Les armoiries font comme des chofes facrées (b) . . . . . *Le Sr. de Colombié eft furpris que M. le Confeiller de Cluny dife que le Sr. de Coulombier a été en commerce de lettre avec le Sr. de Clugny fon pere. Le Sr. de Colombié ne fe fouvient pas d'en avoir reçeu une feule.* (c) . . . . M. le Coner. de Cluny ne doit pas fe prevaloir des armoiries qui peuvent être dans la Chapelle de St. Jean-Baptifte d'Avalon , ny dire que fes autheurs ont été inhumés dans cette Chapelle , les Supplians ont ouy dire que cette Chapelle avoit étée conftruite par un Archidiacre qui avoit été de leur Maifon. (d) Si cette Chapelle a étée remife aux autheurs de Mr. de Cluny, ne doit-il pas en montrer la conceffion ? eft-ce là un titre pour s'arroger un nom & des armes ? tous les jours n'accorde-t-on pas à ceux qui les demandent,& qui payent un droit à l'Eglife,des Chapelles &

(a) *Quelle utilité & quel honneur en pouvoit-il tirer ?*

(b) *Les armoiries font communes à tous ceux qui portent même furnom. Ce font de ces biens qui fe poffédent par indivis, & dans la jouiffance defquels les avantages des uns ne font point de bréche à la part des autres.* Chaff. Catal. Gl. mundi.

(c) *Les lettres ont été reprefentées.* V. ci-d. p. 83.

(d) *C'eft un bon titre qu'un oüi dire , en 'pareille matiere.*

La Chapelle a été conftruite en 1530. *L'Archidiacre auquel on en attribuë la conftruction,* étoit mort plus de 50 ans auparavant. V. ci-d. p. 36, 138.

On y voit les armes de la femme du fondateur, les Archidiacres ne peuvent fe marier.

& des fepultures, (*a*) il y a des armes dan s les Chapelles, ceux à qui on donne la Chapelle font-ils en droit de prendre les armes de celuy qui l'a fondée . . . . Si M. le Con^{er.} de Cluny eftoit defcendu de l'ancienne Famille de Clugny, luy & fa pofterité pourroient prétendre à la nomination des Benefices, dont les anceftres des Supplians ont été Fondateurs & Patrons. (*b*) . . . A ces caufes les Supplians recourent à vous, Monfieur, qu'il vous plaife leur permettre de faire affigner pardevant vous led. Sr. Con^{er.} de Cluny, pour voir dire que deffenfes luy feront faites de porter le nom de Clugny & de figner avec un G. fauf à luy de fe qualifier de Cluny fans G. qu'il s'abftiendra pareillement de prendre les armoiries de la noble & ancienne Maifon de Clugny,& fera juftice. Signé Ch. de Clugny Chatenay &c.

En marge eft écrir : Permis d'affigner fait à Dijon ce 19 Janvier 1718. Signé Gautier.

Affignation donnée en confequence le 8 Feuvr. 1718 par Petitjean Huiffier. *C'eft à l'occafion de cette Requête préfentée à Mr. le Lieutenant Général de Dijon, que Mr. de Theniffey a forgé cette hiftoire dont on a parlé p. 81. On ne peut mieux en démontrer la fauffeté, qu'en mettant ici les defaveux des deux principaux perfonages, qu'il a fait agir & parler d'une maniere fi peu convenable à leur caractere de Juge & de parent.*

qu'ils fortent de la Paroiffe, on ne peut les concéder à d'autres. Marechal tit. 10.

(b) *On a invité plufieurs fois* Mr. *de Theniffey de déclarer quels étoient ces Bénéfices dont lui ou fes ancêtres avoient été Fondateurs & Patrons, fans qu'il ait jamais pû en articuler un feul.* V. ci-d. p. 69.

Acte fignifié à Mr. de Theniffey, par M. ✱✱✱.

✱✱✱✱✱. Con^{er.} au Parlement de Bourgogne, qui fait election de domicile en fa maifon à Dijon & en l'Etude de Me. Simon Bodier Procureur aud. Parlement, déclare par cette aus Sieurs *Louis de Clugny* de Grignon Ecuyer, *Charles de Clugny* Ecuyer Seigneur de Darcey, *Antoine de Clugny* Ecuyer Seigneur de Colombier, *François de Clugny* Ecuyer Seigneur de Theniffey, *Antoine de Clugny* Ecuyer fils dud. Sr. de Theniffey, & à Frere *Charles de Clugny* Chavalier de l'Ordre de St. Jean de Jerufalem, qu'il eft furpris que dans un écrit qu'ils ont rendu public (*a*) dans la Ville de Dijon & dans toute la Province, ils ayent eu la temerité de fuppofer que le Sr. Gautier Lieutenant General ayant communiqué aud. S^{r.} ✱✱✱. une Requête par eux prefentée aud. Sr. Lieutenant General contre Monfieur le Con^{er.} *de Clugny*, pour lors abfent de la Ville de Dijon, led. Sr. Lieutenant parla aud. S^{r.} ✱✱✱. d'accomodement propofé à M. *de Clugny*, qui étoit de paffer un acte, par lequel il quitteroit fes armes, les blafonant differemment de celles defd. Srs. *de Grignon* & autres, ce que led. S^{r.}✱✱✱. trouva fi convenable, qu'il luy demanda la Requête, & luy dit qu'il en alloit envoier copie à M. le Con^{er.} *de Clugny*, & qu'il luy écriroit en telle forte, qu'il pouvoit affûrer led. Sr. *de Theniffey*, qu'ils n'auroient point de procés, & qu'il le prioit d'attendre huit jours; que led. Sr. *de Theniffey* allant prendre fa réponfe, le Sr. Lieutenant General luy dit tout cela, & même qu'il avoit joint une lettre à celle dud. S^{r.} ✱✱✱. & que fi la reponfe n'étoit pas favorable, il apointeroit dans le moment fa Requête, & qu'il la remettroit à fon Procureur.

De tous les faits cy deffus avancés par les Srs. *de Grignon & autres*, le feul qui foit veritable, eft que le Sr. Lieutenant General, luy ayant communiqué leur Requête, led. S^{r.} ✱✱✱. la donna à une perfonne qui en fit une copie & l'envoia à M. *de Clugny*, lequel étoit abfent de la Ville depuis long temps.

Tous les autres faits par eux allégués, & tous les difcours qu'ils imputent

---

Notes de marge :

(a) *Les Marguilliers d'honneur des Eglifes Paroiffiales accordent des bans moyennant quelques rétributions, & quand ceux à qui la conceffion a été faite quittent la Paroiffe, ils le revendent à d'autres Paroiffiens.*
Pour les Chapelles, elles font propres à ceux de la Famille du Fondateur ; quoi-

21 Juin 1723.

(a) *Il avoit été fignifié à* Mr. *de Clugny le* 14 *Juin* 1723 *, par exploit de Boucher Huiffier.*

aud. S^r. ✳✳✳. *font abfolument faux & calomnieux.* Et comme c'eft une injure qu'ils luy ont faite, il les interpelle de declarer par écrit public que *temerairement & fauffement ils ont inventé lefd. faits & lefd. difcours* & les ont publiés, & à faute de le faire dans un bref delai, il agira ainfy qu'il verra être à faire, ce qu'il requiert être fignifié auxd. S^{rs}. *de Grignon, de Theniffey* & autres, au domicile de Me. Jean-Baptifte Petitot leur Procureur. Fait à Dijon, ce vint un Juin, mil fept cent vint trois. Signé ✳✳✳ & Bodier.

Signifié le 21 Juin 1723, par exploit de Gaveau, Huiffier.

Déclaration Juridique de Mr. le Lieutenant Général.

VUë la prefente Requête, fignée, *de Clugny* & Deville & un imprimé in folio fur papier timbré contenant 206 pages, figné *de Clugny Theniffey* & B. Petitot, & un autre imprimé auffi in folio fur papier timbré coufu avec le precedent contenant 38 pages, figné *de Clugny Theniffey* & B. Petitot Procureur. Au bas defquelles fignatures eft une fignification faite par Bouclier au Procureur Magnien le 14 Juin 1723, & ayant lû les pages quatriéme & cinquiéme du premier defd. imprimés qui eft intitulé, Cayer des pieces les plus importantes qui font produites au procés, & connu que les faits rapportés dans la prefente Requête, ont été tirés mot pour mot defd. 4e. & 5e. pages dud. premier imprimé, Nous Confeiller du Roy Lieutenant General au Bailliage de Dijon fouffigné, atteftons à tous qu'il appartiendra, que dans tous les faits rapportés dans lad. Requête, & dans les pages 4e. & 5e. du fufd. imprimé, *nous n'avons trouvé quoique ce foit de veritable* que ce qui fuit.

Sçavoir que led. S^r. *de Theniffey* nous ayant apporté une Requête pour avoir permiffion de faire affigner pardevant nous *Monfieur de Clugny* ancien Confeiller au Parlement de Bourgogne, & nous ayant entretenu de fon affaire, nous dimes purement & fimplement aud. S. *de Theniffey*, de trouver bon que nous fiffions voir lad. Requête aud. S^r. *de Clugny*, auparavant que de l'apointer, que nous avions coutume d'en ufer de la forte à l'égard de Meffieurs du Parlement, & que cette politeffe ne nous difpenfoit pas de rendre la juftice aux Parties fans retard, que nôtre propofition ayant été approuvée par led. S^r. *de Theniffey* nous allâmes voir Monfieur le Côner. ✳✳✳ proche parent de M. *de Clugny* abfent, & que led. S^r. ✳✳✳ nous dit qu'il en écriroit à M. *de Clugny* : & qu'autant que nôtre memoire peut nous affûrer, nous apointâmes le même jour ou le lendemain la Requête dud. S^r. *de Theniffey*, & que quelques jours après nous fûmes vifités par Monfieur *de Clugny* Coner. Clerc aud. Parlement de la part de Monfieur fon pere, pour nous remercier de nôtre honnefteté. Signé Gautier.

Ce n'eft pas la feule hiftoire qu'ait forgée Mr. de Theniffey ; fa grande Généalogie, les écrits qui l'ont précédés, ceux qui l'ont fuivie, en font pleins. Il y nomme les perfonnes fans difcrétion & fans ménagement, & les fait parler d'une maniere qui lui a fouvent attiré des reproches.

Il y lâche des traits capables de ternir l'éclat de quelques Familles confidérables. Il n'épargne pas celle de la Boutiere, à laquelle il doit toute fa fortune. Il doit convenir qu'il n'a point d'alliance qui lui faffe plus d'honneur, que celle que Mr. fon pere avoit contractée avec la Famille de la Boutiere. Il ne peut nier fans ingratitude que le legs confidérable que lui fit Mr. le Me. des Requêtes de la Boutiere, coufin germain de Madame fa mere, dans fon teftament du 20 Octobre 1709, ouvert au Chatelet de Paris le 2 Juin 1710, ne compofe prefque tout fon bien, puifque les dettes dont il étoit chargé égaloient prefque ce qu'il poffédoit d'ailleurs.

Après avoir foutenu dans un grand nombre d'écrits, pendant près de cinq années, que Mr. de Clugny ne peut être defcendu de Jean de Clugny II. & de

Philippée de la Boutiere, *parce qu'ils étoient de son illustre Maison:* (a) *Au mois de Juin* 1723, *il change de langage & convient que Mr.* de Clugny *descend de ce* Jean de Clugny *& de* Philippée de la Boutiere, *& ajoute que c'est à Mr.* de Clugny *à prouver qu'il n'étoit pas bâtard.* (b) *Peut-on donner une plus mortelle atteinte à la Famille de la* Boutiere, *reconnuë pour noble dès le milieu du quinziéme siécle,* (c) *que de dire qu'une fille de cette Famille avoit épousé le fils d'un Prêtre, que Mr.* de Theniffey *traite avec la derniere indignité?* (d)

L'action intentée contre Mr. de Clugny *par Mr.* de Theniffey, *est injurieuse par elle-même; il a crû que pour l'apuyer il lui suffisoit de ramasser toutes les injures les plus grossieres, d'en imaginer même de nouvelles & de les répandre à gros torrens dans tous ses écrits, sans ordre & sans discernement, & jusques dans les dénonciations d'Audience. De là vient que la plûpart de ses invectives se détruisent les unes les autres, & qu'il lui échape des aveus qui suffisent pour sa condamnation.*

Mr. de Clugny *dispose de tout à son gré dans sa Compagnie,* en obtenant contre lui des Arrêts par des voies indignes. (e) Mr. *de Clugny* est un esprit brouillon & séditieux qui veut faire plier le Parlement, mais qui trouve toujours le plus grand nombre soulevé contre lui. (f)

Mr. de Theniffey *après avoir déclaré dans ses premieres écritures,* (g) qu'il s'en remet à la prudence de la Cour de prononcer sur le nom, *avoir avoüé dans une Requête où il prend ses conclusions:* (h) qu'il n'a que des présomptions à oposer à Mr. *de Clugny,* & que sa possession n'est point contestée; *il conclut à ce que défenses soient faites à Mr.* de Clugny *de signer son nom avec un* G. *Comment accorder cette conclusion avec ses aveus? Ce qu'il y a d'étonnant, c'est que dans cette même Requête où il fait des aveus qui découvrent qu'il sentoit bien lui-même la foiblesse de ses moyens, il avoit commencé par y exposer que Mr.* de Clugny, *n'étoit en possession ni de son nom, ni de ses armes.*

Reconnoit-on à ces traits le portrait que Mr. de Theniffey *fait de lui-même? il se donne pour un homme* qui ne veut point trop s'élever, ni entreprendre sur les titres d'autrui. Il représente ses raisons *fort modestement.* (i) Il n'a garde de mettre de la passion dans une cause où il ne doit entrer *que de la raison.* (k) Il écrit toujours & tire ses conséquences avec *sa briéveté & sa modération* ordinaire. (l)

Mr. de Theniffey *voyant tous ses moyens renversés, s'est retranché sur la tradition. Il faut l'entendre lui-même:* La traditive, *dit-il,* en matiere de descendance est d'un grand poids: la plus grande partie de ce que nous sçavons de plus certain en fait, nous ne le sçavons que par cette voie. On ne doit pas même en excepter *la certitude infaillible de notre Religion,* & la distinction que l'on doit faire *des livres inspirés par le* S. *Esprit* de ceux qui ne le sont pas. (m) *Quelques lignes après:* Nous sçavons par traditive que les *de Cluny* d'Avalon qui sont les ancêtres du Deffendeur, descendent tous de *Jean bâtard de Cluny.* . . . C'est un fait que personne n'ignore dans la Ville d'Avalon, pas même la plus *petite femmelette,* pas même *les enfans.* . . Que l'on interroge encore actuellement *les grands* & les petits de cette Ville, ils tiendront tous le même langage.

La comparaison de la tradition de l'Eglise, *avec celle des femmelettes & des enfans d'Avalon est hardie;* Mr. de Clugny *veut bien épargner à Mr.* de Theniffey *la qualification qu'elle mérite; il a fait tous ses efforts pour en découvrir quelques traces; il a trouvé tous les honnêtes gens révoltés contre lui, lorsqu'il les a consultés sur cette prétenduë tradition; il doit sur tout se souvenir de la conversation qu'il eut avec le célèbre Mr.* Bocquillot, *âgé alors de plus de* 70 *ans, le* 5 Mai 1718, *qui l'assura qu'il ne trouveroit jamais ce qu'il cherchoit; qu'il alloit se jetter dans un labyrinte dont il ne pourroit ja-*

Margin notes:

(a) V ci-d. p. 90, 92, 93.

(b) V. ci-d. p. 93 & s.

(c) V. ci-d. p. 70, l'acte du 25 Nov. 1441, aux preuves.

(d) Grande Généalogie, p. 46 & s. Réfutation, p. 11 & s.

(e) Ecrit. du mois de Fev. 1723.

(f) Juil. 1723.

(g) Nov. 1718.

(h) Juin 1723.

(i) Nov. 1718.

(k) Juin 1723.

(l) Aout 1723.

(m) Réfutation p. XII.

(a) Lettre de Mr. Bocquillot du 5 Mai 1718.

mais fortir ; (a) *ce qui le déconcerta. S'il y a donc quelque tradition fur ce fujet parmi les femmelettes & les enfans d'Avalon, elle ne remonte pas plus haut que l'année 1718, que Mr. de Theniſſey fit fes efforts pour la répandre parmi la populace; n'ayant rien gagné auprès des honnêtes gens.*

On ne voit point d'Auteur exact qui ne rejette tous les faits qui regardent l'origine des Familles, foit en bien, foit en mal, qui ne font fondés que fur des traditions établies fur l'inadvertance, la flatterie, ou la malignité des Ecrivains qui les ont avancés.

(b) Menagiana rom. 3. p. 384.

Beſly dans fon Hiſtoire de Poitou a dit, parlant de Joachim du Bellay, qu'il étoit bâtard. (b) Tous les Hiſtoriens & les habiles Généalogiſtes ont prouvé le contraire.

Il s'eſt trouvé des Auteurs qui ont porté l'infolence juſques au point de noircir l'origine des premieres Maifons de l'Europe, s'appuyans fur de mauvaifes traditions, qui ont été refutés avec force, avec vérité par d'autres Auteurs impartiaux. (c)

(c) Naudé Dialogue de Maſcurat, p. 39.

Procès verbal de tutelle & curatelle, décernées aux enfans de Mr. *de Jaucourt de Treſſolles.*

Extrait des Régiſtres du Bailliage d'Avalon.

25 Aout 1718.
V. ci-d. p. 47, 52, 76.
Mr. de Theniſſey fe dit allié à la Maifon de France & aux plus iluſtres Maifons du Royaume. (V. cid. p. 68.) Et il emploie toutes ces prétenduës alliances pour tâcher d'enlever à Mr. de Clugny fon nom & fes armes.

Parmi les grandes Maifons de

DU Jeudy *vingt cinquiefme Aout mil fept cent dix huit* expedié à Avalon par nous Marc-Antoine-François Vauſſin Coner. du Roy Lieutenant Civil aud. Siege entre Me. Pierre Normant Coner. Procureur du Roy aux Bailliage & Chancellerie d'Avalon Demandeur en creation de Tuteur & Curateur à *Eſtienne - Edme de Jaucourt* âgé de 23 ans Lieutenant de Cavalerie au Régiment de Bourbon & à Damoifelle *Paule-Catherine de Jaucourt* âgée de 21 ans, enfans de deffûnt Meſſire *Helie de Jaucourt* Seigneur de Treſſolles, Dommecy fur Chores & autres lieux, & de Dame *Marguerite-Françoife d'Anlezy* fon efpoufe demeurant à Avalon, & neamoins lad. Dame feparée de biens dud. Sr. de Jaucourt fon mary, fuivant nôtre commiſſion de ce jourd'huy & exploit de Garnier Huiſſier de ce jour, controllé à Avalon le même jour par Jacob Commis.

Contre lad. Dame Marguerite-Françoife d'Anlezy femme feparée quant aux biens dud. feu Sr. de Jaucourt comparante en perfonne aſſiſtée de Me. Dominique Morifot fon Procureur.

Mre. Charles de Jaucourt Chr. Seigneur de la Vaiferie & autres lieux oncle à la mode de Bretagne defd. mineurs comparant par Me. Nicolas Berteau en vertu deſon pouvoir du 19 du prefent mois, controllé ce jourd'huy par Luyt Commis.

Bourgogne il a choiſi, entre autres, celle de Jaucourt pour la mettre au nombre de fes alliances, fans en raporter aucune preuve, pas même la plus légere préfomption.

Mr. de Theniſſey étant à Avalón les derniers jours du mois d'Aout 1718, où, pour fe fervir de fes termes, il faifoit fes opérations au Chapitre, il aprit qu'on devoit procéder à la dation de tutelle & curatelle des enfans mineurs de Mr. de Treſſolles. Il alla rendre vifite à Madame fa veuve, lui dit qu'il avoit l'honneur d'être parent de Meſſieurs fes enfans du côté de Mr. leur pere, & la pria de trouver bon qu'il aſſiſât à leur tutelle; Madame de Treſſolles y confentit, il y aſſiſta en perfonne & fe dit coufin des mineurs, fans cotter le degré.

Il crut s'être préparé une bonne preuve de fa prétenduë alliance avec la Maifon de Jaucourt; comme il fe difpofoit à l'emploier dans le procès en 1720, Mr. de Clugny le prévint, en lui faifant fignifier l'acte de tutelle des enfans de Mr. de Jaucourt Treſſolles, & lui déclarant qu'il n'étoit point leur parent, s'il ne l'étoit à caufe d'Anne de Clugny leur bifayeule, fœur de Pierre de Clugny II. bifayeul de Mr. de Clugny. Le fait eſt preſſant, Mr. de Theniſſey y répondit à fon ordinaire par des torrens d'injures.

Mre. Pierre - Antoine de Jaucourt Chr. Marquis d'Efpeuilles demeurant à Brinon-les-Allemans coufin defd. mineurs.

Mre. Jacques de Jaucourt, Chr. Lieutenant General d'Artillerie & Chr. de l'Ordre Militaire de St. Louis demeurant à Paris rue des Rofiers auffi coufin defd. mineurs, comparant par Me. Jacques Pichenot leur Procureur fpecial en vertu de leur procuration paffée pardevant le Prevoft & fon Compagnon Notaires à Paris le 4 May dernier.

Mre. Pierre de Jaucourt Chr. Seigneur du Vau & autres lieux demeurant en fon Château du Vau, coufin defd. mineurs comparant par led. Pichenot en vertu de fon pouvoir du 14 Juin dernier, controllé à Avalon ce jourd'huy par Luyt Commis.

Mre. François du Faur de Pibrac Chevalier Comte de Marigny y demeurant auffi coufin defd. mineurs comparant par led. Bertaut, en vertu de fon pouvoir du 22 May dernier controllé à Avalon ce jourd'huy.

Et Mre. *François de Clugny* Chevalier Seigneur de Theniffey *coufin auxd. mineurs en perfonne*, affifté dud. Bertaut Procureur.

Et encore Monfieur le Marquis de Bonneval demeurant à Paris coufin germain de lad. Dame d'Anlezy comparant par led. Pichenot en vertu de fa procuration du 30 Juin 1718.

La caufe appellée. . . . . En foy de quoy nous nous fommes fouffignés avec lefd. Srs. parens prefents, Procureurs des Parties, Procureur du Roy & Greffier. Signé d'Anlezy-Jaucourt. *De Clugny Theniffey*. Berteau. Pichenot. Morifot. Vauflin. Normant, & Gaudot Greffier. L'expedition fignée Gaudot avec paraphe.

GENEALOGIE DE LA BRANCHE DE JAUCOURT-PLANSY.

Jean de Jaucourt Chevalier, Seigneur de Villarnoul.
Agnès du Pleſſis.
Arrêt du 4 Mars 1502.

Aubert de Jaucourt.
Renée le Roux.
Arrêt du 14 Aout 1505.

Jean de Jaucourt.
Françoiſe de Bar.
Contrat de partage du 31 Aout 1578.

Loüis de Jaucourt I.
Eliſabeth de la Trimoille.
Contrat du 24 Fevrier 1599.

Gabriel de Jaucourt.
Claude de la Perriére.
Tranſaction du 30 Janvier 1614.

Helie de Jaucourt.
Claude de Loron. *
Contrat de mariage du 15 Décembre 1625.

** Elle étoit fille de Jacques de Loron, & d'Anne de Clugny, qui ét.it fille de George de Clugny I. triſayeul de Mr. de Clugny. V. ci-devant p. 47, 52, 76, & à la date du 15 Juillet 1643, p. 260.*

Loüis de Jaucourt II.
Anne de la Foreſt.
Contrat de mariage du 20 Juillet 1669.

Cette Généalogie a été vérifiée ſur titres par Commiſſaires du Conſeil le 2 Aout 1695, à la pourſuite d'Anne de la Foreſt, alors veuve de Loüis de Jaucourt II. La preuve en a été communiquée au procès.

On voit par cette Généalogie que Mr. de Theniſſey, qui s'alla offrir comme parent pour aſſiſter à la tutelle d'Eſtienne-Edme & Paule-Catherine de Jaucourt, n'avoit aucune alliance avec eux, à moins qu'il ne la prît du chef d'Anne de Clugny, ſœur du triſayeul de Mr. de Clugny.

Les autres Branches de la Maiſon de Jaucourt, qui ſont celles de Villarnoul, Rouvray, Auſſon, Epeuilles, Menetreux, deſcendent toutes de Loüis de Jaucourt I. & d'Eliſabeth de la Trimoille. On poſe en fait à Mr. de Theniſſey qu'il ne juſtifiera jamais qu'il ait aucune alliance avec elles.

Helie de Jaucourt.
Françoiſe d'Anlezy.

Etienne-Edme de Jaucourt.
Paule-Catherine de Jaucourt.
A la tutelle deſquels aſſiſta Mr. de Theniſſey le 25 Aout 1718.

Fauſſes conſéquences que tire Mr. *de Theniſſey* de l'Arrêt de 1658.

Extrait tiré de ſes écritures ſignifiées le 9 Novembre 1718.

.. ,.. Comme la Maiſon de *Clugny* eſt une des plus anciennes qui ſoient dans le Royaume , puiſque leurs ayeux remontent à huit ſiécles , & qu'en ce tems ſi reculé ils étoient déja puiſſans & illuſtres , elle a été plus que toute autre expo-ſée aux entrepriſes de ceux qui ont voulu s'y agréger : mais elle a été tou-jours fort attentive à expulſer de ſa demeure ces frelons qui vouloient y en-trer & s'y incorporer. Le 17 Aout 1658 , elle obtint un célébre Arrêt en ce Parlement contre un nommé Edme de Clugny Seigneur de Valvron , qui pre-noit le nom & les armes de la maiſon de Clugny : *il ne fut queſtion que de ſes armes , on ne lui conteſta point ſon nom.*

9 Nov. 1718.

V. ci-d. p. 230 & 1.

Dans une Requéte ſignifiée le 20 Juin ſuivant.

• .... Une poſſeſſion de pluſieurs ſiécles ne peut former un titre valable en pareille matiére , l'Arrêt de 1658 a jugé la queſtion contre cette preſcription, *le Sieur de Valvron alléguoit la poſſeſſion immémoriale du nom & des armes.*

Cet expoſé de Mr. *de Theniſſey* eſt entiérement contraire à la teneur des piéces : ni dans l'Arrêt de 1658 ni dans tous les actes de la procédure , qu'on a ſoigneuſement examiné , on n'y a pas trouvé un ſeul endroit où il ſoit par-lé de la poſſeſſion immémoriale. *Charles de Clugny* qui ſe fit recevoir interve-nant au procès pendant à la Cour entre Mr. le Marquis de la Boullaye & Mr. de Valvron , diſputa à celui-ci le nom & par une conſéquence néceſſai-re, le droit de porter les armes *de Clugny*: dans ſes écritures pour établir ſon intervention , il s'explique en ces termes : *Bien plus on le veut convaincre par ſon propre fait, & lui faire voir que la forme même en laquelle il écrit ſon nom dément ſa prétention , en ce que dans tous les vieux titres dont il a rempli ſon ſac , le nom de Clugny y eſt toujours écrit avec un G. & il ne met point de G. parmi les lettres qui compoſent ſon nom , ainſi qu'il ſe reconnoît par deux de ſes ſignatures , qui ſont au bas des réponſes par lui faites aux Requétes que led. Charles de Clugny Sr. d'Aiſy a préſentées à lad. Cour les 10 & 17 dud. mois de Juillet (1658;) c'eſt donc avec grande raiſon qu'icelui Charles de Clugny S,. d'Aiſy, ſoutient qu'il doit étre fait deſſenſes aud. de Valvron de s'introduire dans la Maiſon de Clugny.*

Tous les titres de la Famille de Mr. de Valvron viſés dans l'Arrêt du 17 Aout 1658 , ont été repréſentés en originaux au Greffe des Requêtes du Palais à Mr. de Theniſſey en perſonne , par procès verbal du Greffier du 2 Aout 1722, qui conſiſtent aux actes ſuivans.

Groſſe originale en parchemin du contrat de mariage de *Jacques de Cluny* qualifié noble , fils de feu *Charles de Clugny* & *Jeanne de la Haire* , avec *Mercionne de Charno* du 24 Nov. 1588, au bas duquel eſt une quittance faite par ledit Sieur *de Cluny* de la ſomme de trois cens écus d'or ſol pour la dot de ſa femme : ſignée *de Cluny* & Moreau Notaire.

Contrat de vente faite par Charles de la Varenne audit *Jacques de Cluny* de la Terre de Valvron du dernier Décembre 1588 , reçû Séve Notaire.

Repriſe de Fief faite par ledit *Jacques de Cluny* de ladite Terre de Valvron mouvante de la Baronnie d'Uchon , du dernier Janvier 1589, ſigné par Or-donnance de Montpaton.

Acte de tutelle décernée au Bailliage de Montcenis le 12 Septembre 1594 à *Jean, Jacqueline & Marguerite de Cluny* enfans dudit *Jacques de Cluny* & de ladite *Mercionne* de Charno. Signé, Couchet.

Transaction entre *Jean de Cluny* & *Jacqueline de Cluny* sa sœur du 14 Avril 1622, signée, *de Cluny*, *Jacqueline de Cluny*, & de *Bourg* Notaire Royal.

Contrat de mariage dudit *Jean de Cluny* fils de *Jacques de Cluny* & de *Mercionne de Charno* avec *Louise de Beugres*, du 23 Octobre 1622, reçû & signé Chanut Notaire.

Contrat d'acquisition faite par ledit *Jean de Cluny* d'une rente de 25 ₶. Reçû & signé, Verneau Notaire, le 12 Juin 1627.

Acte de tutelle décernée au Bailliage de Montcenis le 5 Juillet 1634 à Edme, Erard, Anne & *Leonarde de Cluny*, enfans dudit *Jean de Cluny* & de *lad. de Beugres*, ensuite duquel est inseré son testament. Ledit acte signé *Leschalier*.

Acte de reprise de fief faite par *Loüise de Beugres* relicte de *Jean de Cluny*, à cause de l'acquisition de la Terre de Champlaigner, pardevant Brunet Notaire au Bourg de Toulon, le 29 Novembre 1644. Signé, Brunet.

Grosse en parchemin du contrat de mariage d'*Edme de Cluny* fils de *Jean de Cluny* & de *Loüise de Beugres*, reçû Pernot Notaire le 29 Mai 1648, insinué au Bailliage Moncenis le 16 Septembre 1648. Signé, Boiveau & Leschalier.

C'est cet Arrêt du 17 *Aout* 1658 *dont Mr. de Theniffey avoit produit une fauffe expédition, ainsi qu'on l'a dit ci-devant p.* 130 *& suiv. qu'il fut obligé d'abandonner, comme on le verra par l'acte suivant.*

A tous ceux qui ces Présentes verront, salut. Les Gens tenants les Requêtes du Palais à Dijon, Conseillers en Parlement, sçavoir faisons que ce jourd'hui *à l'Audience* a comparu en sa personne Maistre Jean-Baptiste Magnien Procureur à la Cour, & d'*Estienne de Clugny* Conseiller Honoraire au Parlement, Demandeur par Requête du 3 du présent mois de Juillet, à ce que les Défendeurs ayent *à faire leur déclaration* en personne ou par pouvoir spécial, *s'ils entendent se servir de l'Arrêt du* 17 *Aout* 1658, qu'ils ont employé en leur production sous cotte A. pour ensuite par le Demandeur *se pourvoir pour l'inscription de faux* qu'il entend former contre ledit Arrêt, suivant & à la forme de l'Ordonnance inceffamment, & les Défendeurs condamnés aux dépens; d'une part.

Nobles *Loüis de Clugny* ci-devant Seigneur de Grignon, *Charles de Clugny* Seigneur de Darcey, *Antoine de Clugny* Seigneur de Colombier, *François de Clugny* son fils Seigneur de Theniffey, *Charles-Antoine de Clugny* fils dudit François, & Frere *Charles de Clugny* Chevalier de Malthe, Défendeurs, comparans par Me. Jean-Baptiste Peritot leur Procureur; d'autre.

La Cour, sous le bénéfice de la déclaration judicielle faite *à l'Audience* par ledit de *Clugny de Theniffey*, tant pour lui que pour ses consors, qu'il *consent que l'expédition de l'Arrêt du* 17 *Aout* 1658, *par eux produite sous cotte A. soit tirée du procès*, & qu'au lieu & place de ce nouvel Extrait dud. Arrêt, qu'ils en ont levé & fait signifier ce jourd'hui, y soit substitué; a mis & met hors de Cour. Fait à l'Audience desdites Requêtes du Palais à Dijon *le huit Juillet mil sept cens vingt.* Signé, Bierry. Et scellé par Blondelut.

On connoit par ce qu'on vient de dire, que Mr. de Valveron n'étoit point en poffession du nom & des armes de Clugny, *puisque lui-même il signoit* Cluny, *& que dans tous les titres de sa Famille qu'il avoit produits, le nom de ses ancêtres y est écrit* Cluny; *ce qui détruit toutes les conséquences que Mr. de Theniffey en vouloit tirer contre Mr. de* Clugny, *qu'il ne fondoit que sur sa fauffe expédition, rejettée du procès de son confentement.* (a)

On observe ici de nouveau, comme on l'a déja fait cy-d. p. 135 *que dans une Requête du* 5 *Juillet* 1720, *& dans un acte signifié le* 8 *du même mois, Mr. de* Theniffey *déclara avec assurance qu'il n'y avoit qu'à collationner le premier extrait de l'Arrêt qu'il avoit produit, pour convaincre Mr. de* Clugny *qu'il étoit conforme à la minutte, & qu'il n'étoit pas de sa connoissance ni de celle de ses Associés, qu'il y ait aucune différence du premier extrait à la minutte.*

Il n'y a que Mr. de Theniffey *capable de soutenir à la face de la Justice, qu'un extrait d'Arrêt écrit en* 132 *pages, est conforme à la minutte, & qu'il*
n'est

(a) *Dans un inventaire de production signifié le* 15 *Aout* 1720, *cotté h. h. h. h. Mr. de* Theniffey, *a dit que l'inscription de faux n'avoit pas réussi à Mr. de* Clugny; *avoit-il oublié que la piéce avoit été rejettée du procès, de son confentement? si les auteurs du faux avoient vécu, la Partie Publique, n'auroit pas manqué de les faire punir.*

n'est pas de sa connoissance ni de ses associés, qu'il y ait aucune différence de ce premier extrait à la minutte, *quand la minutte ne contient que huit pages & demie de petit papier.* V. ci-dessus p. 134.

Mr. de Thenissey *ose avancer* que les Greffiers sont en droit dans les expéditions qu'ils délivrent des Arrêts, d'en étendre le vû ainsi qu'ils le jugent à propos. *Si cela étoit, le Greffier qui expédie une grosse ou extrait d'Arrêt, auroit seul plus d'autorité que tous les Juges qui l'ont rendu. C'est cependant un principe certain en Justice,* que la grosse doit être une copie, & non une extension de la minutte.

Quelques observations qu'on fera sur la fausse expédition d'Arrêt que Mr. de Thenissey avoit produite, feront voir quelles seroient les conséquences, d'abandonner le vû des extraits des Arrêts qu'on expédie, à la discrétion des Commis au Greffe.

Dans cette expédition de l'Arrêt dont il est question, produite par Mr. de Thenissey & rejettée du procès, fol. 1, 2 & 5, on a inséré des qualités sur lesquelles l'Arrêt n'a point prononcé. Ce seroit un moyen de Requête civile, qu'un Commis au Greffe pouroit préparer à une Partie condamnée qu'il voudroit favoriser.

Fol. 11, 12, 13, 14, 15, 17, 18, 19, 20, 21, 22, 23, 24, (a) 25, 26, 27, 28, ne sont point dans la minutte. On y vise des titres dont la plus grande partie des extraits qu'on en fait, ne sont point conformes aux originaux. On se contentera d'en citer un exemple. Fol. 11. Acte de reprise de Fief du 3 Septembre 1368, faite au profit de *Jeanne d'Eu* Comtesse d'Estampes, Duchesse d'Athenes, par *Guillaume de Clugny,* qualifié son amé & féal Conseiller, pour la Terre de la Croix, de Dornai & Beurrey-Bauguay, qui dépendoient de ladite Dame. L'original porte que Guillaume de Clugny *Licentié ès Loix,* fait les foi & hommage *pour 71 hurées de terre d'une part, & dix autres hurées de terre d'autre part, qu'il tient en Fief ès Villes, finages & territoires de* la Croix, de Dommecy & de Beurrey-Bauguay. V. ci-devant p. 19, 189, à la date du 3 Septembre 1368.

Fol. 29, 30, 31, 32, 33, 34, 35, 36, 37, ne sont point dans la minutte. Dans ce dernier feüillet on y traite Mr. de Valvron *de vilain. Est-ce là le stile des Arrêts?* Mr. de Valvron, *sur tout, ayant été déclaré Gentilhomme par celui-ci.*

Fol. 38, 39, 40, 41, 42, 43, 44, 45, ne sont point dans la minutte. Dans ce dernier feüillet on y traite les Officiers du Bailliage de Montcenis de gens avides & qui ne cherchent qu'à faire des profits.

Fol. 46, 47, ne sont point dans la minutte.

Fol. 50, 51, 52, 53, ne sont point dans la minutte. Fol. 53, on dit qu'il y a eu *un Archevêque de Besançon dans la Famille de* Clugny, *dont on ne voit ni preuve ni vestige.*

Fol. 54 n'est point dans la minutte. On y dit que la Maison de Clugny a donné à l'Etat, un Chancelier de France, des Chevaliers de l'Ordre de S. Michel, lorsqu'il n'y en avoit point d'autre dans le Royaume, & de la Toison d'or; *ce qui est absolument faux.*

Fol. 55, 56, 57, 58, 59, ne sont point dans la minutte. Dans le 59 feüillet on y insére des conclusions qui ne sont point dans la minutte, & sur lesquelles l'Arrêt n'a rien statué.

Fol. 60, 61, ne sont point dans la minutte.

Fol. 72 R. *on fait dire à* Charles de Clugny *Intervenant,* qu'il aspire à l'Ordre Militaire du S. Esprit. *Beaucoup d'autres gens y aspirent qui valent mieux que lui, & qui n'y parviennent pas. Il avoit moins de droit d'y aspirer qu'un autre, il n'a jamais perdu son Village de vuë.*

Qu'il vouloit mettre des filles à Remiremont. Anne Voisenet, *sa femme n'étoit pas noble.*

Fol. 65 R. on y a visé un contrat de mariage, qui n'est pas visé dans la minutte.

(a) *Fol. 24 R. on a visé la Commission du Maréchal d'Hoocberg, du 5 Novembre 1492, dont on a parlé ci-devant p. 152 & suiv. & on y ajoute ces mots.* A laquelle est attachée une autre Commission du Duc de Bourgogne, pour l'exécution desdites Lettres. Tout le monde sçait que le dernier Duc de Bourgogne fut tué devant Nancy en 1476. Le Commis au Greffe qui fit l'*extensum* de l'Arrêt en faveur de *Charles de Clugny,* n'étoit pas sçavant en Chronologie.

Ce qui se trouve dans ce faux extrait qui a été tiré sur la minutte, n'est pas sans defaut. Il y a beaucoup de transpositions, qui paroissent faites à dessein, ce qui demanderoit un trop long discours.

Extrait du Plumitif de l'Audiance publique, du Lundi 24 Juillet 1719.

24 Juillet 1719.

Nota que par Délibération de la Cour du 12 Fevrier 1723, il a été ordonné que le Greffier qui a retenu le plumitif, mettra en marge des diées, d'icelui & du présent extrait, ésquelles il a qualifié de Mes-

JUillet pour Messieurs de Clugny. . . . . La qualité de *Messire* est un avant-nom, un titre d'honneur qu'on donne, suivant l'usage d'à present & comme les Dictionaires de l'Académie & Richelet le disent, à des personnes de *la haute Noblesse.* . . . . . Les nouveaux Auteurs Richelet & Furetiere disent, que c'est une qualité que prennent les gens de *la haute & ancienne Noblesse*; Loyseau même, dont Monsieur le Conseiller de Clugny s'est servi, est du même sentiment. *Les Sieurs de Clugny sont d'une haute & ancienne Noblesse(a) distinguée, qui doivent avoir des prérogatives au-dessus de la simple Noblesse.* Il n'y a qu'à voir ce que disent Moréry & Chasseneux sur la Maison de Clugny: *Cette Maison est aussi ancienne que la Monarchie*, elle étoit tres-florissante au onziéme siécle. *Elle vient des anciens François qui conquirent les Gaules sous Clovis*; il a raporté les titres qui prouvent l'ancienneté de cette Maison.

L'extrait signé Tisserant.

sieurs les *Sieurs de Clugny de Thenissey & consorts*, que c'est par erreur qu'il leurs a donné cette qualité de *Messieurs* au lieu de celle de *Sieurs*, ce qui a été exécuté ce jourd'hui 18 Mars 1723. Signé, Tisserant.

L'Avocat qui plaidoit pour Mr. de Thenissey & ses consorts, *éleva si haut l'antiquité & l'illustration de leur naissance, que le Greffier en fut ébloüi; ce qui donna lieu à la Délibération de la Cour, où on ne donne en plaidant le titre de Monsieur qu'aux Officiers de la Compagnie, ou à des personnes de pareille dignité ou plus éminente.*

(a) *Ils n'ont pû faire remonter leur Généalogie par titres légitimes, au-delà de* Loüis de Clugny *marié en* 1515 à Jacqueline de Drée *, sans qu'on y voye aucune illustration.* Ci-dessus p. 60 & suiv.

Preuve des Plans infidéles présentés à M. le Lieutenant Général d'Autun par Mr. de Thenissey.

29 Juillet 1722.

Voyez cy-devant pag. 163.

JEan Pillot Lieutenant Général au Bailliage d'Autun, Commissaire cette part, sçavoir faisons que ce jourd'hui 29 Juillet 1722, à une heure de relevée, en nôtre Hôtel & pardevant nous a comparu *Messire Etienne de Clugny* Conseiller Honoraire au Parlement de Dijon, par Me. Jean-Etienne Martenne son Avocat faisant pour l'absence de Me. Loüis Martenne Procureur dudit Seigneur *de Clugny, lequel au nom de Mondit Sieur de Clugny* nous a remontré que par Apointement rendu aux Requêtes du Palais à Dijon le 10 du present mois de Juillet, nous aurions été commis pour dresser Procès verbal des armoiries de la Famille *de Clugny*, qui subsistent dans la maison qui sert à present de casernes, située au Fort de Marchaut de cette Ville d'Autun. . . . . *François de Clugny* comparant en personne . . . . Ledit Me. Martenne pour *Monsieur le Conseiller de Clugny* demande acte comme les armoiries qui sont à lad. vitre *ne sont en rien conformes aux armoiries d'alliances*, qui sont dans *le modelle representé par led. Sr. de Thenissey.* . . . nous avons octroyé acte que *l'écusson armorié qui est aux vitres n'est pas conforme au modelle dudit Sr. de Thenissey.* . . . & nous nous sommes soussignés avec les Parties sur la minutte. Signé *de Clugny* Thenissey. Martenne & Pillot. Signé A. Rabyot Greffier.

Du 30 desd. mois & an, en la Chapelle de S. Joseph en l'Eglise de S. Jean

L'Évangeliste. . . . . . sur ce que ledit Sieur de Clugny de Theniſſey nous a au même lieu repreſenté une deſcription des plans & figures de douze écuſſons qui ſe trouvent peints ſur trois planches qui paroiſſent avoir ſervi de retable à l'Autel de lad. Chapelle, leſd. planches appliquées au mur dudit Autel, pour par nous en reconnoître la conformité. *Et ſur ce qu'il nous a apparu avec leſd. Parties de quelques défectuoſités dans une partie deſd. écus*, qui proviennent du peu d'habileté ou de l'inattention du Peintre, nous avons octroyé acte aud. Sr. de Clugny de Theniſſey de l'offre qu'il a preſentement faite de les retirer pour les rectifier & nous les raporter au jour de demain. Signé ſur la minutte, de Clugny Theniſſey. Martenne & Pillot. Signé Rabyot Greffier.

Arrêt qui ordonne la radiation des qualités uſurpées par Mr. de Theniſſey & ſes Conſorts.

Extrait des Régiſtres de Parlement.

4 Fevr. 1723.
V. cy-d. p. 166 & ſ.

ENtre le Procureur Général du Roi, d'une part.

Contre *Loüis de Clugny* de Grignon Seigneur de Chaſtenay, *Charles de Clugny* Seigneur de Darcey, *Antoine de Clugny* Seigneur de Colombier, *François de Clugny* Seigneur de Theniſſey, *Charles de Clugny* Chevalier de l'Ordre de S. Jean de Jéruſalem, & *Charles-Antoine de Clugny* Seigneur de Gigny ; d'autre part.

LA COUR après avoir oüi les Parties de Juillet & le Procureur Général du Roi à l'Audiance du 31 Juillet 1719, & en avoir délibéré ſur le Régiſtre, faiſant droit ſur le premier chef des Concluſions du Procureur Général, a ordonné & ordonne que les qualités de *Meſſire, Chevalier & Comtes* priſes par les Parties dans les actes du procès, en ſeront biffés & rayés. Sauf à *Charles de Clugny* de continuer à ſe dire Chevalier de l'Ordre de S. Jean de Jéruſalem. Ordonne que ſur le ſurplus deſd. concluſions, il y ſera prononcé dans l'Aſſemblée des Chambres ainſi qu'il appartiendra. Fait en Parlement à Dijon le Jeudi 4 Fevrier 1723. Signé, Guyton. Et collationné. Signé, Cortot.

Exécuté par Procès verbal de Myette Commis au Greffe du Parlement, en préſence de Mr. *de Theniſſey*, le 22 du même mois de Fevrier.

Mr. de Theniſſey eſt du nombre de ceux qui avancent aujourd'hui une propoſition, & avancent le lendemain la contradictoire, ſelon qu'ils ſe trouvens réduits dans des défilés dont ils ne peuvent ſe tirer. Parmi un nombre infini d'exemples qu'on en trouve dans les monſtrueux écrits qu'il a répandu en grand nombre dans le Public, de quelques-uns deſquels on a parlé cy-devant, V. p. 88, 92, on en citera ici un qui a raport aux qualités qu'il avoit uſurpées.

Dans ſes premieres écritures du mois de Novembre 1718, il parle en ces termes. Un homme ne peut prétendre être *Comte ou Marquis*, parce que ſes peres & lui ſe ſont dits *Comtes ou Marquis*: *Et un peu plus bas*: Combien de fois eſt-il arrivé à Mr. *de Clugny*, dans le tems qu'il avoit ſi bonne part aux Arrêts, de rayer aux Plaideurs les qualités ſuperfluës, & de leur retrancher celles de *Meſſire, Chevalier* & tous ces titres que la vanité fait uſurper ?

Il y a donc de l'aveu de Mr. *de Theniſſey*, des uſurpateurs des qualités de *Meſſire, Chevalier, Comte & Marquis*, dont l'uſurpation n'établit pas un droit en faveur de leurs deſcendans, & il loüe Mr. *de Clugny* d'avoir contribué à faire rayer ces qualités à ceux qui les avoient uſurpées ſans titre légitime.

Quand Mr. *de Clugny* l'a attaqué ſur ſes qualités, il a tenu un langage tout oppoſé. Dans une Requête du 10 Aout 1720 il a ſoutenu que les ſeules énonciations qui ſe trouvent dans quelques contrats qu'il avoit produit, où quelques-uns de ceux de ſa Famille avoient pris les qualités de *Meſſire & de Chevalier*, devoient faire foi, & ſuffiſoient pour le mettre en droit de prendre ces mêmes qualités.

Mr. de Clugny *ayant ſoutenu que* Mr. de Theniſſey *ne pouvoit prendre la qualité de* Chevalier, *ſans avoir été créé* Chevalier *dans les formes ordinaires, ou avoir été revêtu par le Souverain de quelque dignité éminente à laquelle ce titre eſt attaché, ſuivant les Loix de l'Etat.* Cy-d. p. 167.

Mr. de Theniſſey *dans une Requête du* 14 *Aout* 1720, *y répondit en ces termes,* Il n'eſt pas néceſſaire pour juſtifier qu'il y a eu pluſieurs Chevaliers dans une Famille, de raporter les Lettres de *Chevalerie.* . . . . Il n'eſt pas tenu de lui (*Mr. de Clugny*) donner ſatisfaction là-deſſus; peu lui importe qu'il le reconnoiſſe pour tel ou non. . . . . Il regarde comme une peine per- duë toutes les autorités qu'il aporteroit, qui ne tendroient qu'à la conviction d'un ſemblable adver- ſaire; il ſçait que la lumiére ne ſe manifeſte qu'à ceux qui ouvrent les yeux, & non pas à ceux qui ne veulent ou qui ne peuvent les ouvrir. Où le Sieur Conſeiller de Clugny (*Mr.* de *Theniſſey* de- vroit ſçavoir qu'en Juſtice, on ne doit le qualifier que le *Sieur de Theniſſey.* V. ci-devant à la date du 14 Juillet 1719: & que Monſieur de Clugny y doit être qualifié *Monſieur le Conſeiller de Clugny,*) a-t-il apris qu'il n'y a de véritables *Chevaliers* que ceux qui étoient munis de Lettres de *Chevalerie?* S'il étoit un peu plus verſé dans l'Ordre de *Chevalerie,* il ſçauroit, *ſans l'aprendre de ceux qu'il veut inſtruire,* qu'autrefois ceux qui étoient faits *Chevaliers,* recevoient cette dignité, *non par Lettres,* mais par la cérémonie de l'accolée, qui ſelon Thomas Smyth & du Tillet, au chap. des *Chevaliers,* ſe faiſoit par le Roi en frapant ſur l'épaule du plat de ſon épée, ou plûtôt comme le remarque Loyſeau au chap. 15 de la Haute Nobleſſe, n. 15, cette accolée ſe faiſoit par l'embraſſe- ment que le nouveau *Chevalier* recevoit de ſon Roi, au moyen duquel il étoit réputé ſon ami & ſon favori. Cette cérémonie ſe faiſoit ordinairement devant une bataille ou un aſſaut, comme le remar- que le même Loyſeau, afin d'encourager les braves Gentilshommes à s'y porter vaillamment; ou après la bataille, pour recompenſer ceux qui avoient bien fait. *Avoit-on coutume après une cérémonie ſi authentique, de munir de Lettres les nouveaux* Chevaliers? *Où* Mr. de Clugny *a-t-il pris qu'il n'y avoit de vrais* Chevaliers *que ceux qui étoient marqués au coin de ces Lettres?*

Mr. de Clugny *n'a jamais entrepris, ni n'entreprendra jamais d'inſtruire* Mr. de Theniſſey. *Il avoüe qu'il n'a lû aucun livre de Chevalerie que celui de D. Quichotte, qui dit tome* 5, *pag.* 24, qu'il ne ſçait ſi les *Chevaliers* errants ne ſe ſont point fait expédier quelques Lettres à la Chancel- lerie pour ſervir à leur poſterité, & qu'il y a quelque aparence.

Laiſſant à part D. Quichotte, on va citer deux Auteurs très verſés dans l'Ordre de la véritable Chevalerie, qui parlent affirmativement ſur cet article des Lettres de Chevalerie.

Le P. Meneſtrier dans ſon traité des diverſes eſpèces de Nobleſſe, p. 249, *dit que,* les Hérauts qui étoient à la ſuite des Souverains, expédioient des *Lettres de Chevalerie* à ceux qui avoient été armés *Chevaliers* à la tête des Armées, & raporte au long la teneur d'une de ces Lettres.

La Roque dans ſon traité de la Nobleſſe, ch. 111, *a inſéré deux certificats* donnés par les Hérauts d'Armes à des *Chevaliers faits par l'accolade;* & il ajoute que l'uſage eſt à préſent que les Rois en font expédier des Lettres au Grand Sceau, ſuivant un exemple qu'il cite de l'an 1618 ſous Loüis XIII.

On en trouve quelques exemples dans les Régiſtres du Parlement de Dijon, entre autres un du 3 Juin 1577 ſous Henri III. & un du mois de Décembre 1658 ſous Loüis XIV.

Les Régiſtres du Parlement de Beſançon en fourniſſent auſſi pluſieurs exemples, le dernier eſt du mois de Décembre 1725.

Par un autre Arrêt du 13 *du même mois de Fevrier* 1723, *il fut ordonné que les qualités de très- haut & très-puiſſant Seigneur données à* Mr. de Theniſſey *& à ſon fils, dans le contrat de mariage de ce dernier, du* 30 Novembre 1722, *ſeroient rayées ſur la minutte & ſur les Régiſtres des Greffes où il avoit été publié, à la diligence de* Mr. le Procureur Général, *ſur les requiſitions duquel l'Arrêt fut rendu.*

Mr. de Theniſſey, *pour eſſayer de faire caſſer cet Arrêt & le précédent,* (V. ci-devant p. 166 & ſuiv.) oſa bien expoſer au Roi que Mr. de Clugny avoit voulu pénétrer le ſecret de ſa Famille, & que le contrat de mariage de ſon fils étoit une pièce ſecrette: *quoique ce contrat de mariage eût été publié à l'Audience du Bailliage de Chatillon-ſur-Seine, & tranſcrit dans le Régiſtre où tout le monde a droit de le voir, attendu que c'eſt un dépôt public.*

Mr. de Theniſſey *qui s'arroge un droit ſi ſingulier, d'empêcher qu'on ne voye dans les Régiſtres publics des Juridictions, les actes qui le concernent, s'en attribuë un autre qui ne l'eſt pas moins. Franç̧ois Gaudot Procureur & Notaire à Avalon, tant qu'il a vécu a été chargé de faire la recette des revenus de* Mr. de Clugny à *Avalon & aux environs.* Mr. de Theniſſey, *par deux actes ſignés de lui & ſignifiés au Sieur Gaudot par Garnier Huiſſier les* 10 & 12 Fevrier 1719, *l'interpella de* lui communiquer tous les actes qu'il avoit entre ſes mains concernant le maniement des affaires de *Mr. de Clugny,* contrats de mariage, rentes, achats, aſſociations, échanges, teſtaments, do- nations & autres de quelque nature qu'ils ſoient.

Dans le même Placet présenté à Sa Majesté il a avancé, contre la vérité, qu'il n'étoit pas à Dijon lorsque ces Arrêts des 4 & 13 Fevrier 1723 ont été rendus.

Mr. de Thenissey étoit si bien à Dijan lorsque ces Arrêts furent rendus, qu'il avoit pris un acte de voyage pour le Jugement d'un incident, qui fut jugé par Arrêt du 21 Janvier 1723, qui le condamne en l'amende & aux dépens. Le 13 Fevrier suivant, jour du second Arrêt, il fit signifier à Mr. le Procureur Général & à Mr. de Clugny, une cédulle dont les copies sont signées de sa main. Il étoit encore à Dijon le 24 du même mois de Fevrier, qu'il signa le Procès verbal de reconnoissance des altérations faites sur plusieurs piéces qu'il avoit produites.

Il y auroit plusieurs autres observations à faire sur ce Placet. On croit devoir s'en tenir à ce qu'on vient d'en dire.

Procès verbal de collation de piéces pardevant Monsieur Pouffier Doyen du Parlement, à la poursuite de Mr. de Thenissey.

HEctor-Bernard Pouffier plus ancien Conseiller au Parlement de Bourgogne, sçavoir faisons que ce jourd'hui *douziéme Mai mil sept cens vingt-trois*, heure de deux de relevée, en nôtre Hôtel & pardevant Nous a comparu le Sr. *François de Clugny Seigneur de Thenissey*, tant pour lui que pour les *Sieurs de la Maison de Clugny à lui joints*, assisté de Me. Jean-Baptiste Petitot son Procureur, lequel nous a remontré que sur leur Requête présentée à la Cour le jour d'hier, ils auroient obtenu Arrêt qui, *sans préjudice de toutes fins & exceptions*, ordonne qu'en présence des Parties interessées, ou icelles dûement appellées, il sera pardevant Nous procedé à la collation des titres & actes dont il s'agit. . . . laquelle Requête ils auroient fait signifier le jour d'hier à *Messire Etienne de Clugny* Conseiller Honoraire audit Parlement, au domicile de Me. Jean-Baptiste Magnien son Procureur, avec assignation par exploit de Lemoine Huissier à lad. Cour dud. jour d'hier, à comparoir ce jourd'hui, lieu & heure, pardevant Nous, pour voir proceder à la collation des titres & piéces qu'il represente cy-aprés raportées. . . . .
Me. Jean-Baptiste Magnien pour *Monsieur le Conseiller de Clugny*, nous a dit que *la procédure des Sieurs de Thenissey & consorts, est bizarre & irréguliére,* (a) *& qu'on ne sçait à quoi elle tend, puisque les piéces qu'ils ont produites au procès pendant à présent à la Cour, au moyen de l'apellation qu'ils ont interjettée de l'Apointement à écrire & produire, après l'avoir exécuté; étant devenuës communes entre les Parties, il ne leur est pas permis de les retirer pour substituer des copies en leur place; qu'il est faux, sauf respect, qu'il y ait aucune instance liée au Conseil entre les Parties, à moins que les Sieurs de Thenissey & consorts, qui voudroient s'établir un droit à part, & qu'on leur fît des régles exprès pour eux, ne prennent pour une instance formée au Conseil, une cédule qu'ils ont fait signifier, tant à* Monsieur le Procureur Général, *qu'à* Mr. de Clugny, *dans laquelle en perdant le respect qu'ils doivent à la Cour, ils ont eu la témérité de dire, qu'ils entendent se pourvoir au Conseil contre l'Arrêt du quatriéme Fevrier dernier, rendu sur les requisitions de Mr. le Procureur Général,* parce que, *disent-ils, il est moralement impossible que ledit Arrêt ait été donné avec une pleine & entiére connoissance de cause.* (b) *A quoi ils ajoutent une promesse de donner une*

(b) *La qualité de Chevalier est une qualité personnelle, comme on l'a prouvé ci-dessus p. 167. Pour être en droit de la prendre, il faut ou des Lettres de Chevalerie, ou des Provisions de dignité éminente, à laquelle ce titre soit attaché. Mr. de Thenissey n'a ni l'un ni l'autre. Il ne faut pas une grande connoissance de cause, pour condamner un homme qui se l'attribuë de son autorité privée, n'y ayant que le Roi qui puisse faire des Chevaliers.*

12 Mai 1723.
V. cy-d. p. 162.

(a) Mr. de Clugny n'étoit point en qualité dans l'Arrêt du 4 Fevrier 1723. Mr. de Thenissey n'avoit pour Partie que Mr. le Procureur Général. C'étoit donc lui qu'il auroit fallu apeller dans une procédure qui tendoit à se pourvoir en cassation contre l'Arrêt.

Généalogie composée de trente-neuf degrés, avec les noms & surnoms des femmes, par le moyen desquelles ils prétendent être Chevaliers de plein droit. L'autre cédule ne doit donc être regardée que comme un libelle diffamatoire contre Messieurs les Juges & contre Mr. de Clugny en particulier, & un étalage des visions dont les Sieurs de Theniffey & consorts se repaiffent dans leur profonde oisiveté; c'est pourquoi ledit Magnien pour Monsieur le Conseiller de Clugny, a protefté de la nullité de toute la procédure qui sera cette part faite, & qu'elle ne lui puiffe nuire ni préjudicier; a signé, & s'est retiré. Signé, Magnien.........

Le Sieur de Clugny de Theniffey pour lui & autres de la Maifon de Clugny, a dit qu'il s'eft effectivement pourvu au Confeil contre *l'Arrêt du quatriéme Février dernier,* comme ils le feront voir dans la fuite à Monfieur *le Confeiller de Clugny.*........ Dans la piéce du 23 Octobre 1734, il y a un trou à la marge qui paroît caufé par la vétufté de ladite piéce, & qui tient jufques au bout de l'écriture dudit acte.(a)Celle du 11 Janvier 1455, les feüillets font un peu coupés dans le pli du milieu defdits feüillets, dans une fort petite longueur, ce qui ne nuit nullement à la lecture de la piéce. Celle du 16 Mars 1434, il paroît au premier pli des feize derniéres lignes, qu'il eft tombé quelques goutes d'eau qui ont un peu terni l'écriture, laquelle on peut pourtant lire. Celle du 4 Janvier 1454, il y a plufieurs goutes d'eau répanduës deffus, qui n'empêchent pas la lecture, & environ le tiers du papier du dernier feüillet déchiré, fur lequel il n'y a rien d'écrit. Celle du 15 Septembre 1473, à l'avant-derniére ligne on a rechargé d'encre nouvelle le mot de quinze, & à la derniére celui de treize; deffus le repli de l'endoffement, qui porte, par Monfeigneur le Duc, &c. contenant neuf lignes, les mots qui font dans le pli de la piéce, ont l'écriture fort ufée, qui n'a pû être luë qu'avec une lunette qui groffit les objets. Celle du 8 Aout 1475, le parchemin eft déchiré dans l'endroit de la fignature du Sécretaire defdites Lettres, ce qui n'empêche pas qu'en rejoignant les deux piéces lacerées on n'y life le nom du Sécretaire. Celle du 20 Juin 1478, un trou à la dix-feptiéme ligne, qui emporte le mot qui précéde, *ceux trouvé luy eftre propice.* Celle du 28 Janvier 1473, au milieu de la quinziéme ligne le commencement du mot eft emporté & paroît avoir été rongé, & il refte les fyllables *fions,* & dans la copie collationnée on a pareillement mis les fyllabes *fions,* & on a effacé cinq lettres précédentes enfermées dans une ligne circulaire. Celle du 22 Avril 1537, à la 13e. 14e. & 15e. lignes, il y a un trou dans le premier pli d'en haut d'environ un pouce en figure de lofange, qui paroit avoir été rongé.(b) Dont & de tout ce que deffus nous avons dreffé le préfent Procès verbal pour valoir & fervir ce que de raifon, & nous fommes fouffignés avec notre Greffier. Signé fur la minutte, Pouffier & Cortot. Signé, Guyton.

(a) La religion de Mr. le Commiffaire a fans doute été furprife par Mr. de Theniffey. Le parchemin de la piéce eft bien confervé, l'écriture du corps de l'acte faine & entiére, le trou ne peut avoir été caufé par la vétufté.

Le parchemin eft large de dix pouces, haut de cinq pouces moins trois lignes. L'écriture du corps contient 8 lignes & demie. Il a été de tout remsplié en quatre, & au dos derriere la marge on y voit une étiquette d'une écriture auffi ancienne que le corps de l'acte, qui contient les qualités de Guillaume de Clugny, *Bailli, entre autres celles de Licentié ès Loix, qui n'eft pas dans le corps de l'acte; le trou tombe précifément fur la qualité de Licentié ès Loix, & ne fe trouve point dans les plis, où les anciens actes font quelquefois endommagés. C'eft un fait acquis par le Procès verbal du* Greffier de la Cour, *auquel* Mr. de Theniffey *a été préfent, du* 10 Fevrier 1723, *p. 4.* Mr. de Theniffey *en rejette la faute fur* Mr. de Valvron, *preuve certaine que le trou a été fait de deffein.*

V. ci-devant p. 136, 191.

(b) Ce qu'on a obfervé fur les Lettres du 23 Octobre 1374. doit faire juger des obfervations qu'il y auroit à faire fur les autres piéces. On croit cependant n'en devoir pas dire davantage, ni s'expliquer fur les raifons qui obligérent le Procureur de Mr. de Clugny, *de fe retirer, pour ne pas aprouver par fa préfence une procédure très irréguliére.*

Certificat de Mr. Guyton Greffier du Parlement.

NOus foussigné Confeiller - Sécretaire du Roi, Greffier au Parlement de Dijon, certifions à tous qu'il apartiendra :

I.

Que aux feüillets 110 tourné & 111 du 15e. Régiftre des Edits, Déclarations, Lettres Patentes du Roi, & Provifions d'Officiers, fe trouvent régiftrées les Lettres de Provifions accordées par le Roi le 30 Aout 1605 à Me. *Pierre de Clugny*, de l'Office de Lieutenant Criminel & Confeiller y annexé au Bailliage d'Auxois, que portoit Me. *Jean Odebert* dernier paifible poffeffeur, enfemble l'Arrêt de réception dudit Sieur de Clugny du 6 Décembre 1607 ; qu'en marge dudit enrégiftrement font écrits ces mots. Lefdites Lettres & piéces ont été retirées par ledit *de Clugny* fouffigné. Signé, DE CLUGNY, avec paraphe.

II.

Qu'au feüillet 134e. du 21e. Régiftre, font régiftrées les Provifions octroyées le 12 Juillet 1624 par le Roi audit Sieur *de Clugny*, de l'Office de Lieutenant Civil au Siége d'Avalon, vacant par le décès de Me. *Guillaume de Berbifey*, & l'Arrêt de réception dudit Sieur *de Clugny*, du 5 Aout 1624, & qu'en marge dudit enrégiftrement font écrits ces mots. J'ai retiré lefdites Lettres ce 5 Aout 1624. Signé, DE CLUGNY.

III.

Qu'au Régiftre 22e. feüillet 62e. font enrégiftrées les Lettres de Provifions accordées par le Roi le 16 Mars 1628 à Me. *Georges de Clugny*, de l'Office de Lieutenant Civil audit Siége d'Avalon, vacant par la réfignation de Me. *Pierre de Clugny* fon pere ; l'Arrêt de la réception dudit Sieur *Georges de Clugny* du 16 Décembre de la même année 1628 ; & qu'en marge dudit enrégiftrement font écrits ces mots. J'ai retiré lefdites Lettres le 18 Décembre 1628. Signé, DE CLUGNY.

IV.

Qu'au Régiftre 31e. feüillet 187e. tourné, font régiftrées les Lettres de Provifions du Roi, obtenües le 27 Janvier 1664 par Me. *Jacques de Clugny*, de l'Office de Lieutenant Civil aux Bailliage & Chancellerie d'Avalon, vacant par la réfignation de Me. *Georges de Clugny* fon pere ; l'Arrêt de la réception dudit Sieur *Jacques de Clugny* du 14e. Mai de la même année 1664 ; & qu'en marge dudit enrégiftrement font écrits ces mots. J'ai retiré lefdites Provifions ce 21 Mai 1664. Signé, DE CLUGNY, avec paraphe.

V.

Qu'au Régiftre 34e. feüillets 313e. tourné & 314e. font régiftrées les Provifions accordées par le Roi à Me. *Jacques de Clugny*, Lieutenant Civil aux Bailliage & Chancellerie d'Avalon le 27e. Mars 1676, de l'Office de Lieutenant Général au Bailliage de Dijon, vacant par le décès de Me. *Jean de Clugny* fon oncle ; l'Arrêt de réception dudit Sieur *Jacques de Clugny* audit Office, du 29 Avril de ladite année 1676 ; & qu'en marge dudit enrégiftrement font écrits ces mots. J'ai retiré mes Provifions ce 30 Avril 1676. Signé, DE CLUGNY, avec paraphe.

VI.

Qu'au 37e. Régiftre, feüillet 130e. font les Provifions accordées par le Roi le 2e. Avril 1689 à Meffire *Etienne de Clugny*, de l'Office de Confeiller aud. Parlement de Dijon, vacant par la démiffion volontaire de Meffire *Claude*

5 Janvier 1724.

Preuve authentique de la fauffeté du fait avancé par Mr. de Theniffey, au commencement de l'inftance, que le pere & l'ayeul de Mr. *de Clugny* ne fignoient pas leur nom avec un G. & que ce n'étoit que depuis quelques années que Mr. *de Clugny &* Meffieurs fes fils avoient figné leur nom avec un G. V.cy-d. p. 79, 80.

Bernard Gaillard de Montigny ; l'Arrêt de réception dudit Sieur *de Clugny*, du 11e. Mai de ladite année 1689, audit Office de Conseiller ; & qu'en marge dudit enrégistrement font écrits ces mots. J'ai retiré l'original de mes Provifions ce jourd'hui 14e. Mai 1689. Signé, DE CLUGNY.

En foi de quoi nous avons figné la préfente certification, & apofé à icelle le fceau de ladite Cour de Parlement de Dijon.

Fait en ladite Ville le 5 Janvier 1724. Signé, Guyton, avec paraphe : & fcellé du fceau de la Cour.

Mr. *de Theniſſey* reclame à chaque pas dans ſes écritures, *Symphorien* qui vivoit en l'an 1000, & étoit un puiſſant Seigneur.

Ferry Cardinal *de Clugny*, *Guillaume* Evêque de Poitiers. Je ne reconnois, dit-il, pour être de la Maiſon *de Clugny*, que des gens qui ont occupé des poſtes éminents. Il peut courir tant qu'il lui plaira après ſon *Symphorien*. Quand il aura parcouru bien du pays, qu'il aura voyagé à travers bien des déſerts & des terres inconnuës, il n'embraſſera qu'une ombre qui s'en ira en fumée avec toute ſa ſuite. V. ci-d. p. 112 & ſuiv. Le Cardinal *de Clugny* & *Guillaume de Clugny* ſon frere Evêque de Poitiers, ſont des perſonnages réels, il ne lui eſt pas poſſible de les rejoindre; l'un eſt mort en 1480, l'autre en 1484. V. ci-d. p. 34 & 36; & Mr. *de Theniſſey* n'a pû faire remonter ſa Généalogie plus haut qu'en 1515. V. ci-d. p. 61, 66 & ſuiv. Quand même il les pouroit rejoindre ſuivant ſes principes, il ne lui eſt pas permis d'en tirer aucun avantage; puiſqu'il avance hardiment dans ſes écritures du mois de Novembre 1718, que l'*illuſtration d'un homme ne ſe répand point ſur ſes collatéraux.*

Mr. *de Clugny* croit être en droit de penſer différemment de Mr. *de Theniſſey*; il ſe fait honneur d'avoir prouvé qu'il deſcend de la même ſouche que ces deux Prélats. Pour rendre la choſe plus ſenſible, on donne ici la ſuite des deux branches.

Guillaume de Clugny I. Citoyen d'Autun, vivoit au commencement du quatorziéme ſiécle. Voy, ci-d. p. 5, 9, 195.
Eut trois fils, entre autres.

Jean de Clugny I. marié à *Guiotte de Beze*, p. 21, 22, 94, 195, 196, 200, 201.
Eut entre autres enfants, deux fils.

1. *Guillaume de Clugny* marié à *Guillemette le Boiteux*, p. 23, 206.
Eut deux fils, l'un

2. *Henry de Clugny* marié à *Huguette Porteret*, p. 24, 207, 208, 209, 223.
A eu entre autres enfans:

3. *Ferry*, Cardinal *de Clugny*.
Et
Guillaume de Clugny Evêque de Poitiers, p. 32, 35, 138, 193, 208, 209, 210, 213, 214, 216, 218.

1. *Jean de Clugny* II. marié à *Philippée de la Boutiére*, p. 49, 207, 220.
Eut un fils.

2. *Pierre de Clugny* I. marié à *Marguerite Obbé*, p. 49, 71, 210, 222, 223.
Eut entre autres enfans:

3. *Jean de Clugny* III. marié à *Françoiſe Piget*, p. 49, 207, 220.
Eut un fils.

4. *Pierre de Clugny* II. marié à *Deniſe Filsjean*, p. 51, 73, 236.
Eut un fils.

5. *Georges de Clugny* I. marié à *Jeanne Martenot*, p. 51, 52, 73, 246, 247, 248, 249, 252, & ſuiv.
Eut entre autres un fils:

6. *Pierre de Clugny* III. marié à *Magdeleine Canelle*, p. 53, 73, 248, 249, 253, 255, 256. Leur fils aîné,

7. *Georges de Clugny* II. marié à *Magdeleine Lefoul*, p. 53, 254, 256.
A eu un fils.

8. *Jacques de Clugny* marié à *Jeanne Filsjean*, p. 54, 261, 264, 266, 271. Dont eſt iſſu

9. *Etienne de Clugny* Partie au procès.

Addition à la page 136, somm. LXXII.

MR. *de Theniſſey* eſt de ces gens auſquels il faudroit *un droit à part.* (a) Il prétend que les Loix, les Ordonnances, les régles de la Juſtice ne ſont point faites pour lui, tandis qu'il veut y aſſujettir ceux contre leſquels il plaide. On en a déja cité quelques exemples. (b) On n'a pas fait un pas dans le cours de la procédure, qu'il ne ſe ſoit arrogé quelque droit extraordinaire & inſolite. Il faudroit un gros volume pour les raporter tous, on ſe contentera de celui qui ſuit.

C'eſt une maxime certaine, établie par la Loi, atteſtée par tous les Juriſconſultes & les Praticiens, qu'en Juſtice tout Demandeur doit venir prêt, ſans eſpoir d'aucun délai; *cùm Actor quidem in ſuâ poteſtate habeat, quando utatur jure ſuo.* On en accorde au contraire au Défendeur, ſuivant la qualité de la cauſe & les différentes circonſtances du procès: *is autem cum quo agitur, non habeat poteſtatem quando conveniatur.* (c)

L'action intentée contre *Mr. de Clugny,* injurieuſe par elle-même, à laquelle il n'avoit pas lieu de s'attendre, ſur tout de la part de *Mr. de Theniſſey,* (d) demandoit de ſa part de longues recherches & d'exactes perquiſitions, s'agiſſant de démêler quel étoit l'état d'un homme qui vivoit au commencement du quinziéme ſiécle: il ne faut donc pas s'étonner ſi, ſuivant l'eſprit des Loix, Mr. *de Clugny* faiſoit ſes efforts pour avoir le loiſir de faire les découvertes qui lui étoient néceſſaires pour ſe mettre en état de détruire les calomnies de ſa Partie, & ne rien avancer qu'il ne pût vérifier par des titres & des monuments autentiques.

Il commença par s'inſcrire en faux contre l'Arrêt de 1658, (e) & demander la reconnoiſſance des altérations faites ſur d'autres piéces produites par Mr. *de Theniſſey.*

Mr. *de Theniſſey* qui ſentit où cela tendoit, preſſa le Jugement, diſant que *le procés étoit en état, qu'il ne cherchoit qu'à accélérer ſur tous les incidents, que* Mr. de Clugny *vouloit eſcalader le ciel à force d'en faire naitre, qu'il s'efforce d'éloigner le Jugement du procés, & fait connoitre le deſeſpoir où il eſt de ne pas réuſſir; que ce ſera un jour un ſpectacle curieux que le récit par ordre de ſes conteſtations, qu'il veut obtenir le Jugement du procés avant la levée.* Il fait la leçon aux Juges, & leur dit, *qu'il faut qu'ils joignent au procés tous les incidents que formera* Mr. de Clugny, *qui ne tendent qu'à retarder le Jugement.* (f)

Mr. *de Clugny* ayant mis ſon procès en état, & les Parties ayant produit de part & d'autre, le procès fut ouvert le 4 Aout 1721; pour lors Mr. *de Theniſſey* ne voulut plus être jugé. Il préſenta une Requête, par laquelle il concluoit à ce qu'il fût ſurſis au Jugement, *attendu que le procès n'étoit pas en état de ſa part.* On lui répondit qu'il étoit le Demandeur, & qu'il devoit venir prêt. Il fut débouté de ſa demande en ſurſis par Sentence du 8 Aout, il en interjetta apel ſur le champ, & fit durer l'incident juſques au mois d'Avril 1723, que la Sentence fut confirmée avec amende & dépens.

A-t-on jamais vû un Demandeur faire la Loi aux Juges, leur preſcrire ce qu'ils doivent prononcer ſur des incidents qui ne ſont point formés, vouloir être jugé ſans qu'on donne le tems à ſa Partie de ſe défendre, & ne vouloir plus être jugé quand il voit ſa cauſe deſeſpérée? N'eſt-ce pas, comme on l'a dit, ſe croire au deſſus des régles, & braver la Juſtice?

Adition à la page 140 ſur la fin & 141.

M. *de Theniſſey, quand les titres lui manquent,* aporte en preuve *les anciens Mémoires qui ſont dans ſa Maiſon,* ce qu'il fait avec autant d'aſſurance qu'un Auteur exact & judicieux citeroit une piéce tirée du Régiſtre des Chartes, ou de quelqu'autre dépôt public, pour la preuve d'un fait qu'il avance.

Ces *anciens Mémoires* doivent être un beau ramas de chiméres & de rêveries, à en juger par la Généalogie, dont on a parlé p. 105, & dont on a donné
quelques échantillons p. 191 aux notes, 197 aux n. 227 aux n. 276 aux notes.

L'Ouvrage est original en son espèce, il va de pair avec ceux de Frere *Etienne
de Luzignan* & autres anciens Généalogistes de sa trempe. Mr. *de Clugny* en
a une copie exacte & fidelle. Mr. *de Thenißey* demandera sans doute *d'où &
comment elle lui est parvenuë*, comme il fit lorsqu'on lui representa la Com-
mißion de *Jean de Clugny* Elû des Aydes, cy-d. p. 207. Mr. *de Clugny* n'est
pas obligé de satisfaire sa curiosité, il se contente de dire qu'elle lui est parvenuë par une voie tres-légitime.

On n'entreprend pas de faire la critique de cette Généalogie, il faudroit un
gros volume, n'y ayant pas une ligne où on ne trouvât quelque chose à relever. Pour faire juger du mérite de la piéce on se contentera d'observer que
dès le commencement, n. XVI. le Généalogiste attribuë à la Famille *de Clugny* la fondation du Val des Choux de Dijon, où sont à présent les Peres de
l'Oratoire, & pour le prouver il avance que les *armes* de Clugny *sont ou Pour-
tail dou Priouré regardant droit sur la ruë S.Jehan.*

Le Val des Choux de Dijon fut fondé hors de la Ville par *Hugues de Montreal* en 1224, où les Religieux firent leur demeure jusques en 1363 que
Etienne de Pontallier Seigneur de Meßigny, leur donna une Chapelle & une
maison qu'il avoit fait bâtir ruë S. Jean, dans laquelle ils s'établirent, & il
augmenta leur fondation de 100 livres de rente assignées sur la Terre de *Mes-
signy*, à quoi l'Abbé de S. Benigne donna son consentement par acte du 1
Fevrier 1364. Le Portail existe encore tout entier, on n'y voit certainement
point les armoiries *de Clugny.*

La piéce finit par l'article *des Trépaßés.* On y compte 3065 *Meßes & 27
Anniverfaires par an*, fondés par ceux de la Famille *de Clugny*: après quoi
parlant des armoiries *de Clugny*, on dit qu'*elles font si belles qu'un Roy les
pourte en son escußon… qu'il y en a des pieces d'or qui vaillent autant qu'un
écu au soleil, & pour telles chacun les prent, sans en point faire de difficulté.*

Extrait de Sentence renduë aux Requétes du Palais.

ENtre *Loüis de Clugny* de Grignon Seigneur de Châtenay, *Charles de Clugny*
Seigneur de Darcey, *Antoine de Clugny* Seigneur de Colombier, *François
de Clugny* Seigneur de Thenißey, *Charles de Clugny* Chevalier de l'Ordre de
S. Jean de Hierusalem, dit de Malthe; & *Charles-Antoine de Clugny*, Demandeurs par Requête présentée au Lieutenant Général du Bailliage de cette Ville le
19 Janvier 1718; d'une part.

Messire *Etienne de Clugny* Conseiller Honoraire en ce Parlement, Défendeur,
d'autre.

Et entre ledit Sr. Conseiller *de Clugny* Demandeur par Requête du 26 Fevrier
suivant, en évocation de ladite instance en cette Cour, d'une part.

Lesdits *de Clugny* de Grignon, de Darcey, de Colombier, de Thenißey,
Charles & Charles-Antoine *de Clugny*, Défendeurs, d'autre.

Et entre lesdits *de Clugny* Demandeurs par leur Requête incidente du 21 Juin
1720, d'une part.

Ledit Sieur Conseiller *de Clugny* Défendeur, d'autre.

Et entre ledit Sr. Conseiller *de Clugny* Demandeur par Requête incidente du
10 Décembre de la même année, d'une part.

Tous lesdits *de Clugny* Défendeurs, d'autre.

. . . .

LA COUR tenant les Requêtes du Palais, faisant droit en l'instance, sous le
bénéfice de la réponse dudit Sieur Conseiller *de Clugny*, contenuë dans l'exploit

26 Juillet 1723

de signification de la sommation des Demandeurs du 27 Septembre 1717, sur les demandes & Requêtes desdits Demandeurs des 19 Janvier 1718 & 21 Juin 1720, a mis & met les Parties hors de Cour. Et ayant égard aux Requêtes dud. Sr. Conseiller de Clugny des 16 Fevrier 1718 & 20 Décembre 1720: *l'a maintenu & maintient précisément & deffinitivement au droit & en la possession de signer son nom avec un G. & de porter dans ses armes deux clefs d'or en champ d'azur, adossées, posées en pals, les anneaux en losange, pommetés & entrelassés, ayant pour suports deux daims d'argent aux ramures d'hermine ; ensemble au droit & en la possession de la Chapelle de S. Jean située dans l'Eglise de S. Pierre d'Avalon, & au droit négatif qu'il n'a été loisible aux Demandeurs de l'y troubler, pour raison de quoi les a condamnés aux interets du trouble, liquidés à 3 livres 5 sols.*

Sur les plus amples fins de la Requête dudit Sr. Conseiller de Clugny, du 20 Décembre 1720, a ordonné & ordonne que *les termes de Bâtards de la Famille des Demandeurs par eux employés contre ledit Sr. Conseiller de Clugny, & tous les endroits de leurs écrits & actes de la procédure, où ils ont avancé qu'il en tire son origine, seront rayés & biffés par le Greffier de la Cour, tant sur les originaux que sur les copies, dont Procès verbal sera par lui dressé à leurs frais, Parties présentes ou dûment apellées.* A condamné & condamne lesdits Demandeurs *aux interets honoraires* résultants audit Sieur Conseiller *de Clugny,* liquidés à la somme de mil livres, aplicable à telles œuvres pies qu'il jugera à propos, au payement de laquelle ils seront contraints par toutes voies dûs & raisonnables ; *& leur a fait très expresses inhibitions & défenses de récidiver à cette injure, verbalement ou par écrit, à peine d'y être plus amplement pourvû.*

Fait en la Chambre des Requêtes du Palais à Dijon le vingt-sixiéme Juillet mil sept cens vingt-trois. *Signé,* Denisot & David de Villars.

Table des Sommaires.

Q q

Table des Matieres.

L'étoile ✳ *marque ceux qui sont parens ou alliés de quelques-unes des branches de la Famille de Clugny.*

Dit

D

DABANTON (Guillaume) Licencié ès Loix. 212
* DAMAS (Loüife de) femme de *Barthelemi de Clugny*. 63
D'ARLAY (Hugues) Avocat du Roi à Autun, mari d'*Anne de Chaffeneuz.* 126
DEVOYO (Etienne) Lieutenant Particulier au Bailliage de Dijon. 273
DOENNET (Eftevenin le)témoin dans le teftament du Duc. 184
DOMPLASSE (Alix) Abbeffe de S. Julien d'Auxerre. 190
DONE (Lazare la) Lieutenant Général d'Autun. 242
DORMESSANT (Loüis) Sécretaire de Philipe le Bon, nommé en 1436. Mr. *de Theniffey* avance fa réception de deux ans, 147
* DRE'E (Jacqueline de) femme de *Loüis de Clugny* I. 63
DRE'E (Huguenin de.) 283
DROIT Public. Mr. *de Theniffey* prétend que fon nom & fes armes font de Droit Public , & par confequent imprefcriptibles. 87
DUESME (Auxel de.) 186

E

ECRITURES & fignatures. Mr. *de Theniffey* engage Mr. fon pere à défavoüer fes écritures & fignatures, & Mr. *de Theniffey* chicane deux ans pour empécher de les reconnoître. 82
*EDOUARD (Charlote) femme d'*Antoine de Clugny* II. 65, 266, 268, 272
*EDOUARD (Benigne) Seigneur de Theniffey. 268
*EDOUARD(Angélique) femme de *Charles de S. Martin*. 268
EGLISE. Les plus petits Emplois de l'Eglife recherchés par les Gentilshommes & autres perfonnes confiderables. 108, 226 *aux notes.*
EGLISE Collégiale d'Avalon. Mr. *de Theniffey* s'en dit Fondateur , fans preuves. 171 & f.

EGLISE de Befançon. Le Duc veut qu'on répare toutes nouvelletés indües faites à fon préjudice. 181
EGLISES de Befançon , d'Oftun , de Chalon, de Clermont en Auvergne, d'Arras, de Theroüanne & de Nôtre-Dame de Bouloigne , chargées de faire un Anniverfaire pour le Duc. 181
ELUS des Aïdes, leurs fonctions. 206 *aux notes.*
EPITAPHE de *Guillaume de Clugny* Bailli de Dijon, mal raportée. 164
* ESTANG (Pierre de l'.) 265
EU (Jeanne d') Comteffe d'Etampes , Ducheffe d'Athénes. 189
EUDES III. Duc de Bourgogne, mort à Lyon en 1218. 276 *aux notes.*
EVREUX (Loüis d')Comte d'Etampes 189

F

FAITS les plus évidens , expofés dans des monumens publics , nies par Mr. *de Theniffey.* 86
FAMILLE. Ceux qui defcendent d'un même tronc , dont les uns s'élévent plus que les autres , n'en font pas moins d'une même Famille. 70
FAUR Pibrac (François du) Comte de Marigny. 285
FAUSSAIRES, ont befoin de plufieurs connoiffances qui leur manquent fouvent. 124
FAUX, FAUSSE. Fauffe hiftoire compofée par Mr. *de Theniffey* , défavoüée par les principaux acteurs qu'il fait parler. 81, 281, 282
Faux Certificat de Bordi de 1502 , les moyens de faux contre. 102 & f.
Fauffes reprifes de Fief fur lefquelles Mr. *de Theniffey* établit toute fa grandeur; on en démontre la fupofition. 112 & f.
Fauffe expédition d'Arrêt produite par Mr. *de Theniffey*, rejettée du procès de fon confentement. 131 & f. 287 & f.
Fauffes Lettres du Duc & les moyens de faux. 146 & f.
Faux contrat de partage produit par Mr. *de Theniffey*. 148 & f.

G

H

N

F I N.

E R R A T A.

P. 31. *ligne* 4. Courlan. *l.* Courlon.
P. 53. *l.* 1. Damecy. *l.* Domecy.
P. 73. *l.* 25. I. *l.* II.
P. 97, *à la marge.* XXI. *l.* XXXI.
P. 120. *l.* 24. coftatam. *l.* conflatam.
P. 133. *Som. LXVIII. l.* 4. preuve. *l.* préjugé.
P. 152. *l.* 23. 1463. *l.* 1363. *lig.* 34. Rochelin. *l.* Rothelin.
P. 178. *l.* 20. Hoin. *l.* Ffoin.
P. 186. *l.* 28. avois. *l.* avoit.
P. 189. *l.* 16. Hatenes. *l.* Athenes.
P. 216. *l.* 13. præfentes. *l.* prefentes.

P. 223. *l.* 20. Charrot. *l.* Charvot.
P. 228. *l.* 33. Jeha. *l.* Jehan.
P. 238. *l.* 14. Mifley. *l.* Millery.
P. 240. *l.* 15. Montholon. *l.* Monthelon. *l.* 31. *id. l.* 33. *id. l.* 42. 43. *id.*
P. 241. *l.* 27. centraire. *l.* contraire.
P. 242. *l.* 21. &. *l.* en.
P. 249. *l.* 34. précéde. *l.* procéde.
P. 273. *l.* 17. apris. *l.* Avril.
P. 276. *l.* 29. Eudes IV. *l.* Eudes III.
P. 284. *l.* 14. avec force , avec verité. *l.* avec force & avec verité.